無錫文庫

第三輯

秦氏獻徵録

鳳凰出版傳媒集團
鳳凰出版社

ISBN 978-7-5506-1310-2

圖書在版編目（ＣＩＰ）數據

秦氏獻徵録 / 秦毓鈞著. -- 南京 : 鳳凰出版社,
2012.5
（無錫文庫. 第3輯）
ISBN 978-7-5506-1310-2

Ⅰ. ①秦… Ⅱ. ①秦… Ⅲ. ①家族－史料－中國
Ⅳ. ①K820.9

中國版本圖書館CIP數據核字(2012)第074214號

責任編輯　王　劍
裝幀設計　姜　嵩
出版發行　鳳凰出版傳媒集團
鳳凰出版社（原江蘇古籍出版社）
南京市中央路165號　郵編 210009
發行部電話 025－83223462
集團網址　鳳凰出版傳媒網　http://www.ppm.cn
印　　刷　無錫市證券印刷有限公司
無錫市揚名高新技術産業園B區75號　郵編 214024
開　　本　889×1194毫米　1/16
印　　張　39.25
版　　次　2012年5月第1版　2012年5月第1次印刷
標準書號　ISBN 978-7-5506-1310-2
定　　價　520.00圓
（本書凡印裝錯誤可向承印廠調換，電話：0510－85435666）

無錫文庫工作委員會

顧　問

黄莉新　朱克江　周和平　譚　躍　陳海燕

主　任

王國中　王立人

副主任

華博雅　曹佳中　吴小平　佘江濤

委　員

方標軍　尤文科　何承志　蔡文煜

金　政　須　儉　陳堯明　葉建興

施　展　嚴克勤　劉　川　雷群虎

李祖坤　瞿　敬　華瑞興　周興安

姜小青

無錫文庫編輯委員會

主　編

王立人

副主編

須　儉　姜小青

編　委（按姓氏筆畫排列）

王進雄　王賡唐　卞惠興　全　勤　吴　迪　沙無垢

金其楨　夏剛草　倪培翔　徐志鈞　浦學坤　陳文源

過旭明　過耀華　許墨林　張志清　程勉中　湯可可

蔡家彬　劉桂秋　錢建中　錢菲菲　顧文璧

執行編委

王華寶　王　劍　薛　飛　陳紅彦　林世田　謝冬榮

徐憶農　陳　立

編務人員

顧志堅　李躍光

無錫文庫學術顧問

（按姓氏筆畫排列）

朱玉麒　朱維錚　江慶柏　李文海
沈衛榮　武秀成　金良年　胡福明
莫礪鋒　徐中玉　陳熙中　許倬雲
張仲禮　張廷銀　彭　林　程章燦
馮　遠　馮其庸　楊天石　趙生群
劉玉才　錢　遜　錢中文　錢文忠

總序

七千年文明史，三千年建城史，江南名城無錫，襟長江依太湖，自古以來就是魚米之鄉，禮儀之邦。無錫文化自泰伯南奔以來，騰蛟起鳳，尚德崇文，在數千年的傳承發展中，教化常持，經世務實，人杰輩出，大家林立，文藻絢麗，錯彩鏤金。舍南舍北皆春水，欲與湖山作主人，數千年的人文傳統，賦予了風光秀美的無錫以獨特的文化魅力，鑄就了城市剛柔相濟、秀逸清麗的文化品格。

無錫是中國吴文化的發源地。早在商代晚期，周太王古公亶父的長子泰伯三讓王位，携其弟仲雍奔吴，定居無錫梅里，建『勾吴國』，『端委以治周禮』，施以禮儀教化；興修水利，授以農桑，不數年而『民人殷富』。泰伯帶來的中原文化與無錫本地土著文明相結合，吴文化以及作爲其重要組成部分的無錫文化就此發端。晉室南渡，北方人群大量南遷，帶來了中原的文化技術，促進了無錫農業、水利、手工業和商業的發展，中原文明再度與吴文化進行融合互滲。在本土文化與异地文化的碰撞和交融中，不斷推動着無錫這座城市的文明進步。

無錫歷史文化『追歷七千餘載歲月滌蕩，遂經四大轉折而成其廣大深厚：泰伯西來，吴文化成焉；永嘉南渡，江左文脉振焉；宋室波遷，江南文風始焉；歐風東漸，錫邑占風氣之先，民族工商文化始焉。數百代鄉彦賢達智慧與創造累積，文獻足徵，無慮百千』（《錫山先哲叢刊》重版弁言）。無錫文化以兼容并蓄多樣化的形態不斷發展。

崇文尚教，以教促文。北宋嘉祐三年（一〇五八），無錫始設縣學；北宋政和元年（一一一一），理學傳人楊時在無錫創建東林書院，此後無錫出現了喻樗、尤袤、李祥、蔣重珍等一批知名的教育家。至明代，顧憲成、高攀龍等在東林書院講學，此後又有許多書院相繼而起。古代無錫對教育的重視，促進了『崇文』和『尚教』的風氣，也造就了大量的人才。自隋朝開創科舉取士到清末廢除科舉，無錫共出了五名狀元、三名榜眼、六名探花和三名傳臚，并有五百四十名進士，一千二百多名舉人；『一榜九進士』、『六科三解元』，自古傳爲佳話。近代以來，經濟的繁榮進一步帶動了教育的興盛。無錫籍國學大師錢穆曾説：『晚清以下，群呼教育救國，無錫一縣最先起。』此後無錫的實業家紛紛出資興辦文化教育事業。教育的繁興，在極大程度上促進了無錫的文化發展，出現了空前的文化人才崛起的高峰。

文脉綿延，後出轉强。歷來『文化』的概念有廣義和狹義之分，這裏的『文脉』之『文』，用的是狹義的概念，即指經史、文學、藝術等人類所創造的精神財富的總和。在無錫的歷史文化傳統中，自古及今，悠悠文脉，如瓜瓞之綿綿。必須指出的是，從文化發生學的角度來看，早期中華文化的中心是在黄河流域的中原地區，無錫在宋元以前，雖有像顧愷之、李紳、尤袤、蔣捷、倪瓚等一批人文英才，但在整體上，無錫的文氣是自明清以迄近現代達到巔峰。在整個江南地區文教昌明和無錫經濟繁盛、教育勃興的大背景下，無錫地區在經史、文學、繪畫、音樂等諸多領域中，建樹卓越，俊才雲蒸，真正呈現出『人文之盛，冠於南國；碩彦輩出，著述繁富』的局面。

求實務本、重工崇商。無錫自古爲江南富庶之地、魚米之鄉。明代東林講學者將士商并列爲『本行』，講求經世致用；近代早期維新的思想家、實踐家薛福成提出『黜浮靡，崇實學』，大力倡揚『工商爲先，耕戰植其基，工商擴其用』的觀念，這些都成了近代以來無錫人求實務本、重工崇商的重要的思想根源；兼以明清時期，封建自然經濟解體，資本主義開始萌芽，無錫經濟日趨繁盛。鴉片戰爭以後，上海開埠，由於商品經濟的發展和商業資本積累的增加，逐步形成了一個以上海爲中心的，北接江陰、靖江，西連蘇州、無錫、常州的經濟區域。有布、米、絲、錢『四大碼頭』的無錫，被譽爲『小上海』。到了十九世紀末、二十世紀初，無錫許多有識之士積極引進西方生産技術，大力興辦工廠，形成了近代六大資本系統，無錫成了近代中國民族工商業的發祥地和蘇南經濟中心。經濟的繁盛，不僅爲無錫文化的不斷發展提供了堅實的物質基礎，而且也形成了無錫文化的主流形態之一的，具有鮮明特色和豐富内涵的『工商文化』。

文化源長，文獻宏大。在歷史上，無錫有過兩次較大規模的文化整理。一八九九年，《常州先哲遺書》是包涵無錫在内的第一次區域性文化整理集成。一九三二年，《錫山先哲叢刊》是無錫真正意義上從城市角度進行的一次文化整理。當時，國家積貧積弱，社會動蕩離亂，身處亂世的有識之士高擎文化的旗幟，以縱覽千古的魄力和毅力致力於城市文化傳統的繼承與弘揚，爲無錫地方人文教育提供了文化楷模，對增强無錫崇文興教氛圍發揮了重要的作用，爲無錫躋身江南名城提供了文化動力，其意義至今爲後人感念。

滄桑巨變，天上人間。經過近一個世紀的奮鬥探索，特别是改革開放三十多年來的迅猛發展，中華民族强勢崛起。國運昌隆，盛世修典。中共無錫市委、市政府高度重視地方傳統文化的整理弘揚工作。自二〇〇七年提出『建設文明無錫，打造文化名城』以來，無錫全面深入開展歷史文化遺産的挖掘、清理、保護和修復工作，傳承弘揚優秀傳統文化，彰顯城市人文歷史底藴，掀起歷史文化名城建設新高潮。此後，市委、市政府在《無錫市文化大發展大繁榮行動綱要》中明確要求全面整理出版地方歷史文獻，市委、市政府在《關於深化文化體制改革加快文化强市建設的决定》中再次明確要求編纂《無錫文庫》，正式啓動迄今爲止無錫地區規模最大、綜合性鄉邦文獻集成的修編工作。爲確保《無錫文庫》的編纂工作順利進行，市委、市政府專門成立了『無錫文庫工作委員會』，由市委宣傳部牽頭，設立了『無錫文庫編輯委員會』，計劃用三年時間完成編纂出版工作。《無錫文庫》的編纂，將以嶄新的學術角度和現代學科框架對城市歷史文化進行全面梳理和弘揚，站在時代的高度，充分展示城市深厚的歷史底藴，彰顯先賢哲人的智慧創造，解讀無錫文化的獨特個性，提煉升華無錫的人文精神，光前裕後，古爲今用，以文化人，由人化文，以史爲鑒，開啓未來。

《無錫文庫》的編纂出版必將發揮重要的文化功能：首先是搶救文獻。無錫自古即有豐富的地方文獻，無論經史子集，都有重要著作流傳於世。然而無錫近代歷經戰亂，一些重要典籍已毁佚，僅有書名存留；還有一些珍貴的明清地方史籍，也以孤本存世，處於若存若亡之間。由於各種原因，一些代表無錫文化的典籍保存於國内外各大圖書館中，在無錫不易見到。從清末到民國期間，在文化上有不少重要成果，而這部分書籍因長期被忽視而處於毁佚的邊緣。《無錫文庫》的編纂就是爲了搶救文獻，保存文脉。其次是古籍整理。無錫先賢留下的載籍很多，但現存書籍，版本雜亂，良莠不齊，整體而言没有經過系統編排梳理，使用不便。《無錫文庫》的編纂，就是從版本目録學的角度加以梳理，每書皆撰提要，鈎玄指要，便於閱讀使用。第三是服務大衆。《無錫文庫》所收皆爲地方古史遺文，是研究無錫歷史沿革和文化傳承的必讀書目。《無錫文庫》的編纂出版，使這些書籍的使用更加便捷和廣泛，對無錫的文化建設、城市規劃、古迹保護、名勝開發都具有很高的學術價值和實用價值。

歷史唯物主義觀是《無錫文庫》編纂出版工作的重要指導思想。《無錫文庫》是一部具有社會主義新時代特點的典籍集成，編纂理念和選編觀念更加科學，注重學術性、實用性和經典性相結合，并且儘量收入古籍版本研究的新成果，廣泛收集流散在國内外的珍貴典籍。編纂工作中，始終堅持『尊重歷史、尊重科學、尊重規律、尊重專家』的原則，堅持『雙百』方針，對傳統文化中重要的不同學派、不同觀點的資料兼收并蓄，力求客觀、完整和全面。當然，《無錫文庫》不可能包羅萬象，而以文史哲爲主要内容，兼顧其他類別著述，整體呈現出無錫歷史文化的發展脉絡。强化編纂工作的學術規範，提倡實事求是的良好學風，對文庫的整體規模、體例框架、所收書目、版式裝幀等進行反復論證，反復比較，多方聽取意見，慎之又慎，力争使《無錫文庫》成爲一部真正代表無錫文化的綜合性鄉邦文獻集成。

編纂出版《無錫文庫》的盛舉，得到了海内外衆多著名的文史專家、學者教授的熱烈響應。許倬雲、馮其庸、楊天石、李文海、徐中玉、馮遠、胡福明等無錫籍文化名人和劉玉才、程章燦、江慶柏、張廷銀、金良年等專家學者應邀擔任《無錫文庫》的學術顧問，他們扎實的學術功底、嚴謹的治學風範、卓越的學術見識，爲《無錫文庫》提供了有力的支撑。

千年吴地文明，百年工商繁華，賦予無錫人聰慧和靈秀，創造了具有獨特品質的城市文化和城市精神。當我們手捧先哲留下的珍貴文化遺産，不僅滿懷感恩、敬畏之心，更涌動着不負前賢、勵志圖新的激情，去努力創造城市文化嶄新的輝煌，讓無錫文化大發展大繁榮的春天更加姹紫嫣紅、繽紛燦爛！

無錫文庫編輯委員會

二〇一一年一月

凡例

一、《文庫》所收爲無錫籍作家的著述和與無錫相關的歷代文獻，分爲《官修舊志》、《地方史料專著》、《年譜家乘》、《無錫文存》和《近現代名家名著存目》五輯。

二、無錫地域範圍以現行行政轄區爲準。《文庫》立足無錫市區，兼顧江陰、宜興，適當選收江陰、宜興具有代表性的著作。

三、《文庫》所收著作，以史料價值高、使用價值大爲原則，適當兼顧其版本價值。

四、《文庫》主要采用影印方式出版，《近現代名家名著存目》收入作家小傳和主要著述目録。

五、《文庫》所收著作，其編纂年代下限爲一九四九年；《近現代名家名著存目》則不受此限。

六、《文庫》所收著作，原書如有蠹損、殘缺、漫漶不清處，原則上以相同版本予以換頁、補頁，使全書清晰、整齊。

七、《文庫》對所收每種圖書，均撰寫提要，置於每種書扉頁之背面；每册均新編頁碼，自爲起訖。

八、《文庫》編制書名索引和著者索引，以方便讀者使用。

第三輯編輯説明

本輯為《無錫文庫》之第三輯《年譜家乘》，收録無錫（含江陰、宜興）歷代名人年譜以及部分著姓望族家譜。

年譜是史籍中一種人物傳記體裁。但和一般的傳記有所不同，一般的傳記主要紀傳主的生平大要，而年譜則是以譜主爲中心，以年月爲經緯，比較全面細緻地叙述譜主一生事迹。所謂『叙一人之道德、學問、事業，纖悉無遺而系以年月者，謂之年譜』（朱士嘉《中國歷代名人年譜序》）。家譜是一種以表譜形式記載一個以血緣關係爲主體的家族世系繁衍及其重要人物事迹的圖書體裁，主要包含譜序、題辭、恩榮、凡例、像贊、世系、傳記、宗規、家訓、祠墓、義田、藝文等内容。

它們都屬於史籍中較爲特殊的體裁，過去由於歷史研究中理論的誤導，不重視或忽視人的主體性，對名人與望族的研究相對來説顯得薄弱。隨着思想禁錮的打破以及地方史研究的逐步深入，纔慢慢爲學界所重視，並成爲熱點。今天我們将此列爲專門研究對象，着眼點是它的社會意義，具體一些説，就是某一望族在它所處的社會制度下，對政治、經濟、文化、社會生活諸方面所發生的正負影響，又從某一望族的興衰過程透視其社會歷史的宏觀背景。同時望族的研究離不開個體研究，離不開對名人和精英在歷史發展中所處的地位和發揮的作用、功過善惡給予合乎歷史真實的評價。無論是群體或個體研究，其結果都對現實生活有借鑒的作用。

無錫，地靈人傑，截至二〇一一年，産生於此的百餘名科學院、工程院、社科院院士（學部委員）已使它成爲名副其實的『院士之鄉』、『人才高地』，無錫的人文之厚，正源自這片熱土千百年來所湧現出的衆多風流人物與著姓望族。本輯首次較全面地彙編了這些名人的年譜和部分著姓望族家譜共約一百三十種，爲學界研究提供參考。需要説明的是，考慮到文獻資料的完整性、實用性、稀見性，個别年譜家乘會突破一九四九年的年代下限；而當代編寫出版的無錫歷代名人年譜，坊間易得，不在此次收録之列；另有十一種年譜因已分别附録在《無錫文庫》第二、三、四輯的相關書内，也就不再重復收入，它們是：《梁溪先生年譜》（譜主李綱，李綸編）收入第四輯之《梁溪先生文集》，《修敬公年譜》（譜主秦旭）、《端敏公年譜》（譜主秦金）、《從川公年譜》（譜主秦瀚）、《海翁公年譜》（譜主秦德藻）收入第三輯之《錫山秦氏宗譜》，《盛顒年譜》（譜主盛顒）收入第三輯之《勾吴盛氏宗譜》，《顧端文公年譜》（譜主顧憲成）收入第四輯之《顧端文公遺書》，《師竹廬自述》（譜主竇鎮）收入第二輯之《師竹廬隨筆》，《孝侯公年譜》（譜主周處）、《簡惠公年譜》（譜主周葵）、《少宰公年譜》（譜主周家楣）收入第三輯之《國山周氏世譜》。

本輯排列順序，先年譜後家乘，無錫、江陰、宜興各自分編。年譜依譜主歷史年代爲序，全文收録。家乘依姓氏筆畫爲序，視其文獻價值，全文收録或選擇收録，選擇收録者，在提要中加以説明。

目録

秦氏獻徵録

（民國）秦毓鈞 輯

《秦氏獻徵録》四集，（民國）秦毓鈞輯，稿本，今藏其子寅源處。

秦毓鈞（一八七三—一九四二），字祖同，號平甫，别號一鳴，無錫人。日本弘文學院師範科畢業，歷充濟南、青浦、松江及本邑師範中小學堂教習，嘗主上海《申報》、《時報》諸報筆政，後任無錫縣立圖書館館長，又任《錫報》總主筆及《無錫新聞》負責人兼總主筆，無錫縣立歷史博物館館長。一生服務文教事業，尤爲留心鄉邦及先人文獻，著述甚富，編有《錫山秦氏宗譜》、《錫山秦氏文鈔》、《錫山秦氏獻鈔》、《無錫縣立圖書館善本書目》等，後人贊其『文獻獨集大成，致力祖宗，先生亦千古；家乘主修九次，不辭勞怨，吾族無幾人』。

是書分甲乙丙丁四集，爲錫山秦氏相關資料之輯録。甲集邑志述聞（含宦望、儒林、文苑、忠節、孝友、行義、耆碩、隱逸、藝術、列女、著述、選舉、古迹、義舉、祠墓、藝文、雜識等）、舊志存目，其中藝文不乏王紱、吴寬、李東陽、茅坤、姜宸英、朱彝尊、王士禎、顧貞觀、納蘭成德、錢大昕、翁方綱等名人大家之作；乙集錫山秦氏名人小志、錫山秦氏書目考、錫山秦氏宗傳録目次、錫山秦氏文獻傳芳世譜目次、水南秦氏宗譜目録、陡門秦氏宗譜目録；丙集秦氏源流考、世系、宗圖、宗譜凡例、宅第考、祠墓考、年譜等；丁集錫山秦氏名人家傳。

錫山秦氏向爲名門望族，英才輩出，此書更是將秦氏歷代有成就者幾乎全部收羅在册，對於研究無錫秦氏歷史乃至無錫文化都大有裨益，所收内容廣泛，涉及秦氏家族的方方面面，且多有秦毓鈞本人按語，對於後人梳理秦氏歷史淵源及發展具有重要參考價值。

本書據秦寅源先生提供稿本影印。

（陳小青）

秦氏獻徵録　甲集

秦氏獻徵録目次

甲集

邑志述聞

舊志存目

王仁輔無錫州志
錫金考乘輯存
開化鄉志輯存

無錫棄邑志昉于有宋咸淳時書佚已久今所傳者始自元王仁輔其後明凡三脩景泰間爲馮擇賢叔瑜著所編次曰錫山新志宏治甲寅鄉前輩吳蓉菴翀李絅菴庶協力成書由中齋公慶序而行之曰錫山續志萬曆甲戌主其事者爲虹洲公果以邑人華泮李時芳尤瓚盛鑾及公弟栖佐之書凡二十四卷俗稱虹洲志康熙庚午先宮諭松齡暨嚴中允繩孫又續脩之海內推爲善本書共四十二卷亦稱嚴志歷二十年而始克告成其始分任編纂者爲錢先生肅潤及公叔保寅鍵劉山園博稽旁採凡建置沿革官司選舉詩文雜識粗有端緒未幾宮諭公奉命赴楚單去再入史館書遂中輟甲子罷官後時嚴宮允亦請假里居乃相與賡續成書其後賦則公從叔户部沚鈞稽綜覈纖悉必詳餘則文學張君夏熟於舊聞間相商榷所正和析無錫地爲金匱縣華徵君希閔別爲金匱縣志凡二十卷乾隆壬申華君復與顧

棟高甫起龍顧奎光輩纂無錫縣志嘉慶庚午小峴公瀛以刑部侍郎謝政歸取徵君所志合而一之並益以乾隆庚午後邑乘所未備者而吳江張君士元元和顧君雷寔裏編纂之後公之從弟大光共司考校迄壬申而告成凡四十卷曰無錫金匱縣志時論重之道光庚子又脩續志書共十卷補圖一纂輯者楊君熙之黃君承祖顧君栩嚴君泰郎君匡和及朗山先生文楷而華君湛恩鄒君導源丁君培薛君湘及孝軒先生昌煜亦襄事焉侯葉唐少宰桐舟言列行光緒辛巳邑宰奉檄脩志以淡如先生緗業總其事而綸士先生賡彤莅風先生臻姚臣先生賡璣暨丁君諳施君建烈范君鈞等分司纂輯姚臣先生年少好學慕心考證著述尤勤書成凡四十卷末附殉難紳民表列女姓氏錄分合增損具有條例丁巳長夏閒居無事因借光緒志而剌取其中事實之有關於秦氏者合為一編顏曰邑志述聞云

宦望

秦夔

秦夔字廷韶天順四年進士授南京兵部主事歷郎中出知武昌府立均徭法監司下其規約於諸郡嘗行江干見一婦人縛而委之沙中啟而問之則遇盜不從故爾此夔即日蹤跡得盜寘之法而歸婦人於其家調建昌民有將訟其令於上者令疑所譬何某者存之陰令人首何他事遂文致其罪置極典夔疑焉密鞫首者得其情而釋之他郡有疑獄待決於夔累遷江西右布政使夔歷官四十年家僅有田三頃

宦望　夔　鎰

秦鎰

秦鎰字國重宏治五年舉人授涿州學正陞瑞安知縣瑞安濱大海山島錯雜鎰嚴設戒備盜不敢犯潔己愛民頗著惠政歷官南京刑部員外郎周府左長史祀瑞安名宦

秦金　孫柱

秦金字國聲宏治六年進士授戶部主事歷郎中正德初遷河南參政破流賊趙鐩於陳橋遷山東布政使擢副都御史巡撫湖廣討叛苗平郴桂猺入爲戶部侍郎世宗即位中旨令宮仍置皇莊金言西漢盛時以苑囿賦貧民今奈何剝民以益上乞勘正德間額外侵占者悉歸其主而盡撤皇莊之人帝稱善從之嘉靖二年擢南京兵部尚書上疏曰陛下臨御未幾政漸不能如初夫政所以清明者政出公朝也今政所以清圖者政在左右也宮府之地隔

宦望 金 柱

而信任有所偏婦寺之情親而聽受有所蔽名曰總攬而太阿之鑄實移於下矣尋改兵部召爲戶部尚書帝欲考興獻帝金冊廷臣伏闕爭又與何孟春等條張璁建議之非及上聖母冊復不至帝切責之金爲人樂易及居官一以廉正自持在戶部尤孜孜爲國內府諸監局軍匠至數千人中官果陳請下部采金玉諸珠石奸人進侯等乞兩淮鹽引三十萬金皆力爭積失帝旨六年春以考察自陳乞休歸閱四年起南京戶部陳利民六事召爲工部尚書加太子太保再改南京兵部致仕卒年七十八贈少保謚端敏明史有傳　孫柱字世立以諸生授中書舍人大學士高拱得舉倉皇去京師官校方四出偵視諸門下皆走匿柱送百里外吳中行疏陳張居正奪情被杖下詔獄柱挾醫往視湯藥居正積前嫌遷柱魯府審理尋以考察罷歸明史附金傳

秦坤

宦望 坤 淮 涵

秦坤字靜夫由例貢授給興府經歷嘉靖十四年署常山知縣潔己恤民節使客供應被誣巡按御史張公欽察其情任之時衢州打興惠庫之子暨廣盈倉斗級常民值役者俱破產坤請罷免士民德之勒碑白龍祠見常山縣志

秦淮　弟涵

秦淮字伯川父鎧見孝友傳淮歲貢生嘉靖二十四年知辰谿縣勤恤民隱而帥之以正毀淫祠除奸弊格拧流移捐修學校以老致仕祀名宦湖廣通志有傳　弟涵字問詹由舉人任溫州推官頗人重其治行

秦梁

秦梁字子成嘉靖二十六年進士授南昌府推官有盗平十二者負險附出剽劫梁察尉某陰與盗通以危言詰之尉股栗搏顙請命乃曰尔能離其黨而以酋來为贖尔命尉如言縛至磔於市擢吏科給事中京師築外城梁被命董其役劾罷宦官忤工事者遷通政司參議南太僕少卿歷鴻臚卿右通政出為浙江參議山東副使督學浙江所識拔多英俊稱為人望遷江西右布政使

宦業 梁 禾

秦禾

秦禾字子實從子嘉靖三十二年進士知武康縣會倭躪浙西被檄築城甚急禾曰築城民益驚擾是啟寇也持不可而募壯勇柵要害以守之諭曰寇來在今年恐及賊已通有數妖僧突入市上禾劳以酒食陽约禦寇受賞明日悉械送軍门賊间邑不敢窺武康應南京戶部郎中出知金華府调永昌祀永昌武康名宦

秦淓

秦淓字伯雨隆慶三年恩貢為劍州判博學好古為諸生講經義士爭師之既署梓潼知縣已攝知州去歸祀劍州名宦 見四川通志

秦燿

秦燿字道明禾子隆慶五年進士選庶吉士改兵科給事中母喪起補刑科歷吏科都給事中燿會試出張居正之门居正柄國頗採物情官僚獨才燿之於時政多所陳奏居正箴之曰持論何過峻耶燿對曰當言則言尔進太常

宦業 淓 燿 延熙 延燕 重泰

少卿擢光祿擢僉都御史巡撫南贛蒞官甫三日擒岑岡賊李佩倘其衆南雄妖僧李圓朗以白蓮符翁宗起山谷间燿先期殲其魁而解散其衆進副都御史巡撫湖廣會大旱度遺殘相望燿設法賑濟活數十萬人尋為忌者所中坐削籍士論寃之 汪琬明史擬稿附秦金傳

秦延熙 從弟延燕 從子重泰

秦延熙字允言金曾孫萬歷中選貢授湯溪知縣簡靜不擾民懷其德祀名宦從弟延燕以進士知永豐縣著循蹟

歷官兵部主事祀永豐名宦從子重泰以舉人知長樂縣黜姦胥懲豪右平反疑獄禁絶公斂士民生祀之

秦堈

秦堈字嚣針天啓二年進士知澤州父喪歸補福寧拊輯賊全民自封屬邑群餉詐竞逮藩司決獄以詞嚇得情不以恫喝入為户部員外郎管京糧廳宦官張彝憲以督理户工二部兼属視堂部全[illegible]抗疏論劾馬元騋黨馬侄去而堈及何楷與慷慨請分庭禮璫意大怍堈亦遂歸晚告東皋以終

官生 堈 鉽 汝泌

秦鉽 子汝泌

秦鉽字克繩順治十二年會試第一廷對第三人召見南海子賜袍服比第一人授國史院編修充戊戌會試分考官大學士合肥李天馥其所取士也旋出為廣東參議分守雷州遷杭嚴兵備副使當有告平為邪教者鉽詢知此愚氓食肉飲酒遂集之堂下遍與酒肉飲食訖散遣之遷榆林參政旋擢江西按察使進賢有叛人江德八者久未獲而所司得江國八鍛鍊誣服鉽察其非亟請上官奏釋之未幾卒獲德八伏誅又數人詐稱親兵取人財例當與盜同罪而操舟人往見者不得時罪鉽當見盜未得財律減死部議坐失出降調久之補長蘆運使遷湖廣糧儲參政會裁缺歸子汝泌字鄴仙官虹縣教諭能詩書兼米趙又嘗作服議一篇可補陳氏禮書

秦松如

官生 松如 松華

秦松如字六仙松齡弟知吳川縣廣東白軍與民散餉急而遺蓄積松如議歉集不任帶徵條上利害請遂蠲之大掛時指羅官歸後十年乃如所請粵人追感其德立祠祀之見廣東通志

秦松華

秦松華字瀛仙父德湛見隱逸傳松華由歲貢生官筠連知縣既蒞境有里長扶背以迎具言縣官日用所需均取給於此松華亟揮之去比視事里長又斂錢圖請松華又峻拒之自是不敢復言每歲遣二健僕走數千里取金於

家以自給時遭閩獻賊亂後瘡痍未復拊卹勸民耕作多
所開墾後進士於官舍親爲講授人以興學卒於官喪歸
士民素衣步江遠送祀名宦

秦甸

秦甸字中馭少爲諸生讀書有根柢雍正五年進士授濰
縣知縣慈祥愛民不施鞭扑民以老佛呼之入爲刑部主
事行素惟山繭數匹而已從弟蕙田方官侍郎時無回避
之例每日上堂坐稿蕙田恭立以俟甸執禮維謹見者
宦望 甸 仁 雲錦 勇均
以爲難

秦仁 兄秉中 子雲錦

秦仁字國體由副貢生舉孝廉異科知蒙自縣治潔裸有法
會普思不靖仁嚴設戒備邑境帖然移東阿擢知福寧府皆
有殊政仁少孤奉母至孝事兄秉中尤篤倫誼子雲錦諸
生清贍先人家產著秦氏先城考

秦勇均

秦勇均字健賢乾隆四年進士第三人授編修出知九江
府俗好訟勇均遇事反復詢譬不施笞責而事多寢息移
廣信親詣鵝湖書院與諸生講學歲旱未奉檄先發粟平
糶竟被譴丁憂服闋起爲平陽知府久之擢陝西按察使
條奏刑律輒報可執法持平告病歸卒於商州

秦鏷 弟鑌 子泉 瀚 湘

秦鏷字廣和乾隆十二年舉人爲人沈毅有定力由湘潭
知縣遷歸州知州甫三月聞父計時方按捕巨寇張仁貴
等之獄既成讞臺司前過堅持不可勢且反坐鏷聞之從
宦望 鏷 鑌 泉 瀚 湘 震鈞
叔尚書蕙田尚書入告上命大臣鞫治之誅張仁貴等屢
司皆獲罪鏷累遷至湖北按察使降長蘆鹽運使終刑部
郎中弟鑌才亞於兄由翰林出歷廣東鹽運使鏷子泉以
編修改吏部主事瀚官國子司業視學安徽有清名湘舉
人署大竹縣鄰境叛兵侵擾湘嚴守得安授合江設四鄉
義學置田千畝積穀備凶荒以病歸

秦震鈞

秦震鈞字酉經國子生以乾隆三十二年授臨清州判適

年王倫反壽張震鈞適權州事預爲戒備而賊已至嬰城固守凡十七日賊每以大礮擊城危如累卵矢盡糧絶城危得全撫臨清知州景運升江西運使以病免後出爲諸東泰武臨道卒於官方賊攻臨清有婦女千人羅拜城下乞入城副將葉信持不可震鈞曰是吾百姓忍棄之耶竟納之居家者友好施與其善舉甚多

秦瀛 弟濂姪

秦瀛字淩滄乾隆三十九年順天舉人四十一年東巡台

宦望 瀛 濂

試賜内閣中書遷侍讀出爲浙江温處道陞永嘉數十年以生監充莊長積弊擢按察使平反定海戴氏蔡長與十二人之非辜寧紹台大水告饑有司預報豐收不敢請瀛言於巡撫得議賑調湖南衡州歲歉陝西奏撥兵米瀛力止之旋告歸復出按察廣東治吳毓書之獄黨於順德者持禁民之爲礼於復州者懲贓博之豪猾向錮擅者擢浙江布政使入爲光祿卿終刑部右侍郎瀛少負異稟操筆千言以詩古文名當世出入中外屢爲刑官治獄明慎歸而指義埜田以課子弟修錫金縣志卒於家弟濂舉人工詩文聞父訃號慟嘔血卒沅自有傳

秦鳴升

秦鳴升字霽峯乾隆四十五年舉人授渭縣知縣地曠民刁嘗賊充斥鳴升治以嚴民作歌曰秦呂來户庭向嘉慶二年許州賊猖獗延及渭境鳴升日夜籌備民藉以安旋乞休歸

秦雄濤

宦望 鳴升 雄濤 琳

秦雄濤字聲雷乾隆五十四年舉人授太湖縣訓導勸修學宮蒐訪邑中節孝二千餘口彙詳請旌士民頌之平生好究經義著有五禮輯要果旭字敦軒雄濤同科舉人老平縣教諭在任日有賽睃爲勢力所抑者旭力扶持之俾得直以廣歸諸生建祠祀之

秦琳

秦琳初名琦字涑漁嘉慶九年順天舉人知范縣會教匪李文成滋事東明長垣相繼陷危琳等竟偕倫

夜宿堞樓匝月不解帶武弁藉端需索琳裁抑之聞母訃代者未至琳躬苫從事卒賴安堵工詩文有滄漁詩稿

秦沆 子國楠

秦沆字小洄由廩貢議敘得射洪縣丞攝知臨川縣興學校勤農桑修城築堤養老育嬰理滯極冤十餘年民情大洽時江西舊引鐵錢沆請平准價減加引裕販南還南昌同知監寶昌錢局知錢法之壞由料價不敷而侵蝕者衆乞貸庫錢生息津貼罷冗役陋規議皆得行擢永平知府嚴絕所屬供億瀕海多荒地乃召民墾禁索費成田無算沆性仁恕而勇於任事尤善折獄祀臨川名宦臨川縣志有傳子國楠舉人工詩文居父喪哀毀尋卒

宦望 沆 國楠 鳳渠

秦鳳渠

秦鳳渠字琴山嘉慶九年舉人攝雲夢知縣民人揭紅爲捕役所殺府委通判代驗通判與吏因有覬覦紅妻以大姦滅跡鳳渠發其奸補浪穹知縣引疾歸嘗爲同考官得知名士五人主試林則徐爲繪五芝圖記其事

秦緗武

秦緗武字省吾瀛子少能文善摹窠書以國子生歷任江西知縣而在彭澤者再彭澤多盜猾雖治緗武杜請謁精聰敏吏莫能爲奸數年反冤獄他邑有疑案輒委決焉其再任時邑多逋賦又累被水前令多以奏銷廢今去年得久任者緗武至不事敲扑開誠諭之民戴前恩慮其去爲揭帖於市曰願秦父留者輸年後咸踴躍自愛緩外輸如額而瀛馬當鎮界湖北安徽其閘排洲爲盜藪緗武夜馳往不及越界獲其魁大吏才之使禁贛南會匪緗武曰其會名千刀人衆難盡捕惟先得者不怫盡法懲處未得者聳懼又上便宜四事行之以丑日中捕獲得庚卒年以歛縣人歸其喪彭澤縣志有傳

宦望 緗武

秦大治 附華瑞翼傳

華瑞翼字鳳歲道光三年進士知靈壽縣持身廉介其同年進士秦大治官武強知縣大治工制舉文居官鯁直忤上官歸主講東林書院

儒林

秦鏞　弟鉄、戟

秦鏞字大音父爾載見孝友傳鏞崇禎十年進士知清江縣邑素僉富民為馬户富民竄入胥吏累貧户鏞以胥吏僉而給其值劇盜嘯聚以計擒斬之築梅家畬建義倉教民稼穡福王時擢監察御史屢上封事不報尋歸南都亡亡鏞獨居城東弓河之上自題曰千休館惟與門弟子講習主靜之學閉門讀易謝絶人事垂十餘年疾革戒諸歸

儒林　鏞　鉄　戟　松齡

鏞曰硜硜者志安石可移耶遂卒弟鉄戟並以文學知名鼎革後棄諸生服

秦松齡

秦松齡字留仙弱冠中順治十二年進士改庶吉士授檢討以逋糧案削籍康熙十八年舉博學鴻儒復原官歷左諭德再典鄉試又以磨勘罷職至四十二年南巡給還原品官京師時大學士滿洲某公欲援攻松齡屬人通意幸不往啗以薦從軍荊襄督師蔡毓榮請於軍中講學松齡為陳說忠孝大義介胄之士無不悚聽平生於書無不窺以詩古文名世晚益耽研經訓尤深於詩自毛鄭以下李及歐蘇呂嚴諸家參以己見補朱傳所未備有毛詩日箋四卷行世別有書經春秋日箋未卒業

秦松岱

秦松岱字燈巖松齡弟國子生幼讀王守仁傳習錄高攀龍靜坐說因有志於學後師事族祖鏞鏞故攀龍入室弟子自是識解益進時盩厔李顒武進惲日初慈谿黃宗羲

儒林　松岱　道然

皆前朝遺老以講學相砥礪松岱既書質正往復累千言殁敘然而布衣糲食治家一守古禮

秦道然

秦道然字雒生松齡子少時資穎鈍發憤誦讀遂能融貫經義為文章成名家康熙四十八年進士改庶吉士年已五十有二尋官禮科給事中擢禮部侍郎在圜扉十四年著困知私記明儒學錄貌益充視聽益精明乾隆初得釋僑將十餘年卒年九十

秦蕙田

秦蕙田字樹峰，乾隆元年進士第三人，累官刑部尚書。蕙田少承家學，以經術篤行為江陰楊名時所知。本生父道然以藩邸事久繫縣獄，蕙田既通籍，伏闕陳情，乞以身贖父罪，道然竟得釋。領西曹最久，遇事沈毅果斷，退則閉戶著書。其學以窮經為主，生平精力尤粹於五禮通考一書，蓋本朱子遺意，而參諸崑山徐氏讀禮通攷，凡閱三十八年而後成，因本徐書斜之。又奏請刊正韻書，上命與武進劉綸共任其事。蕙田建議古韻二百六部，今併為一百七韻，如元與魂痕當析為二，殷韻宜入真韻，不當入文韻，上聲拯韻、去聲證韻宜分出各自為韻。又考定四聲表，欲通古音於等韻，時已遘疾，猶往復辨論不輟云。本傳、文集。所著有味經窩集，亦多說經文字，有已入通攷者，故學者稱味經先生。

儒林 蕙田

文苑

秦用中

秦用中字擇之，父璠工詩。用中負才名，李夢陽、何景明詩人與相倡和，尤善邊貢。以弘治十八年貢，授秦順教諭。

秦德滋

秦德滋字以興，副貢生，名著復社，工於詩，與華淑、黃傳祖輩結淮綠詩社，尤善楷法，似歐陽率更，嘗彙刻前人名蹟，書曰梁溪秦氏帖，甚精妙。

文苑 用中 德滋 日新 保寅 泉芳

秦日新

秦日新字映碧，歲貢生，少與錢肅潤、張夏輩善，官旌德教諭。著有白鹿臺詩，具唐人格律，宣城施閏章嘗與倡和。

秦保寅 從弟泉芳

秦保寅字樂天，家富藏書，嘗賓蕭山毛甡，後改名奇齡。亡命時，甯主其家，盡取其書而讀之，尤善慈谿姜宸英，與為倡和。保寅讀書縈條條貫，所為詩刊落一切，獨標清峻。中歲棄諸生，亦繫偶為人處方，輒效。崑山葉方藹序其詩，稱樂

天爲人謹謹穆穆與之相處座意俱盡其詩質而實綺麗
而實腴從弟衆芳字天凱亦好學能詩

秦靖然

秦靖然字粟師少爲諸生以恬退聞於時與吳門汪份張
大受玄甚其文出入會陳諸名家康熙五十一年進士選
庶吉士授編修尋告歸屏居讀書時秦氏兄弟多能文章
道然靖然辰燕曾鏻皆以諸生終

文苑 靖然 望 鄉洛

秦望

秦望字元功諸生精究易學旁及天文地理作思適集藥
善鑒著有鑒源八卷

秦鄉洛

秦鄉洛字大來耆籍吳中康熙五十三年順天舉人務有
用之學治河營田兵法靡不通曉嘗隸硯羅政之邊來裝
歸逆不應禮部試晚涉佛老並通奇門占驗諸書

秦鈞儀

秦鈞儀字伯芳拔貢生善談論掀髯抵掌旁若無人以能
經義稱詩古文具有體裁學使寧化雷鋐亟稱之年六十
餘游楚役於襄陽

秦朝釪

秦朝釪字大樽乾隆十三年進士由禮部郎中出爲楚雄
知府朝釪胸無崖林吶於口而丰裁峻厲人不可干以私
官楚雄日屬有兵事朝釪擇諸井之兵過而民不知一日
巡撫過境朝釪方讀書廨中之小亭迨終卷出城不及趨
謁巡撫聞其賢亦不怪也繼以左遷歸朝釪工於詩其集
顔曰先旭刻之尤善治古文多可傳者

文苑 鈞儀 朝釪 昇雲

秦昇雲

秦昇雲字汾祥易均子乾隆四十二年拔貢生爲如皋教
諭常集課諸生與邑人徐觀政等爲詩社宋王學士觀墓
爲豪僧所侵昇雲力言於上官復其地又得詩人鄒潛夫
墓碣於他所訪而復之卒於寬祀之學宮旁舍昇雲好古博
覽藏書甚富皆褒素無不精當又喜談兵著有慎戰慎

守編見聞隨筆錄

秦鳴雷

秦鳴雷字震宇諸生善治經兼通性理私淑外祖王繩曾
弱冠遘疾枯坐玩易經年學大進著有易玩續易質疑書
質疑詩測詩存春秋抱遺禮疑周官粹義瑯石山房詩文
鈔夬隽等書

秦永年　族弟玉海　孫炳文

文苑　鳴雷　永年　玉海　炳文　大受　大光

秦永年字雪緣貢生署奉賢訓導江北饑民南徙永年奉
檄勸賑流民無失所者著有碧梧桐館詩集族弟玉海字
步三貢生為邑名師著有摭書樓集永年孫炳文字直亭
舉人官吳江教諭晚入貲為戶部主事居京師久以擅善亳
山水擅名於時

秦大受　弟大光

秦大受字可庭諸生邃於性理易學詩書皆為文深入理
窟晚游廣東著有粵海吟草續史遺編弟大光字蔚中由
舉人應官盱眙知縣有政聲著有梧香詩草秦瀛重修邑
志大光獨贊之

秦大雯　弟大霖

秦大雯字虛車嘉慶九年舉人攻苦力學著春秋人名考
異弟大霖字懋學歲貢生淡於進取著詩義尊聞

秦沅　子桌　附華長發傳

華長發字商原諸生工詩詞與秦沅善二人嘗偕顧祖禹
同纂方輿紀要沅字湘依亦名士與寧都魏禧交沅子桌
從祖禹遊工篆法著有篆刻簡一書禧為之序

文苑　大光　大雯　大霖

秦華田　附唐杜詔傳

杜詔字紫綸少從嚴繩孫顧貞觀游得其指授工於詩尤
善填詞卜居南塘以詩倡導後進時秦華田吳梧源皆學
詩於詔後先成進士

忠節

秦廷珪

秦廷珪字廷喜歲貢生福王時除長沙縣丞江南亡唐王稱號福州督師何騰蛟檄令署善化縣事順治四年長沙破湖湘悉平廷珪與其二女屏居衡山沖赴水死懷鄉義為衣冠殯之

秦華鍾　子沚　曾孫椎飛

秦華鍾字元发禾曾孫順治四年歲貢授富川知縣廣有兵事三年乃蒞其土拧叛歸偽民旋復業毋何猺寇大至被執賊勸之降鍾大罵[illegible]就縊守者覺而救之乃訣以行方渡江伺間投水死贈按察使僉事予祭葬官其子沚為戶部主事曾孫椎飛進士官至江西布政使

忠節　廷珪　華鍾　沚　椎飛　炳章

秦炳章

秦炳章字震煊道光十二年順天籍舉人官鶴慶州知州调署龍陵廳咸豐四年土寇作亂死之

孝友

秦旦　爽

秦旦字永孚爽字仲孚以字行父旭見隱逸傳先嬰疾宦於外旦爽家居侍養四十餘年父嘗患心疾醫謂得人胸間血迺可療二子爭刲胸出血和藥以進父疾竟愈母傷膝創潰二子以舌舐之旦忠厚沈默擇言而發爽直諒工於詩操行異而俱以孝稱憲宗旌其門曰雙孝旦子鍾爽子鋐亦有雙孝名鍾別有傳永孚仲孚見汎史孝義傳序

孝友　旦　爽　鍾　鋐　淮　瀚

秦鍾　從弟鋐　子淮瀚

秦鍾字國和旦子母張病瘵且篤鍾以意揣其所欲而調護之坐臥躬自抱持積十九年不懈鍾成化十七年舉人自母病不赴禮部試比母喪服除而鍾年已老授南京都察院都事卒從弟鋐爽子官浙江布政使都事執喪廬墓事母至孝鍾子淮父疾會有試事趣之行乃陽治裝而潛留侍有事後官辰溪知縣見宦望傳淮弟瀚有文學為姑後於吳往定省亦以孝稱後復姓

秦勵

秦勵字邦哲以諸生貢太學謁選而父歿遂誓不復出桀室父墓旁歲旱水涸忽有泉湧出眾賴之名曰孝子泉

秦爾載

秦爾載字彥熙事兩後母談與其生母吳氏壹其力吳嘗患哭亡爾載終身不食哭獅事高攀龍篤信好學卒年僅三十三攀龍誌其墓手錄

秦孝維

孝友　勵　爾載　孝維　詰　鏡　銑

秦孝維字善先性情至事親孝親歿廬墓三年與龔廷祥高明結友善及二人殉難遂晦迹斗山不見一客

秦詰

秦詰字寧侯詰生七歲失恃欲以身殉朋冠潛心理學為明心録采古今格言為有心録又善以方藥活人或遇顛連煮糜給攜無倦色

秦鏡　弟銑

秦鏡廷珪長子順治四年鏡有父長沙院至見外父已殉節死持棺號慟不死之康熙三年銑幼弟饒間關往訪始得御父兄柩以歸

秦重采

秦重采字幼儀居親喪哀毀盡禮家人失火遍母柩采愚柩哀號火及舊而返事兄撫如父母子鉞

秦源寬　子伯龍　龍光

秦源寬字來能生四歲而孤母胡苦節撫之源寬既成進士考授中書告歸侍養請旌母劉遂與顧培等相地惠山之麓其背別建貞節祠奉母主入焉子伯龍進士知濰縣龍光吳縣學生性至孝早卒

孝友　重采　源寬　伯龍　龍光　枝桂

秦枝桂

秦枝桂字燕庭父世緒有孝行枝桂好讀書文行謹飭秦氏自其先尚書金始編宗譜有名瀹者圖繪先人遺像以及碑銘傳記彙為一帙集閱數世而枝桂又續加纂輯共六十卷逾二十載而後成嘗自館塾歸適有從弟婦歿甚教授所得為治後事從弟歿復殯殮之卒歲家徒壁立著

鉽自得

秦賓鉽

秦賓鉽字涑子貢生道鉽弟出後叔氏松岱雍正初道鉽以事繫獄罰鍰數萬賓鉽矢以其身共兄難臺憲不可固請臺憲曰若胡為於此株不及孥況若出嗣對曰出嗣者分同生者身不株者國恩不移者天性兄存與存兄亡與亡耳卒出私錢代償罰鍰家以貧困年八十九卒

孝友 賓鉽 瑞熙 文錦

秦瑞熙

秦瑞熙字輯五貢生工畫不多作多藏古人書畫精於鑒別寄暢園為秦氏世業瑞熙獨力新之乾隆十六年南巡瑞熙進畫冊賜貂皮瑞熙獲特頒孝友傳家額並令配享賢孝祠子兆雷歸常稔田二百畝為賢孝祠春秋祭享及脩葺山園之費

秦文錦

秦文錦字仲絅諸生能文工書畫少孤兄弟四人仲出後文錦稍長隨其伯兄雲錦措拄家事事嫡母甚孝甘旨之奉不以貲欽雲錦復食指日繁不析箸家益困文錦乃出遊粵東積有贏金歸置田二百畝與其兄子及季弟均分之而一無所私

附 開化鄉志

秦詔

秦詔字寧侯號雪島邑諸生目覽手錄亹亹不輟尤專注於理學接人從容議論真睟面盎背周旋中禮氣象壽七十六著有怡雲集

孝友 文錦

遂解千金橐付之歸乃不復仕年七十四卒

秦瑤

秦瑤字丹麓家饒於貲少因病精醫嘉慶末大疫人相仆於道瑤活之飢起自是有名富貴人招恆謝不往獨喜視貧人疾或并給以藥及錢米居近高鳴諸山山叢厝柏相望值歉歲出金召人掩埋人賴以隧而數十里無暴骨道光中佐賑者三費六七千緡江陰壽興沙潮患漂溺人瑤痛中悯之以四千緡畀人拯救其好善如此

行義 瑤

行義

秦松期

秦松期字鄂仙以貢授蒙城縣宣訓導不就改翰林院孔目家居長娓内行淳孟負才識不及施用詢試之鄉里臨事舉之難惑以非邑有公事松期恒尸之急難排解咸以此嚴誇弗悔也

秦公鎬

秦公鎬字二酉初嗣叔父後叔舉子即盡還叔產固典之受腐田二畝種秫以釀酒架上卷帙縱横覆之皆成誦六財用為復貿曰書在吾腹中無事此冊子矣居少頸西湖環山陵谷窮蔭經歲不見嚴書孟虞山居海濱聽潮声三年不歸家人莫知其所在老值歲饑家既貧無子又恥從人求食走入湖中死

行義 松期 公鎬 鴻甲

秦鴻甲

秦鴻甲字肇中乾隆四十五年舉人性淡於榮利家人勸其謁選中途遇浙人畢某舊友也以浙縣虧空被逮鴻甲

耆碩

秦樸　孫森

秦樸字勉和長身古貌博學有文章嘗與同邑畢學訴人為真率會不求聞達而衣冠文物表率鄉里號抱拙生年九十三卒孫森字卑牧雅有祖風印尚書金之父

秦埈　從兄壂　子仲錫

秦埈字太清國子生愼子性純謹言動不苟貴游子弟皆畏憚之壽至八十三從兄壂字太階亦高壽人推老宿埈子仲錫賢而多才受業於馬希伊希伊子世奇銘其墓

耆碩　樸　森　埈　坊　德藻　壂　仲錫

秦坊

秦坊字表行貢生操履純正長厚樂善置義田贍近族之貧者既而族人欲以銀易米又求析田且指田索值坊應之年佬也嘗著範身範家某略學者尊為榮潞

秦德藻

秦德藻字以新父殁時祖父母具在祖父母殁泣血居廬以三年哀子松齡以族姑詭寄適糧產職成借自申雪德藻命子禱曰攝指予幼稚之恐株連窮達有命不必安之德藻壽至八十五子孫曾元及見者男女百餘人仁皇帝南巡幸寄暢園德藻恭迎謁累被存問尤極榮遇云

秦松齡　子孝然

秦松齡字鳧仙生長世家而修慎若寒素性樂善有叩必應天真爛然頎身童顏髭髯皓白亦愛而視之聲呼曰三老併子孝然字石經貢生距人長德恭遇純皇帝南巡秦氏諸老懇伏山園孝然年九十特蒙御詩之賜其殁也頌棟高志其墓

耆碩　松齡　孝然　敬然　恬然　春田　鳴鈞

秦敬然　恬然

秦敬然字學伊恬然字師石皆松齡子檢身持家矩度整肅教子弟尤嚴恭儉溫文鄉里以為模楷敬然年至九十卒

秦春田　子鳴鈞

秦春田字耕和寶然子國子生少時力學從鄒升恒王德嘗游學使者將以人材薦會丁母憂不果性至孝居父喪

年已六十猶哀毁過人晚年倡議置義田年八十有八卒
長子鳴鈞諸生績學砥行教授四方弟子多擢科第而鳴
鈞年未四十已罷舉子試安貧樂道家無宿儲座客常滿
鳴鈞子瀛見宦望傳

仲昇　鏜　鮑　傳　淳
出繼　彥　六箴
書丘　子甯

秦夢蘭

秦夢蘭字文心考授主簿父尚烈諸生隱居屋渠以詩名
夢蘭貌樸野而性情誠篤樂施與喜交游人皆目為長者
卒年八十有五

書碩　夢蘭　文楷

秦文楷

秦文楷字朗山號雲孫貢生道光間與鞠錫金續志嘗與
楊奎斗許叶泰謀葺東林書院增拓課舍院媿工而絀於
貲會鄉壯弟鳴鶴以發歸里力主之事乃大集文楷性
渾厚治身及訓子弟恒以慎獨去私為本卒年七十二著
有誦芬書屋詩藁

隱逸

秦旭

秦旭字景暘父季昇有隱德旭亦不仕工於詩晚結廬惠
山之麓與李庶陳陸度魏高直黄祿楊理陳公懋施康潘緒
輩觴詠其中名曰碧山吟社旭雖以子夔貴而退然謙約
如韋布以德量見重里中有不善者輒相戒勿令旭知卒
年八十五友人私謚曰貞靖先生

秦德湛

隱逸　旭　德湛

秦德湛字以寧諸生為學務躬踐實鼎革後屏居小樓
足跡不履戶庭二十餘年慈谿姜宸英為之傳

藝術

秦銑

秦銑字南珍諸生善畫山水學文徵明花卉尤勝工於臨摹時尚書鄒一桂在籍人購其畫不易得銑輒代爲之觀者莫辨真贋也年八十餘卒

秦延熹　附施顒卿傳

施顒卿字純甫嘉靖三十一年舉人知新昌縣畫精於弈者而弥篤無能先之在院而北部有說萬年忽起而勝之

藝術　銑

又有秦延熹萬曆二十八年舉人吏出萬年上

列女上

秦漢妻熊

秦漢聘妻熊壽芳蘇州人適者經列女傳諸書年十五夫淳卒哀痛殊頻措西覺其故即閉門自縊驚救不死父母絕以其年少嘆之復議婚他氏熊引刀斷髮截然右耳血濺其什地昏絕良久乃蘇自是不敢他議及淳葬斬衰來會以壘畫穴冢寄曰死必歸此既返茹素服素有司以聞語日改義來侯年而旌其後淳父都事銑謂不可使熊無嗣乃命淳兄子櫟後之淳定省作蘇熊父母殁遂迎養焉適年爲嘉靖三十五年於旌其門時熊年五十四又十餘年卒王文恪鏊爲之傳淳再從兄子畏以文表墓云

列女上

秦烱妻華

秦烱妻華夫處刲股療之者再守節三十四年

秦達材妻蔡

秦達材妻蔡年二十二達材卒蔡素通孝經四子書衆村中咒謂之讀鄰媼攜鄰秦來餉以是得奉姑甘旨姑卒謝

遣生徒食貧萬志三十餘年

奔昇 旭曰 鍾 澄 象 煒

秦煒妻胡

秦煒妻胡婚甫三月而寡遗妊不育守節二十二年

奔昇 旭 愛 銳 汶 鍾 唐 城 桃

秦城妻顧

秦城聘妻顧待婚而城卒歸秦奉舅姑以守貧賤矢志能至歲不聞其笑語聲

鍾 淮 增 倫

秦淦昌妻吳 列女上

烈女吳許字秦淦昌淦昌卒女誓不二執喪於家如婦禮比服闋而謀再女欲引刀自盡侍婢守之遂屏粒食嘔血而絶

旭旦 鍾 楠 象 莧 衎

秦之衎妻董 家譜作衎

秦之衎妻董之衎卒時謂曰負汝半生要死句守倘遺娠生男善付托之可也董以死誓歲欵至取摘皮硃食之持子自守

以上明人

鍾 瑞 象 受 洲 名鶴 世舟

秦世舟妻張

劉憲舒妻張婚甫四月而憲舒卒哭其夫哀六死張之妹許字秦世舟未婚世舟亡女時年十九聞訃自經家人救之甦守志不二人稱為雙貞云

鍾 瑞 象 榮 恬 已錫

秦已錫妻胡 列女上

諸生秦已錫妻胡已錫卒胡年二十一延名師教子源寬成進士源寬不仕奉母以孝稱

煜 伯欽 儀 熊 衎

秦衎妻侯

秦衎聘妻侯未嫁衎卒欲歸秦守貞其舅姑固靳之鬱抑以卒年十八

儀 文丝

秦文丝繼妻顧

贈知縣秦文丝繼妻顧文丝卒撫孤華田尚幼又撫伯氏孝丝子爲田爲子如己出守身持家以禮華田成進士

秦瀾妻諸
知縣贈布政使秦瀾妻諸年二十八守節甘貧撫孤樹穀
為娶婦婦又早殁撫其孫樹飛成進士請旌卒以樹飛官
布政使贈夫人
秦嬰齊妻虞
秦嬰齊妻虞以德孫事舅孝舅病剖臂和藥病篤虞請迎
歸調治克盡承志得舅之歡心
秦恬然妻安

贈知縣秦恬然妻安未嫁時嘗割股愈親疾既寡年少無
出欲遣之誓不去全節以終
秦中威妻顧
秦中威聘妻顧年十三失母即育於秦未婚中威卒斷
服既慟欲絕守貞以老
秦坤敘妻徐
秦坤敘妻徐年十八而寡事姑孝姑病目徐朝夕以舌舐
之遂復明指八月孤謹書有感

秦信聲妻殷
秦信聲妻殷聲有瘋疾婚兩月而卒殷欲以身殉以舅姑
年老猶不死撫所後子既授室而子婦相繼卒遺孫在抱
以苦節終烈婦戚奎曰老婦終身一寡子也其婦風聲妻
華年二十三而寡撫孫又夭為子娶婦倪年二十又夭卒
兩世三孀俱以節著
秦嗣聲妻李

列女上

秦嗣聲妻李嗣聲卒年二十五撫子甫周歲撫之既娶
而子婦俱卒茹苦終身
秦文釗繼妻閻
國子生秦文釗繼妻閻年二十五夫釗卒無子撫姪瀚為
子夫婦又相繼卒撫孤孫成立既娶而夫婦俩亦以苦節
終
秦景鏞妻蔡
國子生秦景鏞妻蔡工部司務德書女也年二十九而寡
葬少舉家散事舅姑誠敬撫遺腹子景范為諸生

秦澗鈞妻胡

諸生秦澗鈞妻胡氏，原籍武陵，布政使獻徵孫女也。少聰慧，通書史。澗鈞疾亟，謂胡曰：吾累汝矣。語畢死。胡以首觸柱，流血被面，姑曰：汝吾老子幼何？胡涕泣受命。子二人，長富為諸生。

秦之樞妻楊

秦之樞妻楊，年二十六，之樞卒，絕粒飲七日幾殆，母勸之勉進饘粥，翩然燒為夫殮，乃專意撫孤，舅姑已前卒，依母以居。母秦早寡，秦長女適而亦寡，母女三孀，同志以守。

秦嘉文妻史

秦嘉文妻史，年二十，嘉文卒，姑老病相繼死，家極貧，鬻所居基葬地，而結節養舅，以存遺腹子庭賢。既娶，夫妻史年二十四卒，出撫孫為後，姑婦相依，俱以苦節聞。

秦昇梅妻潘

秦昇梅聘妻潘，年十八，將議婚，昇梅卒，潘素服往哭，歸禮嘔血而絕。

秦濂妻張

舉人秦濂妻張，年二十歸濂，姑病，賣嫁奩田四十畝為參苓費，翁姑不知也。年二十三，濂卒於京都，張聞號慟，欲妻繼以血，守節五十年，壽至七十八。

秦氏曉妻董

秦氏曉妻董，年十六，母家患對口瘡，醫束手，董割股煎湯，母竟愈。洎歸秦，姑患瘡刺瀕危，董割股如前，亦愈。

秦玉林妻胡吳

秦玉林妻吳，年二十六而寡。玉林曾刲股愈親疾。玉林卒，吳孝事舅姑，勖子成學，守節十六年卒。

秦肖鑑妻陳

秦肖鑑妻陳，年二十八而寡，苦節奉孝，撫子鳴遠成立。族孫焕英妻方，年十九，夫亡，子聞庵在襁褓，方絕粒七日，再遵姑屬，刲股以進。

秦焴會妻張

秦焴會妻張，夫患瘵，將不治，搶有期矣，母不遑。據張告母

曰既受秦聘往而死於悔遂歸秦數月夫復張裒毀旋卒
以

列女上

列女下

吳鈇妻

國子生吳鈇妻秦孝子旦一女也年二十八鈇卒遺腹子生四歲夫乃歸依父母以居以弟子瀚為後年七十二受旌又十有四年而卒

王有道妻

王有道妻秦年二十九有道卒時舅姑年皆八十而子僅三歲家多難以節孝終

列女下

郭維瀚妻

郭維瀚妻秦年十九夫亡欲以死殉有勸之者身有妊以生男撫之愈於死後生子文輝有成立而夫抑鬱死

湯作霖妻

節婦秦知縣延默女適宜興湯作霖年十九而寡工於詩八歲時有句云松柏身不老寒天葉常碧父見之曰是兒當以節稱其祭夫文尤酸楚

華士樟妻

華士樟妻秦年二十三夫亡子夭母吳桂森孫也亦早寡無子里中稱為雙節秦甚貧至不舉火適文楠族中諸女多就之學

華允斌妻

華景焙允斌景炫兄弟並早世惟允斌妻秦遺腹一子娣姒三人皆年少同處一室齋肅無閒

談宜聰妻

列女下

談宜聰聘妻秦未婚宜聰卒守貞三十餘年

秦欽亮女　按請衛初公之後有偉韶克方字仲達生康熙甲子卒缺配吳氏子一此同孝女載孝女事

孝女秦父欽亮母韋素有疾將受聘女泣請曰母疾若此而姊又出嫁女去誰事母者父憫然遂從之父母卒依戚朱節母以終

黃兆鵬妻

黃兆鵬妻秦兆鵬死哀慟欲絕舅姑謂之曰吾等皆老矣死易立孤難勉為其難者秦受命嘗割股療姑疾既卒喪葬以禮持孤周備督教甚嚴為諸生有文譽

朱遇時妻

朱遇時妻秦遇時以瘵死遺七歲孤家極貧秦苦守持孤成立其孫烈芳市年嘗刲臂以療父疾

侯作梅妻

侯作梅妻秦歸時作梅已病革月餘作梅卒秦欲殉勺水不入其姑以米湯進勸慰之越數月竟死

張文庠妻

列女下

孫文庠妻秦寡時言二十七遺孤鉼尚幼紡織自食鉼既娶又夭婦欽依姑以守兩世孀居不渝其志

陳鳳喈妻

國子生陳鳳喈妻秦父家貧以女紅奉大母甘旨年二十歸陳舅沒鳳喈哀毀疾革秦露禱請代膝盡腫卒不起同姑吳悲痛過甚秦惟飲泣不出聲終身屏衣飾操井臼持兩孤將成立年六十六卒

俞鈞妻

俞鈞妻秦鈞客死於閩秦聞欲以身殉時夫兄鏷宦於楚

遂携子女往託爲越日即自縊死

秦緗武女

孝女秦墨義知縣緗武女年二十父卒矢志事母不嫁再刲股愈母疾先母卒同治十三年旌

俞景壽繼妻

俞景壽繼妻秦年二十七而寡哭夫慟旋吞金環翁姑飲以藥而吐之得不死恪盡婦職待前室子敦培有恩年七十七卒

列廿下

秦廷珪二女

長沙縣丞秦廷珪二女事詳廷珪傳

著述

秦㦤 抱拙集六卷

秦宷 卑牧吟稾 湖南雜錄

秦旭 修敬先生集八卷

秦墻 東皋集

秦用中 滌潞集

秦夔 五峯遺稾八卷

秦奭 條煩亭稾二卷

秦勵

著述

一識齋文集

秦金

鳳山詩集十卷　通惠河志二卷　鳳山奏稿

撫湖政要　安楚錄

秦鍠

樗林摘稿四卷

秦銓

讀史閒評　錫谷叢談　春明筆叢

著述

秦銳

紫薇堂稿

秦瀚

從川詩集　嚴棲集　碧山吟社志十卷

秦泮

小山吟稿

秦漚

古今家譜　讀史百詠　辨思錄

秦汴

懷孝齋集　三才通考

秦瀹

春秋類編三十六卷　戰國人才錄　六蕭河志

秦果

給竹堂詩集　無錫志二十四卷

秦植

清湖前後集

著述

秦燁

天恒疏稿六卷　湖廣通志二百卷　全楚奏議

八卷　荒政摘錄四卷

秦宏

柳汀吟稿

秦惆

東皋唱和集　靜遠堂集

秦坊

乾家集略六卷
秦鏞
易餘圖說二卷　參同闡幽六卷　周子通書注
解　皇極內篇小衍　先儒四編　諸儒二卷
淮海先生年譜　靖江縣志
秦鉽
秦氏文獻十集
著述
秦鑚
訂正九經
秦燮
上生集
秦鈛
讀書類
秦沆
春秋綱　詩經多識
秦淦

清拈閣詩集
秦松齡
毛詩日箋八卷　蒼峴山人詩集六卷　蒼峴山
人文集六卷　明史擬稿四卷
秦松岱
易學闡微二十卷
秦道然
泉南山人詩集六卷　明儒禮要四卷　困知私
記一卷
著述
秦枝桂
秦氏金石錄六十卷
秦蕙田
五禮通考二百六十二卷　味經窩詩文類稿二
十八卷　周易象義日鈔
秦鈞儀
若舫詩文稿

秦朝釪
咕齋詩文藁六卷

秦瀛
小峴山人詩集二十六卷　小峴山人文初集六卷續集二卷　遊庵日知録八卷　己未詞科録十二卷　跋餘偶存六卷　重訂淮海公年譜六卷　無錫金匱縣志四十卷

秦鳴雷

著述

詩渊六卷

秦沆
臨川縣續志六卷

附名媛秦淑貞
上清詩集

附秦德瀅妾名錢王朗
靜提閣詩集

選舉

探花
鉽 順治乙未　蕙田 乾隆丙辰　勇均 乾隆乙未

翰林
燦 隆慶辛未　鉽 順治乙未　松齡 順治乙未　道然 康熙己丑
靖然 康熙壬辰　孝然 欽賜乾隆丁丑　蕙田 乾隆丙辰　勇均 乾隆己未
泰鈞 乾隆甲戌　儀 乾隆乙丑　泉 乾隆乙丑　潮 乾隆丙戌
賡彤 戊辰會丙戌

選舉

會元
鉽 順治乙未

進士
夔 天順庚辰　金 弘治癸丑　果 嘉靖丁未　禾 嘉靖癸丑
燦 隆慶辛未　延蕙 萬曆癸丑　烱 天啟壬戌　鏞 崇禎丁丑
汧 崇禎癸未　鉽 順治乙未　松齡 順治乙未　鐩 順治乙未 壬辰中式
鉅倫 康熙甲辰　廣之 康熙己未 順治辛丑中式　源寬 康熙癸未　學洙 康熙庚辰
道然 康熙己丑　靖然 康熙壬戌　仙龍 雍正甲辰　甸 雍正丁未

華田 萬曆癸酉　惠田 乾隆丙辰　雄襄 乾隆丁巳　雲均 乾隆己未
大呂 乾隆壬戌　鑛 乾隆乙丑　朝舒 乾隆戊辰　雄飛 乾隆甲戌
泰鈞 乾隆甲戌　潮 乾隆丙戌　泉 乾隆己巳　大佁 道光癸未
金鑑 道光庚子　廣彤 咸豐壬辰

舉人

鉞 永樂戊子　彝 天順己卯　燮 天啟己卯　偉 成化丙午
金 成化丙午　鐘 嘉靖壬子　銓 嘉靖甲子　鏜 嘉靖甲子
洋 正德己卯　禾 嘉靖庚子　漚 嘉靖庚子　果 嘉靖癸卯
[illegible]
爆 嘉靖甲子　廷燕 萬曆丁酉　重泰 萬曆庚子　廷熹 萬曆庚子
棡 萬曆乙卯　鏞 崇禎庚午　鑣 崇禎丙子　淅 崇禎己卯
季鏷 崇禎己卯　欽翼 崇禎己卯　世銓 崇禎庚午
鉞 順治戊子　松齡 順治甲午　廣之 順治丁酉　鉅倫 康熙癸卯
與權 康熙癸酉　源寬 康熙己卯　樹績 康熙己卯　芝田 康熙乙酉
道成 康熙丁酉　之鳴 康熙辛卯　靖成 康熙辛卯　朱千 康熙癸巳
伯龍 康熙庚子　雲均 雍正甲辰　甸 雍正丙午　華田 雍正丙午
大呂 雍正丙午　錡 雍正己酉　雲齊 雍正壬子　惠田 雍正乙卯
雄襄 乾隆丙辰　鳳翼 乾隆戊午　銖 乾隆辛酉　鑛 乾隆辛酉
朝舒 乾隆丁卯　鏷 乾隆丁卯　龍升 乾隆庚午　泰鈞 乾隆庚午
景燾 乾隆壬申　雄飛 乾隆癸酉　泉 乾隆乙酉、瀛 乾隆甲午
錫疇 乾隆庚子　鳴升 乾隆庚子　鳴甲 乾隆庚子　湘 乾隆癸卯
雄濤 乾隆己酉　大光 嘉慶戊午　鳳果 嘉慶甲子　大雯 嘉慶甲子
琦 更名琳 嘉慶甲子　大佁 嘉慶丁卯　潤 嘉慶丙子　圖綸 道光辛巳
燮 道光壬午　文彪 道光辛卯　炳章 道光壬辰　炳文 道光庚子
殿昌 更名廣彤 道光癸卯　臻 咸豐戊午　煥堯 同治丁卯　謙清 光緒丙子
[illegible]
寶琨 更名啟世 光緒乙酉　堅 光緒戊子

辟召

博學鴻詞 松齡 康熙己未、原官檢討，由大學士李天馥、侍郎項景襄、湖廣總督蔡毓榮舉，考授原官
經學 惠田 雍正乙卯、由祭酒楊名時舉，未授官，中鄉會試
材能 仁 雍正丁未、由編修閔正中舉，授蒙自知縣
召試 潮 乾隆乙酉南巡，賜舉人　瀛 乾隆丙申東巡，賜中書

明通榜

景燾 乾隆甲戌

副貢生

德淳 崇禎癸酉　掄田 康熙癸卯　仁 康熙丙午　泰鈞 乾隆甲子

泉 乾隆壬午　沈穀 嘉慶戊午　翔葉 道光丙午　國楨 咸豐壬子

蓉城 咸豐己未

拔貢生

延默 萬歷壬辰　鏞 崇禎癸酉　錦 康熙乙丑　靖然 康熙丁丑

鑽 乾隆辛酉　鈞儀 乾隆癸酉　劭雲 乾隆丁酉　堯曦 道光丁酉

樹鍠 光緒丁酉

選舉

優貢生

鵠 嘉慶辛酉　瑞珩 光緒丁酉

恩貢生

潘 隆慶壬午　柴 萬歷癸酉　纓　曾榮 康熙癸卯

大先 乾隆辛亥

歲貢生

周中 宣德乙丑　勵 正德丁丑　潍 嘉靖辛丑　伯文 嘉靖戊申

柟 萬歷丁丑　炫 萬歷戊午　鑿 天啟丙寅　钺 崇禎甲申

案湧泉公講紅恩貢生今未詳[illegible]康熙乾隆間[illegible]庚午先儒[illegible]取貢生[illegible]附註於此

延陞 崇禎　華鍾 順治丁亥　壽菲 康熙壬寅　日新 康熙癸丑

世翀 康熙乙卯　華焆 康熙丁巳　沈濤 康熙　辰燕 康熙

松華 康熙　曾榮 康熙癸卯　宏詩 康熙丁未　躍龍 乾隆庚午

寶真 乾隆庚辰　寶海 乾隆戊申　大先 乾隆辛亥　宗濂 乾隆辛亥

大森 嘉慶甲子　棨 嘉慶壬申

附遴奉例

[illegible]

錫　仲　渙　瀅　瀚　鉉　釗

金　果　禾　淮　熺　儒　儒

選舉

[illegible]

達忠　詒　承祜　焆　𤆵　起　璧

宗　熙宗　埏　伯銳　棻　燿　燮

榮　燊　燠　鳳梧　程　煙　重慶

延熙　楷　延煕　重益　耕　樂　瀹　延默

棨　柄　延勲　中行　標　燦　煜

□炫　惇　思棻　延烈　延燾　延燕　鍾禎

烑　炫　延赤　延勲　廢　炯

雷震　珍　要化　綱　重□　鏞　鉄

昇雲　蕃　錦泉　燽　潮　鳴升　顯
錦　鈺　鳴雷　燽　鴻霆　鳴甲　潸
霖清　大先　受均　大森　智鉷　宗海　潢
金門　大受　錦昇　鴻　宗濂　大雯　雄濤
景范　樂鈞　瑋　與　玉海　蓮源　鑒
泳　汝霖　鑒林　本中　標　鳴儀　爔
恆林　田源　琦　霆　坊　德（歲貢文）　建泉
鳳儀　特　鳳標　澗泉　廷標　毓德　澗

選舉

霖　大治　玉握　泰鈞　燮（歲貢文，人見壬年舉）　栻　文楷
文英　蔭桐　雲梯　殿棟　國楠　渭　文彪
炳衡　陰初　樹棠　梧　殿模　蘭枝　樹楷
文蔚　道衆　陞楷　勳　本仁　臯　芙蕖
蘭芸　世燮　學楷　樹　鎮　堯曦　大椿
炳辰　鳴遠　邦采　炳奎　世熙　大文　煥
熊飛　元標　琪　曜吉　瑞溶　祖毅　文熊
光圻　士杰　國楨　學熙　炳斗　斌　鳴彥

福球　思廷　祖永　炳台　芝清　紀培　嘉猷
祖寧　璇　永熾　炳　薹　璐　煒堯
寶璣　星耀　炳泰（歲貢文）　殿飛　鳳雄　德培　謙培
光萱　堅　世傑（歲貢文）　鳳璪　昌鎬　廷璧　寶瓚
燈照　琳　寶鐘　寶瓶　國璋　錦直　光森
廷鈺　瑞珩　鑄　文錦　寅杓　寶瓘　寶瑛
寶燈　同培　金蓋　毓鈞　煥曦　振鎬　錦光
寶鑑

選舉

武科

武進士　秦驥（康熙丙辰）

武舉人　秦陞（萬曆庚子）　秦驥（康熙己酉）　秦渭熊（康熙戊午）

武庠生　秦驤　秦渭熊　秦鳳年

古蹟

竹罏

竹罏在聽松庵明洪武間湖州竹工爲僧性海編竹爲罏規制精密高不盈尺上圓下方類道家乾坤壺王紱爲繪圖賦詩时多題詠永樂間罏歸潘克誠後屬楊謨成化間中秦夔爲僧撰疏募而復之以貯秋聲小閣閣在大悲殿壁坎後小閣緇柏倚室如鳥巢猿穴此人緣蘿而登最稱奇勝王問慎以土石遂失舊觀久廢盛顒之從子虞嘗倣其制爲之至國朝初舊罏既毀𫝀製又壞而紱

古蹟

圖亦亡顧貞觀更製二罏携其一至京師而得紱圖於納蘭成德所後歸於庵乾隆間高宗南巡有詩題卷中韵賜竹罏山房顏命張宗蒼補寫一圖蓋舊圖凡四而失其一也已亥冬知縣邱漣取卷至署重裝燬於火事聞御筆親仿紱畫爲補爲圖命皇六子及弘旿董誥分畫二三四圖補錄前人題詠又出內府所藏王紱溪山漁隱圖卷償之并諸臣賦詩紀事甲辰春再幸五叠前韵命大學士梁國治書辛未以後御製詩於卷中及更咸豐十年之亂罏卷

皆失同治初秦緗業於得御筆圖幸翼綸又出所藏王紱翠竹卷並付黄學墩僧藏焉而秦恩延亦旋得漁隱卷乃并歸之

碧山吟社

碧山吟社在春申澗上明景泰末秦旭聯之爲觴詠之所會者十人見隱逸傳號十老社社中有十老堂濯纓亭拄頰亭涵碧池芙蓉徑古木陂沈周爲之圖越六十年旭曾孫瀚偕之因與顧可久王問華察王瑛賦詩其中後廢國

古蹟

初旭九世孫松齡復與嚴繩孫秦保寅蒋遵路輩結詩社蕪雜姜宸英亦时至有碧山其東西閩松齡于寶竺捨基名濱方外會於二泉亭右之坐薔樓以閑徑除三叠五字分韻賦詩亦繪爲圖殆碧山之遺韻也

考張思安記云其[illegible]

蔚溪草堂

蔚溪草堂在城東蔚溪上明秦旭爲其父季昇築遊觀之所戶外清水繞嶂令僮奴肆耕以給膳後旭子旦別構室於亭橋北約社中諸老與旭觴詠其中同时旦兄夔有五

峯草堂在惠山第五峯下弟爽工詩畫亦建有滌煩亭

寄暢園

寄暢園在惠山寺左明正德中秦端敏金并二僧舍曰南隱漚寓者為之初名鳳谷行窩中多古木修倚一激巡按周文襄忱嘗至山寺以形勢端敏没歸其族孫果轉屬果之從子燿左諮命衆土築之乃易今名其後園遂分裂至曾孫德藻又合并改築堂向故有張連者善累石作層巒傳其法於從子鉽乃使為之又引二泉之流曲注其中園成而為勝國朝康熙乾隆間每遇南巡之歲輒幸茲園宸翰稠疊秦氏子姓迎鑾園門者亦往往賜秩賜綺云

古蹟

棲隱園

棲隱園在寺塘涇明貫應璧因秦梁基所築又名古華山莊入門有樓橫臨涇上元倪可仕溪山第一樓故址也可仕書朱子溪山第一四大字揭其上明嘉靖間屬梁後屬應璧中有文昌祠大士祠菴藕花池皆春堂繼歸秦堈國朝康熙間商人購其樓與堂作知縣吴興祚生祠旋改為朱文公祠咸豐十年燬光緒六年重建

碧山莊

碧山莊在西郊俞公橋東明嘉靖中楷香高珍所營王御史某計取之後屬侯先春子世芳又歸秦德藻今仍屬侯已廢

半園

武陵莊在中橋明施漸歸隱處後屬王永禎國朝康熙中秦敬熙即其地增地築臺曰半園中為湖北草堂古香亭望山樓秦儀石室子琦又築攬秀閣得月軒並廢

古蹟

後樂園

後樂園即方塘書院明盛顒取白水蕩以營之飛梁曲榭參差布列中為清風茶墅與子弟羣從歌舞為樂故園有古柏一株宋时物也後尤魯王業皆嘗得之旋廢歸秦氏

附 街坊

雙孝坊在鳳光橋師古河下岸明為秦永孚仲孚

旌貞坊明立為秦溥聘妻熊氏立與上坊合

兩浙文宗坊 在古河東口 明為秦果立

南四牌坊 在鳳光橋 為秦氏世科世第立

北四牌坊 在倉橋東 明為秦金立

旌節坊 在南門上塘街 龍正中為秦文丝繼妻顧氏立

冬卿坊 在前巷内 明為秦金立

宮保坊 同上

榮禄坊 西水關 明為秦金立

尚書坊 同上

古蹟

都憲坊 同上

天垣首擢坊 在南門外舊館驛前 明為秦燿立

孝友傳家坊 在西門外惠山寺左 為秦瑞熙立

附

寄暢園御賜匾聯

山色溪光

松風水月

明月松間照

清泉石上流

右為康熙時叠次南巡時御題

介如峯 園中舊有一石亭亭玉立名曰美人石乾隆二十二年南巡時高廟以其名稱因易之而系以詩並繪為圖以賜焉

玉戛金摐 乾隆二十二年御題

竹净梅芬 乾隆三十年御題

孝友傳家 乾隆三十年御題秦氏雙孝祠額

清泉白石自仙境

古蹟

玉竹冰梅總化工 乾隆二十二年御題

附

竹罏御賜題額

竹罏山房

題補寫竹罏圖卷首

第一卷 頓還舊觀

第二卷 生面重開

第三卷 味同寄興

第四卷 清風再挹

題王紱溪山漁隱圖卷首

胡還舊觀

古賢

義舉

秦氏義莊義塾

秦氏義莊在城中第六箭河，乾隆四十五年秦春田及族人鐄、泰鈞等捐田五百餘畝，嘉慶初春田子震鈞創建莊舍，續捐田四百餘畝，共千畝。書塾即在莊右，嘉慶初震鈞此莊供建，先子瀛捐田八十畝，以贍族中之有力讀書者。

同仁堂育嬰堂

同仁堂在金匱城隍廟東，嘉慶二年邑人秦震鈞倡建，施藥施棺施掩骼，棲流所三，八宅巷、橡樓街、館驛前各一，所以居流民，庚丙之年歸于義冢九，五里街有二，壽身庵、彼岸、壽南斗星君廟，其後保安寺、壽東亭、鎮嚴家橋、廣橋各一。蹄廟而西為育嬰堂，康熙中知縣吳興祚與邑人秦松期倡為之。乾隆初金匱知縣王允謙募王邦采、秦嵩田等捐建堂屋，無錫知縣吳冀祖撥公田為飢荒之費，每歲項下無錫給錢六百千，金匱給米三十六石，麥十六石五斗。管嬰孩、義葬四處。金匱城隍廟恆壹旁及同治中歸同仁堂兼理。

東林書院

東林書院亦名龜山書院在城東隅宋楊文靖時講學於此因即其地為書院而建道南祠以祀之元至正間廢為僧廬明邵寶欲興復未果萬曆三十二年顧憲成及弟允成捐構成之憲成没高攀龍葉茂才相繼主其事聚徒講學歲兩大會月一小會榜其門曰東林書院有燕居廟以奉先師木主天啟五年鈎黨禍作被毀崇禎初有詔修復漸次修葺悉復舊觀康熙中講學如故巡撫湯斌親詣會講嗣後廢為課士之地每以春秋仲丁釋奠燕居廟及道南祠以致崇敬嘉慶四年邑人秦震鈞增置學舍院前隙地餘以周恒十七年秦瀛修燕居廟道南祠及麗澤堂三楹其書院經費則除邑義租當各姓捐助外乾隆五年由秦寶瑩秦國英錢孫繩共捐建名退收華字院田二十七畝二釐四毫歲收租米二十八石一斗七升六合在秦義莊收租抵辦東林銀嘗外為春秋仲丁祭費乾隆二十六年秦琳暨朱天長諸利諾等捐洪匯義字院田十六畝六分九釐五毫租米十七石一斗四升附入全匯義租項下收租嘉慶二年秦震鈞復捐九二串錢一千二文生息支給額外膏火

附 橋梁

陽春橋

陽春橋跨運河即跨塘橋明洪武初邑人黃德政創建正統中知縣項恒改石梁國朝康熙間邑人秦松齡等乾隆間顧僧德等重建

豐樂橋

豐樂橋跨運河舊名龍頭橋倚錦北坐亭橋過此即吳縣界明萬曆中邑人施策建國朝康熙間秦松朗黃履等重建嘉慶間凡二十一年知縣齊彥槐以二十年賑餘銀並集眾重建易今名其下水流湍急常覆舟道光八年邑人作對橋等架石堤以便引纜咸豐十年橋毀同治初對橋子徵麟修堤

崇禎間又建東林書院於城中先生之子高本先生祀其中堂後三賢而先生居其一順治間又建道南祠先生與焉 東林志

祠墓

秦淮海先生舊祠在惠山墓旁祀宋國史院編修觀後廢正
德中裔孫鋭奉檄特建祠於城中第六箭河之上以贈尚
書憤封知府旭贈尚書森布政使夔配祀五先生祠後為
淮海樓奉遺像數幀於其上乾隆五十一年裔孫朝釪等請
於學使增祀諸暹武進通判愚自武進遷無錫處士維禎
先後祔者共二十人嘉慶八年裔孫瀛又於近墓之惠
山第一峯三官殿左建樓立石刻建炎誥並刻淮海及少
章觀少儀觀奉祀其中

祠墓

秦氏雙孝祠在惠山寄暢園旁祀明成化間詔旌孝子永
孚仲孚以湖廣巡撫燿等配乾隆十一年裔孫道然等奉
檄建乾隆二十三年奉命以封知府瑞熙祔祀

秦御史祠在城中第四箭河上藥師菴右祀明御史𤨏𤨏
歿後門弟子私謚曰文孝孫松岱作謚議即鏞晚年所
居之千休館為專祀之奉檄編祭

鄉賢祠在學宮之左例以擇與日致祭祀所謂祀於瞽宗
者也配學慶復以來若 人秦氏之列於祀典凡十有三
姓名列左

秦 憤 秦 旭 秦 夔 秦 森 秦 金
秦 鏜 秦 淮 秦 燿 秦 堈 秦 鉞
秦松齡 秦蕙田 秦震鈞

忠孝祠在學宮之左秦氏之列於祀典者四人
忠 秦廷陞 秦華鐘
孝 秦 旦 秦 奭

祠墓

嘉慶道南祠秦氏之從祀者三人 秦夔 秦鉞 秦養 秦鏞 秦松岱

尊賢祠在惠山二泉亭門外舊為陸子祠祀唐陸羽後增
祀華寶湛挺李伸為四賢祠明天順末以華有專祠撤為
三賢正德中邑人邵寶增祀焦千之等改稱十賢寶歿
又增祀秦旭及寶為十二賢後改今稱自後以次漸增多倍
於昔嘉慶間邑人秦瀛重修並增祀崇鳴以補祀典之闕
秦氏之列於祀典者凡二人
秦 觀 秦 旭 秦瀛 秦穗湛 秦松齡 秦鳴鈞

報忠祠在尊賢祠內創自顧副使鏞即儲貞義祠增祀殺

人爲之乾隆間定祀儲福等十二人嘉慶間邑人秦瀛重脩并請推學使增祀李孟菩等十二人秦氏之列於祀典者

秦廷琏　秦華鍾

忠節祠在惠山寺墟塗即九峯禪院基址祀本邑紳民士女殉粤寇之難者同治十年邑人秦鳳翔等集貲興建列祀秦氏被難諸人姓名列左

秦炳章 官龍陵廳 在任被難 月作失考 忠節有傳

秦維昌 紹興批驗

祠舊

所大使在杭州平湖守課被害

秦廷燮 杭州府經歷 在任殉難

秦國楨 副貢生過橋 賊陷投河死

秦文熊

秦學熙 諸生 投井

死

秦大椿

秦炳顯 職員 罵賊被害

秦殿楨 諸生 罵賊 不屈被害

秦志熙 國子生 投井死

秦開傑

秦文植

秦元照 並國子生 罵賊被害

賊陷化鄉 國子生拒 陣亡

秦書勳 諸生 不屈被害

秦 蕖 縣丞 知縣

擒拒賊被害

秦港杞 國子生 拒賊被害

秦思煮

秦恩煦

秦 殿

並職員不屈被害

秦載熙

秦 晋

秦英煤

秦鳴皋 並佾生 拒賊被害

秦承熾 諸生 不屈被害

秦鶴林 府經歷被害

祠舊

秦步園

秦亦園

秦文渊

秦 福

並投河死

秦清彥 國子生 拒賊 鬥力手刃數賊力竭陣亡

秦霽生 文童 拒賊被害

秦國華

秦煜熙

秦潤孝 並文童 投河死

秦廻卿 文童 罵賊 常州 被害

秦國楷

秦 煜

秦近秀 並罵賊被害

秦金濤

秦小春

秦連桂

秦永齡

秦霽爍 文童 罵賊被害

秦名彥 拒賊陣亡

秦文模 文童 投河死

秦 藻 文童 罵賊不屈被害

秦芸林

秦廷楓

秦二官

秦龍官

秦崇芝

秦景元

秦錫穎

秦榮春

秦文秦 並拒賊陣亡 被害

秦榮錦 並投河死

秦惠吉

秦 蕃

秦成賢

秦崇英

秦殿樑 並文童拒賊被害

秦舜欽

秦春園

秦醴泉

秦鳳泉

秦佩鈞

秦朝裕

秦鴻德

秦鴻傑

秦福蓀
秦肯堂
秦文輝
秦燃
秦學慶 並罵賊不屈死
秦如重
秦大鈞
初卷
秦錦雯
秦二寶
秦孝同 並不屈被害
秦祥和
秦增墳
秦光燦 並不屈被害

秦夢相
秦汝榮
秦杉如
秦煜成
秦鳳球
秦濼滢
秦肇昌
秦源賢
秦佃觀 拷掠死
秦二寶 拒賊被害
秦其祥 不屈被害

秦豐誠
秦大鏞
秦鴻勳
秦子洪 並拒賊戰死
秦豐玨 不屈被害
秦九觀 陣亡
秦宇度 拒賊不屈

被害
秦根德 不屈被害
秦國家
秦西培
秦廷璧 並拒賊被害
秦廷炳
秦廷綬

國史院編修贈龍圖閣直學士秦觀墓在惠山第一峯
觀以建中靖國中卒藤州，殯於潭州。政和中歸葬高郵。
子湛倅常州，遷葬於此。元初墓爲趙氏所據，教授虞薦
發白於官，復之。舊志稱墓在祭山，誤也。秦瀛作淮海墓
考，拾遺正焉。
仁和主簿秦觀墓在大墳山 觀字少章，觀弟
處士秦緗顧墓在歸山 子伯著、仲蓋、叔謙，孫彥可、彥起，曾
孫行中俱祔
初卷
封知府秦旭墓在惠山公塢 子旐孝永、字仲字，孫鍾、鉉，曾
孫淮、暐、湧、洸俱祔，爲秦氏世墓
封通判秦勵墓在白龍山 祔父堂 白龍山 印房山
布政使秦夔墓在惠山桃花塢
尚書秦金墓在歸山薛墩，諭葬
封參議秦瀚墓、通政秦梁墓在軍嶂山 著塢子布政使梁祔
知府秦禾墓在汊溪橋
都御史秦燦墓在大墳
封御史秦爾載墓在銅坑山

御史秦錦菴在來山
知縣贈僉事秦華鍾菴在馬鞍塢諭葬
贈尚書秦德藻菴在唐山
按察使秦鉞菴在歸山
諭德贈尚書秦松齡菴在開化鄉南壙
給事中贈尚書秦道然菴在新安鄉
編修秦靖然菴在軍嶂山
贈侍郎秦寳然山菴在大池
閏菴
贈侍郎秦春田菴在軍嶂山蝦蟆塢
尚書秦蕙田菴指在鴨城橋諭葬今遷馬鞍塢
按察使秦勇均菴在横山
布政使秦雄飛菴在舜柯山
贈侍郎秦鳴鈞菴在許舍横山
濟東道秦震鈞菴在吴塘门
侍郎秦瀛菴在富安鄉黎石尖子 知縣緗武祔
知府秦沆菴在歸山子國楠祔

藝文

秦太虛菴　　張理

九峯朝暮雲搖蔭少游墳野蔓碑全沒晴蒼磬亦聞洞偏
泉韻細松析鶴巢分高視太湖近雲濤鷗起羣

和三唐人惠山詩

三唐人原作

王武陵序云戊辰秋八月吳郡朱遐景自秦還吳南次無錫命予及故人竇丹列會於惠山之精舍是時山林搖秋高興在目涼風白雲起於坐隅逍遥於長松之下偃息於盤谷之上仰視雲嶺俯瞰峯影夕陽西歸晧月東出羣動皆息視身如空元言妙論以極窮奧丹列有避世之志遐景有塵外之心予亦樂天知命恬然契願視富貴如浮雲

叅文

一歌一咏以抒情性夫良辰佳會古人所惜序述不作是闕文也山水之下景物秀茂賦詩導意以紀方外之遊

宿惠山寺　　王武陵

秋日遊古寺秋山正蒼蒼僧舟次岩壑稽首金仙堂下有寒泉流上有珍禽翔石門吐明月竹木涵清光中夜何寂寂但聞松桂香曠然出塵境幽慮澹已忘

宿惠山寺同王晦伯竇丹列作　　朱宿

古寺隱秋山登攀度林樾悠然青蓮界此地塵境絶攬澗任晝昏虛澹知生感微吹迎遠泉疎竹對殘月庭虛寶華假池靜荷香發心曠形未留遲遲履歸轍

宿惠山寺同王晦伯朱遐景作　　竇羣

共訪青山寺曾隱南朝人問古松桂老閑禪言笑新步移月亦出水嘆石磷磷予洗腸中滄君濯纓上塵晤影入幽抱清氣遠萃是信此澹忘歸便留冰玉鄰

元和二年五月三日重遊此寺獨覽舊題二十年矣當時三人皆登諫列朱遐景方諭行軍王晦伯爲奉郎署

叅文

余自西掖累遷外臺後此時躊躇吁嗟存沒朱指遠遊詩云歲月人間促煙雲此地多殷勤竹林寺更得幾回過可謂得詩人之思也因命題壁以識所懷山南東道都度副使檢校吾部郎中兼御史中丞賜紫金魚袋竇羣記

李蘧跋

蘧竊氏扶風公貞元四年秋八月與太原王武陵吳郡朱宿同遊惠山精舍爲賦往體詩一首王序而題之觀其辭頗有世外之致出塵之想凝思澹慮任遷天機識

建安才人不足居其右矣後二十年復繼於米則有倘
時歎遊之盛者草鄰笛之悲陷會昌初武皇帝滅浮圖
法語毀其宮而逐其徒惠山在毀中時多好事者詩亦
隨塵焉今寺既復而詩尚遺落因第蒐餘篇書請於遊
會遊赴河陽翁名路出寺下因重記於軒命而垣我男
氏由吏部拜執法累葉羅存為時鉅人平生操尚備在國
史此不能舉所載者風韻之詞登臨之興俾後人把其
清芬而已大中十一年五月十三日憶孟昔觀弟使試

大理評事兼監察御史李遠重題

蘇軾和三唐人惠山詩序云余昔為錢塘倅往來無錫未
嘗不至惠山既去五年復為湖州與高郵秦太虛杭僧參
寥同至覽唐處士王武陵竇羣朱宿所賦詩愛其語清簡
蕭然有出塵之姿因其韻各賦三首

蘇軾和三唐人惠山詩

夢裏五年過覺來雙鬢蒼還將塵土足一步漪瀾堂俯窺
松桂影仰見鴻鵠翔炯然肺腑間已作冰雪光虛明中有
色清淨自生香還從世俗去永與世俗忘
薄雲不遮山疏雨不濕人蕭蕭松徑滑策策芒鞋新嘉我
二三子皎然無緇磷勝遊豈殊昔清句似絕塵吊古泣舊
史疾讒歌小旻哀哉扶風子難與巢許鄰
敲火發山泉烹茶避林樾明窗傾紫盞色味兩奇絕吾生
眠食耳一飽萬想滅顛笑玉川子饑弄三百月豈知山中
人睡起山花發一甌誰與共門外無來轍

秦觀同蘇子瞻僧參寥和三唐人惠山詩

棲梧縱幽討籃輿入青寬團頂相邀迓旃檀燎深堂醫
澄如洗傑閣森欹翔林巔含雨墨岫日向雲光滑滑纏清
溜飛飛傳幽香俯仰往覽興然身世忘
使君厭機械所興惜散人頗慚蕭蔬陋僻附瓊林就上干
青徼徼下覽白磷磷同天不知老金界無埃塵緬彼人間
世烏睹閒青旻記得謹三隱當阿相共鄰
樓觀相複重邈然閟深樾九龍吐清泠潺潺曾不絕照逢
馳千里真味誰來滅況復從茶仙茲焉越歲月奪弔塵想

清散策佳與長何以慰遊棲探歸緒前轍

釋道階同蘇子晴秦世璽和三唐人惠山詩

山烟曉歲浸山木含蒼翠剩舟傍崖岸理策升層臺周遭
瞻層巒矯矯光翔翔下瞰平田流清泚浮日光青靈鮮和
釋洗雨開清香雜欲廻前逕真賞寔易忘
松門暗朝雨客歷無人行陰曦忽穿漏井木欝已新清泉激
玉齒照眼光磷磷使君美無比卓犖邁黨塵風標傲柏竹
談笑凌蒼旻何愧況其子臥雲與結鄰

秦文

揚帆渡江來洗眼看翠微雲岩既奇喬鳥弄更清絕凌棒
訪仙蹤金石亦未滅嗟我直月光哮能綴此月狂吟歸很
聽風烟坐中蕊歸傍匣中人危危走飛轍

秦果和三唐人惠山詩 錄一

烟光破層巒芳氣春清樾松門僧來歸石徑泉不絕禪心
覺無生塵機坐來滅長天澄澄湖澈雲邊涼月林塵久吹
爽聲幽靈林類茲悅駕從兹遊千秋同一轍

秦保寅三和唐人惠山詩

金商變氣候雲巒自蕭蕭孤烟出林表蘇齋屑塵空入門
鐘磬慈鳥茎浮雲翔薄日照秋潭水淨生微光從倚不知
晚山花逕幽香新穆古祠深仰止詎能忘
秋雲渺無壺秋山澄提人攜杖訪崎嶇巴多成翳新清泉
漱白石常無歇獨隔所以棲遯士懷貞避囂塵空以入遠
眺湖水連青旻顧言握良辰蕭逕更誰鄰

秦文

晚色向人水靜雲房陰清樾寔無人境喧塵淡塵事絕長鄰
僧諳輿啓葉落徑成塞泉生夜風高天迥秋月驚人意冷
愜游子忘歸茲須想匣中緣千古同一轍

竹茶罏　王達

製作精深亦可觀，日供高士試龍團。輕分浙雨苔猶綠，細割湘雲粉未乾。紫筍滿甌吟骨健，清風一榻鬢絲寒。啜來坐對梅花月，正是凌秋第幾竿。

又　王紱

僧館高閑事事幽，竹編茶具稱清流。氣蒸陽羨三春雨，聲帶湘江六月秋。玉臼夜敲蒼雪冷，翠甌晴引碧雲稠。禪翁託此重開社，若箇知心是趙州。

叠又

盛舜臣新製竹茶罏　吳寬

己亥之春，予過無錫，遊惠山，入聽松菴，觀竹罏，罏爲第二泉煮茶，嘗賦詩紀其事。今刑部侍郎秦公，無錫人也，謂罏出於故王舍人孟端，制古而雅，乃倣而爲之，且自銘其上。其姪虞，字舜臣，本性尤好古，來省其世父，不遠數千里携以贈予，俾予觀焉，因取前詩次韻賞之。

聽松菴裏試名泉，當時曾將活火煎。載讀銘文何更古，偶觀規制宛如前。湘筠信是工巧，晴浪從渠攪睡眠。勝絕田家醞酒具，百年長共子孫全。

和韻　李東陽

石罅曾分惠惠泉，裹茶深火試同煎。形模重似隨人改，壁畫何因冒我前。秋共林僧燒葉坐，夜留山客聽松眠。王家舊物今誰在，竹鈸砂瓶總未全。

後竹茶罏自在竹堂鈁滿庵已五十餘年矣公往孫若上人訪求得之於米楊君家仍携歸山　秦夔

煮茶只合伴枯禪，誤落人間五十年。華屋夢殘塵冉冉，烟江雲冷月娟娟。歸來向鑑原無玷，老去青山最有緣。從此遠公須愛惜，願同衣鉢永相傳。

叠又

竹罏聯句　并序　朱彝尊

錫山聽松菴僧人性海製竹火罏，王舍人過而愛之，爲作山水横幅，并題以詩。歲久罏壞，盛太常因而更製，流傳都下，羣公多爲吟咏。圖既失，詩猶散見於西涯、篁墩諸老集中。曩予典籍，仿其遺式製罏，恒歎息舊圖不可復得。及來京師，忽見之容若侍衛所，容若遂以贈予，來

幾答茗逝矣丙寅之秋巢仿模號乃卷過余海汲寺寫
適西溟青士惺似三子亦至坐青藤下繞號試武尼茶
相與聯句成四十韻明年巢仿將歸因書於冊以示好
事之君子

西神叢連延巃角沈宋數 惺似 橥芋叩水經第較中洽進
西溟 山僧募贊投合飲遞宿顧 竹垞 珈趺長松根風乘雨
雲鬚 青士 卸蓮莖具一一細簷頓 巢仿 貪被澗泫工裁
竹等辦拳 惺 附以紅泥圍共修僧杖寸 西 次上離於中下

董文

乃利用其 竹 微飈颺入活火焰焰燒 青 和蹤楷雨喧衝
見之眼瞭 巢 叢荀舒萌突作蜿蜒色嫩 惺 王郎穿竹過處
掖支許論 西 解茶罌石洞 青 荒迷相勸 竹 欣然懨懨所過仲
紙隨染渲 青 湯之巖寺瀑布之水田吸 巢 煙之茅僧庵葬
之森抽攤 惺 橋散乃有蹊門闌戢無捷 西 林壑雖未深埃
墻頹已遠 竹 流傳成於詠摩挲足莫寓 青 或為養攜緘若
孟高敬禱 巢 或為其行草若錄請截獻 惺 釋為清風作舉
一百舍身 西 嗚呼百年來精廬塗驅騙 竹 叢附所珍物零

茂嘉荊叢 青 君家縹緗側想茲恒遺德 巢 形模援竹匠高
下仿造棱 惺 所惜七人圖應石磨土笙 西 閒遲邁吟人綦
贈得右券 竹 羊脂鑿暖玉獸錦束腰緊 青 贊諸延平劍合
抉年恨 巢 俄贊都笛悲永歎壑舟遁 惺 新條黃公爐歌哭
與俗固 西 其知親者希五部絕而毀 竹 今年吳船來載自
湖汭擾 青 從置青藤陰旅話破幽洞 巢 賀比蓮勺輕刑喉
而其純 惺 小白分官時頭個試頸建 西 思饒秋水生乘此
風力健 竹 贊將桂席歸楊耕師下濮 青 毋令石林空蕭使

董文

夜鶴怨 巢

重製竹鑪告成誌喜　　顧貞觀

竹鑪清韻息依然位置仍宜水石邊書訊有聲來數雨鬢
絲為鶴伴茶烟家山夢去忘為客故國詩成感紀年清爨
此君須自覺無勞更試理心泉

復竹爐聯和顧梁汾　　秦保寅

高閣清製高僧然試茗煮一榻邊秋水澗深翻聽雨茂
花風過午出烟寒叢珍重三千首僧院銷沈二百年石呈

彥先能好事幾回遺韻喜流泉

和顧果(?)由竹罏新詠原韻　　納蘭成德

罏成卷得事無(?)气共此層巒(?)置坐邊恰映芙蓉午下月雲頭

根(?)破竹翻烟畫如董巨真高士詩在成宏極盛年相約過

君同展看惜無佳話似山泉

前題　　梁佩蘭

見說山居思(?)少出蕭然清影竹罏邊一春茶事峰香雪滿

地松風綠烟長似茂陵忘宦病絕無塵俗(?)夢新年菴中

藝文

更有高僧約雅歸來聽夜泉

惠山聽松菴當明洪武間高僧性海手製竹茶罏王

舍人孟端繪圖且爲賦詩名流相繼屬和幾遍海內

而罏之存沒不常頃靈源上人於斗門張氏訪得之

織竹瀾編土色如漆丙雲川先生屬爲假詩余能來

識靈源然知其工詩甘淡泊喜性之余風來陸(?)羽泉因

賦以長句　　王會汾

曉光異漾小雨煙薔花(?)喜聊紅斑斑壇堂坐見叩聆(?)嬌

首一望空雲山山中清淨古佛子六時趺坐忘嗔喜身是

真心幾華(?)孫鵝鉢脫屣年泥淨德昔真公杖錫來赤霄高

風紛然回一茎弱草插崖厂千載古佛新安(?)苔非僧道器

瑩天表裹(?)復鑪罏觀天巧倍丈罏中雪浪翻寒山葉茂禪

窗曉詞翰當年稱擅場舍人尤好詩亦如爾時遊徑聊復

爾頻怪諸君鎮相賜貝葉披圻(?)刻縣悲泯池惹眉殊草草

靈師卓絕道門秀法海滄瀾自深繞山堂高舉今於歸色

野神陳(?)來橋橋半橋合士文章伯遷許靈源參諸席欣然

藝文

而賦竹罏詩老夢欲飛龍嵩(?)坏見說精藍雨花落頓雲採

浮島同香贖紗幮彥誦機罏紅斑管胡城翦春碧我生胡

爲傀儡往塵一星年由吐肝腸而愧靈師文字禪幽夢裏晴風

青欲滴何當攜取果出朝澂澂山泉入罩微枕簟底茶相

對好更化杜老賦新詩

竹茶爐記　　王達

性海禪師卓錫於惠山之陽山之泉甘美聞天下日汲泉
試茗以自怡有竹工進曰師嗜茗飲請以竹爲茗具可乎
實諾之鑪形不可狀圓方上下法乾坤之覆載也周實以
土火炎弗毀爛杠光之貫穴也徽文外飾蒼然玉潤猶湘
雲而黃洪水也視其中空無所有以鐵冶柵☐橫其半勻
清泠於器於(?)熱而烹之(松)風細鳴儼與竹君晤語信爲
玩也禪師走書東吳介余友石黃(?)師以記請夫物之鄙薪
叠上
甚矣尊罍以沉於☐以直此甚適於國家之用尤可貴者
若斯爲以石製鑪以竹亦莫足稱艷於詩人之口哉雖然
尊罍(?)若蔡(?)世移物古見者有感慨無窮之悲竹鑪石鼎品
而質素既有清絕無窮之趣貴賤兩論也且竹與地無
之凌霜傲雪迭遭於荒蹊空谷之間不賓伐而宜異宜匪
之處過者亦晚也今工製爲鑪爲汲泉試茗爲高人逸士
之供置之几榻播諸詩詠比貴重於尊罍斯敬無足怪矣
和禪師本學也材宜異於人、及修持剡勵道隆德俊迴
出塵表爲江左禪林之選亦竹鑪之謂也是爲記歲在乙
亥秋仲望日

竹鑪新詠記　　顧貞觀

惠山竹茶鑪本明初聽松庵僧性海所製王舍人孟端諸
公咸爲詩文圖讚以記之歲久殘毀至成化間秦太守廷
韶復購得復還僧舍李文正邵文莊諸公題詠尤衆而鑪
已斷壞盛侍郎冰壑命楷子舜臣仿佛爲之前後唱和遂
成大軸迄年吳中丞伯成和令袁色(?)見之猶加裝潢凡二
叠文
卷獨王舍人贈性海者及李文正篆竹鑪新詠四字失去
覽者以爲遺憾於是舜臣所爲鑪亦壞其舊者乃不復存
惟一圖在耳甲子秋余邸先郊文公山祠拂簡書客於吳
若李遠(?)址之側爲當三播(?)界石疏泉頗得幽居之樂因憶
山中故事遂倣當制作兩鑪以成賦近體一章邑人聞者
競賡原韻會余入京師攜其一以行擬乞題於輦下文章
之士一日世成侍中容若過志堂出書畫共賞中得一卷
則王孟端風流傳出合璧而吳文定謝文正諸公贈冰壑先

生詩記附焉余因乞此卷歸置岩居即額其堂曰新詠堂
若審欣然書為余書之夫一罏耳其遺蹟之離合顯晦蓋有
不偶然者亟頓得同時賦詠以記其異且余亦何幸步前
喆之後廑為九峯二泉增此勝事幾更百年得此罏此卷
存其否莫可定或來必無好事君全本耶康熙乙丑春分
後二日梁溪顧貞觀書於燕臺旅次

王紱溪山漁隱圖卷復歸僧寺記　秦緗業

前明洪武間惠山聽松菴僧性海命編竹成罏以煮茗王
紱為之繪圖賦詩後罏壞更製而紱圖亦亡迨康熙年間內閣
典籍顧貞觀得於納蘭成德所復歸該菴及高宗純皇帝
南巡數幸菴中賜以竹罏山房額乾隆四十四年冬無錫
知縣邱璉携卷呈覽裝幀於丈事閣御筆補圖竹罏仍仿
王紱筆意取內府所藏紱畫溪山漁隱圖倣之並命臣賦
詩記事題其上即是卷也自後菴僧每出竹罏及畫卷請示
游客導游皆知傳為盛事咸豐十年粵寇擾無錫城淪陷竹
罏山房毀諸卷亦散失同治三年臣緗業得御筆圖卷
於上海附縣城雖復聽松菴一片瓦礫基址僅存未遑興
構越明年即就惠山寺故地建湘湖忠祠而竹罏山房
遂不可復問矣然天章宸翰終未敢私藏諸家會黃華墩
僧金齋成因付住持臣華翼編後出其所藏王紱畫竹卷
以補其卷缺而漁隱卷已不知流落何所不無餘憾焉又
數載臣族弟恩延始見是卷於洞庭山人家以重價贖之
之歸亦不敢私為己有也爰俾歸黃華墩僧金傳臣記之
嗟嘆雲過眼書畫之常一隆昌主莫可雖跡而古人筆墨
自有真氣流行恐非後世所能摹仿況是卷前遇吳鎮後
經況周尤稱絕筆乃既失而復得之不可謂非幸事而聽
松菴自有唐迄本朝興廢不一無難復舊今額其基地
而亡之千餘年古跡一旦壞焉恨焉幸尚有數存乎其間耶
雖收藏得所易地皆然然非先皇帝巡幸賜圖之意安得
有賢有司及地方好事者後擴斯菴復製斯罏座幾頓還
舊觀乎卷首有御題頓還舊觀四字　同治十一年仲冬月蘊退使衙附
江候補道臣秦緗業恭紀

題碧山吟社圖　　吳寛

詩壇高築壬寅歲勝事遥傳大歷年實地有賢踰野衲品泉無偕向茶仙樹藏亭子清風裏路遶雲根小洞邊賡唱頻隨諸老從結盟遥載賦歸田

續碧山吟社次韻　　華察

曾聞高瑞碧山南試叩山僧事尚諳雪積林扉寒石拂月明空水夜相涵吟壇久廢名猶在策杖重來路可探為看當年誦經處惜餘松影蔽禪龕

嚴人岩寫碧山吟社圖題侍留別用韵送之　　王士禛

碧社吟社好幾日返雲林嵐起翠微曉開门黄葉深君歸自郎望于與花登臨積靄滄洲趣依依然法沈

王沅亭先生寫碧山吟社圖　　嚴泓曾

古人不可見望望碧山岑究是當时地猶傳正始音斗草下斜日鐘梵隔空林珍重王夫子因余问陸沈

於史閣觀沈石田碧山吟社圖　　秦松齡

耆英舊事百年思尊酒披圖日正遲戒馬幸存前輩迹風流真憶太平时彈琴高館帶泉響點筆青山着鬢絲今日草堂松石廢夕陽空自對殘碑

過碧山吟社有感　　陳大成

春中澗上古雲梨十老風流尚在茲盛世亭臺傳勝地蒼年詩酒動常时碧山人去年遥楪白社苔荒有斷碑今日浮雲孫子在寒泉照我鬢如絲 自注予七世祖玉溪公主盟吟社

沈石田碧山吟社圖卷為味經少司寇題用吳匏庵先生韻　　錢陳羣

十人同結耆英會六百八十又三年得身有方惜大業致泉無事使真仙人當侍竹蒼松外與青果漢忠義遥許借碧山吟我老何須陽羨更求田

沈石田碧山吟社圖為秦氏世寶偶失之小峴康訪出重貲購歸出以示余敬題卷後　　錢大昕

九龍山前有吟社十友題襟携共把風流直欲繼南皮真率依然學司馬吳中高士白石翁人物煙巢意匠工老年

展卷再題字（自注：石田翁於繪圖後之十年復作跋語）雪泥指爪留飛鴻，碧山回首已陳迹。空獨尊前無恙否，能史閣中蒼峴詩，珍重斷圖華球璧。楚弓偶失今得之，延平劍合詢有期。主人快意得太白，縱筆自記瓊琚詞。翰墨流傳三百載，寒具纖塵不曾淺。手澤重歸淮海客，雙手扪風今尚在。西園華寺多伏真，斷圖清淨妙入神。真跡一見氣使旺，直欲尚友當年白髮掃石題詩人。

沈石田碧山吟社卷為秦小峴大京兆題

朱　陛

明孝宗代朝成京，十老仙隱歌義皇。碧山草堂在何所，九龍峯滴翠溪香。茶烟爐火詩會古，主盟淮海源流長。二泉繼起已尚友，京兆先蹤今餘慶。嗟我三生濟青夢（自注：余前身為馬文赤），共公十世根因芳。香山蓮社秋盤手，陳荀星聚傳二方。石田翁七檀名繪，四萬三絕髯翁顏。知公什襲寶裝帖，高風千古長相望。

碧山吟社圖記

邵　寶

碧山吟社在惠山之麓黃公澗上。成化間有隱君子竹莊秦翁景暘，與竹石陸翁勉、惑梅菴高翁惟晴、遯菴陳翁天擇、杏軒黃翁公禄、繼玉楊翁約理、桐菴李翁舜明、玉溪陳翁行之、北野施翁孝清、玉林潘翁繼芳，築室於此，相共為耆英之會。而秋林陳翁進繼之。歸自工部冰壑盛公時望，歸自都臺中齋秦公廷韶，歸自江藩六時之一，亦不在恒數。其會則惟詠詩之外有燕者，橫塾盤飯一壺酒八九行而已。於是三原王端毅方在撫院，亦聞風而願見焉。王文肅、吳文定二公亦數至，而澤蔡至形於詩詠。於是若干年而竹莊率諸老亦相繼淪謝，今存者惟玉林一人，能談其事，聞者猶歆羨之，欲繼之而莫能繼也。蓋是時竹莊素有鄉望，且其為約甚嚴，十人之外不參，以借客館燕，新寒亦必多以其服，至不爽不散，一會一詩必命題，必起叢書為譜，坐者夫是以能久而繼之難也。今考其年，桐菴八十有六，竹莊八十，有王遯菴八十有三，竹石八十有二

梅菴七十有九杏軒七十有三聽玉七十有二玉溪六十
有九北野六十有一皆可謂壽矣而玉林今年八十有二
康健如六十七十者其壽尚未量也此卷爲玉林所藏中
亦有社外作者寶雅諸老皆及見之比方仕於朝未能採
几杖以從焉所謂蓍蔡之存莫甚於人哉年已歲大司徒秦
公以都御史被召還自湖南訪我二泉書院留題吟社
徘徊久之今見此卷書且老矣焉能無情哉於是乎識

築鳳谷行窩成　秦金

名山投老住卜築有行窩曲磵盤幽石長松冒碧蘿峯高
高看鳥度徑僻少人過清夢泉聲裏何緣聽玉珂

題惠山秦園　茅坤

江南佳麗地幻石與瑚梁稍並五園勝偏多野興長同衣
迷日月崇樹雜隋唐寄語陶元亮無憐三徑荒
採藥逢鷄龍穿林坐女蘿雲霞蟲冠蓋水竹傍岩阿客過
花偏舊與來鳥自歌惜言曲池上巳可狎烟波

春暮新霽偕友人步入惠山憩秦氏園亭　鄒迪光

和陽草故陰同人攜新賞綠樹陟原隰谷風薦五兩牽裾
馨芳郁伐木連避響林華漸叢寄岩葩各升長鈎雲處迴
霞名園出蒼莽旋從童稚入復偕麋鹿往岩氣欲拂滌石
樓發清爽曠遠無近尋臨深有餘想仁智樂在斯委適忘
歸鞅

與從姪岱仙赤仙小憩寄暢園　秦泉芳

聳從期仰所終朝偭峯儆雨跳松扇過花塢水禽飛讀易
嗽清茗未似方題詩吟詹嘩溪山幽興在吾已倦忘歸

遊寄暢園四首　鄒長衡

問道秦園勝偶然成獨遊入門幽徑合穿磴落花留斷塢
山外淩晴曉樹杪浮泉聲清絕處潺潺石根流
嘉樹層軒外風潭百尺清側岸連樾翠遠漾一峯青吹浪
魚兒出釣篷鳥隱聽漁梁幽興極理釣近前汀
山斷九龍脊地分浮羽泉樸遶峯遶石泉流濕即壑
其五
原胸次高深得自然頗疑文敘記不及此山川
亦知難久住惜別為林泉便欲買山隱那知此地偏鵲鳴
長嶼月人語石林烟點點平生願隨風一惆然

遊寄暢園先生自注時秦味經以病乞假　湯世昌

遊屐隨振鵜間尋別墅偏路繞花嶼入人向石林眠明月
聳前樹飛流礀上泉樣同大司寇頭白未歸田

寄暢園記　王穉登

寄暢園者，梁溪秦中丞舜峯公別墅也，在惠山之麓，環惠山而園者，若棋布然，莫不以泉勝，得泉之多少，與取泉之工拙，園由此甲乙。秦公之園得泉多而取泉又工，故其勝遂出諸園上。園之舊名曰鳳谷行窩，蓋創自其先端敏公。一轉而屬方伯，再轉而屬中丞，皆端敏孫。而中丞公既罷楚開府歸，日夕徜徉於此，經營位置，羅山谷於胸中，描畫於泉石，並而後畚鍤斧斤陶冶丹堊之役舉，凡幾易伏臘而後成。爾其戶北，偏署曰寄暢，寄暢名用王史詩園所由名云。折而西為扉，曰清響，晝書陽詩竹露滴清響扉之內皆筼簹也。下為大池，可十畝，青雀之舳，蜻蛉之舸，載酒捕魚，往來柳烟桃雨間，爛若繡繢，故名錦匯。匯，惠泉支流所注也。長廊映竹臨池，踰數百武曰清籞。籞盡處為梁，屋其上中，栖而四望，曰知魚檻，檻，秦園司馬書中語。循檻而南，復為廊，長倍清籞，古藤壽木蔭之，云鬱盤。廊極書齋，齋所偶清曠，白雲青靄，乍隱乍出，齋故題霞蔚也。廊末偶得月

花早頽其中樞曰先月榭其東南重屋三層浮出林杪名
凌虛閣水瞰池鑒陸覽綵與舞襄歙扇堪斗點目無不盡
納樓中閣之南循牆入門疊果踏澗而登曰卧雲堂東山
高枕蒼生望為霖雨參乎右通小樓樓下池一泓即惠山
寺門阿耨水其前古木森沉望之可數寺中遊人曰鄰梵
梵西北長松峨峨數樹離立其房室面之王中丞絕句詩
也旁為含貞齋階下一松亭亭孤映院落貞向卧聽又堪
滴泓獨擅松根片石陰纖可當贊皇園中理石物主人無

東壁桓於此出含貞地坡陀疊石而上為高棟曰鶴巢六
王中丞詩語閣東有門入曰棲元堂堂前層石為臺種牡
丹數十本花時中丞公燕客於此紅紫爛然如金谷何必
錦繡步障哉堂後石壁倚牆立牆外有張祜題詩處花然
千古詹耶梟耶變不可考矣出堂之北池陰然如鄰可羅
數十胡床披雲嘯月高視塵壒之外曰爽臺臺下泉自石
隙瀉石中聲琮琮中琴築蹝以名曰小憩拾級而上亭翼
然峭蒨青蔥洞奇為懸淙引懸淙之流繁為曲澗茂林在

上清泉在下奇峰秀石含霧出雲於焉修禊於焉浮杯使
蘭亭不能獨勝曲澗水奔赴錦匯曰飛泉若出峽春流瀉
渦飛沫而後匯然停然矣西疊石為洞水遠之栽桃數十
株隱然有武陵洞想飛泉之滸曲畧卧波面如建蟠蜿蜿
以趨涵碧亭亭在水中央也涵碧之西樓歸然隱清樾中
曰環翠登此則園之高臺曲池長廊複室美石嘉樹徑迷
花亭醉月冬廉不呈祥獻秀洩秘露奇歷歷在掌而園之
勝畢矣大要茲園之勝在背山臨流如仲長公理所云故其

最在泉其次石次竹木花藥果蔬又次臺榭樓臺池築而
渫而澗而水而匯則得泉之多而工於為泉者耶匪山泉
曷生乎山乃益之矣夫園之麗者山右不知凡幾家歷幾
世更幾姓如昔平泉金谷之比不類傳舍遽旅者耶且也
主人捐膠弛數勤勞王事終其身不一窺於園何暇及此
葉亭此某堂此某樓閣池臺耶青鋪不地朱扉不生蒼苔
琅根無恙可下藏魏之鎮乎無使將本闌出入攀喬樹頭
梨棗折砌上花捕池中鯉也更幾十年然後歸之而龍鍾

以老濟勝無異不能出五步之內矣此不邮郢斝胥之夢且幼其秦之先自五先生迄今許書軒冕相蟬聯中隔數而方伯而中丞園之主雖三易矣然不易秦也秦不易即主不易耳中丞為讒人所磐中歲解官園成日涉其中安宴泉石嘯傲烟霞棄軒冕外松雲趣園丁抱甕童子候棋局酒樽而已其得於園者不已侈乎客乃謂吾今東師雖罷朝政出秋蒙也若以中丞公之材大略又當經春秋不登三事九列位今雲外一邱壑泉壑石消其胸中磈礧

姜宸英

邵縣官吳穎為余謝客曰子言在用世非寄暢之旨也措置句論

惠山秦園記　　姜宸英

天地之大昔人等之蘧廬且於宮室之巢乎寓之勝直以為寓目而已況其轉為成毀興廢之不常勝焉狗耳而傳世之一姓以至數百年之久此有由來者也余少時讀吾御屏倚邵惠山園記謂其中古木之上干雲霄下蔭數畝者數十百章有泉自惠山寺而右注之潺潺注為清渠日夜流不涸中壘石峰為細澗分流並觸洞可愛園故秦有也然自端敏公迄中丞公公安新時計將百年矣公已數易難得今書其為記者度又可八九十年而古木清泉蒼翠無改當時所謂清響鄴楚鶴巢猿亢台蕪蘿飛泉隱峯旋勝飾不必盡存要之有指而更新無夢而不從也予時與客遊其上或指示予山寺本為宋沈長史宅其南叢為李丞相紳讀書樓壽安數武為宋尤文簡公遂初堂故址不獨其宇室無存而其子孫亦零落矣若愚公者

姜宸英

一時勝絕吳中今亦將澌盡而為荒墟矣物之有成有毀此消息之常何足深論惟縉紳有道之士能持身正直有業以世其家而子孫之賢者能修德以光大前烈此百世不忘者也今以一園之有無為秦氏重輕亦園不足以知此而因此知秦之世有令德將徘徊瞻眺之餘必有感慕而興起者莊子曰舊國舊都望之暢然不然彼獨不能以忘情乎哉武園今為太史對宕公有太史日侍養園中讀書承歡聲難以深其交兄子弟常與之從日也以此思秦之

世德所從來矣

贈秦舜峯中丞　　王穉登

熟看虔楚刈榛莽太息中朝譸鎮騰天地何心容毅遯湖
山有興葉黄朋燈前看劍重回首花下開尊獨樹層近日
投竿漢上住漁郎誰識舊中丞

過千秋館訪大音先生　　張夏

先生克學道高卧自園林一卷經公易自注：時方注易千秋表聖
心斯文還未喪傳緒已難尋自注：謂東林書院賴有靈岩叟瓊華
惠好音自注：吳下徐昭法隱居靈岩山中與先生初不相識獨以書問往來

答秦雛生　　嚴泓曾

賤子安廢置抱病亦已久習性終不移潦倒托杯酒平生
相識者取笑十八九誰能了不嗔自顧終何有出門年一
事違逆衆人後心非不能言習見寡可否世路若年常懵
曖昧所守於時混身競稍覺人情厚秦子數相過意氣乃
無偶利器甫出匣快挾風雨走豁然性情舒素覺疏狂
醜若爲我文執金石比良友願勉平生期臨風更搔首

書秦石農集後　　嚴泓曾

手昔童稚時識公，綰愈墻綺、諸君子文緯森相望，但知
視情貴日夕同杯觴，焉知三十載眇若晨星光。石壺識良
璞，草莽見張芳，不才辱提携，後堂君子堂，歎曲極言笑，外
物都相忘，薰然懷抱壺，全我我同云長。先生笑謂我，此道
日已亡，屋情如風雨，遠將守其常。再拜誦公詩，澹爾無微
范，世事近已矣，吾其師老莊。

味外閣古松歌 有序
費光爵

余門人無錫秦舍人小峴，為錢塘潘庶常蘭公作味外 蘭公
閣古松圖，以壽其尊人世業先生。閣故先生家讀書處
也，庭前古松一株，踰數百年物。秦氏世多壽，今先生之
父潢隐先生年八十餘，而先生年亦六十矣，是為作歌
以題其册。

秦家味外閣，閣在梁溪上，飛甍百尺高拂雲，更有長松與
雲抗。此松不知幾百年，松下主人多鶴顏，高曾以來世眉
壽，亦冠冕之如神仙。今年紀歲在戊戌，舍人有父開六秩，
父還有父八十餘，閣說樓曾亦繞膝。蒼鬚翠鬣倚無重，秦
家父子時支節，松長白鶴叫芝草，五色花葺葺。錢塘梅林 月明
擅畫手，特作斯圖為爲壽，舍人他日還里門，松更低頭呼
小友。

送秦小峴少司寇歸城西草堂即題其圖卷
翁方綱

公昔持節嶺海陲，日懷城西舊草堂，遂庵此見遂初寫 自注
草堂中 詩名高擅苑陵楊，去年詩索屬余和，圖在江鄉號
有遂庵 傳播循教松手出林樹，似聆歸人坐臥白雲司，揚畫景 蘭公
深忽動梁溪梁溪返棹心，此雲此菴為心歸，元非寄託在
登臨，華家真賞傲義門 自注華東沙真賞齋豐南禺作賦，顧果坊花間草堂屯際可作記
遂初之意誰遲攀，活火松風烹瓦水，横窗翠篆捲龍山，此
臺歸來有此字，辱詩後夢長安。壺是詩中第四七緣，不負
壹齋雲水白，豐餘毛記興弗如，遂菴今將擬遂初，壹卷更
深吟，秋老書來示我益齋書。 自注尤延之遂初堂書目一名益齋書目，見楊誠齋集

秦氏耆英里記

浦起龍

乾隆十有六年，恭遇皇太后六旬萬壽，皇上奉慈輿巡幸江浙，加惠存老。春三月，東駕臨無錫惠山，遂臨秦氏寄暢園。秦氏重老壽人，班衛跪迎鑾駕，皓白皇衷，惟豫矣。耆衆壽者近于九人，年六百，耆英高會，勝香山之雨。於是臣孝然臣寧盛年冠，九老，衣連賡閒紙揭耆英二字，額其里門。以屬臣起龍志之。龍案古來里係事著，鄉之通德，荀之高陽，考於史，形於學士之詩歌，盛皆出於閩邑大夫一時推道。此向天先膺被榮，均聲奇以星孝會，古今著前所稀。拂澗仿事乃絕，乃軼千載一有。塞直巖而信從乎？抑既退於園，遷於閒，而仍屬耆耆四世之維，憲老致敎，其義不尤榮著乎？詩曰：以引以翼，豈弟君子，四方為則。龍嘗行厥里，郡每舉其事，廣坐中鮮不撫手歎，未嘗有為之仰推大化，詳徵積厚，思一過而式之。況其近里誼，在紀羣，老乎！又況身其子孫而履踰其里者乎？和氣洽而休風被，其培也有本，其勸也無涯。忠國望家，觀感興起，請述而廣敎案桑梓之篇秋之美。而美非尚年，年不過七十上下，年論也，丞胡書富文之傳，勝流曾世況，絲澗先洩，皆尚年矣。然六詩老盡皆自慶，而年猶不能盈九十，且非可以里屬也。蓋惟天之篤於人，人不能弄得乎？跡其難有六七焉。夫天也，君六人之天也，天制人，人之天，達人於此有一得，焉則已難。兩得則難之難矣，兩得矣，或年非甚高，高矣人誠未蕃，蕃矣不能聚，聚矣不一姓，一姓矣不一家。今秦氏更六七難得，而皆備於其門，又繼二老冠之，而有耆齒，及詩者不越道南矣。

書味經窩圖後

諸洛

味經窩者，少司寇秦公未第時讀經之室也。公為吾邑世家，舊第在第六箭河上。泉南先生官給事中，蔣氏和桂藩事郎，素有智以害財充餉銀十萬，並下於理。公出，後李文襄所後，臺以助餉，並無餘遺貨。倉葺巷東，志所稱遵義坊也。湫隘裁樣，僅蔽風雨，置經書，尋味其中。金壇王吏部澹舟篆其額，長洲張戶部篁村繪為圖，以寄其業之所託云於方獄之急也公年二十餘隨東南先生從車南北內外交訌胥吏隱立詬雜叫囂公奮然困頓而帷禮易秀法訴從隨侍竊所講求性命之理蓋東南先生私淑東林顧高二先生不以死生夷險易其節而公日闚庭訓於奮忠中得力尤深也與同里屠學匠教齋吳工部寶齋學士易壹龔布衣偉中群離結會朔望必集各出疑義相質如是者數年成經說百餘卷江陰夏君震軒以公名聞於其鄉文定楊公會乾隆元年丙辰詔起楊公總填以大宗伯掌成均旨對內殿令舉海內經明行修之士若教國子楊公既七人以聞公與焉楊公初未相識也是年公以進士及第及直內廷不數日以生母甯太夫人憂歸時東南先生已篤老雖遇赦不獲釋公仰天推心思以身贖父於難丁巳服闋懷陳情疏以進因韻有期之哀公曰老父年垂八十前懸一官而不紓父難上亦焉用此不孝子為哉疏入上覽之憫然出東南先生於獄并諸免逋餉八萬餘兩是時色之人士知與不知歡聲震動咸頌聖天子之仁而敬公之孝以為得於經者然也越樓皇子經不十年貳秩宗與修禮書參稽載籍著五禮通考二百餘卷補健菴徐公讀禮通考之闕庚午改刑部侍郎於今五年下直歸擲比卷快按案研經與諸生討肯于堂因為廷尉民以無冤所居堅拓其迎師學者稱是自古名臣無不本於經學者公直經學通當天下刑名總彙且少吏多難凡吏胥之舞文嚇騙之文致其夫孝子慈孫疾痛慘怛但在心抑志有情不得上聞公所親歷而身受者豈不見其微而原其志則本治經之心治律而濟以仁恕何酬精以刑弼教之化如公者真可謂不負所學矣甲戌元日公招飲止宿邸第手此圖屬書讚余年為公小友且受業東南先生故不得到顛末如右玉味經之法見於楷揚而文定公之文余不足以觀其深也

同仁堂記　秦瀛

仁者人也博愛之謂仁推愛人之心而行之各得其宜即為義先王於人無不愛由是施之於政而鰥寡老弱幼孤振

惸獨皆有以養其欲而遂其求顧自井田法廢使貧使富
而生人之道苦，治天下者未嘗無仁政之施，而特不能以
徧覽，於是士大夫好行其德，設法倡義以賙其鄉閭，斯亦
古者睦婣任卹之遺，而仁人之心所寄，睨法行者也。吾邑
故有普濟堂，在控江門外，邑中過氏所建，其他善舉每歲
施貲棺事，歷久廢。嘉慶二年，余叔氏都轉公歸自浙江，
首斥千緡，偕同志諸君共華君雨棠議於金匱縣城隍廟
之東偏購地築室，曰同仁堂，供華佗像，施藥其中，堂之西

鑒文

邑諸君任之，十數年來雨棠以一人主堂事，修理甚具。會
余自京師謝政歸，雨棠以記文爲屬，且曰：堂雖成，待施者日
衆，需費亦繁，尚須好義之士增益之，以期於久大，是不可
以無文以勸來者。爰推先王施德行仁之本，與夫士大夫
好行其德之旨，闡明以著於篇，施金姓氏列書於碑。

鑒文

有育嬰堂亦屬爲堂成，或捐金捐田，或合金寄其貲于市
者，日輸其贏，累積之歲可得五百緡。又置常穩田若干畝，
佃租爲金若干，所收佔則於北郭外之善金浜，據屋二百
餘楹，任來者實累貯貨於此，取其息以助歷費。由是棺衣
施揚有費，寒暖有火有藥，據流有所，月有報，歲有冊，録於
大夫以聞於嘉定縣憲，以達於部，且夫天下之力成於
羣而毀於獨，天下之財速於私而善於公，惟不自私其財
而以澤宇於衆，其利能及於人。人之斯舉也，余叔氏倡之，同

雜識

邊華泉有送秦用中文學詩云王真壺下三洞屋﹅後有
松番有竹廣文先生雙鬢秃長對青藜夜深讀用中字擇
﹅與七子諸生交論詩此則陳撰仁西安化訓導華泉贈
行作也擇之又有贈何大復書云別來閱數年一官僅叢
東擇秦順於渊中最為僻遠所吉永嘉仁山研秀前後得
詩二十六首録奉教削不宣用中謹狀
秦仲孚為修撰封公季子與其兄永孚並以書稱奉陽即
雜識
阼暘冠帶常作溪山清興堂清遠閣結孝於後園顏曰勝
煩九日詩云艳茄忽聞佳節至獨携藜杖陟登臨黃花笑
我茗還夜綠酒盈樽手自斟露﹅鷗鴛知社燕家﹅懸榻
遲秋音不堪覽鏡頭如雪打得新枝懶去簪次日得康不
起見宋奠尊靜志居詩話
西神叢語秦樂為鍾自述云不求利達不愛貧不羨神仙
學乘真留得一區方寸地儘堪康濟古年身嘉靖丙申樂
為年七十一矣偶憂得詩一聯花吐鮮穠怙老況天留強

健想清貧西庚子季子臨次孫禾秋試並捷癸卯孫梁俊
領鄉薦壽已七十有九
秦大言鏞初為清江知縣一日持軍部御史過清江屋板
而秦不出迎及御史過役慣吏向乃大罵進謁及於前述
罕自陳謝偶為一文貴来有雖爭之晷至也御史笑曰今文
何在遂出懷袖出御史讀乃大稱賞歎嘆而別
秦大音與性極孤松嵩云僕爲千休館杜門已久撰詣靈
岩訪徐昭法半中止此意賢極孫嵩喻之比東想造詣盖
雜識
深惟勇於化道氣質柔融者用之則為剛不善用之則流
於怠宜今心氣和平以還太虛之體
前後社無錫十六人馬世名秦鏞王孫蕙顧杲高廣華廷
献黃家舒黃时享王孫茎王廷模王玉汝黃鍾充秦鉞馬
瑞吳惟籥季廷燦後復社無錫十一人侯其源侯宗源秦
德澂華延賓浦廷卿周如寵楊廷煉楊廷楷楊之傑吳陽
庸德亮見桂池吳盂堅復社姓氏錄
明季有幾社十七子無錫十五人華时亨秦鉞黃家舒顧

宸顧煜王延禧王玉比繆振先呂陽秦鉠唐德亮吴璟时
馬瑞王永甫黄傳祖常並錢陸燦長洲許王儀馳社李文
社也其时又有雁蕩詩社共九人呂自成孫學廣秦法滋
秦人在秦德湛黄傳祖黄芝錢星吝國初邑之工詩歌者
文名結雲門寺社於惠山雕刻當文正斌長洲汪琬惠路姜
宸英皆來會邑中又十人顧景文顧貞觀秦保寅秦松齡
黄瑚嚴繩孫鄒顯吉劉雷恒劉霖恒安璿康熙间後者社
埜有蒼湖七子劉齋吴世熙施楽劉學洙秦道然吴遵鉠

新識

接印雍昂正有数業鄒顯達李爲偎文皓秦羽他如曹禕
五顧豫顧景華完顯顧贊錢叢皆登科甲並曾以时藝人
才不若從前之盛矣

順治乙未秦封岩宮諭年十九官庶常试詠鶴詩有高鳴
常向月善舞不迎人之句上指示閣臣曰此人必有品量
第一重人秦顯閣學欲安致之屢致饋何竟不赴

惠山寄暢園有樟樹一株其大數抱枝葉皆香千年物也
聖祖每幸園必摩玩不置回鑾後猶憶及之向奉慈覆查
慎行詩云合抱凌雲勢不孤名材得並豫章年平安上報
天顏喜此樹江南只一株迨聖祖賓天此樹遂枯亦異聞事
也

國朝邑紳壽至九十者惟秦南沙南沙年五十二登第官
給事中以藩邸事下獄得釋年已八十又踰十年而卒

王朗字仲英秦宮諭松齡之嗣母也父金壇王彥泓以才名
籍甚朗有宿慧能詩小詞及畫水墨梅花並稱絕調自號
鋒提道人时顧景范貞觀有二妹一為進士侯麟勲母一

新識

為華子瞻並有才藻而麟勲母尤著與王仲英相唱
和宮諭仲妹昳芬亦工詩中年長齋繡佛宮諭有和其五
十感懷之作又有秦清芬者工詞其鵲橋天云偶剩瓜仁
排卍字慢將梳辰印連環年事上眉彎傳於世織小緑指
為顧文挽詞誤矣

秦繼鑲德宝過清芬亦擅才調其述況云多謝天公連日
雨全家逃上首陽山

鄒若媛詩生士起女當刲股療母疾適國子生朱汝編為

詩句極清遠女適虞侍郎瀛亦能詩其賦河歸舟作有千
里歸帆渾似夢綠楊影裏鷺橋西之句

補闕

余既就光緒新志輯為邑志述聞吾宗之列于人物傳者若而人別就康熙乾隆嘉慶道光四志中考其同異晰析其間另輯舊志存目一編以附益之亦留意吾宗文獻者所有事也彙而述之如次

康熙無錫縣志

官達

秦夔 秦金 秦梁 秦禾 秦燿 秦堈 秦鉽

儒林

秦鏞

文苑

秦用中 秦保寅

孝友

秦旦 秦頲 秦鏜 秦鋭 秦勵

隱逸

秦旭 仔義 秦柱

方技

秦德滋

乾隆無錫縣志

宦望

秦夔 秦金 秦梁 秦禾 秦燿 秦垌 秦鉽

秦松如

儒林

秦重泰 秦鏞 秦松岱 秦松齡 秦道然

文苑

秦用中 秦保寅 秦汝泌

忠節

華鐘

孝友

秦旦 秦瑱 秦鍾 秦勵 秦爾戴 秦重采 秦源

寬 補秦孝維

獨行

秦柱 補秦公輔

行義

秦松期

耆碩

秦樸 秦坊 秦德藻 秦松喬 秦恬然 秦枝桂

隱逸

秦挑

方技

秦德滋

嘉慶無錫金匱縣志

宦望

秦夔 秦錳 秦金柱附 秦洪涵附 秦梁 秦禾 秦燿 秦廷默重泰附 秦垌 秦鉽沿附 秦松如 秦松華 秦甸 秦仁 秦易均 秦鏇鎮泉潮附 秦寬鈞

儒林

秦鏞 秦松林 秦松岱 秦道然 秦蕙田

文苑
秦用中 秦德滋 秦日新 秦保寅 泉芳附 秦請然 秦鈞
儀 秦朝釪 秦沅 附華長貴傳 秦華墨田 附杜詔傳
忠節
秦廷珪 秦華鍾
孝友
秦亞奉秦岐 秦體 錢淮涵附 秦鋭 秦勵 秦爾載 秦鏞 秦重采
秦履寬 秦枝桂 秦寶然 秦大錦
行義
秦朝釪 松期 秦飛輻
耆碩
秦樸 宗附 秦坡 仲賜附 秦坊 秦德藻 秦松齡
秦猷然 秦恬然 秦春田 鴻筋附 秦夢蘭
隱逸
秦旭
方技

方技
秦朓
道光無錫金匱續志
宦望
秦濬 秦延然 秦泉秦潮秦湘 萬名附 鏷傳 秦瀛 觀武附 秦
鼎雲 秦鴻升 秦雄濤 秦琳 秦沆 國楠附 秦鳳
璟
文苑
秦望 秦鳴雷 秦永年 玉海附 秦大受 大光附 秦大
寔 大辉附
孝友
秦詔
隱逸
秦德湛

咸淳毘陵志

秩官　添差常州通判軍州事一員宋初置省于建炎
復于紹興

秦湛 紹興二年四月右承議郎四年七月致仕

陵墓

秦龍學墓在慧山其長子湛倅常日還葬後產紫藤一
本圍盈尺纏錯古松狀如偃蓋或以為醉卧藤下詞讖
云

秦少章覯墓在大堰山

王仁輔無錫州志

宋淮海先生秦龍圖墓在慧山西南三里先生名觀字
少游一字太虛開封祥符人焦蹈榜登第初仕秦州教授
召試賢良除祕書正字後謫居英州移居郴州復召除國
史院編修建中靖國間貶藤州卒年四十三政和中以黨
錮未解蒙恭高郵縣人祢為淮海先生子湛為常州通判
遷葬于常之無錫開元鄉子孫因家焉墓故有亭刻詩詞
于石其墓後為里姓趙氏所據閻廣蓀發為縣文學白
于今復其墓地以屬於學命掌教之官世祀之今祠於州
學初先生未遣謫時嘗賦小詞有云醉卧古藤陰下杳不
知南北後卒于藤州葬後墳上產紫藤一本圍數尺纏錯古松
狀若偃蓋人傳以為朕兆

重脩淮海先生祠堂之記 原文詳今志即墓記也但誌說失在下註至四月朔日永嘉而止

秦少章覯墓在大堰山

錫金考乘輯存

僉事成始終宅在六箭河上始終歿屬秦氏傳至都御史燿更爲營治扁其堂曰弘緒國朝避御諱改爲鴻其堂後即金匱山有金匱山房子姓今猶居之

挺秀堂封武昌知府秦旭所居在六箭河南岸國朝裔孫蕙田重爲營建更顔嘉會今屬山陽李氏

布政使秦夔宅一在鳳光橋北堂曰壽安今屬顧氏後裔所居僅倉房與基耳一在挺秀堂西夔爲其父旭稱壽所一建郡文莊公顔其堂曰宓壽今猶存

秦端敏公宅在西水關内端敏舊宅在張舍通籍後徙居于此今半爲菜園餘基亦屬他姓余幼時猶見舊墻門一座有漆門聯云九轉三朝太保兩京五部尚書今亦燬

徐府莊在鎮巷前明無錫有魏國公府官田此其莊舍也後臨六箭河地不甚廣有亭榭樹石位置都宜今屬秦氏

常山縣志名宦傳秦坤直隸無錫縣人由例貢授紹興衛經歷嘉靖十四年署縣事潔己恤民節使客供應謗議肆然巡按御史張公敬廉其情特委任之時衢州典惠庫庫子豎廣盈倉斗級常民值役者俱破産坤申請罷免士民德之勒碑白龍洞以紀其績

國史文苑傳秦松齡江南無錫人順治乙未進士改庶吉士授國史院檢討罷歸康熙己未由内閣學士項景襄李天馥湖廣總督蔡毓榮薦試博學鴻詞科列一等授檢討充日講起居注官典江西鄉試官至左春坊左諭德所著有毛詩日箋六卷蒼峴山人詩集五卷微雲詞一卷蒼峴二山人文集六卷松齡官庶常時世祖章皇帝召試詠鶴詩有高鳴常向月善舞不迎人之句指示閣臣曰此人必有品置第一及擢諭德歸里二十餘年專肆力于毛詩做黄氏日鈔之例取歐蘇王李程呂輔嚴之家以及明郝敬何楷近時顧炎武之言互相參校而以己意斷之不專主小序亦不專主集傳凡有疑義乃爲疏解亦不盡解全書故曰日箋云

邑志本傳松齡典試江西磨勘落職余案宋犖迎鑾二

紀康熙四十二年聖駕南巡御舟自浙回諭大學士馬齊張玉書朕至浙省將浙省原任京堂翰林官員有因公詿誤革職年六十以上接駕者俱着給還原品今至蘇州着將原任京堂翰林官員内有因公詿誤降級年逾六十以上者查明具奏内閣查有原任左諭德秦松齡檢討馮勗潘耒徐紈等四人具摺開列付奏事存柱等轉奏奉旨着各給還原品

三

高宗純皇帝御題惠山園八景詩序云江南諸名勝惟惠山秦園最古我皇祖賜題曰寄暢辛未春南巡愛其幽致攜圖以歸肖其意于萬壽山之東麓名曰惠山園一亭一徑足諧奇趣得景凡八各繫以詩見御製詩集園爲秦氏世業三百年來久稱名勝今邀九重肖意仿築尤徵非常榮幸聖諭煌煌不可謂之江南第一名墅哉

道光十九年余客蘇州張筠村康訪幕中康訪出示所錄國史大臣儒林文苑各傳因得假讀一過吾邑以大臣立傳者嵇曾筠秦蕙田張泰開鄒一桂嵇璜杜玉林孫永清鄒奕孝嵇承志鄒炳泰秦瀛顧皋孫爾準以儒林立傳者高世泰顧樞顧祖禹高愈蔡德晉顧棟高吳鼎附見鼐以文苑立傳者秦松齡嚴繩孫附子泓曾

本朝會試知貢舉向以甲科出身之侍郎等官充之秦瀛以舉人欽賜中書出身嘉慶己巳官内閣學士奉特旨充是科知貢舉又嘗簡放四川學政以非甲科辭免

四

秦淮海先生墓在惠山其子湛倅常州時遷葬于此後裔因遷居常州並分徙無錫以奉祭祀宋開禧間邑令應純之以墓地荒廢慨然封植永嘉戴溪重修淮海先生墓記云淮海先生秦少游建中靖國初卒藤歸葬高郵政和中遷葬于常州無錫縣惠山之原子孫因家焉又云擇秦氏諸孫知學者肄學職得月給使具祭祀是無錫秦氏實淮海先生的裔可知秦會之本無後人見于宋史而世人每以無錫秦氏爲會之後不可爲據戴文端重修淮海先生墓記見上藝文考

開化鄉志輯存

竹山在沙渚山東南自嶂峢分脉為橫山蜿蜒六七十里至是止景物畧云是山廣五十畝其與平壤接連僅三畝而巖山足約有十七畫愛湖波之衝擊方湖落時盤盤洄溯怪石疊出或凹凸或俯仰或突露如牙或迸裂成洞石子絫絫與臼螺殼相間可數百斛遊人坐石遠眺湖光盡浮水面已復梯徑登臨萬頃玻璃忽從眼光落下一上一下間倏忽改觀又喜不高石根而土其頂舊植竹今改植松　按邵寶字國賢於成化壬寅遊竹山越十九年弘治庚申訪秦勵字邦哲於沙頭因復過竹山賦詩云十九年來復此遊醉睥高閣五湖秋孤松似蓋峯前立萬斛如雲水面浮有興直須瞻北極無詩真恐負南州憑誰再作登臨約淮海先生未白頭　秦勵和昔年斗酒竹山遊屈指俄驚十九秋天齊依然山色好風微不見浪花浮此身暫寄來吾境一念常懸在帝州惟有老人迂拙甚百年高卧太湖頭　辛酉三月錢榮字百川和十載黃塵此勝遊參風吹雨半湖秋沿村碧樹高低接疊畫青山遠近浮范老風流餘震澤宗家勳業舊杭州眼中多少興亡恨且趁壺觴醉石頭　弘治壬戌九月朱寀字廷和廿載竹山頻夢遊來遊剛好是深秋萬林紅樹眼前矗一帶青山水外浮浩興倚風懸北斗壯懷隨雁落西州憑高極目無窮意只見草亭安上頭　弘治甲子十月秦金字國聲和乾坤何處寄真遊晴日平湖萬頃秋雲葉洗空天宇淨浪花飛動竹山浮少陵詩興高千古司馬襟懷溢九州我亦欲留雙眼碧蓬萊遥望海東頭　弘治甲子秦勵再和半載流光兩度遊野花林草自春秋四圍山色參差見一帶湖光瀲灩浮愧我甘為雲外客知君名動帝王州昔年幾許登臨伴此日相看盡白頭　莫止和地主重逢感舊遊廿年真負竹山秋崖根老耐湖波激天極東連海氣浮形勝綴觀經幾士帆檣交影落三州登臨却悟追隨晚顧乞奇書挂杖頭　大清順治間王永積字柱石號崇巖官司馬和憶昔尚書結伴遊於今彌望海天秋南來縹緲依山盡北極蒼茫亙地浮萬井風

煙連震澤一方雞犬護瀛洲明朝好趁漁郎棹及早移家住上頭　康熙庚辰王果延和勝欲先生首倡遊勝欲姓蔣名捷宋德祐元年進士家竹山得名四百有餘秋曾無修葺千竿映剩有空明一片浮星聚昔偏來勝友陸沉今已盡神州眼前風景猶然好一一題詩在上頭　右山八

秦詔字寧侯號雪嵬邑諸生目覽手錄亹亹不輟尤專注於理學接人從容談論真睟面盎背周旋中禮氣象壽七十六許墓人　龔震西廷歷傳秦詔字寧侯號別雪嵬無

三

錫人宋學士少游公之裔十一傳為瑞五公瑞五生彥起彥和起為西關派和河上與散居及閘化派雪嵬則閘化裔也西關河上科名赫奕閘化以舉貢起家至今綿衍而潛德懿行累代不替蓋自彥和之子儉節公以迄景山公凡五世皆舉鄉飲賓而景山之子梧巖公孫子晉公俱媲美前人雪嵬承數百年遺澤畫矩而蹈擇口而言方七歲失恃遂欲同殉雖經幾絕歷三繼母事之如一異母弟三同母妹二愉愉怡怡白首靡閒其立基於孝弟者有然遵袁了凡功過格日行數條夜則焚香告天如趙清獻故事纂諸生理學為明心錄採古今格言為省心錄其勉勉於聖賢者復然生平無他嗜好正業之暇多摘秘方有怪症奇痾良醫所束手者公投以刀圭立愈貲甕雖匱偶遇顛連煮糜給槥者比比其存心愛物又如此補博士弟子員屢應省試數奇不偶至於班荊定交道契之儒蘭臭相投惟恐交臂而失貴介之子炎可炙手遠之若浼也行其庭登其堂子孫無佻達宕逸之容娣姒無誶詬嬉笑之聲肅

四

肅雍雍高曾之遺矩百年如一日焉既而世態滄桑感時觸物於是燬棄帖括弃髦子衿歌風賦詩以舒其牢騷之況拈花藝草以寄其閑曠之懷舌耕筆務以盡其教育之功精進研摩以淬其治心之力或以名不暢家位不稱德為公憾而公夷然不屑也夷然不屑故致冷惟致冷故天全夷然不屑故味淡惟味淡故機忘斯則所謂雪嵬焉爾龔震西曰余讀萬石君傳羨其恭敬無比諸子皆以馴行孝敬稱及數傳而稍以罪去恭敬益衰未嘗不歎濟美之

難而率祖攸行之不易也自瑞五至子晉凡十世皆享遐齡郡邑禮爲嘉賓鄉里推爲祭酒今雪嵓懿嫩既備克追踪先軌以視一再傳而瑣尾者相去何遠哉歷文行荒謭幸得交於子晉公而於雪嵓生平知之尤稔因爲此傳以表仰企之私蔡伯喈自稱爲人碑志皆有慚德惟郭有道無愧歷於此傳亦云 右行義儒林

五

秦勵字一誠葬父景輝於沙頭白龍山中山舊無水公廬墓作永思居泉忽自穴中流出或謂純孝所感因名孝子泉　胡某有記其畧云公赴京謁選忽心動遂束裝歸而父景輝公已厭世以終天爲恨廬墓垂四十年朔望則衣冠拜泣淚滴松根松爲之枯今深山出泉可潤數百家信乎忠孝之氣上可格天雷陽之竹孝婦之草又何疑焉

沈鍊孝子泉詩山川寂寂水濺濺苔蘚常封孝子泉四十年前無限恨夕陽影裏咽啼鵑

秦泳魯字聖思居湖濱康山食母方氏以甘旨而已代母茹素終母世而止值母病劇私割其股煎湯進之病爲瘳後永六十餘止一子已成立而妖鄉人哀之 右孝友

六

秦公輻字二酉淡靜寡合涉筆淵茂著流壤集先是秦太朴無子嗣酉有業三百金後朴舉子酉交還援付曰叔父已有弟矣姪告去酉少年出贅内家舉一子殤遂夫婦分處不顧生育寓跡於館歲時一歸相見如客禮讀書抽摘百餘卷字大於圍棋子晚年用以貰酒或散失邑中貴顯來謁避弗見有欲召致之者告之曰君好讀書飲酒二事吾能適君意弗應也余曾於軍嶂山香市中見人皆集於闈獨有一人盤桓於松下秦宰侯指示余曰此二酉其性異人康熙庚申饑諸姪進膳或不給一日手持餅咽疾行向前見者問何之答云有緊要竟走入湖適有船過來援搖手止之急沒其頂咄抱石自沉獨申屠狄能之哉直可稱志士不忘在溝壑矣康山頭人　鄒九揖陞傳縣西南五十里曰沙頭面湖環山陵谷窈窱有隱君子自號從吾道人年少時嘗讀書洞菴夜半不輟風震林木湖水送聲鵂啼鬼嘯而道人一燈熒然又嘗至虞山托處海濱聽海

潮三四年不歸家人不得其處歸而掃室湖濱爲詩歌不啟人事書卷縱横置架上隨手摘一卷覆道人娓娓連誦訖一字室中多爇松子木屑蓋道人好酒晨起爇爐火薄飲輒然閑爲里中塾師所入贄幣悉以蓄酒瓶瓮累累列几榻旁客至輒與之酒酣醉乃罷不喜食肉愛食魚見漁人以魚至輒買之其贈人也亦必以魚遇不當意人輒閉目瞪影去余過沙頭其里人或稱道人類方山子或曰王无功阮嗣宗之流乃余又聞其宗老言其伯無子嗣道人

七

後舉子以其産均授道人謂伯有子不受强之受瘠田二畝種秫釀酒宗人某買田葬其親四倍其值道人以其半歸伯子乙酉後雜髮令其妻歸其家有田數畝聽之去妻死不問其田道人因日者言某年當死盡出篋中金報平生所交死友後卒不死貧甚宗黨或有餽遺卒不受也時時讀書飲酒而已道人姓秦名公輻字二酉又號五湖禪客所著書百餘卷曰流壤集先世贈貽詩曰縞紵集從吾軒詩稿若干卷云　贊曰道人非方山子及醉鄉之徒也東坡先生稱方山子妻子奴婢皆有自得之樂今道人一無有醉鄉之徒譏訶笑嘲道人飲不亂性其所遭不能少佐饘粥不憂飢寒而一托於窮餓無人之鄉枯槁爲樂寂寞爲愉道人實能自全其天而豈徒寄之湖山詩酒守其餘業者哉

秦煤字子晉住康山團上愛種菊開時色香得未曾有自言爲菊終歲勤動惟菊用他一月年六十王吉夫嘗語其長子霄侯曰尊大人不阿黨不勢利不刻薄豈惟盛族白

八

眉亦吾鄉祭酒

秦鏹字子明秦仲鏮遺腹子節母董氏撫養承祧爲人能不隨俗亦能不忤俗慎言慎行其安分之民歟循禮之民歟以上俱渥述

尹從龍常遊金陵毗陵之間攜宋時度牒自言理宗時人尹從龍也時人呼爲尹蓬頭成化十三年過秦一誠勵於長于寺蓬頭狀貌詭異秦目之忽張口曰若攜錢來乎盡散之秦散盡無吝色曰此子可教汝歸吾當過汝秦歸家

人告曰前有一蓬頭相訪詢之即相遇之人也既止秦後種種示異盛暑則暴赤日中隆冬則以雪自覆而卧頭多虱身又腐穢必欲與秦共榻秦亦安之居三年遇大雪忽曰今夕冷甚君有愛婢願假一宿秦置不應尹笑曰吾去成仙之日遠矣贈以一詩而別詩曰跨鶴西風出華州袖中常帶混圓球紅鉛黑汞東西採白雪黄芽次第收孔子泣麟周道否卞和獻玉楚王囚眼前誰是知心漢辜負人間五百秋然秦遇尹之後頗著靈異年八十餘　按一誠

九

公已見孝友志中當年居尹作留仙館今沙頭人皆識其址 古神仙

　王雨纖顥儒林至釋道總論曰僻壤人才易於泯沒勢則使然苟能奮起自雄安在不附青雲而聲施後世乎屈指從前神則越祖公元三公通二公仲武公仙則葛稚川尹從龍釋則僧伽儒林則尤文簡蔣勝欲宦望則許文懿施林宗陸元珍萬松公周本澄陳朝用朱直齋忠節則何曰厚孝友則一誠隱逸則錢仲仲若此諸人有一於此則人傑而地靈矣又況歷歷相望哉而今之沙頭王洪邱葛長秦僧伽許舍尤竹山蔣方湖許塔上周陶墅陸漆塘陳北莊朱坊前何固具在也茫茫區域將不復産偉人耶

十

秦氏獻徵録　乙集

秦氏獻徵録目次

乙集

錫山秦氏名人小志

吾秦占籍于錫歷五百年簪纓文獻代有聞人其名登於郡志省志一統志者以下及於私家之月旦鄉賢之記書析而言之錯互有不同然綜覈之亦邑志類也不過範圍之廣狹耳謹備錄之以誦世德之清芬云

常州府志 清康熙三十四年于琨等纂

人物 孝友 隱逸

江南通志 清康熙間于成龍等纂

江南通志 清雍正間趙宏恩等纂

宦績 孝義 儒林 隱逸 才媛

人物 孝義

清一統志 乾隆二十九年奉敕撰

廣東通志 金華府志 明史擬傳

毗陵人品記 錫山明名宦鄉賢私略

句吳耆貞錄 皇明書 本朝人物攷

儒學筆記 西神叢話 梁溪詩鈔小傳

梁溪文鈔小傳 明詩綜詩話 國朝詩人徵略

常州府志

人物

秦夔

秦夔字廷韶無錫人天順進士守武昌興学課農緩刑均監司下其規約於諸郡治行爲湖南第一累官布政所至惠澤及人既去皆立祠祀秀文殁夔年六十餘哀毁感疾卒所著有五峯遺稿

秦金

常州府志

秦金字國聲無錫人宏治進士河南參政行部至封邱流賊奄至遶破之於陳橋陞巡撫湖廣前後上便宜十八事擒斬賀璋廖琪討平郴桂及香爐山諸苗時中官傳旨索鰉魚秋貢嚴峻金疏言不可帝遂寢值正德南征嬖幸横索金抗章直奏以一身當之民賴不擾嘉靖初陞戶部尚書興獻太后上尊號曰章聖吏部侍郎何孟春等爭之上問倡者爲誰孟春言臣與尚書秦金等仰戴高深欲致謂涘之助既而册文頒示金與孟春等俱不赴行禮上切責會例自陳詔聽其歸已而起南京戶部尚書尋改工部未幾以引年再疏得請著有鳳山集

秦田中

秦田中字擇之無錫人日記千言攻古文詞以貢歷官秦順教授諭自免歸才望重於一時與莊定山李空同邊華泉何大復諸公遊相倡和著有西遊浙遊二集

秦梁

常州府志

秦梁字子成無錫人嘉靖進士授南昌府推官有盜平十二者負險時出剽劫監司苦之梁察尉某陰與盜通出不意以危言詰之尉股慄請命乃曰尔能説離其黨以渠魁來者乞尔命尉如教縛至磔於市擢吏科給事中京師築外城梁被命董其役劾罷宦官嚴工事者進右通政時嚴世蕃以工事久羈梁使客謂曰公一歲再遷亦知所自乎梁謬曰不知也督学浙江會鄉試期甚迫五閲月而歷十一郡时中试者九十五人而梁所首拔士居五十有六應遷江西右布政使著有續修無錫縣志

秦 禾

秦禾字子寔無錫人嘉靖進士授武康知縣倭躪浙西被檄築城甚亟禾曰築城民益驚擾是啟寇也持不可而募壯勇掛要害以守之諭曰寇來在今無恐及賊已逼有數妖僧突入市上禾募以酒食陽約逆寇受賞明日悉械送軍門賊聞遂不敢窺武康

常州府志

秦 桂

秦桂字世立無錫人金之孫能文工書爲授中書舍人與大學士高拱有舊未嘗致函其门及拱爲張居正所傾士皆引去拱歸桂獨送將護之編修吳中行疏論奪情杖闕下以身援之居桂之爲醫療甚至遷爲王官舉中考功法歸以貧終其身

秦 燿

秦燿字道明無錫人隆慶進士巡撫南贛岑岡賊李佩文剽掠遠近響甚充斥燿督諸將進討斬獲甚衆遂平其巢南雄妖僧李圓朗聚黨數萬爲四省患燿授計禽其渠餘衆悉解散副都御史進撫全楚楚大旱疫燿首請賑穀以賑遂率有司煮粥施藥緩征貸種日不暇給十五郡之民以全尋以忌者論罷

秦 堈

秦堈字崇彰無錫人天啟進士授澤州知州補福寧州民俗獷悍好與長吏爭曲直堈至令輸賦自封而扃邑解餉竟達藩司決獄不以恫喝而情與往復開諭有滯隱者洽一𢿙僧殺師獄人以是不敢欺入爲戶部員外郎被命察

常州府志

京營聽有指揮侍御史戚党忠乾役而前使者不敢問堈杖而繫之獄亡何宦官張彝憲以督理戶工二部至傲甚虜視諸曹郎一时全館抗疏論劾而元颺索馬遂去而堈及仍揩其懷慨請分庭之禮璫意大忤堈亦遂歸

秦 鏞

秦鏞字大音無錫人父爾載少受學於葉茂才後師李高攀龍鏞幼聞家訓尚行化與其弟銈同名於時鏞成崇禎進士知清江縣不尚文法而實惠及民江南初建撫監

察御史院歸築千休館於城東渦屏绝人事博覧研索多發前人未傳之蘊據其墳癸酉舉人

華鍾

華鍾無錫人本姓秦氏禾曾孫順治四年歲貢授富川知縣撫叛歸俘撫循甚厚民漸復業已何滇寇大至被執賊從容勸降鍾大罵尋就縲守者覺而救之乃挟以行渡江中流投水死事聞詔贈按察使司僉事予祭葬官其子

常州府志

常州府志

孝友

秦永孚　仲孚

秦永孚仲孚無錫人旭子也永孚忠厚沉默擇言而發仲孚更直諒多才藝居家侍養四十餘年曲盡孝敬父患心痛醫謂胸血可療二子競决胸出血和藥以進父疾竟愈母傷膝創潰競以舌舐之創亦尋愈監司以聞旌其門曰雙孝永孚子鍠鈁行次永孚母張病瘵又痞不能言鍠以意揣其欲而調護之便溺坐起躬自抱持積十九年如一日鍠嘗舉於鄉以母病竟廢南宮試其仲孚子鉉亦稱雙孝云

常州府志

秦鍠

秦鍠字國和無錫人旦子性坦直遇義激發母張病瘵耳痞鍠以意揣其所欲而調護之坐卧躬自抱持積十九年不懈鍠領宏治鄉薦因母病不赴會試比母喪服除而鍠年已老乃授南京都察院都事卒

秦孝綎

秦孝綎字孝先無錫人擭從養親得俸食必手進請命不敢私啓封視殮居墓三年與龔廷祥高攀龍友善及龔與高殉難遂晦迹斗山不見一客

秦重采

秦重采字幼儀無錫人居親喪哀毀盡禮家人失火通母柩采懇禱哀號火及簷而返事兄嫂如父母逾壯喪偶不復繼室以子鉽封編修贈江西按察使

常州府志

常州府志

隱逸

秦旭

秦旭字景暘無錫人博學多聞詩類陸放翁性莊重寡言笑見嚴憚於里中有不善者輒相戒勿令秦翁知以子夔貴愈斂退嘗建吟社於惠山結十老之會著有修敬集

常州府志

江南通志

人物

秦觀

秦觀字少游高郵人以賢良方正除國史院編修官紹聖初坐黨籍出通判杭州御史劉拯論其增損實錄貶監處州又徙雷州徽宗立復宣德郎放還至藤州出游花光寺為客道夢中長短句索水欲飲水至笑視之而卒有淮海文集四十卷行世弟覯覿子湛俱以文名

江南通志

秦金

秦金字國聲無錫人弘治癸丑進士授戶部主事歷河南參政行部至封邱遇賊詹至連破之擢除橋陞副都御史巡撫湖廣擒斬賀璋廖麻子討平郴桂及宜章煙山諸苗召為中官傳旨索鯉魚秩貧貴嚴峻金疏言不可事遂寢值武廟南征權幸横索金抗疏直奏以一身當之民賴不擾入為戶部侍郎轉南京兵部尚書凡所建白皆著為令興獻太后上尊號金與何孟春因陳諫陸歸已而起南京戶部尚書尋改工部未幾以引年再疏得請卒謚端敏所著有鳳山詩文集撫湖及安楚有奏議

秦梁

秦梁字虹洲無錫人嘉靖甲辰進士授南昌府推官以卓異擢吏科給事中升通政司參議尋以嚴嵩外轉浙江提學副使終江西右布政使居家修無錫縣志二十四卷卒祀南昌名宦

江南通志

秦燿

秦燿字道明無錫人耒之子隆慶辛未進士為給事中尚以侍議叅劾不激不阿得為官稱薦陟卿寺有所甄革悉著為令擢僉都御史出撫南贛才受軍務討擒巻瀇逆寇李文彪降李仰通平梁又以策擒南礬妖僧李圓朗等百餘人自請移楚歲大旱饑疫並起疏留金錢若干緡設行賑隨躬罰鍰資發程所活及所瘞無算遷四里擁口守一奉出山園中所著有吏垣四籓三楚諸疏稿及叢政摘要

秦重泰

秦帝泰字康博無錫人領萬曆庚子鄉薦授倫郡城遷令長樂愛民好士庭不設扭械里不聞追呼以教化為政偶以事忤當道即称足疾引歸杜门課子編參宋明儒書研精性命之業卒祀名宦

秦㵎

秦㵎字徵海無錫人天啟壬戌進士初知澤州升補福寧州入為户部郎官東宫廳事贊美大者廉清居鄉忠厚西直為先正高忠憲刻周易孔義二書者静遠壹東林唱和二集

江南通志

秦鏞

秦鏞字大音無錫人年十一而孤謹守父訓事母夫孝聞崇禎丁丑進士令清江五年凡所興革務求實惠己卯分較所得皆知名士歸里肅然木榻絕不通人研極性命之理疾革口授遺世語弟鉄代寫畢後請歸正寢年六十五從祀東林道南書院著有易序圖說周子通書解皇極内篇小衍參同闡集奏疏讀餘詩書

秦宗載

秦宗載字彥熙無錫人巽之孫少受書於其長才以親賢遠佞見稱樹跡而師事高攀龍劉近思録朱子節要之書每日手注功過於籍以自什考事父母謹生母吳氏愛其孝自奉甚朴而粥饘甘繫凍苦樹殘冬歲以為常無倦色子鏞鉞鉄鐵皆有學行

江南通志

顏色事嫂尤母論水喪葬不復徙宦

江南通志

孝義

秦柱

秦柱字汝立無錫人先世與鄭相高拱有交未嘗數至其門及拱為張居正所傾禍不測門下士皆引去柱躬送候之居正父死不奔喪同官吳中行抗疏杖闕下以身保事相托柱扶臣調護得不死江陵銜之斥為王府後中以考法柱破然棄官歸

江南通志

秦孝維

秦孝維字善先無錫人授經養親得脩金必手進請命不敢私叙封父母殁廬墓三年與龔廷祥高明珞友善及龔與高殉難遂晦跡斗山不見一客臨殁預定其期沐浴衣冠賦詩而逝

秦重采

秦重采字幼儀無錫人幼丁父母喪哀毀未禫家人失火逼母柩采愬柩呼號火及簷而返事兄敬愛生平未嘗失

江南通志

宦績

秦　夔

秦夔字廷韶無錫人天順庚辰進士守武昌治行為湖廣第一累官江西布政所至惠澤及人既去皆立祠祀焉父歿夔年六十餘哀毀感疾卒子鋭字國英執喪廬墓建祖祠設祭田

秦　金

江南通志

秦金字國聲無錫人弘治癸丑進士歷官河南參政行部至封邱聲敗流寇累擢巡撫湖廣擒斬劇盜討平郴桂及香爐山諸苗嘉靖初為户部尚書以爭興獻太后上尊號事忤旨罷後起南京户工二部尚書致仕卒謚端敏著有鳳山集

秦　梁

秦梁字子成無錫人嘉靖甲辰進士授南昌推官除劇盜擢給事中京師築外城被命董役同事宦官侵冒工帑劾罷之歷通政司參議忤嚴嵩出督浙學諸生鄉試中式九十五人而梁所首拔居五十有六屢遷江西布政使

秦　燿

秦燿字道明無錫人隆慶辛未進士官給事中多所建白累擢僉都御史出撫南贛平岑岡劇賊擒南雄妖僧自贛移楚歲旱饑疫疏請罷榖行賑全活及收瘞無算有荒政摘要

秦　埛

江南通志

秦埛字儼海無錫人天啓壬戌進士由知州入為户部郎管東宫廳節費辭羨以清廉稱巨璫張彝憲督理户工二部屬視諸曹埛不為屈忤璫告歸

秦　鉽

秦鉽字充繩無錫人順治乙未會試第一廷對第三人授編修出為廣東參議備兵杭嚴有告無為邪教者具教戒飲酒食肉鉽即於堂下各食以酒肉散遣之按察江西有叛人久未獲所司得姓名相似者鍛鍊誣服鉽訊釋之賊

亦旋獲後遷湖廣糧儲道告歸

孝義

秦永孚

秦永孚仲孚無錫人侍養二親歷四十餘年曲盡孝敬父患心痛醫謂胸血可療二人競砍胸出血和酒以進父疾遂痊母傷膝創潰競以舌舐而愈成化間詔旌雙孝

秦　鏜

秦鏜永孚子母張病瘵又瘖不能言鏜以意揣其欲而調

江南通志

護之坐卧躬自抱持積十九年不懈以母病不赴會試與仲孚子鉉亦稱雙孝

秦　柱

秦柱字汝立金孫以蔭授中書舍人高拱當國柱有通家之舊未嘗輕詣其門及拱得罪去門生皆走匿柱獨追送百里外吳中行以論張居正奪情廷杖柱挾醫視湯藥得不死居正銜之乞歸

秦爾載

秦爾載字彥熙無錫人師事高攀龍葉茂才事母盡孝居鄉設粥製衣以濟凍餒置櫬以殮死者歲以為常三子鏞鉞鈇皆知名

儒林

秦　鏞

秦鏞字大音無錫人崇正丁丑進士令清江多惠政父爾載師事高攀龍鏞承家訓精理學著有易序圖說通書解皇極內篇小衍象同闇集

江南通志

秦松齡

秦松齡字留仙無錫人順治乙未進士歷官左春坊左諭德七歲讀中庸閉目潛思良久告其師曰吾識性矣十九宦庶常世祖章皇帝召試詠鶴詩有高鳴常向月善舞不迎人之句指示閣臣曰此人必有品置第一以遭稽棄置誤歸田旋以博學鴻詞薦舉侍從講幄纂修明史里居二十餘年研精宋五子書窮經尤邃於詩著毛詩日箋

隱逸

秦　旭

秦旭字景暘無錫人詩格類陸游晚集諸高隱觴詠慧山之麓名曰碧山吟社凡十八年皆七十八十衣冠甚偉望

若神仙好事者繪圖傳之

才媛

秦德澄妻

秦德澄妻王氏無錫人金壇王彥泓女彥泓風度清峻以詩名於世氏素承家訓聰慧善吟咏兼工繪事為没骨花鳥於前人規格外自闢畦徑年二十餘寡居守節自號孱提道人又曰無生子有集三卷自為序之

江南通志

圖書集成秦氏先哲小傳

秦觀

按宋史秦觀傳觀字少游一字太虛揚州高郵人少豪俊雋慷慨溢於文詞舉進士不中強志盛氣好大而見奇讀兵家書與己意合見蘇軾於徐為賦黃樓軾以為有屈宋才又介其詩於王安石安石亦謂清新似鮑謝軾勉以應舉為親養始登第調定海主簿蔡州教授元祐初軾以賢良方正薦於朝除太學博士校正祕書省書籍遷正字而

圖書集成

一

復為兼國史院編修官紹聖初坐黨籍出通判杭州劉拯論其增損實錄貶監處州酒稅使者承風望指以謁告寫佛書為罪削秩徙郴州繼編管橫州又徙雷州徽宗立復宣德郎放還至藤州出游華光亭而卒年五十三

秦旭

按萬姓統譜旭字景暘無錫人究心學問為詩數帙雄健格類放翁厚重寡言居處有常不妄與人交初號修敬晚益端方詳雅動履有則里中有為不善者輒相戒曰勿令

秦翁知以子貴累封武昌知府愈斂退恭謹足跡不涉官
府又號謙翁嘗與李庶輩數人開吟社于惠山之麓名曰
碧吟社年八十三歲卒友人私謚曰貞靖詩有修敬集子
夔江西右布政使永孚仲孚成化間以雙孝旌門

秦夔

按無錫縣志夔字廷韶天順四年進士授南京兵部主事
歷郎中出守武昌立均徭之法監司下其規約於諸郡再
守建昌景遷江西右布政使

圖書集成　二

秦金

按明外史秦金傳金字國聲無錫人弘治六年進士授戶
部主事曆郎中正德初遷河南提學副使改右參政分守
開封歷山東左右布政使擢右副都御史巡撫湖廣郴州
桂陽猺龔福全稱王金先後破砦八十餘斬首二千級擒
福全及其黨錄功蔭錦衣世百戶力辭入為戶部右侍郎
世宗即位改吏部言官論金無人倫鑑復改戶部轉左署
部事嘉靖二年擢南京禮部尚書尋改兵部孫交去召為
戶部尚書帝欲考興獻帝金偕廷臣伏闕爭又與何孟春
等條張璁建議之非帝頻詰責金為人樂易及居官一以
廉正自持在戶部尤孜孜為國先後積失帝旨六年以考
察自陳遂命致仕歸五年薦者不已乃起南京戶部疏陳
利民六事尋召為工部尚書加太子少保帝與張孚敬李
時評諸大臣以金為賢頗嫌其老居數月加太子太保改
南京兵部踰歲致仕歸卒年七十八贈少師謚端敏

秦梁

圖書集成　三

按無錫縣志梁字子成所居有金匱山一日虹起上屬於
天因自號虹洲嘉靖二十六年進士授南昌府推官拜吏
科給事中京師築外城梁董其役劾罷宦官姦工事者進
通政司參議南太僕少卿歷鴻臚卿右通政出為浙江參
議山東副使尋督江浙歷遷江西右布政使罷

秦禾

按無錫縣志禾字子實嘉靖三十二年進士授武康知縣
會倭躪浙西有數妖僧突入市上禾悉械送軍門賊遂不

敵窺武康入爲南户部主事榷揚州關稅歷郎中出守金華改永昌卒官

秦柱

按明外史秦金傳金孫柱以諸生授中書舍人大學士高拱得罪去門生皆走匿柱獨追送百里外吳中行疏論張居正奪情被杖下詔獄柱挾醫視湯藥遂忤居正遷魯府審理尋考察罷之

秦燿

圖書集成

四

按無錫縣志燿字道明禾之子隆慶五年進士選庶吉士改兵科給事中奉使册封衡藩遭母喪起補刑科歷吏科都給事中充庚辰會試分考進太常少卿歷太僕卿移光祿擢右僉都御史巡撫南贛岑岡賊李佛文彪遺孽也剿勦逺近勢甚亢斥燿討平其巢南雄妖僧李圓朗聚黨數萬爲四省憂燿計擒其渠其衆悉解拜副都御史進撫全楚歸

清一統志

揚州

秦觀

秦觀字少游一字太虛高郵人少豪隽慷慨溢於文詞見蘇軾於徐爲賦黃樓軾以爲屈宋才軾勉以應舉爲親養始登第調定海主簿蔡州教授元祐初軾以賢良方正薦於朝除太學博士尋坐黨籍徽宗立復宣德郎有文集四十卷觀長於議論文麗而思深弟覿字少章覯字少儀子湛字處度皆能文

清一統志

常州

秦承學

秦承學無錫人其弟仲學刺心血以療父病及父歿同廬墓三年成化中旌表

秦金

秦金字國聲無錫人弘治進士授户部主事累擢巡撫湖郴州桂陽猺龔福全稱王金先後破砦八十餘擒福全及

戶部右侍郎中旨仍留皇莊金免勘正德間額外侵佔者悉歸其主而悉擬旨罪之人帝從其議金為人樂易及居官一以廉正自持在戶部尤孜孜為國尊加太子太保改南京兵部尚書致仕歸卒孫柱擢中書舍人忤張居正罷官

華鈺

華鈺字拙秦無錫人知富川縣順治中廣西巡撫救援不死事聞贈僉事

清一統志

秦鉞

秦鉞字完純無錫人順治乙未會試第一廷對第三人授編修出為廣東參議備兵抗嚴有告無為邪教者聚衆人其教戒飲酒食肉鉞印於壺下各食以酒食散遣之按察江西有叛人久未獲所司得姓名相似者鍛鍊證其服鉞訊釋之賊亦旋獲

秦松齡

秦松齡字留仙無錫人順治乙未進士入翰林罷歸康熙己未召試博學鴻詞歷官諭德典試湖南書稱講求性命之學工詩古文與同邑嚴繩孫齊名而詩格尤高所著有毛詩日箋蒼峴山人集行世弟松岱講學東林尤邃於易著有周易析微二十卷

秦蕙田

秦蕙田字樹峰松齡孫乾隆丙辰進士第三人歷官刑部尚書加太子太保久任西書修撰名法為時所重為學湛深經術慨禮經名物制度諸儒詮解互異因精考古今因革按周官吉凶軍賓嘉之目撰五禮通考二百六十二卷又周易象義若干卷味經文集

清一統志

廣東通志

宦績

秦鉞

秦鉞字克繩無錫人順治乙未會試第一廷對第三人授編修出為廣東參議 一統志 大清雷州值兵燹凋敝請南王每歲發千金市豆輸納貴豁雷民病之鉞力啟于王而免瀕海賊王占三據海東王之翰據海西名相声援而實相忌鉞探得其情手書反覆諭占三占三感悟乃授計使圖 廣東通志 之翰賊遂駕遁因而投誠為商舶誤入海港水師官將誣以為賊數邀鉞往視鉞廉知之卒不往商以是得全 堯峯文鈔

秦松如

秦松如江南無錫監生康熙十九年令吳川招降土寇洗彪編給牛種以資耕墾請豁虛丁荒糧修葺學校訓士以罣誤去民德祀之祀名宦 郝志

浙江金華府志

秦禾字子實無錫人嘉靖四十一年由戶部郎中任約己愛民崇文禮士有儒雅之風

金華府志

明史列傳　　　　　汪 琬

燿字道明隆慶五年進士選庶吉士授兵科給事中歷刑科左及吏科都給事中張居正方柄政操切諸官察如束溼燿以才幹為居正所稱數參駁部議不已居正反戚之曰持論何過峻乎燿從容對曰當言則言非故求多于人也擢太常卿歷官右副都御史巡撫湖廣距族祖金官巡撫時已七十餘年矣其祖孫聲望略相類于是忌者追論居正故竟命解任陞調候不厭竟坐事削籍卒士論咸歎息以為冤

明史列傳

毘陵人品記　　　　　顧憲成

修敬公旭

秦旭字景暘無錫人莊重寡言居處有度里中有為不善者輒相戒勿為秦翁知善吟詠與季庶輩結社于惠山之麓卒年八十五友人私謚曰貞靖先生

養恬公永孚

秦旦字永孚奭字仲孚俱旭子旦忠厚沉默擇言而發奭更直諒多才藝旭生三子長夔以進士起家二子居家侍

毘陵人品記

養四十餘年左右無方曲盡孝敬父患心痛醫謂胸血可療二子競坎胸出血和酒以進父疾竟愈母備膝創潰競以舌舐之創亦尋愈監司以聞詔旌其門曰雙孝旦子鐘字國和母張病瘵又病不能言鐘以意揣其欲而調護之便溺坐起輒自抱持積十九年如一日鐘弘治甲子鄉薦自母病即廢南宮試有司勸駕力辭不赴母卒而老矣乃即家授南京都察院都事與奭子鉉亦稱双孝云鐘子淮字伯川孝謹長厚以貢授辰溪令康平宜民子禾成進士

監稅揚州淮遺書曰吾不治生產無以遺汝汝有今日當會
此意汝子亦不待汝遺也瀚字和度性方嚴篤行愈謹愈
廣瀚貢以子果成進士遂棄之涇字季宏舉于鄉官通判
操執不苟自旭至洪歷四世皆恂恂篤行錫稱有家法者
必推旭子孫科第亦最盛

毓鈞案毘陵人品記為武進毛古菴憲舊本同邑葉
誠齋夔輯之共四卷後郡尊歐陽東鳳擬修府志屬
吾錫涇陽顧先生品騭人物輯為桑梓錄倣古菴之
意補其未備續其未來書成藏之笥中後吳亮又增
修之輯為十卷吾邑高景逸先生序之其原文詳載
高子遺書

毘陵人品記

錫山名宦鄉賢考畧

張夏 胡永祺

脩敬公旭

秦脩敬先生旭字景暘究心問學為詩沖雅類陸放翁性
莊毅詳雅不妄許與里有不善者相戒曰勿令秦翁知以
子夔貴累封武昌府知府嘗與同志十人為吟社于惠山
之麓唱酬不倦年八十五卒友人私謚曰貞靖先生著有
脩敬集

樂易公鍠

錫山名宦鄉賢考畧

秦樂易先生鍠字國和脩敬公孫族孝永孚公子性坦直
而好義書以學行為時推重事父母孝母張病瘵子侍不
能言先生以意揣其欲而調護之使僵卧起坐自抱持積
十九年如一日弘治甲子舉于鄉自母病即廢南宮試有
司勸駕力辭不赴郡守議舉孝廉格于令典逮母卒而年已
老家授南京都察院都事以卒著有樗林集

存赤公洪

秦存赤先生洪字伯川脩敬公曾孫樂易公子性至孝父

有庚從應試乃僭留省侍父卒貢授辰溪知縣先生素諳岐黃術頻問民疾苦備藥療之居官廉介正直居鄉則和易篤實有長者風

錫山名宦鄉賢攷略

句吳聞見錄　　　　尤晋

秦先生鍾先從父蒼梧府君莫逆友也余嘗往來先生家見先生坦夷和易孝事父母其孝也甚于其尊人旌孝公母張氏病病先生朝夕左右揣意調護彷徨臥起者二十年如一日也先生弱冠舉于鄉不忍離病母遂絕南宮試老而逢授都察院都事揚歷高其行歲以孝廉薦欲請旌先生不可四子俱賢而有文伯子知縣公號篤孝一如先生季子涵和舉于鄉以先生小恙亦不赴南宮試者一孫曾二十人皆彬彬向學諸孫成進士者二曰畏曰禾其盛未艾非先生值德深厚胡能見後人之盛若此哉

句吳聞見錄

本朝人物考

過庭訓

秦鐘字國和無錫人祖旭隱居敦行既沒而人思私謚之曰貞靜先生父永寧與弟仲寧俱以孝見旌鄉人稱之曰雙孝已鐘而孝愈篤母疾不能起而瘖鐘以意揣其寒溫飢飽時飲食之便溺坐起鐘自抱持如是者十九年舉鄉試不第遂銳為終養計竟親沒不仕曰祿不及吾親乃歎以衰年為子孫富祿計耶遇窮抑曲有恩禮重節槩厲廉隅不妄交遊足不企公府教子孫尤篤子孫化之修文守禮恂恂敬讓不問可知為秦氏子弟也後子涵孫禾果皆顯而鐘不色喜唐太史順之以為有萬石之質行而輔以齊魯諸儒之文學云

本朝人物考

皇明書

鄧元錫

秦鐘字國和無錫人祖旭隱居行誼既沒而人思私謚貞靖先生父永寧與弟仲寧俱以孝見旌鄉人稱之曰雙孝永寧事父母惟其志不忍傷已刺血吮瘡不懈及鐘事孝子夫婦一如孝子孝子仁慈儉朴鐘溫恭容下中室無叱咤聲平生饍匕筯不出蔬豆之外母患末疾不能起而瘖鐘以意揣其寒溫飢飽而時飲食之便溺起坐躬自抱持如是者十九年舉鄉試不第遂銳為終養計竟親沒不仕曰祿不及吾親乃歎以衰年為子孫計富祿耶遇窮抑曲有恩禮重節槩厲廉隅不妄交遊足不企公府教子孫尤篤子孫化之修文守禮恂恂敬讓恥為世俗一切浮僞之態入市衣衣矩步行不問可知為秦氏子弟也後子涵孫禾果皆顯而鐘不色喜益恬之唐太史順之以為有萬石之質行而輔以齊魯諸儒之文學云

皇明書

儒学筆記　談脩

鄉賢考

存齋秦先生諱淮字伯川性至孝父疾篤淮當應試父促
之行乃陽治裝而潛留省侍父卒貢授啟溪知縣淮素諳
岐黃術問民疾苦療之家給和易篤實有長者風

儒学筆記

西神叢語　錫山黄蛟起孝存著

秦勵字邦哲號一誠以貢赴京謁選忽心動遽束裝歸歸
而父景熚已殁不得視含殮以終天爲恨廬墓四十年朝
夕衣冠拜泣淚滴松根松爲之枯白龍山舊無水勵築永
思居于墓側有泉滃然自石中流出邵文莊公大書于石
曰孝子泉至今大旱不竭詩給諫有詩弔之云山川寂寂
水濺濺苔蘚常封孝子泉四十年前無限恨夕陽影裏咽

西神叢語

啼鵑

嘉靖初年江南歲荒時金端敏公爲大司農次年稍熟宜
興杭濟寄新米五升侔以詩云破杵親舂雪色明殷勤聊
獻野人誠極知柱國憂民切爲報江南命復生公即迎詩
與米進上上喜褫其詩懸宮中他日與文徵明同召濟卒
于途

秦禾號文橋司維揚關督府議稚小關以分利禾曰此不
煩頰舌爭也第大關寬小關自廢矣益平關税不令壅滯

于是無一出小關者久之巣撤去

秦文橋知武康邑故役法疏脫富民多以貲免重累貧弱乃剏為十段鼠尾法徭役稱平

秦汴號次山敏(端)公子再起入都嚴嵩命子世蕃具食值敌冢宰子某歲滿應得增秩世蕃不得厚賂僅令以虛銜視四品次山即席詬讓之拂衣而出

秦涵字季洪為溫州推官值倭寇至當事者閉門為自守計郊外之民哀號求入涵歎曰是獨非吾民乎命啟門納之全活者萬計寇既退瑞安不逞之徒乘機劫奪且樹幟變(旗)以拒官兵分遣袁某命往撫之即肩輿至其巢不隨一兵衆望見皆羅拜曰秦公至得生矣因諭以大義衆悉解散

西神叢語

秦延默字念橋為湯溪令邑有大豪橫絕閭里以計購繫之值公子重甲自任抵冢乃遣使奉千金求解立叱之去白置諸法後延默入湯溪名宦祠重甲復至其地人爭(主)之之曰此不入千金公子

秦之垣字維樞管誥敕時同舍郎有欲以蜚語中一同事者之垣曰此冠可掛此心可壞邪事乃寢

秦之垣字維樞號衆元生而不啼孫殿元室曹淑人灸其項始發聲

秦瑞敏公妻鈕夫人夜值盜警或欲令死士擒之夫人曰亡命利吾貲不得且遁去矣格鬬為

秦木字子實號文橋官永昌守平生不吝施予或為人所負當營葬時二子將取償焉室葛恭人曰若等苟自樹所不足者非財也必若所為豈爾父平生之志乎遂折券還之

西神叢語

秦氏大令念橋女也十七歸陽羨湯振商二十而寡有祭夫文曰維君之生也恨恨交并雖稱舊族實迫君饑君負才能曰惟國楨也如何今也未成一名君父遠宦恒切君心如何今也不待歸臨君母在堂奉侍惟勤如何今也忍使淚零君有兄弟每同寢興如何今也環哭莫聞君抱幼子阿父自稱如何今日獨去冥冥君有幼女未聞數句如何今

旦相對昏晨。君之與妾。三載恩深。如何今日。天移地傾。君
昔好酒。妾每進箴。如何今日莫舉一尊。君昔負氣。讀史懷
嘆。如何今日。半枕殘魂。嗚呼痛哉。夢邪幻邪。君胡為而早
棄世邪。妾何罪以禍延君邪。已矣哉。君徂兮妾誰。持妾死兮
誰哀。淒淒兮敝凡。漠漠兮空幃。凡有書兮君讀。牀有劍兮
君持。書與劍兮俱在。惟君逝兮何依。君恨吐兮無已。時妾
心傷兮靡盡期。顧君靈矣默佑。撫孤子兮承禧。倘餘輝矣
可照。當含笑兮同歸。哭君兮奠君。自憐兮自悲。渺渺兮君
魂。喘咦兮來思。時氏絶粒數日。姑曰盍念遺孤。甫歲時遺
女方彌月。乎于是忍死撫養。值家中落貧病交并。翁之側
室復時加齮齕。不堪艱苦備嘗之矣。及教子次曾補博士
弟子員而病。已不起。年三十九。以不合例未旌。又有前後
悲歌十章。令人不忍卒讀

西神叢語

秦氏大令念橋女也。子四歲日識數字。教之日即欲收其
放心耳。又有與子書云。聞吾兒山中刻苦甚喜。然須得其
方。一日之中。或習舉業。或覽文詞。既有專志。復有定功。則
求進乎技不難矣。蓋方盛夏。戒坐濕處。少食冷物。大抵情
所易流。必當有以制之。此則立身行己靡不如是。不特居
處飲食為然也。

西神叢語

秦氏大令念橋女八歲能詩有云松柏春不花寒天葉常
碧十七適宜興湯振商三載而寡三十九卒所著有紉蘭
集其夫未亡時作取屈子紉蘭之義方其潔也有依桂集
其夫既歿後作取蓼蟲依桂之義喻其苦也自序云余也
不幸。賦命罹辰。幼失瞻依。撫蓼義而掩涕。長罹疢疾。詠黃
鳥以增悲。兼以貧病相隨。靡有安也。桂薪玉粒。惟餘皓月
照空階。男呻女吟。每雜哀蛩。淒永夜。雖見聞其云遠。覺怨
尤兮已多。爰處叢棘之中。是興忼慨之作。聊以抒其悲感。
豈曰詣于文詞。後有覽者。庶幾諒我衷情。勿嗤鄙陋云爾。
清明賦云。于斯時也。遊燕空裊。野鵲初鳴。柳桃朝麗。蘼蕪
夜生。輕寒挹暖。乍雨同晴。草萋萋兮凝碧。泉涓涓兮起萍。
歎春景兮將莫。乃屆節兮清明。思君子兮去不歸。登高樓
兮烟壠。乎既氣舒而入慘。亦心悲以色悽。乃駕扁舟載沈

載浮清波響淚遠府積愁風颯颯兮揚帆燕翩翩兮駛留
鷗呼侶兮渚側蘆始茁兮芳洲情悅悇兮悒紆若斯類兮
增憂至夫纜維彼岸倭遲原陸步崎嶇而不前思沈迷以
躑躅覩草木之向榮傷處幽之誰燭地堆黃兮稱錢搖樹
白兮皆幞舊鬼怨兮新鬼哭前山號兮後山續賢達將奈
何逝者杳難復于是遵曲徑啟蓬蘼藉蘿縈蛸網懸撫几
筵兮塵積鷲猩首兮徒斑頻呼君兮不應髣音容兮依然
豈離情兮難罄胡永歲兮靡言魂幽尋兮斷絕涕交積兮

西神叢語

漏湲爾乃野蔬既薦清酒思恃懷想生平所嗜是求鎖空
庭兮寂寂飄素幙兮悠悠目炯炯兮注念冀君魂兮來遊
酌杯中兮莫引陳席上兮還留稚子悲兮失聲左右淒兮氣
道嗚呼妾忍君兮輒復歸君忘妾兮終不來雨濛濛兮既
下猿慘慘兮聲哀舟延佇兮蘋中緒紛藉兮門棖淚轉咽
兮別君徐收涕兮攜孩還孤館以獨棲釭熒熒而照幃形
雖存而心死又何殊乎夜臺

秦蕙字畹芬富川知縣殉節華鍾女也嫁二載夫歿刺有

南樓詩一卷春感云簾外春殘泣杜鵑幾番拈韻不成篇
好花開偏何曾看拋擲韶華又一年元宵苦雨云六街燈
市廢笙歌寥落其如此夜何縱使來年明月好一番美景
已蹉跎

秦玉峯妻吳氏素嚴肅子婦其族女也侍姑讌喜蜘且自
裹衣出螫項刺毒潰赤子婦強忍不敢驚遽以聞長者歡
卒讌乃起或廉知之曰新婦豈泥塑木雕邪亦笑而不答

西神叢語

句容縣志宦蹟傳

秦焕字笠亭無錫廪貢生大宗伯文恭公裔也同治閒任句容訓導持身儉約教士循謹門庭嚴肅婦孺終年不出户限督僕灌園種蔬雜蒔花木春秋佳日獨步郊外流連光景值花開豆熟時招門下士於署齋論道講藝致足樂也再任期滿謝病歸同寅寶應舉人胡壬源東臺舉人杜效曾海州歲貢許桐均署教諭以善教稱

錫金續識小錄耆碩傳

秦焕原名熙字笠亭號緝篁廪貢生任句容縣訓導生平篤嗜性理諸書為學以躬行實踐為主及門弟子化之莫不以敦行力學為先鄉里咸尊憚之嘗手抄人譜兩冊時時誦覽用以自律年八十卒於家著水竹軒詩文稿

梁溪詩鈔小傳

秦　璠

秦東阜字景美璠著有東阜集子用中亦負才名工詩與李夢陽何景明諸名流相唱和見邑志

秦　霖

秦贈公字潤孚霖號卑牧著有〻〻吟藁新都楊廷和為之序以子金貴累贈太子太保南京兵部尚書

秦　旭

梁溪詩鈔小傳

秦封公字景暘旭號修敬年八十有五私謚貞靖先生以子夔貴封武昌府碧山吟社中第一人也

秦　夔

秦方伯字廷韶夔號中齋修敬先生長子天順庚辰進士授南京兵部主事晉郎中出為武昌守延昌兩郡太守所至有殊績一時頌其神明歷遷江西右布政使卒於家著有五峯遺稿

邑志云廷韶守武昌嘗行江干見一婦人縛而委之沙中未殊死解而問焉曰妾杭人柳氏從夫賈江上遇寇

將見污不從以至於此夔即日蹤跡得盜置之法而歸婦人於其家再守建昌民有將訟其令於上者令疑所譽何某者爲之陰令人首何他事文致其罪置極典夔疑焉密鞫之得其情而釋之吾水大姓豐與伍相奏訐逮至百餘人久不決以屬夔夔擇曠地立木繫囚使人相去各數丈次第嚴詰之言或予盾輒窮考究乃吐實獄成人皆快之

秦夔

秦孝子字仲孚以字行號務本貞靜子廷韶叔弟也廷韶仕於朝二弟侍養封公嘗患心痛二子爭刺血於胸和酒進病竟愈母殷恭人膝傷潰口吮之亦愈郡縣上其事詔旌雙孝成化中賜冠帶嘗作溪山清興堂清遠閣結亭於後圖顔曰滌煩著有滌煩亭稿昔人評溪橋詩曰詩中畫扇頭詩曰畫中詩今録於左

梁溪詩鈔小傳

秦用中

秦司教字擇之號豫齋東臯先生璿子貢生官泰順教諭有游浙集擇之以詩名全稿散佚僅從秦觀察瀛處抄存一章

秦金

宮保秦端敏字國聲號鳳山癸丑進士累官至南京兵部尚書卒年七十八贈少保謚端敏初由戶部郎遷河南參政擢山東布政使巡撫湖廣破流賊於梁擒盜賀璋廣珙於江討猺奪於郴桂平猺苗於香爐峯諸王府侵據山場湖蕩皆奏還官入爲戶部侍郎世宗時勘皇莊額外侵占者歸其主而盡撤管莊入進南禮部尚書既而改兵部召爲戶部尚書致仕復起改南兵部引年乞歸著有鳳山詩集

梁溪詩鈔小傳

西神叢語公以大司馬致政歸每晨起正襟危坐令兩青衣展大板四書五經或史冊一道相對朗誦遇几聽之初公少時隨父卑狀適館就學凡主人設宴召客從未及公卑狀出句命對曰東家設席兒無分公對曰北閣登科我有名又徐請於父曰兒豈志於食者自後請大人昇不必形諸齋頻也父始奇之卑狀名寐字潤孚先是洪武初有長者號梅隱子樂善滌抱拙曾滌怡晚生卑狀五世食貧致孜成人之美卑狀四十無子積德累功多人所不見處四十一始生公六十餘公釋褐既入八座抱拙始晚卑狀三世贈宮保尚書信孚積德百年而後興也碧山吟社志弘正閣社會既輟之後舊社未復之先司徒鳳山公歸自留都乃邀宗伯二泉部公都事心泉呂公少參惠巖顧公與其弟少參松閣公司徒之族兄長史藉摭公山入陳石村氏結詩會山中亦以碧山吟社名然止就請公之別墅如二泉精舍鳳谷行寓惠巖小

築次第舉會蓋亦褒修殺之風而一寄意焉

秦鐘

秦都事鐘字國和號樂易永孚之子甲子舉人性坦夷遇事激發母張病瘵且瘠樂易能揣所欲而調護之坐卧躬自抱持積十九年不懈既領鄉薦不赴會試有司舉孝廉遴授南京都察院都事著有標林類稿崇祀鄉賢祠

秦瀚

秦封翁瀚字叔度號從川諸生國和仲子以子梁貴封通政使左參議邑志孝友傳云叔度為姑後於吳然往來定省終其身無閒年七十三卒崇祀尊賢祠配享碧山吟社

梁溪詩鈔小傳

秦梁

秦方伯梁字子成所居金匱山一日虹氣屬天因自號虹洲丁未進士歷官江西布政使司初除南昌推官上官奇其才薦於朝拜吏科給事中京師築外城被命董其役勍罷宦官奸工事者進通政司參議南太僕少卿歷鴻臚卿右通政時嚴世蕃以工事久羇之使客謂曰公一歲再遷亦知所自乎謬應曰不知也將無以久次耶出為浙江參議山東副使尋攝學政會鄉試期近五閱月而歷十一郡時中式者九十五人而公所首拔士居五十有六遷江西右布政使著有續修無錫縣志

秦禾

秦太守禾字子寶號文橋癸丑進士歷官永昌府初令武康邑故役法疏脫富民多以貸免重累貧弱乃創為十段鼠尾法吏民無所容私徭役稱平倭寇之警被檄築城甚急文橋曰築城民益驚擾是啟寇也持不可而募壯勇柵要害以守之賊將至先有數妖僧突入市中令勞以酒食陽約禦寇受賞明日悉械送軍門賊聞不敢逼武康以此得全司維揚關督府議推小關以分利文橋曰此不頃頰舌爭也第大關寬小關自廢矣益平關税於是大關舟繩繩行無一出小關者久之果撤去見邑志并西神叢語

梁溪詩鈔小傳

秦植

秦清溯植字子培號濟虹以能詩客晉藩著有清溯集

秦　柄

秦明經字柄汝操號刑介塘歲貢生端敏公之孫

秦　燿

秦中丞字燿道明號舜峯隆慶辛未進士選庶吉士歷兵吏刑三科給事中進太常少卿移光祿擢僉都御史巡撫南贛岑岡賊賊李佩者王陽明城渊時所控制李鑑遺孽也𧑅結三世矣舜峯入境甫三日出不意遣將飈發傾其巢南雄妖僧李圓朗以白蓮符誘翁閩粵度山罔刻日齊發撲

梁溪詩鈔小傳

於未然殪其渠而散解其衆先後事聞皆賜金進級舜峯歙然不居搴陽明抑抑堂懸廳事以自最勗拔士之秀者黷於濂溪祠而勤課之晉撫南楚楚大旱疫撫輯盡致爲怨者論能歸己而怨者尋敗

秦重泰

秦長樂重泰字原博號澹緣庚子舉人初官山東鄆城教諭榜一聯於座右云祿薄而君恩實厚毋自薄以負其厚位卑而師道宜尊毋自卑以褻其尊居四年士子愛戴臺司交薦遷福建長樂令長俗故多狹睚眦忿服毒草圖命者澹緣令鑿毒草地爲渠其風遂息諸如黜奸胥懲毫棍平反疑獄禁斂公費嚴緝冠賊海之濱鯨波不作境内以安民祀之一日以稍忤上官論調澹緣欣然束裝歸放懷詩酒杜跡城市徜徉林壑者九年九年六十五

秦仲錫

秦上舍仲錫字公蕃副都御史燿之孫少工制舉業以病棄去工詩多緣情寄興之作馬文肅極稱之既殁文肅誌

梁溪詩鈔小傳

其墓後裔極盛秦氏簪纓相望多上舍後也

秦　堈

秦農部堈字器新號儼海壬戌進士授澤州知州父喪歸補福寧州民俗椎悍好與長吏爭曲直儼海至令輸賦自封而屬邑解餉竟達藩司決獄不以恫喝取情與往復開喻有涕泣者治一姦僧殺師獄人以是不敢欺入爲戶部員外郎被命管京糧廳有指揮特御史戚黨恣乾没而前使者不敢問儼海杖而繫之獄亡何宦官張㬇憲以督理

戸工二部至儆然厲視諸曹郎一時金鉉抗疏論劾馮元颺索馬逕去而儼海亦遂歸儼海前後在官不出五載至為德於鄉有葛石風心師高忠憲之學而未嘗自附於東林晚居東皐探道汲古鄉國遠近迄無間言恤人之急乃至魚鳥亦被其澤列邑志宦蹟傳

西神叢語云儼海父母歿後報謝弔客不輿不蓋不飛剌單門陋巷泥淖偪側中必登堂稽顙乃已不先貴蔑禮也

秦鏞

梁溪詩鈔小傳

秦侍御鏞字大音號弱水丁丑進士歷官監察御史父爾載一名二宜字彥熙少受學於葉參之後師事高忠憲隨侍水居習靜坐法在高子之門稱好學早卒高子痛惜之先生幼聞家訓與弟鈛字中實鍈字小匡號稱三秦先生内行純至初授清江知縣不尚文法而實惠及民江南初建擢監察御史歸築千休館於城東隅居之屏絕人事非歲時歸謁家廟未嘗踰閾於書博覽窮索多發前人未得之緼嘗自言某於高子半日讀書之功多半日靜坐之功少以是為病殷斂謙益語若不能出諸口而遇事必期於盡理而後即安也語見邑志儒林傳

秦鈛

秦鈛字中實又字亮甫諸生御史鏞弟亮甫少能文章與其兄大音先生俱以氣節相砥礪名在復社姓氏錄又明季聽社十七子無錫共十五人亮甫與弟小匡鍈皆與焉小匡亦工文一時有秦氏三君之目秦觀察瀛為余言如此

梁溪詩鈔小傳

秦孝維

秦隱君孝維字善先授經養親束修必手進不私啟封親歿廬墓三年與龔廷祥高明玿友善龔與高殉難遂屏跡斗山以終見邑志

秦詔

秦秀才詔字寗侯號雪鬼明諸生潛心理學晝短而蹈擇口而言接人從容談論有臚而盎背氣象纂諸儒理學為明心錄採古今格言為省心錄暇則多摘秘方有怪症危

疾良醫束手者雪見投以刀圭立愈腎囊雖屢遇難連煮
糜結糟殹殹不倦門以内子孫無佻達宕佚之容婦奴無
詈詬嬉笑之聲百年如一日閨滄秉抱孤介以終年七十
六龔震西歷廷傳之謂如郭有道碑無愧辭也

秦鉞

秦廉訪鉞字克繩號補念乙未會元廷對第三人世祖初
召見南海子賜袍服比第一人出為廣東參議分守雷州
遷杭嚴兵備副使有吾無為邪教者先生問知此曹戒食
肉遂集之堂下與酒肉飲食訖散遣之先生性沉默對客
終日其言可數而決獄片詞立定亦終不可移遷榆林參
政所駐神木縣地逼蒙古與民通市不平輒鬬先生時時
曉諭曲直皆感悅候其出爭獻醴酪及按察江西進賢縣
有叛人江德八者久未獲而所司得江國八鍛鍊誣服之
以聞先生察其非並釋之未幾果得德八其慎於刑政類
如此後以坐失出降補湖廣參政會裁缺歸見邑志宦蹟
傳

梁溪詩鈔小傳

秦松齡

秦宮諭松齡字留仙號對巖乙未進士選庶常授檢討以
奏銷罣誤削籍康熙己未舉博學鴻詞歷官左諭德凡通
籍六十年立朝僅九載居家讀書之日多所詣深邃於性
命之旨實有契悟晚益耽研經訓尤深於詩經著日箋四
卷博採毛鄭以下及歐蘇呂嚴諸家之說參以己見補朱
傳所未備一切申公詩說子貢詩傳屏弗錄也邑志列儒
林傳

梁溪詩鈔小傳

秦寅

秦贈公寅字克備諸生補念先生鉞之弟篤於孝友以子
仁貴贈彙自縣知縣著有竹蔭山房稾前津遊草後津遊
草

秦松岱

秦燈巖松岱字赤仙燈巖其號對巖宮諭弟也師事族祖
大音先生鏞得高忠憲公靜坐法識解日進時蠡厓李中
孚顧武進惲遜菴日初慈溪黃棃洲宗義以講學相應和

燈農馳書質證往復累千言家故豐而菲衣糲食治家一守古禮祭喪備極誠愨常獨居一室而御下極嚴悉奴構難遂卒雍正中祀道南祠

秦世綸

秦秀才世綸原名德涯字來啟號書隱諸生占吳縣籍馬忠肅公弟子著有隱求集書隱當鼎革之秋黽勉周窮垂歲賈卜日得百錢養繼母人稱其孝性瀾達銜杯賦詩固窮自終

梁溪詩鈔小傳

秦保寅

秦石農保寅字樂天號石隱山農諸生著有石農詩稿石農在交遊間退然惟恐先人雖衆至呼笑静若獨處或時發言輒多微中內外事有所難往往用心獨苦讀書兼綜條貫所為詩刊落一切獨標清令能醫偶為人處方輒效中歲棄舉業嚴中允修志之役多所助發云見邑志文苑傳

秦　原

秦處士原字景天石農弟

秦鉅倫

秦宜君鉅倫字號未詳甲辰進士官宜君知縣

秦　瀾

秦贈公瀾字紫迴諸生官平樂知縣為殉西逆李定國之難恤贈按察使僉事華鍾之仲子紫迴至性過人篤於孝友隱德未彰以灝雄飛貴贈江西承宣布政使司

秦日新

梁溪詩鈔小傳

秦司教日新字映碧歲貢生廷對第一官旌陽教諭著有白鹿堂詩

秦源寬

秦中翰源寬字來能號屺雲癸未進士考授中書舍人幼孤性至孝母胡守節撫訓屺雲晨夕不離膝下甫通籍遽歸侍養及母邀恩旌節又邀恩詔得建祠惠山鎮坊置祀綽楔既崇祠左別搆一閣額曰永思用懋展省申警保墓為族人率屺雲雅意汲古多藏書時復綴辭清吟緗囊繡

巘間迹常參半焉

秦泉芳

秦秀才泉芳字天乳諸生

秦道然

秦給諫道然字雒生號南沙又自號泉南宮諭對巖先生長子也己丑進士選庶吉士改禮科給事中先生少時姿少鈍塾師議廢學先生聞之發憤自强始文一首率二三百遍後漸減最後兩三遍即成誦自是明敏過人貫串六

梁溪詩鈔小傳

經諸史而於性理及先儒語錄諸書叙靜窮參晝夜弗釋深信即工夫即本體必透信體方萬感不攖經年累月併心一力果得豁然發露迨先生以藩邸事被逮日坐圜扉中櫜饘幾不繼與囚徒隣而讀書談道不輟後生來問業者講論亹亹不倦凡十有四年貌益充視聽益精明乾隆丁巳季子蕙田已登鼎甲值禁廷伏闕陳情願以身贖疏入即蒙原宥是時先生年已八十矣優游林下又十年年九十無病而終在獄中手輯明儒語要若干卷以方正學曹月川薛文清胡敬齋呂涇野蔡虚齋吳康齋羅整菴顧端文高忠憲諸先生語為正錄湛甘泉陳白沙王陽明羅念菴王塘南唐荆川黄石齋劉念臺諸先生語為廣錄各以其學附又著有困知私記發前人所未發先生少與馬雲翎嚴青梧輩為講德會後聞義興湯先生宗高忠憲公之傳乃與同人敦請來錫行復七規定期會講執弟子禮惟謹吳君卜臣年長失學資且魯來問業先生授以高子遺書口講指畫吳君得聞道為世真儒先生雅不欲以文藝才名古文亦不多作有作皆粹然儒者之言詩宗少陵而與年遞更晚和高詩一卷則純見

梁溪詩鈔小傳

性地先瑩沈歸愚曰無理語而有理趣别於白沙定山流派善讀陶詩者欣然遇之書法出入平原北海間尤工漢隸為世寶重詩曰昭明有融高朗令終非於身心上脚踏實地下一番艱苦工夫其能造次顛沛不失其常如此哉

秦孝然

秦明經孝然字石經號慕廬貢生壽至九十六乾隆十有六年翠華南幸駐蹕寄暢園孝然率兄弟子姪年六十以上者九人於園門迎駕御製詩有近族九人年六百耆英

高會勝香山之句孝然等皆恭和九人孝然實然敬然榮然壽然瑞熙芝田東田革田謂是秦園九老

秦實然

秦贈公實然字湨子號諏庵貢生給諫泉南先生仲弟出為從叔氏燈巖先生後才高而不踈識洽而有斷急義問不內顧羸絀方給諫被逮時先生矢以其身共兄難臺憲不可固請臺憲曰若胡為於此株不及挈若且出嗣對曰出嗣者分同生者身不株者國恩不移者天性兄存與存梁溪詩鈔小傳兄亡與亡耳聲淚交迸盈庭斂色稱歎至於北首荷再生舒眉晚節兄弟並登大耋在先生若出望外也先生席重闈清望之蔭所執持回斡隨地周泱深入危疑微暖閒壹徵所性若夫卵乏弱袒貧寡推產延譽庸言庸行宗鄉羨稱年八十九卒前澗浦起龍為之傳以孫震鈞官曹州知府馳贈如其官

秦敬然

秦贈公敬然字學伊號真齋諸生以孫鑽貴贈兩廣鹽運使壽九十

秦榮然

秦明經榮然字希敏貢生原名槃乾隆辛未迎鑾御改今名卒年七十六

秦壽然

秦翰林壽然字人鑑號蓉溪諸生乾隆丁丑迎鑾欽賜翰林院編修卒年七十六

秦瑞熙

梁溪詩鈔小傳

秦封公瑞熙字五輯號耐圃貢生工畫不作多多藏古人書畫真跡精於鑑別初寄暢園自聖祖仁皇帝臨幸之後三十年不修葺臺榭傾圮耐圃獨力新之乾隆辛未迎鑾進畫册恩賚至渥誥封知府年六十六卒

秦靖然

秦太史靖然字藥師號陶庵壬辰進士官翰林院編修少時天姿英發風度凝秀父恐其見聞淺狹命偏從名師遊同邑則徐韓五邵經農劉豢川同郡則儲同人蔣玉度丁

丑與選拔士林爭誦其文浙學使者張石虹侍讀得陶庵文即日鐫刻頒行爲浙士法於是陶庵之名始振又四試而捷南宮其業之專且久以幾於成也不賴有賢父兄哉

秦樹猷

秦秀才樹猷字麟公諸生祖華鍾順治間任廣西富川令殉李定國之難

秦郇洺

梁溪詩鈔小傳

秦孝廉郇洺字大來號公軒甲午舉人與弟岐賓偕隱庶渠之上尚羊終焉著有公園草

秦宏鑄

秦明經宏鑄字大冶號白石老人歲貢生著有果存集

秦尚烈

秦秀才尚烈字岐賓諸生大來先生弟也著有庶渠草杜雲川太史爲之序

秦東田

秦封公東田字暘谷號蒻齋諸生奕仙之孫以子鏌鑛貴封朝議大夫累贈通議大夫蒻齋性謹慤課子嚴家庭雍穆終年閉戶讀書嗜古年七十餘卒

秦仁

秦太守仁字體國號薪巖丙午副榜雍正七年舉茂異歷官福建福寧府知府先生幼孤奇貧遭巨創與兄民寧同刻苦於學初試官於滇歷富民彌勒決滯獄辦急饟皆得當既授篆自恩信著行漢猓懾服遐邇一致開在道書院立程而勝課之文教亦甲南服計典北上乞假養得移山東之東阿三年計復最以母憂去既行有赴闕之命服闋起攝邵武旋尋授福寧府所屬寧德突海涯設上狹有曠壖可耕稻溺於潮潮退壞見彌望平瀾宋世嘗捍而田之先生行縣規度鋭而復之三歲隄成得田百頃力紓而食裕其他事無勝舉乾隆壬申秋方問事氣逆而郁遂告歸歸四年卒卒之前三日口占長句云跨海便乘雙白鶴出門惟見一青松曰此去大快樂也

梁溪詩鈔小傳

秦甸

秦比部由字中御號殺庵丁未進士歷官刑部督捕司主事初謁選得齊東令有鄉民被殺不得主名先生閉閤靜思忽見飛鳥自東而西乃訖近村閭戶籍出西郭至一村與夫忽小駐有婦人瞯於門者反走曰官至矣隨掩捕則殺人者與刀仗血衣具在一訊而服人謂至誠如神無不感悅積十餘年調繁濰縣中丞岳公濬嘗曰能吏者忍於取下而勤於奉上百姓何賴焉不作聲色而民陰受其惠者其循吏乎秦令其人也既而先生以憂去服闋補懷集

梁溪詩鈔小傳

令行取為刑部郎兩年先生外和內剛於義所不可屹然持之以老乞歸逾年卒年六十九

秦莘田

秦大令莘田字耕樂號待軒癸丑進士晃仙先生之孫歷官湖南益陽調保靖縣八年民祀之終養後補福建武平縣三年乞老歸五年卒

秦仁溥

秦秀才仁溥字霖若諸生著有文溪詩鈔

秦棐燮

秦秀才棐燮字陳常諸生隱于醫

秦之本

秦處士之本字達源號常惺少善病廢舉業而薰陶於卷軸彈琴詠風門無雜賓終身足不踐城市著有忘憂草

秦蕙田

宮保秦文恭公蕙田字樹峯號味經宮諭留仙先生之孫乾隆元年丙辰科進士第三人累官太子太保刑部尚書

梁溪詩鈔小傳

謚文恭公少師事吳卜臣先生長交蔡宸錫吳大年華遊以經術篤行卓然自見于世立朝三十年領西曹最久執法稱平初公本生父給諫南沙先生繫獄時公僅弱冠往來定時首羈所叵勉奉菽水十餘年賦詩曰稷息知無地晨昏硯有身讀者皆感歎及公通籍伏闕陳情乞以身贖戍力阻之公曰誠不忍昧心竊祿外干罪戾內慚名教竟蒙恩宥公亦以是上邀主知公遇事沉摯果斷退則閉戶著書所撰五禮通考凡二百六十二卷先經後史以類發明

殫思三十餘年稾易三四而始定又撰周易象義日箋十七卷味經窩詩文集稾二十八卷公性嚴峻而人有小善輒奬借不去口郎官入薦剡則終不言也

秦雄褒

秦客部雄褒字南熙號甘泉丁已進士歷官禮部主客司郎中以罪戍新疆蒙恩赦歸甘泉初官山西五寨榆次縣上官不以俗吏目之官京師下直後輒閉戶讀易不交一人乃既老緣事遣戍及歸年已七十餘矣其詩不多見今僅從其壻王西園家得一首

梁溪詩鈔小傳

秦勇均

秦廉訪勇均字健資號桂川己未進士第三人授編修累官西安按察使司老病乞歸卒於商州旅次年七十一公長身修髯坦中任真未遇時嘗依親串署中習刑名既而會試揭曉舍夢二白鬚者操馬皮以獻謂官存其嗣也蓋公遊幕時曾有馬姓項凶而皮姓同謀者公囑主人再鞫得實而真犯服馬與皮皆數世單丁者也公在官用法寬而於大猾一無所縱所至崇書院恤災祲士民羅拜車前其同年友袁枚誌公墓銘曰廉不劌劌何用不㓕明能恢恢何弛不張公何愧焉

秦義均

秦儼亭義均字毅資號稚川廉訪之兄著有含烟閣集

秦春田

秦封公春田字賡和號漢隱宮諭對巖先生孫也少工舉業與胡太虛蔡芬三諸先生為文字交屢踏省門不售世

梁溪詩鈔小傳

父練給諫南沙先生以藩邸事牽連在獄十餘年公左右甚力其他好急人難一本至性晚年季子震鈞官太守公命倡置贍族田賙其宗人寶則家無一甓之植也公累封如震鈞官年八十卒

秦躍龍

秦明經躍龍字山公歲貢生未能先生第三子春山先生之弟少以制義稱選本朝文約編家弦戶誦嘗遊粵東為山長粵東多士受業者至今猶奉其栗主於家詩有粵遊

鶴峯等艸

秦　鎮

秦侗軒鎮字震遠號果亭晚號侗軒乙丑進士官編修歷太原寧遠二郡守廣東都轉鹽運使免官後將抵京卒于良鄉

秦　鏷

秦禮堂鏷字廣和丁卯舉人官至湖北按察使司爲人沉質少力學與弟果亭有二難之目初授湘潭令遷歸州牧

梁溪詩鈔小傳

甫三月丁外艱時方捘捕巨盜張紅貴等既成讞臬司堅持不可勢且反坐禮堂屹然不爲動事達聖聰特遣使鞫之盡得其實禮堂亦以是受上恩還去之日歸民爲之歌曰良司牧去何速大盜除萬民福半年官恩膏足初禮堂夢中得句云樹影波平明月峽雞聲風度美人村越數日除歸州亦前定也

秦朝釪

秦太守朝釪字大樽號峙齋晚自號蓉湖居士戊辰進士觀政工部補戶部主事擢禮部員外郎上官止楚雄知府峙齋平生坦坦不知世有機械變詐事不求人人亦不可干以私官京師晨入署事畢而歸則閉戶以書自誤(娛)遇佳風日則風(命)駕往陶然亭嘯咏自得至暮而返如是者二十餘年于滇丁內艱遂不復出主江漢書院九年士風以起日有課月有程稍暇則登黃鶴樓或放舟渡江徜徉大別郎官之間與世外人飲酒談笑以爲樂甲辰更主豫章書院三年一如在楚者峙齋考古論世於識頗長而見事遲

梁溪詩鈔小傳

無應猝才小人猝然窘之無如何也其自序曰少讀書慕周昌汲黯之爲人而官未嘗爲御史比壯讀書慕元道州而守楚雄者十五月讀者想見其爲人年七十四卒於家所著有峙齋詩文稿曰田間艸燕臺稿使粵艸晉遊艸滇遊艸倦游艸楚游艸後滇游艸宦遊雜志自序詩話藏於家

附錄蔣序峙齋由部曹出守大郡官成而退其生平著作甚夥其使滇使粵使晉皆有詩詩不拘一格出入唐宋杜蘇間寓目即書別開生面蓋大江以南五百年來無此作矣予交峙齋幾四十年君恂恂儒者學問海博

晚遊滁章主講弟子信從者百餘人岵齋與之講明聖賢之學爲向來世俗所習滌除殆盡其設教可云今日之河汾泰山矣予讀其書不禁心折而三歎焉甲辰秋分年愚年弟士銓拜書

秦景燾

秦孝廉景燾字振千壬申恩科舉人未能先生之子少勤學寡言爲文經術湛深其精心與果處同華皆不及也又習勤與之術日行山谷間自謂獨得古人秘訣

秦雄飛

梁溪詩鈔小傳

秦方伯雄飛字旦初號曉林晚號心伽甲戌進士恤贈僉憲富川令華鍾之曾孫也歷戶部郎中轉浙江道監察御史擢守夏道陳臬湖北陞江西布政使司

秦泰鈞

秦編修泰鈞字時夏號靜軒味經先生長子甲戌進士選庶常授編修己卯浙江副考官丁外艱遂不出年六十七卒于家著閩遊草一卷

秦鈞儀

秦明經鈞儀字伯芳號若舫癸酉拔貢生少以時藝稱於時著有若舫制義詩有趨行漫稾俱雷翠庭學使鋐爲之序又有相於楚游等集楚游詩最勝而若舫竟殁於楚若舫爲人倜儻豪邁當秦曉林方伯未遇時嘗與同邑吳禹範周泉龍華振羽秦湘雲岵瞻含吉若舫號蓉湖八飲皆能文章跌宕自喜禹範以庚午舉京兆試尋卒方伯敭歷中外二十餘年而諸君寥落不遇鬱鬱以終惟湘雲碩果僅存獨敦古處云

秦鴻鈞

梁溪詩鈔小傳

秦封公鴻鈞字心陶號世萊邑諸生少攻帖括宗胡思泉有銅墻鐵壁之目丙子遊北雍報罷歸遂絶意取進性澹泊不嗜榮利又坦易與人交無城府以子瀛官中書舍人誥封如制

秦雄文

秦秀才雄文字岵瞻諸生蓉湖八飲之一有東行艸

秦　璽

秦省堂璽字玉文號省堂性孝友而以康濟爲己任遊幕

江浙大吏所至交以道接以禮而遇事必再三詳審筆不苟下暇則以詩自娛有蓬中遺草卒年六十有八

山道院

秦　泉

秦吏部泉字季賢號濟園禮堂長子己丑進士選庶吉士授編修改吏部擬補考功主事赴熱河引見忽以疾卒年五十四

梁溪詩鈔小傳

秦玉堂

秦處士玉堂字蘭蓀號佩蒼嘗遊齊魯間著有學製草

梁溪詩鈔小傳

秦　濂

秦孝廉濂字士蓮號易齋封公鴻鈞第三子庚子舉人候選知縣士蓮為人倜儻好奇文亦有奇氣尤篤於友誼其歿也友人聞之無不出涕其兄觀蓉瀛著行畧以述其生平

秦　儀

秦乙舍儀號梧園工山水尤善寫楊柳時人稱曰秦楊柳云乾隆乙卯游武林訪其宗人小峴觀察遽以病歿于吳

梁溪文鈔小傳

秦　旭

旭字景暘工詩志行高潔晚結廬惠山之麓與邑中耆宿為詩會名曰碧山吟社會凡十人衣冠偉望若神仙詩卷圖畫流傳海内以子夔貴封武昌知府卒年八十五友人私謚曰貞靖先生邑志隱逸有傳

秦　夔

夔字廷韶旭子天順四年進士授南京兵部主事歷郎中

梁溪文鈔小傳

出守武昌善折獄他郡有疑獄皆決於夔累遷江西右布政使居官三十年家僅有田三頃邑志宦望有傳

秦　金

金字國聲宏治六年進士授戶部主事歷郎中正德初遷河南參政破流賊趙鐩於陳橋擢山東布政使進副都御史巡撫湖廣討叛苗平郴桂猺入為戶部侍郎世宗即位拜南京禮部尚書就改兵部召為戶部尚書帝欲考興獻帝金偕廷臣伏闕爭又與何孟春等條奏張璁建議之非居官一以廉正自持遇事廉有爭執六年春以考察自陳乞休歸閱四年起南京戶部尚書改工部加太子太保再改兵部致仕卒贈少保謚端敏邑志宦望有傳

秦　鏜

鏜字國和母張病瘵且瘖鏜以意揣其所欲而調護之至臥躬自抱持積十九年不懈舉宏治十七年鄉試授南京都察院都事以母病辭不赴邑志孝友有傳

秦　瀚

梁溪文鈔小傳

瀚字從川以子梁貴封通政使參議著有巖栖集從川詩集碧山吟社志少為姑後以孝稱邑志孝友有傳

秦　梁

梁字子成瀚之子嘉靖二十六年進士授南昌府推官擢吏科給事中京師築外城梁被命董其役劾罷官奸工事者進通政使參議督學浙江所拔多英俊雅負人望累官至江西右布政使嘗撰無錫縣志二十四卷邑志宦望有傳

秦燿

燿字道明隆慶五年進士選庶吉士改兵科給事中進太常少卿移光祿擢僉都御史巡撫南贛平岑岡賊江月照李佩等之亂進副都御史巡撫湖廣會大旱疫道殣相望燿設法賑濟活數十萬人尋罷歸燿才猷卓越所至有設施中讒見黜公論冤之汪琬明史擬稿附秦金傳邑志宦望有傳

梁溪文鈔小傳

秦堈

堈字罍新天啟二年進士歷知澤州福寧入為戶部員外郎管京糧廳以忤璫歸卒邑志宦望有傳

秦鏞

鏞字大音崇禎十年進士知清江縣福王時官御史屢上封事不報棄官歸南都亡避居城東弓河之上謝絕人事惟與門弟子講習主靜之學自題其居曰千休館邑志儒林有傳

秦鉷

鉷字小匡與兄鏞釴並以文學知名鼎革後棄諸生服杜門讀書不問世事以遺民終邑志儒林附兄鏞傳

秦釴

釴字克繩順治十二年進士廷試以第三人及第授國史院編修出為廣東參議官至江南按察使於獄多平反以失出降調旋補湖廣糧儲參政會裁缺歸邑志宦望有傳

秦沅

梁溪文鈔小傳

沅字湘侯績學工文邑志文苑附華長發傳

秦松齡

松齡字留仙順治十二年進士改庶吉士授檢討以逋糧案削籍十八年舉鴻博復原官以左諭德典順天試於學無所不窺以詩古文名世晚益耽研經義尤深於詩著毛詩日箋四卷行世邑志儒林有傳

秦松岱

松岱字燈巖松齡弟國子生幼讀王文成傳習錄高忠憲靜坐說因有志於學時前明遺老黃梨洲華以講學相應

和松岱馳書質證往復千言多所辨正邑志儒林有傳

秦道然

道然字雒生晚號泉南老人松齡子康熙四十八年進士選庶吉士改給事中研精經學著困知私記明儒學錄邑志儒林有傳

秦蕙田

蕙田字樹峯乾隆元年進士第三人累官刑部尚書少承家學以經術篤行為儒林矜式官西曹最久遇事沈毅果斷累平反獄宽退則閉戶著書其學以窮經為主生平精力尤萃於五禮通考暨韻正二書卒謚文恭國史有傳邑志儒林有傳

梁溪文鈔小傳

秦朝釪

朝釪字岵齋乾隆十三年進士由禮部郎中出為楚雄知府左遷歸工詩尤善治古文多可傳者邑志文苑有傳

秦瀛

瀛字凌滄乾隆三十九年舉人東巡召試賜內閣中書遷侍讀出為浙江溫處道除永嘉莊長積弊擢按察使平反疑獄開藩浙江入為光祿卿終刑部右侍郎治獄明慎歸而捐建義塾田以課子弟修錫金縣志瀛少負異稟操筆千言所為詩文古淵懿雅澹不染塵氛識者謂吾邑古文得先正義法者惟瀛一人而已至今學者多宗之邑志宦望有傳

秦沅

梁溪文鈔小傳

沅字芍谷瀛弟太學生由四庫館議敘授江西縣丞陞臨川知縣有循績遷南昌府同知再擢直隸永平知府告歸卒祀臨川名宦祠邑志宦望有傳

秦緗業

緗業字澹如瀛子道光丙午副榜貢生浙江候補道兩署鹽運使一署金衢嚴道緗業幼有至性比長能自刻苦讀書治古文詞為經世之學在浙久為鹽司前後方三年所至務持大體遇事必信其志不苟以徇人然世變日亟聚斂之臣心計之說趨時合變以赴功名緗業顧守儒先之

法以是鬱不得志既罷去猶為保甲議蔡應越南議數萬言冀為世用所為文清醇淵雅一守家法著有虹橋老屋詩文稿十卷

秦昌煜

昌煜字韋軒廩貢生工詩古文辭一鄉推祭酒焉

秦賡彤

賡彤字臨士咸豐丙辰進士選庶吉士改刑部主事遷員外郎記名御史歸主講東林書院十餘年勤於訓迪著有鐵花仙館詩文集梁溪文鈔小傳

秦煥

煥字笠亭廩貢生句容訓導

秦臻

臻字莅風咸豐戊午舉人揀選知縣有才畧善為人排難解紛卒無怨忤以見是稱於世晚主講東林書院

秦寶璣

寶璣字姚臣號潛叔同治丁卯科副優貢生幼即凝靜五齡能作懸腕大字筆意秀勁比長肆力於詩古文詞尤愛陶靜節集心摹手追渾古簡澹顧屢困省試後應山西學使聘襄校文卷所至感時憑弔發為詩歌雄傑奔放歸修邑志於疆域壇壝各門考核精詳游幕粵中感受暑濕病卒歸寶璣性嚴毅造次必循禮法所學覃研三禮而於輿地為尤精文不苟作淵雅純正可存者多著有霽傑齋詩稿四卷蔬實齋文稿二卷梁溪文鈔小傳

秦堅

堅字叔固光緒戊子舉人工古文辭為梁溪七子之一

明詩綜 秀水朱彝尊輯甄録有明一代之詩秦氏入選者四人

秦旭

旭字景暘無錫人有修敬先生集 趙桂野云先生閒詩事成言遇景命諷直吐胸臆風骨自存程克勤云公詩醲郁峻整諸體咸備李賓之云公詩得肯綮能作驚人語

明詩綜詩話

詩話景暘五峯之父五峯於天順間通籍景暘詩名著於鄉鄉久矣成化壬寅結碧山吟社於惠山之麓與者十人陸勉懋成高直惟清陳履天澤黄祿公福褐理叔理李庶舜明陳公懋行之施廉彥清潘緒繼芳其一則景暘也時舜明年八十六景暘八十五天澤八十三懋成八十二惟清七十九公祿七十三叔理七十二行之六十九彥清六十一惟繼芳年未五十諸公強之入社其後享年八十餘是時常熟馬紹榮宗勉榜其門長洲李應禎貞伯扁其堂盱江左贊時明名其亭同邑邵寶國賢為之記長洲沈周啟南為之圖江左傳為佳話吟社九人皆處士獨景暘以子貴封武昌知府行之好著書故景暘詩云先生豈樹天趣高著書厭嚼前人糟後於弘治元年上所著書大要謂尚書周易大學中庸注失經逮臣有一得頗能析理通政司以奏內自稱庶人且穿鑿害道乞正其罪泰陵命焚其書押遣還鄉事載實錄而談修惠山古今考遺之

傷春詞簡繼芳　苦雨簡立夫　雨齋簡惟清　酬黄公祿　寄公祿　松菴避暑　送人還京　與懋成惟清公祿叔理舜明山行歸途有作　題畫梅

秦夔

夔字廷韶無錫人天順庚辰進士歷官江西右布政使有五峯遺稿 邵國賢云廷韶詩始馳驁中唐久之得其風格既而學杜復參諸蘇黄以下數家故所就如此程克勤云公詩清麗豐蔚不名一家錢與謙云廷韶詩流麗有唐人風

東安道中　送人還松江　登觀瀑亭　同金廣信宗信羃遊番湖　贈虞永錫赴金庭藝館　和謝武選齋居　過高郵　久雨　南山小隱　望泰山　賞芙蓉

明詩綜詩話

秦奭

奭字仲孚無錫人夔之弟有滌煩亭稿 趙元默云昔人許詩謂有詩中畫有畫中詩集中如杖藜扶我溪橋步微風輕颺茶煙起則詩中畫也看畫湖南十里山知有人家在水西則畫中詩也

詩話仲孚為修敬公季子封公暴中心痛仲孚刺血於胸和酒飲之母殷恭人膝傷吮之而愈郡縣上其事詔旌其門曰孝子泰陵即作賜以冠帶嘗作溪山清興堂清遠閣結亭於後圃顏曰滌煩

九日詩云抱病忽聞佳節至獨携藜杖强登臨黄花笑我容還瘦綠酒盈樽手自斟處處辭巢知社燕家家搗杵送秋音不堪覽鏡頭如雪折得好枝插去簪次日得疾不起其詩載父兄别裁體格頗有清疎之氣

溪橋散步　龔行儉以扇索畫

秦金

金字國聲無錫人弘治癸丑進士累官太子太保南京吏部尚書贈少保謚端敏有鳳山詩集

落葉

明詩綜詩話

國朝詩人徵畧 番禺張維屏輯錄有清嘉道以前詩人殆遍秦氏入選者四人

秦松齡 字留仙江南無錫人順治十二年進士入翰林罷歸康熙十八年召試博學鴻詞官諭德有蒼峴山人集

松齡年十九入翰林賦白鶴詩應制有句云高鳴常向月善舞不迎人上顧左右曰此是有品者置第一家有園在惠山之麓擅林泉之勝罷官後與故人遺老倡和其中 江蘇詩徵

標題　金陵司馬行詠

國朝詩人徵畧

摘句　春山孤客外寒食百花前

周家同姓盟為長漢制非劉爵不王

白首更逢多難後青山重憶定交初

秦道然 字雒生江南無錫人康熙四十八年進士官翰林院編修有泉南山人集

泉南先生詩無理語有理趣 國朝詩别裁

摘句　山齋寂寂元鳥初來春風融融林花乍開共二三子撫景銜杯從容詠歌吾師點哉

秦蕙田 字樹峯江南無錫人乾隆元年賜進士第三人官至刑部尚書謚文恭有味經窩類稿

五禮通考秦蕙田撰是書因徐乾學讀禮通考惟詳喪葬一門而周官大宗伯所列五禮之目古經殘亡鮮能尋端竟委乃因徐氏體例網羅衆說以成一書凡為類七十有五以樂律附於吉禮宗廟制度之後以天文推步句股割圜立觀象授時一題統之以古今州國都邑山川地名立體國經野一題統之蓋載入嘉禮 四庫提要

文恭尊甫雒生先生頌繁日久文恭既入翰林即請

國朝詩人徵畧

以官贖父罪蒙恩得釋故時與桐城方公宜田稱二孝蓋以宜田每于秋日省其父于塞外戍所故也生平覃心經術尤熟禮經為五禮通考二百餘卷棠自來諸儒聚訟之說為之疏通解駁又附以歷朝史志使後來者折衷損益可以坐言而起行其有功于經義良不尠也文恭博學多聞窮經之外凡河渠律曆下至醫方術數靡不通晰故梁文莊公云樹峯如鷹隼橫空飛而食肉又口若懸河辯才無碍其為同曹畏服如此 湖海詩傳

摘句 好鳥亦知靜孤雲時就閑
帆影懸殘照漁歌入暮烟

秦瀛 字淩滄號小峴江南無錫人乾隆三十九年舉人官刑部侍郎有小峴山人集

錫山秦氏素以事功經術見稱至對巖學士柏檀詞章有蒼峴山人集故淩滄以小峴名集在武陵數年益以文章山水自任招邀賢俊屢為詩酒之會刻前哲遺書又修望湖樓上以供東坡修龍井寺旁隙地

國朝詩人徵畧

建祠以祀少游而詩文日益進 湖海詩傳

司寇歷中外鋤奸除弊風骨嚴峻人不敢干以私任浙時士夫肖像刻石祀之詩謹守唐賢古文希踪歸方兩家以叫呶狂縱為才大者當奉為清涼散也 羣雅集

小峴先生襟懷瀟灑雖位躋通顯而儀度同於山澤之臞生平愛才禮士藹若春溫及施之政事善於用猛為廣東臬使時訪拏積匪從嚴懲治匪徒聞風斂

跡除莠安良百姓至今德之惜其在任未久耳 聽松廬文鈔

小峴先生論文云文以明治道沾沾於尋章摘句飯飣訓詁之學而形於上者反遺焉文以致用繳精勞神於注疏箋釋紛紜轇轕而所為適於用者不存焉治古文而欲廢攷據非也以攷據為古文亦非也觀此數言而先生為文之宗旨已見 松軒隨筆

國朝詩人徵畧

小峴先生廉訪吾粵時風清政肅公餘不廢篇詠後擢浙藩馮魚山劉樸石兩先生偕吾輩數詞人繪圖賦詩餞送於花埭先生臨別曰明日此時相思都在迷離煙雨中矣賦詩誌別其次章云花田古勝區飛甍在眼壽從來送行者於此集冠蓋群公澹蕩人襟懷出塵壒謂我非俗吏世態盡淘汰論詩半簦笠讀畫綴巾帶花藥滿階前延覩豁矇聣分闈津吏喧執手動深慨相期崇令名詎久隱逢艾朝廷正需賢彈冠赴良會時吾同祖席者張南山同年維屏 吳雁山孝廉應達 梁蓼圃明經炅 劉月鋤明經廣禮 葯房先生令子無山秀才思齊魚山先生令子子坦秀才士履也 香石詩話

丁卯余在都中先生招同法時帆宮庶吳蘭雪國博陶季壽大令潘伯臨比部拜淮海先生像談讌極歡後公餘輒招過廨齋評詩讀畫先生論及古人詩文或自出所作每琅琅吟誦或談古今事意所不可輒振袂離席甚且匕箸落於地其真性坦率令人想見

國朝詩人徵畧

老輩天懷猶是書生本色也 聽松廬詩話

小峴先生五七律多警健之作偶錄數首於此荊軻墓云一死報燕丹如卿亦大難酒徒從此盡易水至今寒擊筑歌聲古招魂俠骨殘惜哉疎劍術孤負白衣冠醫巫閭云萬古大荒東關天一鎮雄空青塞遼薊蒼翠割鴻濛石壓危崖樹潮鳴大壑風夫犁莽蕭颯碑碣問遺宮文信國祠云天留正氣作星辰滄海橫流擊此身風雨厓山思帝子衣冠柴市泣纍臣北

枝夢冷梅花月南國啼殘杜宇春異代孤忠鄉後忠
進從公碧血化青燐明季忠肅邦華自經於信國祠 謝文節祠云書
成却聘已長饑賣卜餘生涕淚揮滄海只餘孤鶴在
錢塘不見六龍歸衣冠南渡空禾黍日月西山長蕨
薇天水到公殘局盡蒼涼蕭寺送斜暉祠在憫忠寺
故結句云爾上同

標題 鸚鵡洲七古 晉碑七古 過采石磯放歌七古
題宋高宗手書賜岳忠武敕後七古 人峽五古

國朝詩人徵畧

摘句 人生天地間無如讀書美
嗜欲鑿情竅憂患伐性柯聞道苦不早萬事
成蹉跎
荷外鳥雙下柳陰蟬一鳴
村水不容路山雲常近人
天橫古塞出山壓大荒來
前朝流水在舊事夕陽知
三百人銷金虎氣六千士散水犀軍

一水鴟夷連越絕三年烏喙沼吴宫
三生慧遠山中社一枕羲皇柳下門靖節故里
月窮南海初升日腳踏中原未了山
危言豈畏含沙怨 聖代能容伏闕呼
喜聞故御史曹劍亭霖 恩贈銜予廕有作

國朝詩人徵畧

錫山秦氏宗傳錄目錄

十八世孫顯纂集　男樹較訂

卷之一

瑞五公

瑞五公神像

瑞五秦先生像贊　尹邦曉

始祖瑞五公傳（删）　八世孫倫

秦氏始遷祖瑞五先生傳　顧光旭

秦氏始遷祖瑞五先生墓碑　劉墉

秦氏始遷祖瑞五先生墓表　周系英

始遷祖配享淞海祠公呈

竹隱公

竹隱公神像

竹隱秦先生像贊

竹隱公小傳　七世孫倫

小山閣詩二十六首

元處士竹隱秦君傳　顧祖高

遯軒公

遯軒公神像

遯軒秦先生像贊

遯軒公小傳　六世孫倫

處士遯軒秦君傳　吳寬

成趣公

成趣公神像

秦成趣先生像贊　陸顒

成趣公傳　玄孫倫

成趣府君肅簡律子歌　西靜子

秦處士季昇挽詩序　倪敬

卷之二

樂易說　鄒賓

秦樂易先生考及編年敘　陸仕

樂易先生釋志賦　陸粲

擇林摘稿序　胡杰

又　倪宗

世父樂易公行實　秦淦

故南京都察院都事樂易先生行狀　倪宗

樂易先生頌　鄒善

挽樂易秦先生詞二章　王言

挽樂易秦先生詩二首　馬鈍

祭南京都察院都事樂易秦公　葛廣煌

又　尤瑛

又　邵寶女

又　談綸

樂易秦公傳　徐問

樂易秦先生墓誌銘　文徵明

樂易秦先生墓碣銘　萬廣煌

樂易秦先生墓表　唐順之

本邑儒學鄉賢祠

皇明書　鄧元錫

本朝人物考　過庭訓

無錫縣志

句吳聞見錄

錫山先哲鄉賢錄　張夏　胡永祺

欽定四庫全書總目提要

秦勝人暨氏墓誌銘　李庶

繼室徐氏墓誌銘　夫鎧

存亦公

卷之三

錫山秦氏文獻傳芳世譜目次

蕃嘗聞之小峴先生先曰笠原公編家譜首絲綸集而手範宗系龍圖魁橋諸集次之分為十有四集為卷二十有三纂有成書未付剞劂嗣後續纂者不一家都存藁本大約至崇禎之季而止惜鈞生晚不及見世譜原本僅見樹聲流芳崇德金石四集而金石集僅有下本備載秦氏女婦誌銘茲彙録其目次如左

樹聲集目

世譜殘稿存目

旌孝

養恬公

務本公

舉旌孝行疏　知府龍　晉

部覆　倪　謙

題雙孝詩

樂易公

舉旌孝行疏　知府張大輪

褒榮孝廉申文　知縣萬虞愷

旌節

吳鈇妻秦氏

舉旌懿行疏　知府趙　兑

部覆

秦漢聘妻熊氏

舉旌懿行疏　蘇州知府吳纘宗

禮部題奏

世譜殘稿存目

書旌表貞女熊氏劄付後　吳一鵬

本學呈辭

貞烈熊氏女傳　王鏊

題貞節熊氏女傳後　毛理

貞節熊四之女記　陸路

題貞烈熊女詩　呂柟

邵寶

楊一清

夏　言
徐　縉
文徵明
伍文定
王以旂

秦焯妻胡氏
本學呈辭
秦烔妻華氏
世譜孫祀名目
本縣牒文
本學呈辭
附
顧貞女傳
顧　宸

流芳集目

進士

秦　夔 天順四年　　秦　金 弘治六年
秦　梁 嘉靖二十六年　　秦　禾 嘉靖三十二年

秦　燿 隆慶五年　　秦延燾 萬曆四十一年
秦　堈 天啓二年　　秦　鏞 崇禎十年
秦　沂 崇禎十七年　　秦　鏕 順治十二年
秦　鉽 順治十二年　　秦松齡 順治十二年
秦廣之 順治十八年

鄉舉

秦　夔 天順三年　　秦　孚 天順三年
秦　金 成化十七年　　秦　偉 成化十七年
世譜孫祀名目
秦　鐩 弘治五年　　秦　銓 弘治十七年
秦　鏜 弘治十七年　　秦　泮 正德十四年
秦　禾 嘉靖十九年　　秦　涇 嘉靖十九年
秦　梁 嘉靖二十九年　　秦　燿 嘉靖四十三年
秦延燾 萬曆二十五年　　秦延熹 萬曆二十八年
秦重泰 萬曆二十八年　　秦　堈 萬曆四十八年
秦　鏞 崇禎三年　　秦世銓 崇禎三年
秦　鏕 崇禎九年　　秦欽翼 崇禎十二年

秦汧 崇禎十二年
秦鉽 順治五年
秦廣之 順治十七年

貢士
秦勵 成化七年
秦淮 嘉靖二十年
秦棐 萬曆元年
秦延默 萬曆三十年

世德錄補在目

秦壓 天啟七年
秦鉽 崇禎十七年

官生
秦泮
秦樫

太學
秦鋭
秦汶

秦季鏷 崇禎十二年
秦松齡 順治十一年
秦用中 弘治十八年
秦滂 隆慶三年
秦柄 萬曆六年
秦炫 萬曆四十六年
秦鏞 崇禎元年
秦汴
秦沚
秦濂
秦坤

秦宏
秦木
秦粢
秦柱
秦焜
秦炤
秦之垣

世德錄補在目

附職官考

九列
秦金 右副都御史吏部右侍郎戶工部尚書南京戶禮兵三部尚書進太子太保
秦梁 通政司左參議南京右通政
秦燿 右副都御史

京卿
秦梁 南京太僕寺少卿南京鴻臚寺卿
秦燿 太常寺少卿光祿寺卿太僕寺卿

秦采
秦棨
秦龔
秦愾
秦焯
秦爾佳

臺省

秦　梁　吏科給事中

秦　燿　刑科給事中考滿歷轉吏科都給事中

秦　鏞　河南道監察御史

詞林

秦　燿　翰林院庶吉士

秦　鉽　內翰林國史院編修

秦松齡　由庶吉士授內翰林弘文院簡討改

[illegible]

翰林院簡討

郎署

秦　夔　南京兵部武庫司主事滿考陞職方司員外武庫郎中

秦　金　户部主事郎中俱滿考

秦　鎰　南京刑部員外

秦　禾　南京户部主事滿考陞員外郎中

秦延烝　兵部職方司主事滿考

秦　墹　户部員外陞郎中

秦之壇　中書舍人加銜禮部儀制司主事滿考

秦　沂　兵部職方司主事

中翰

秦　柱　武英殿中書舍人

秦　焜　內閣誥勅房中書舍人兼翰林院典籍

秦之垣　內閣誥勅房中書舍人加禮部儀制主事

[illegible]

京幕

秦　鏜　選授南京都察院都事

秦　汴　右軍都督府經歷使司都事考滿

秦　𡏖　南京都察院都事陞南京後軍都督府經歷考滿

寺監

秦　木　南京孝陵衛經歷考滿

秦　濂　鴻臚寺序班南京鴻臚鳴贊

秦　槩　鴻臚寺序班

秦焯　上林苑監署丞
秦爾佳　光禄寺珍羞署署丞
秦坊　光禄寺署丞

督撫

秦金　右副都御史巡撫湖廣
秦燿　右僉都御史提督南贛陞副都巡撫湖廣

藩臬 世譜殘稿補目

秦夔　福建右參政江西右布政使
秦金　河南參政山東左右布政
秦梁　浙江布政司參議山東按察司副使
浙江參政湖廣廉使江西右布政
秦鉞　浙江

督學

秦金　督學河南
秦梁　督學浙江

知府

秦夔　湖廣武昌知府補任江西建昌知府
秦汴　雲南姚安知府
秦禾　浙江金華知府改授雲南永昌知府
秦熤　廣西慶遠知府

府佐

秦偉　應天府通判
秦鎰 世譜殘稿補目　江西撫州府通判直隸保定府同知
秦銓　浙江台州府通判
秦涵　浙江温州府推官寧波府通判
秦梁　江西南昌府推官
秦鏕　浙江温州府推官

知州

秦堈　山西澤州知州補任福建福寧州知州考滿

州佐

秦孚　雲南嵩明州同知

秦勵　選授直隸徐州判官

秦滂　四川寶寧府劍州判官

秦采　四川廣安州判官

知縣

秦鎰　浙江溫州府瑞安知縣

秦淮　湖廣辰州府辰溪知縣

秦濂　江西南安府崇義知縣

世譜缺稱名目

秦禾　浙江湖州府武康知縣

秦延默　浙江金華府湯溪知縣

秦延棨　江西吉安府永豐知縣補任福建汀州府歸化知縣

秦重泰　福建福州府長樂知縣

秦鏞　江西臨江府清江知縣欽補山東登州府蓬萊知縣

秦欽翼　福建延平府順昌知縣

秦華鍾　廣西平樂府富川知縣

縣佐

秦汶　浙江東陽縣縣丞

秦宏　山東蒲臺縣〻丞

秦采　廣東靈山縣〻丞

秦棨　河南蘭陽縣〻丞

秦廷珪　湖廣長沙縣〻丞

司教

世譜缺稱名目

秦用中　江西饒州府安仁縣訓導浙江溫州府泰順縣教諭

秦鎰　順天涿州學正

秦重泰　山東兗州府鄆城縣教諭

秦世銓　浙江嘉興府嘉興縣教諭

秦欽翼　福建建寧府崇安縣教諭

秦鏕　江寧和州學正

幕職

秦鋭　浙江布政司都事
秦坤　雲南蒙化衛經歷改任浙江紹興府
經歷署常山縣事
秦濤　江西布政司理問
秦龔　陝西寧夏衛經歷
秦怟　大寧都司斷事陞江西布政司經歷
秦炤　廣西都事司斷事署柳州府象州事桂
林府興安縣事
世德續稿后目

潘府
秦鎰　周府長史
雜職
秦天錫　江西廣信府稅課司大使
秦銓　廣東市舶司提舉
秦木木　陝西苑馬寺監正

崇德集目
府鄉賢祠
鳳山先生金
儒學牒呈
本縣申文
本縣鄉官保結
本府申允帖文
縣鄉賢祠
世德續稿乃目
抱拙先生樸
修敬先生旭
中齋先生夔
畢牧先生霖
與祀鄉賢序
崇祀詩

王昂
陳祥　歐陽鐸
劉諟ニ　張大輪
鄧繼曾

樂易先生鏜
通學公呈
院道府縣學批詞
鳳山先生金　見前
存赤先生淮
通學公呈
通學執結
又通學執結
世澤孫積名日
儒學牒呈
督學批詞
錫山尊賢祠
修敬先生旭
縣志尊賢祠考
配享淮海先生祠
湖廣武昌府名宦祠
本府知府秦公夔

入祠祝文
湖廣辰溪縣名宦祠
本縣知縣秦公淮
雲南永昌府名宦祠
本府知府秦公禾
河南開封府生祠
分守大梁道左參政秦公金
生祠記　曾大有
世裕孫福名日
重建生祠記　張究
重建生祠碑文　徐縉
重修生祠記　顧夢圭
又　徐階
雲南永昌府遺愛祠
本府知府秦公禾
郡太守遺愛祠碑記　邵惟中
江西南昌府名宦祠

本府推官秦公梁
南昌府屬學公舉呈詞
提學道看語
南昌府看語
南昌縣申文看語
崇祀名宦記
廣西桂林府興安縣名宦祠
都司斷事秦公炤
世德録補名目
桂林府興安縣關文
浙江金華府湯溪縣名宦祠
本縣知縣秦公延默
金華府關文
江西吉安府永豐縣名宦祠
本縣知縣秦公延烝
名宦公呈
本縣看語

余正中

學憲看語
秦先生入名宦祠序　徐調元
秦亭山先生祀名宦祠序　程珣

金石集下

誌銘
李孺人墓誌銘　濮晉
殷恭人墓誌銘　陸簡
沈恭人墓誌銘　邵寶
世德録補名目
孝子配張孺人墓誌銘　弟愷
馮孺人墓誌銘　夫勵
孝子配劉孺人墓誌銘　吳儼
樂易府君元配龔孺人墓誌銘　李庶
繼配徐孺人墓誌銘　夫鍾
鈕夫人墓誌銘　張袞
又　孫陞
毛孺人墓誌銘　毛理

水南秦氏宗譜目錄

孟明公世表

卷十四

孟明公廿一世表

卷十五

瑞五公圖

瑞五公世表

水南秦氏

錫創業水南秦氏自仲輝公由毘陵入贅於江水

諸生惟善、、生貴、、生仲輝

南里丁氏遂居江陰之北圃其地附顧山而世子

姓繁多支衍派分或遷常熟或分居江陰或處金匱

無錫山塘之八雖守顧山者近見水南支有徙居

于楊園後遷石橋又有徙居于華墅其後貲遷楊

舍遂為楊舍秦氏皆瑞三公支仲輝公之曾孫也

乾隆四十四年石橋譜載[illegible]為與宗人[illegible]文[illegible]等

重建水南家廟先六世祖自齊公序之述道光間

修輯宗譜諸會

裁紀之後收本後與其宗人達派等修之光緒九

年春來修與宗譜修卷等又三續之累世乃回於

戊戌還復服賈亦同有趣于庠者仍除丁卯春來

參從書其譜牒之前考其始[illegible]著譜于仲輝公下

注云無錫多戊午從軌中叔寬從兄思編[illegible]為

敘其顛末以補前譜之闕

為譜考者多詳何子長仲[illegible]次仲華仲達仲輝

而仲輝下注明無嗣貴為瑞五公補其長子瑞

云公自秦村徙居為憤是為西宅是水南支

定於西宅為貴[illegible]後三傳而至茂稔公歿因

無錫[illegible]庠生甲戌繁茂子舉人[illegible]為[illegible]錫秦

氏貲[illegible]

陡門秦氏宗譜目錄

第三房瑞公支世表

卷四

第四房世系圖

第四房行三公支世表

卷五

五房一世系圖

五房一前溪公分支侍溪公世表

五房二世系圖

五房二前溪公分支省溪公世表

五房三世系圖

五房三前溪公分支肖溪公世表

五房四世系圖

五房四前溪公分支襟溪公世表

卷六

第六房世系圖

第六房以恭公支世表

卷七

第七房世系圖

第七房君德公支世表

卷八

第八房世系圖

第八房君順公支世表

卷九

第九房世系圖

第九房務業九公支世表

卷十

十房一世系圖

十房一惟業公分支念橋公世表

十房二世系圖

十房二惟業公分支左橋公世表

十房三世系圖

十房三惟業公分支隱村公世表

洛陽秦氏宗譜目錄

世銓

卷十三　老大房三分世表
卷十四　老大房四分世表　老二房分世表　徐橋頭分世表
卷十五　楊圻分世表十二世起
卷十六　楊圻分世表廿七世起
卷十七　湖塘橋分世表
卷十八　花園頭分世表　河上岸分世表　西昇平分世表
卷十九　朱湖漳分世表　西塘門分世表
卷二十　蕭塘分世表　三洞橋分世表　西廟橋分世表

毓鈞案洛陽秦氏出於振南公煦煦生師孔師孔子二長宗進次宗賢彼爲宗賢之後地介常錫之交在北陽湖附近譜亦出於秦村稱宗賢爲四五承事從居永安里是爲洛陽始遷之祖建文三年始創宗譜蓋尚在錫譜之前彼宗顯達者未悉其詳僅知宗人懋紳以雍正舉人薦舉丙辰鴻博應試報罷爲彼宗達者云玫蓉莊公重修花（處度公）墓塘祖塋記云立碑之日適洛陽支名道立者年八十餘率宗人遠來相叙世系知是志道公後志道公乃公之孫與志孝公同出自振南者是爲彼族與吾宗交通之始

秦氏獻徵録

丙集（上）

秦氏獻徵録目次

丙集

秦氏題名録拾遺

宋元世系傳次

瑞敏公全曰吾宗先望會稽後從淮海中間世系顯晦之詳舊經兵燹莫可考據其見於圖者由宋贈直龍圖閣觀始

毓鈞案吾宗秦氏唐時籍屬會稽天寶後分從高郵左廂里今譜之可攷者則自宋淮海先生始

觀歷太學博士國史院編修坐貶卒於藤殯於潭

毓鈞案詳淮海先生年譜

子湛政和間通判常州遷葬無錫之璨山

毓鈞案淮海先生歸葬高郵政（紹興）和中處度公湛倅常州時遷葬於常州無錫惠山之原墓在惠山第一峯下俗名團瓢墓在惠山非璨山公序沿王仁輔志之誤清初天乳先生泉芳嘗取道青山登山西南行半里至墓所左顧璨山已在章山之外以今攷之公墓去璨山西一里而近章璨皆惠山之支峯而墓實在惠山云

子南翁叟念祖墓在錫乃籍晉陵新塘鄉因名所居曰秦村祇崇時祀
毓鈞案武進縣志新塘鄉在武進縣東南七十里東界無錫西隣宜興南臨太湖統鄉都三曰十四十五十六十六都自一至八凡八都圖其村鎮之在五圖者凡七首曰秦村附近有雪堰橋鎮

南翁生四子
毓鈞案公名諱生卒未詳舊譜有此一代而毘陵譜無之大音先生鏞疑子不應以父名為號據毘陵譜校正小峴先生瀛以非古人闕疑之意仍遵舊譜敬謹補入

小五
毓鈞案雖字世明號隱南行名小五配常氏子二念三師尹念七師傅自四世以下俱見世系全圖

小十
毓鈞案煦字世和號振南行名小十任常州教授仕至修武校尉配張氏子三念一師孔念二師孟念八師曾

十一
毓鈞案熙字世雍號立齋行名十一配薛氏子一念九師閔孫四宗遠宗達宗道宗迪俱無考一曰宗迪即塘頭派之祖

二十
毓鈞案烈字世威行名二十配夏氏子一十八師古孫四宗建宗邁宗述宗邃宗邁之子曰遜今為洞庭始祖

小十承事生三子念一
毓鈞案師孔字志道又名同軌行名念一配顧氏子小四十四宗進

念二
毓鈞案師孟字志學又名同文行名念二早卒

念八

毓鈞案師曾字志孝又名同倫行名念八任從事郎
蘭溪縣主簿配莊氏子三三十五宗雅三十七宗舉
四十七宗選
念八承事生三子三十五名宗雅
毓鈞案宗雅字彥倫常行名三十五鄉進士配姚氏
子三細一時春細二時泰細六時亨
三十七名宗華
毓鈞案譜作宗舉字彥用號默菴行名三十七府判
史羊公給冠帶壽官年八十五配王氏子三細二時
暘細五時瑞細八時禎
四十七名宗選
毓鈞案宗選字缺行名四十七子四細四時明細九
時啓細十時偉細十一時敏
三十七承事生三子細二
毓鈞案時暘字應和號復庵行名細二仕至承信郎
配王氏子二董蓋

細五
毓鈞案時瑞字應徵行名細五配吳氏子二蔓華
細八
毓鈞案時禎字應祥行名細八配唐氏子二蔭谷
細二承事生二子六一
毓鈞案董字德威行名六一又名詔庠生配孫氏子
、六京衮充方奕
六二
毓鈞案蓋字號缺行名六二子二豪亮
六一秀才生六子萬一
毓鈞案京字文華行名萬一配蔣氏子二燁熽
萬八
毓鈞案衮字缺行名萬八子一惟
萬九
毓鈞案充字文實號樂閒行名萬九配何氏子三情
懷恒

萬十
毓鈞案方字鈇行名萬十子一慈
萬十一
毓鈞案武行名萬十一譜云無攷
萬十二
毓鈞案爽行名萬十二譜云無攷
萬九秀才生三子三一
毓鈞案情字克中行名三一又名域配邢氏子二詩
詞
詞為傳女一適段
三二
毓鈞案懷字克義號繼開行名三二又名州隱德不
耀詩酒自娛搆亭湖上扁曰吟風弄月配馮氏子二
謙謨
三三
毓鈞案恒字鈇行名三三又名川配鈇子尚五尚七
俱無考

三二秀才生二子曾三
毓鈞案謙字益卿號月亭行名曾三配劉氏子一瑞
六惟仁
曾四
毓鈞案謨字禹卿號我軒行名曾四有孝行好善積
德壽七十五配蔣氏繼王氏子二瑞三惟善瑞五惟
禎
曾四秀才生二子瑞三
毓鈞案惟善字國寶行名瑞三號湖山隱士配無錫
錢氏繼新塘吳氏夻村蔣氏子四貴圭誠恭女一適
王
瑞五
毓鈞案惟禎字國祥號起山行名瑞五世居武進新
塘鄉秦村宋淳祐間壻於無錫富安鄉胡埭鴻禧監
簿王野舟家以始祖少游先生墓在錫遂占籍焉是
為無錫秦氏始遷祖

錫山譜宋元世系本支圖

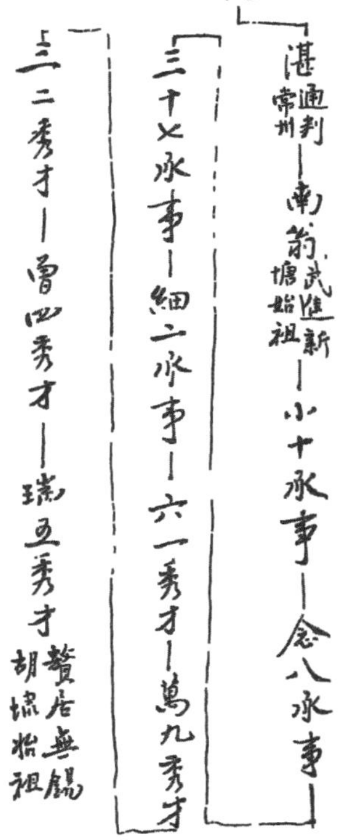

毗陵譜宋元世系圖

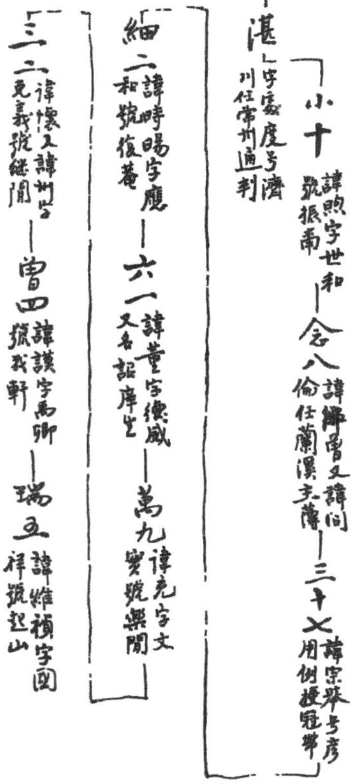

吾宗誤傳檜後之由來

吾宗淵源淮海自處度公徙居常州之奔牛由常遷錫世系秩如元明兩代無有疑為檜之後者偶閱錢塘梁紹壬兩般秋雨盦隨筆有無錫秦氏的係會之之後然無不詭為淮海裔孫者紹壬嘉道時人會之即檜字也而邑中故老流俗相傳有純廟垂詢先文恭公是否係檜之後公舉一朝天子一朝人以對心竊疑之嗣知此語亦有所本考雍正五年十月十六日諭斥查弼納覆查蘇努子孫應照叛逆例治罪奏云嘗觀自古以來亂臣賊子頃刻滅亡者無論矣如王莽曹操僥倖成事而受千古之罵名其依附莽操之人實為千古所不齒即本人之子孫皆避忌而不認其祖父現今秦道然實係秦檜之後裔衆所共知伊則迴護支吾不以為祖此則惡人之報昭昭不爽甚于國法者也原諭見雍正硃批諭旨亦載王輯東華録而削去此段不知何故以專制帝王之淫威而竟欲變易人之祖宗世人不察積久成誣是不可以不辯道然字雒生諸稱南

沙先生以康熙四十二年仁廟南廵隨蹕進京奉旨在九阿哥處教書九阿哥即允禟也旋中進士授職翰林改禮科給事中雍正嗣位與九阿哥不洽以先生為九阿哥府管領于懲辦伊府太監何玉柱案内革職監禁其時殆雍正元年也見二月初十日上諭事具東華録兼詳雍正硃批諭旨在獄十四年以季子文恭公及第上書求代得釋覲先生于嚴旨詰訊時猶復抗顏力辯不肯自誣凡在子姓當可以惕然悟矣

辨證一　（補閒隨筆）兩般秋雨菴謂錫山秦氏明係秦檜之後而偏欲冒認淮海之裔是何言哉果後也江西嚴氏不聞諱惟中之後南軒張氏不聞不居張浚之子也如悲（非）也則安可誣耶且秦檜申王府尚在金陵金陵亦有秦氏吾家不聞有自金陵遷居無錫者至淮海公世數更載之家乘斑斑可考公本高郵人子處度公通判常州遂居于常後子姓繁衍所居遂名秦郵傳至瑞五公始遷于錫夫人而知此非一人之私言也

辨證二　（錫金考乘）秦淮海先生墓在惠山其子湛倅常州時遷葬于此後裔因遷居常州並分徙無錫以奉祭祀宋開禧間邑令應純之以墓地荒廢慨然封植擇秦氏諸孫知學者肄學職得月給使具祭祀是無錫秦氏實淮海先生的裔可知秦會之本無後人見于宋史而世人每以無錫秦氏為會之後不可為據

辨證三　考秦檜本無子以王㬇子為子是名秦熺孫塤堪曾孫鉅殉難蘄州玄孫浚瀴俱從父死（揮麈餘話）秦熺本王㬇孽子嫡母鄭妬熺既誕逐所生以熺為檜之乞子（鴻慶居士集）秦檜之跋後山集後有云病起開難唱不寐書此以付塤堪塤堪檜之二孫也（香東漫筆）宋史秦檜曾孫鉅通判蘄州金犯蘄偕郡守李誠之竭力捍禦城破與李率兵巷戰歸署赴一室自焚老卒冒火挽出之叱曰我為國死汝衣就毀子後（浚）先出兵至還同弟瀴從父死（全墨子）秦檜之孫為大兵所殺遂無後要之梁氏因讀上諭而信以為真耳食者流沿訛踵謬致

有此誤實則淮海公生前愛慕無錫山水子處度公湛紹興間通判常州嘗啟門錫山之下見處度公自著西菩山寺記並承遺志遷葬公于惠山之原見咸淳毗陵志號稱秦龍學墓殁後而子孫流寓常州之新塘鄉聚族而居地號秦村歷九傳至瑞五公惟禎贅于無錫富安鄉胡埭王野舟主簿家爲遷錫始祖其間世系章章可考孰謂無錫秦氏可証以稽後哉因録宋元世系而書以辨焉

先淮海公改葬年月考

先淮海公墓地在惠山不在鑅山小峴先生辨之詳矣然謂政和間改葬于錫則尚似沿舊譜而誤考咸淳毗陵志秩官門添差常州通判軍州事一員宋初置省于建炎復于紹興而處度公湛則以紹興〻〻〻二年〻月蒞任〻〻年九月致仕陵墓門則載秦龍學墓在慧山其長子湛倅常日遷葬是淮海公改葬年月章章可考而眞郵王敬之等校刻先淮海集引李〻〻儀姑溪集祭〻游先云子之孫執徐夫人之喪來祔于余將遷子之柩合葬于惠山之原徐夫〻生辛年月雖無考然亦未見政和間改葬明文夫先生以十九歲娶于徐徐夫人少先生生年諒亦不甚相遠先生之卒爲元符三年先生年五十二越徽宗之建中靖國崇寧大觀政和重和而至宣和爲時二十五年又歷欽宗靖康二年爲高宗建炎四年先後統計僅三十一年則紹興之初徐夫人亦不過八十餘歲耳安知非處度公謝常州通判後奉母〻之喪而并移父柩以合葬于錫者考元王仁

輔無錫縣志宋淮海先生秦觀墓在慧山西南三里政
和中以黨錮未解葬高郵子湛為常州通判遷葬公于
常之無錫開元鄉按此是政和間僅葬高郵耳至廣
公後常州通判而始遷葬于錫惟開禧丙寅永康應純之
以州判官攝縣事封植公墓戴溪記之有政和中遷葬于
常州無錫縣之說舊譜遂誤為政和間耳因糺小峴先生
之說而書以辨焉

先瑞五公壻王年月攷

舊譜載瑞五公淳祐間壻于王野舟家而鏝卿先生疑之
謂瑞五公之壻在元而不在宋壻王必在淳祐以後窃案
兩說皆非也瑞五公生年月日不可知若王野舟先生之
卒則在嘉熙三年己亥而瑞五公之卒尚及野舟先生未
死且因愛壻之卒而為之悼歎焉攷僧沖希贊禱養觀音
記曰嘉熙丁酉春用齋王翁公挈家游吉華山及暮而归
中流遇風公曰有大士慈航護我言未幾而悟濟己亥
之夏不豫因疾有感不囑他事惟欲造大士像置庵僧莊
為急未幾凝然而逝核以李兆洛紀元編則理宗在位端
平之後改元嘉熙其年為丁酉至己亥而用齋王公卒則
為嘉熙三年越一年而改元淳祐是王公之卒尚在淳祐以
前明甚至瑞五公壻王年月雖未詳于何時攷公襟弟尹
邦彥題公像曰秦君以幼失怙恃艱阻備嘗不得已而薙
錫邑布政鄉岳丈野舟王公一見如故遂以女妻之君素
酷嗜長松翠竹故以松竹扁名其子嶄然見頭角以未及

見三子之成立而齎志以没後以暴疾猝終溽暑岳丈為之悼歎是端五公之壻王因甫齋王公相依而定及其卒而用齋王公更為悼歎不已舊譜知資福菴建于湻祐丁未而不知已在王公身没之後八九年矣禮卿先生據成趣公生于洪武壬戌以上溯至湻祐辛丑中間相距一百四十一年祗隔竹隱遯軒兩代遂疑及端五公之壻王在元而不在宋不知此亦無可疑者端五公生前雖未及享六年安知竹隱遯軒兩公非俱以晚年得子耶攷成趣公

于兄弟行年齒最幼堂兄坦率公行中生洪武壬子則長于成趣公十歲而物初公楧生元至正庚子則長成趣公者二十二歲夫竹隱公兄弟三人兄為松隱弟為梅隱物初公為三房之孫以常例論則其年必更幼于次房之孫今物初公之年且長于成趣公者二十二歲則遯軒公之晚年得子已無疑義吾國男子生育例不限年假如竹隱公生遯軒公在七十以後而遯軒公生成趣公亦在七十以後則祖孫相距一百四十一年更不必疑其多況按之

宗乘竹隱公二子而遯軒公居次遯軒公四子而成趣公又居季因綜兩説而誌其所見如此

秦村宗譜

瑞一公惟忠派有號樂耕者名道銘字日新天順三年嘗續毘陵舊秦氏宗譜藏於家至萬曆四十六年戊午公七世孫璋刻之而附輯天訓順三年以後于卷末大音小峴先生續修時茲本不敢擅入蓋其慎也若錫山宗譜則斷自瑞五公始

毓鈞案此所謂毘陵舊譜也吾錫山譜創始于端敏公金以瑞五秀才婿于錫之富安鄉實為無錫始遷之祖故譜即以瑞五府君為始志所知也自少游先生以及瑞五府君止另摘為圖附紀傳生之次志所出也南翁以下名皆行稱而諱號履歷既不具存旁分支派亦無可嵇考大音先生鏞慨焉病之會明之季有毘陵族某公挾其先世樂耕公譜以游于錫寓族長老家先生求而得之亟錄副本追順治己丑新譜告成遂出而校之始知毘陵宋元世系與錫譜舊圖世次皆合而不合者獨南翁一人據錫譜則處度公之子為南翁南翁之子為小十承事據毘陵譜則處度公之子即為小十承事于是並刻本支兩圖以傳疑更節錄其譜系為一卷冠於簡首使後之子孫考而知焉項閱陸門宗譜則所為謂秦村樂耕公之譜原序粲然俱在亟彙錄之以昭吾家故實

序一　家之有譜猶國之有史也家而無譜則無以序世次而昭穆尊卑之倫無以明矣國而無史則無以記言動而廢興存亡之由無以見矣此譜之所以不可不修史之所以不可不作也秦村秦氏晉陵望族也厥祖元化閣公開封人生三子曰觀曰覿曰覯觀為國史院編修直龍圖閣即太史淮海先生少游是也紹聖間徙居高郵其季子湛倅常郡卓有能聲因湖山之勝遂占籍于晉陵之新塘人稱其里曰秦村則處度公實為遷秦村之一世祖也自茲以往子孫繁盛數家聲振奕詩禮相傳代代有顯者誰謂秦村無人哉追後遭胡元之亂世殊事異陵谷變遷族類

疏遠譜系毀逸而太史公錫山之阡塋蓁莽蕪穢見侵于豪右茫然不知其所矣所存惟本村太史橋八角井而已故其子孫雖百世之遠居其地可知祖宗之故蹟汲汲其井不忘乎先世之餘澤也由是吾舅氏樂耕鈍隱君太史公十四世孫也覩物興思惻然憫焉迺合按舊譜由元化公而合覲覿輯續而一新之然不能究詳故以處度公爲第一世其列譜系以五世爲則五世既畢又以五世繼之遞相無窮原始要終溯本窮源先列圖次後繫世數名諱必著行實必書蓋以圖次列則照昭穆不紊世數繫則尊卑可辨名諱著則行實詳則善端可興麟麟瞭然如指掌其所以維持世道豈小補哉觀於是知千百人之身本乎一人之身雖有親疏遠近之不同均是子孫也如木之生萬枝必同其本如水之逝萬派必同其源也後之子孫覩斯譜者則知道銘用心勤篤如此必能使禮義之心念藹然而作孝弟之心油然而生媲美世德無忝厥祖昭穆有序也名分有章也尊卑弗踰也親者毋失其爲親疏者無毋失其爲疏也歡然有恩以相愛燦然有文以相接化於其鄉而國而天下可馴致矣孰謂宗譜之作不足以維持世教也哉傳曰論譔先祖之謂仁繼志述事之謂孝若道銘者真孝子仁人也道銘字日新樂耕其別號云天順三年歲在己丑仲春之吉陳椿

序二

夫宗譜之不可不作也厥由舊哉何也蓋人本乎祖如木之有本水之有源譜世系者正以明本源別支派也然自宗法壞故家舊族之餘裔零落湮没者可勝道哉秦氏出淮海先生季子湛之後湛倅吾常徙居新塘橋里傳十三世至道銘君見族譜殘缺于兵燹之餘拳拳以蒐輯爲己任身雖垂老志慮純篤輯成而徵余敘其後予謂奈世之人不念先世是不爲子孫無厥祖矣不能以禮垂訓是不爲祖父罔厥後矣間有貽謀不善而其子若孫恥於其祖者

亦有奕葉頗賴失其故步而付其祖於不知者皆可慨也倘有如道銘能念先祖而盡貽謀之道哉傳有之曰禮不忘其初道銘此舉仁孝兼盡可為不忘其初矣與魯人之不弔其族相視如途人者殆霄壤懸絶今觀族譜記載明備誠如木之有本枝從暢達水之有源派從流通尊尊而親親有足稱者將以傳諸後世之賢子孫方興未艾必能以道銘之心為心修厥德求無忝於厥祖永永是道衍世澤世于無窮矣遂書以為序天順三年己卯春三月中順大夫臨江府知府邑人潘諒

序三　吾秦氏世系為宋太史少游子公子處度之後處度諱湛號濟川宣和中通判常州觀晉陵山水之勝而家焉遂為秦村秦氏世族也邇昔少游公傳至曾祖瑞一府君蓋十一世矣由宋歷元以至國朝宗族繁衍不下數百指屢遭兵燹宗譜殘毀殆盡子孫之未錄者尤衆遷徙他所者不一益恐本支無所據踈戚無所辨子孫視之外有相見如途人者遂余為此旁搜博訪質正耆舊覬失之於前者而親新之於後合為秦村之族譜然勢有不逮力有不及是以弗克稽其未詳增其未備而但記名次別支派略倣老泉蘇公文忠歐公作族譜之義例故上自高祖下至元孫繼斷以五世為則元孫而下別自為世則書曰某支某派蓋支必起于高祖者明其一本之所自來也派必起于父者承其親親之所自出也支分派別井井勿紊一舉目之間本支庶有所明踈戚庶有所辨而宗譜之梗概立矣而豈無謂哉但舊譜掇拾於灰燼之餘缺於記錄者數之遠于播遷者闕之未可以言秦氏之全譜也故不敢繡諸梓惟僅楷書成帙以俟後之賢子孫更加考究而嗣輯之以繼吾志用垂不朽吾於茲益有厚望焉龍飛天順三年歲在己卯仲春十四世孫道銘

序四　斯譜也吾叔樂耕翁本孝思純篤之心而形

於製作者也蓋吾祖處度公自宋而元以至國朝之盛垂數百年而長幼尊卑瞭然在目展閱莊誦之餘祖宗嘉言善行猶覩然雖遠猶近雖亡猶存皆由斯譜作也其用心誠足嘉尚名登斯譜者尚當竭慇修之心無忝我祖宗庶不替是作譜之盛心斯得之矣十五世孫敏

序五　夫宗譜之作所以明世系別尊卑窮其源溯其流也吾秦本顓帝之後柏翳佐禹平水土舜賜姓嬴秦唐虞之侯伯也其後中潏居西戎六世孫大駱生成及非子非子事周孝王命主於汧渭之間封于之秦為天水郡子孫因氏焉春秋時秦祖秦冉秦非俱封伯爵漢興秦氏悉屬編户然而建武中秦彭與羣從二千石者五號萬石秦氏以後徙居河南之洛陽唐初秦瓊破尉遲恭有功太宗勅賜黃金瓶封翼國公圖形凌煙閣上秦景通與弟暐皆精漢書號大秦君小秦君天寶之亂有翩稱東海釣者從避高郵之武甯鄉左廂里五季喪亂遷徙不一至宋嘉祐間城化公睦族厚鄰潛德弗耀天乃篤生三子曰觀曰覯曰覿皆以文學顯庠而少游為最與蘇黃埒媲美官至翰林院編修紹聖四年遭譖出通判杭州又以御史劉拯論編管横州建中靖國初詔復其官放還至藤州傷暑卧困八月十二日啟手足於江亭上維時稿葬高郵追政和間公子湛為常州別駕遷葬于無錫之惠山建炎四年追贈龍圖閣直學士春秋祠祭子孫因家武進新塘之秦村蓋以姓名村也處度公生四子曰小五曰小十曰十一曰二十傳至曾四秀才生二子曰瑞三瑞五瑞三徙居舊瀆四子貴圭誠恭瑞五贅居胡埭三子伯容仲益叔謙是為錫山秦氏至於瑞五一其曾孫道銘即天順三年修舊譜者二子維賢維貞皆小十支也十一二十兩支子孫流寓無考小五支僅有七三七九五二派或徙居宜興之消塘武進之新塘無錫之徙門洛社自宋歷元迄

我皇明前後幾五百年子孫二十餘世中間簪纓相繼者固不乏人而遷（徙）流落者未易數也脫今不有譜以詮次之則盛者雖美弗彰衰者終於湮沒其不至若曾人不弔其族相視如途人者幾希矣是以不肖貞不能（敎）憤以為宗族交游光寵伏慮年過五旬建樹止於此矣不諒謭劣固陋上[illegible]稽諸宋朝名公傳序下參諸國朝名士夫紀載復徵諸墳墓譜牒訴之故老輿論如其是也貧賤不遺否則富貴亦擯不敢一字訛謬以開訾議之端倘後有高明特達子孫油然興睦族之心由親及疏由疏及遠庶幾服盡親不盡親盡恩不朽則今日之所係不無小補云萬曆四十六年歲在戊午季冬二十世孫貞

序六　不肖璋搆釁遭兇八歲喪父伶仃孤苦不幸流離錫邑懷仁之吳戴四十餘年矣並無眷朞功強近之親往來雅敘言念木有本水有源生我者我父生我父者祖豈有人而不知祖父（之）宗派（叹）豈有人而不知源本之所來乎此不肖痛心扼腕流涕常嗟嘆息者有素矣丁巳春陡見笠原公輯瑞五一支宗譜刊行又聞舊瀆（澤西公）輯瑞三一支恨焉追思源本特訪諸秦村適從兄世綸出樂耕公諱道銘楷書舊譜時（則）天順三年也前後陳潘二公有序為証又於汝安家得大宗圖一幅始知支派如此之雜處也子孫如此之繁夥也道銘乃吾七世（高）祖用心勤篤實承前啟後之一人也迄今閱之手澤如新何忍使之湮沒無聞哉就從兄世綸而謀焉亦欲鋟諸梓期闡揚先人舊物無忝於地下矣至於各支各派或序或否則亦聽之而已何暇計哉從兄泫然出涕曰此余之素志也見今而後有見[illegible]侮者執此可以為券矣於是各捐己貲編輯付諸剞劂氏永垂不朽萬曆四十六年歲在戊午季冬二十一世孫璋

鑰鈞又案各序上尚有茶陵李東陽西山蔡元定二序似非舊譜序原序略之

南翁一代志疑

南翁名諱生卒未詳子四照煦熙烈錫山譜有之為毘陵譜所無小峴先生（瀛）曰謹案端敏公舊譜靈度公以下有南翁序中記載確鑿大音先生（鏞）以毘陵譜無南翁且疑南翁之子曰振南運南應南以文諱為號後譜遂去之殊非古人闕疑之義南翁蓋亦字號非諱今仍遵舊譜敬謹補入

高郵始祖

照生師傅師傅生宗仁宗仁生時行時行生莊莊生庠庠生憒憒生諕諕生崇樂又名齊顏任敘州府同知崇樂生子正國正國三子仲名昇行名福祿陸今為高郵始祖

毓鈞案此先祖訓導公據今譜所錄者而大音公（鏞）則云大宗十二世之福陸今為高郵始祖而譜云無考蓋今譜不同於舊譜耳據此則高郵齊又有留（然亦有謂處度公子有留）

揚者湛生進進生世忠世忠生天佑天佑生知柔知柔（知剛）知微知立知彰五人或遷上海或宿沂溝云

洛社始祖

照生師傅師傅生宗仁宗仁生時行時行生蒙蒙生恕恕生惲惲生諳諳生崇智崇智生正晟是為洛社始祖

毓鈞按今譜未詳據先祖訓導公本修之然亦有内洛社支出自松陵公者敘其弟君為余言之

塘頭始祖

熙生師閔師閔生宗迪為塘頭派之祖

洞庭始祖

烈生師古師古生宗邁宗邁今為洞庭始祖薪岩公（仁）曰淮海四傳有宗邁者遷於洞庭之西山向藏譜稿今茲修輯來訂同刊而錫山洞庭支派各殊毘陵且不敢混況洞庭乎即遂謝之小峴公瀛曰吳之洞庭為毘陵分支顯于南宋見長沙陳文恪勤所為秦氏宗譜序又曰毘陵支派有遷吳縣洞庭山及上海者洞庭于南宋時頗繁盛其後子孫多賈于湖湘今長沙有秦氏固洞庭支也

東宅西宅

瑞五公之從兄有曰惟忠者字國良行名瑞一居秦邨是為東宅胞兄曰惟善者字國寶行名瑞三旬秦邨徙居

舊瀆是爲西宅派創業譜一公爲崇同公元旁以元生情惜生詩詩生隆忠里爲奏村始

水南始祖

謨生惟善惟善生貴貴生仲輝是爲水南始祖
派創業水南秦氏自仲輝公由毘陵入贅澄江丁氏水南里
遂居江陰之北國其地附顧山而近子姓繁多支分
派別或遷常熟或分金匱或處江陰總之不離乎顧
山者近是水南支有徙居于楊園後徙還廟橋又有徙
居於華墅其後貿遷楊舍遂爲楊舍秦氏皆瑞三公
支仲輝公之苗裔也乾隆二十四年廟橋支有諱載
乾者與仲宗人載文培元等脩輯宗譜介吾先六世祖
約齋公序之迨道光間載乾之孫世豐復與其宗人
達源等修之光緒元年泰來復與宗堂培基等又三
修之累世力田務農或遷服賈亦間有游于庠者
同治丁卯泰來登賢書其譜牒之可考者如此舊錫譜
于仲輝公下註明無嗣歲戊午從執中叔處獲見是錫
譜爰爲叙其顛末以補舊譜之缺

夫椒始祖

懷生謨謨生瑞八居馬蹟山耿灣爲夫椒始祖
派創業瑞八公爲曾四公謨三子名號未詳毘陵譜
錫山譜俱失載孜蓉莊公重脩馬蹟山祖塋記云克
義公潛德幽光寄情詩酒子二長曾三公後無孜次
曾四公即吾始遷無錫祖瑞五公之父也咘嘘拜奠
諱擇吉興修會宗人泰定振才詢世次出示夫椒譜
知係瑞八公後蓋自曾四公廬墓耿灣瑞八公即贅
耿氏因家焉厥後蕃昌有進士之鑑考康宫壁者其
裔也迄今似續蓋以百數計焉
鯍駒又業許檀爾稱馬蹟山志之鑑字尚明號惕庵崇禎
癸未進士令仁和縣數月國變歸有欲薦之朝者忽發狂疾
遂止入栖隱傳宫壁字龍光雍正甲辰舉人篤志實學工古文
詩詞及制藝入文學傳宫壁子飛烈乾隆庚子舉人官容縣知縣又
有秦謨秦獻文秦誠秦達秦燧皆貢生秦林由吏員任桐鄉典史
入仕宦傳秦洪業字懷西入孝義傳皆耿灣人也

陸門始祖

熙生師傅師傅生宗仁宗仁生時行時行生莊莊生庠庠生惴惴生謨謨生崇潔崇潔生正紀正紀生曷曷生集是為陸門始祖

龢鈞業集字友信一字繼陵行名秀二為古橋先生曷仲子世居常州之秦村兄友正名業弟友善名樂自經元季之亂流離遷徙古橋先生既没故鄉僅存東西二宅為族曾祖瑞一瑞三潛菴繼陵乃與其友狄某偕至無錫橋僑寓北門鄉蓉門里以經書教授里中子弟餬口誅茅築室實為無錫陸門秦氏之始遷祖其後分房十四食指數十以第五房前溪公支為最繁衍秀二公之八世孫名世英者字秀季文號襟溪萬歷間仕至團練使父曰前溪封翁諱士能字以忠有子四人襟溪其季子也是為奮揚發迹之始九世孫曰化龍曰士龍始入邑庠與從兄弟伯龍見龍猶龍起龍等覓得秦村舊譜原本始合各支而統修之十世孫曰翔榜姓張以崇禎十二年恩貢中副榜仕清為永川知縣有惠政歿祀四川名宦邑志宦望列傳嗣是以後書香不絕十一世孫天植字德培錫邑庠生精醫理著有知生集行世與族人又庭佩玉等續修宗譜介吾族祖蛟門公伯龍及南沙公道然文恭公蕙田序以刊行自成一譜斷專以陸門為斷其時則乾隆癸亥也追道光間秀二公十五世孫有諱燮者字廷蘷號湄村以壬午舉人揀選知縣改國子監學正著有自怡吟草六卷閑窗餘四卷古文辭一卷嘗修楊家圩築萬壽橋為一鄉衛災捍患兄湧字思泉號曉峯錫邑庠生與吳下諸名士結印月閣詩社刊有印月閣詩集行世嘗著蓉門吟稿數卷歸雅集六卷文采掩映焜燿一時嗣是有文煃者為秀二公十六世孫長洲縣庠生名雲字小汀一字膚雨別號西脊山人刊有吳中三山人詩西脊山人詩集四卷裁雲閣詞鈔六卷詞餘一卷行世所著未刊者有叔

灰騰稿六卷駢體文二卷雜著二卷詞一卷詞餘一卷虎邱山塘權歌一卷青樓碧血記一卷玉玲瓏室傳奇四種與名士結社唱和者有陶氏五雲集有滄浪亭疊韻唱和詩集遭亂散佚者有扶雅堂詩八卷硯北箋異十六卷賦稿三卷脊江漂唱詞二卷有兩泰者為秀二公十七世孫錫邑庠生號慧養著有怡情草六卷芸窗隨筆一卷又有世鏻世銓者為秀二公之十八世孫世鏻字洪聲號曉齋錫邑庠生世銓字曙村嘗隨李金鏞游幕關東著有吉林輿地畧行世其譜則湯偕紹錦再續於嘉慶丙辰瘦偕宗人三續於道光辛丑世鏻世銓兄弟四續於光緒丙子云毓鈞又案陡門支與洛社支高郵兩支同出自隱南公為我處度公後之老長房而隱南公之後又有蕭塘諸支萬曆中秦村宗人有諱貢者序其譜云小五支僅有七三七九二派武徙居於宜興之消塘武進之新塘無錫之陡門洛社案小五郎隱南公而消塘當即蕭塘也乾隆時族祖蓉莊先生震鈞重修花墓塘祖塋記云隱南公之後分遷洛社德澤蕭塘坊塋此其證也至秦村附近之洛陽亦有秦氏系出自志道公師孔蓉莊先生曰志道公乃處度公之孫與忘孝公同出自振南公遷後其後人皆葬洛陽毘陵譜詳載之稽其世系觀生湛湛生[illegible]生師孔則又小十公後之長房也賴皆錫山譜所未詳云

蕭塘在蕩東北距青城鎮五里
德澤即在武進縣北三里
洛陽楷頭在武進縣東南離城廿[illegible]里
[illegible]

洛陽始祖

照生師孔師孔生宗賢是為洛陽始祖

常州秦氏考

常州秦氏有洛陽之秦有馬蹟之秦有秦村之秦其見於武陽縣志者錄之如左

秦元亨 宋元豐二年庚己未進士

秦宗臣 宋元豐五年壬戌進士

秦椿 宋淳熙十一年甲辰進士

秦顒 明正統七年壬戌進士

秦之鑑 明崇禎十六年癸未進士浙江仁和知縣

秦宮璧 清雍正二年甲辰舉人

秦懋紳 清雍正四年丙午舉人保舉博學鴻詞

秦承烈 清乾隆元年丙辰舉人授容縣知縣

秦時叙 監生清雍正間保舉崇明教諭

秦山 清乾隆十二年副貢建德縣教諭

秦琳 明景泰四年歲貢

秦祖 明永樂二年歲貢

秦欽 明洪武間保舉人材

洛陽之秦出於志道公師孔子宗賢為吾譜所未詳地介常錫之交在北陽湖附近譜亦出於秦村稱宗賢為四五承事徙居永安里是為洛陽始祖遷之祖建文三年始創宗譜蓋尚在錫譜之前彼宗顯達者未悉其詳僅知宗人懋紳以雍正舉人薦舉丙辰鴻博應試報罷蓉莊公重修花墓塘祖塋記云志道公後皆葬洛陽毘陵譜詳載之

馬蹟山秦氏為繼開公之後公次子曾四公生三子長曰瑞三次即瑞五其季為瑞八公錫山譜所未載蓉莊公嘉靖慶間謁墓會宗人秦定振才詢世次出示夫椒譜始知為瑞八公之後與錫山支同出自曾四公者蓋自曾四公廬墓耿灣瑞八公即贅耿氏因家焉厥後蕃昌有進士之鑑孝廉宮璧懋紳承烈者即其裔也地名耿灣在馬蹟西麓居民八十餘家分有姚巷秦巷後灣三段

秦村之秦舊分東宅西宅瑞五公之從兄有惟忠者字國良行名瑞一居秦村是為東宅瑞五公胞長兄曰惟善字國賓行名瑞三徙居舊瀆是為西宅瑞一曾孫道銘字日新號樂耕始修秦氏宗譜藏於家時為天順三年己卯至萬曆四十六年戊午公七世孫瑋始議付印其時公八世孫有諱貞者旅居錫邑懷仁之吳戴見我笠源公續輯宗譜遂訪諸秦村得舊譜合貲剞刊之是一瑞一公支亦有遷於錫者瑞三玄孫彧字茂稷由無錫縣庠生中永樂戊子舉人任汀州教授是吾錫有瑞三公支之始其舊瀆續譜則

但知為澤西公所纂輯世數未詳今所號為水南譜者則為瑞三公孫仲輝之後而舊譜注仲輝無嗣云

蘇州秦氏考

蘇州秦氏有崑山之秦吳江之秦洞庭山之秦據蘇州府志所載彙錄如左

秦膺剛 崑山 宋乾道八年進士

秦希甫 吳縣 宋元豐二年進士

秦瓛 崑山 明成化乙未進士

秦大夔 吳縣 明萬曆庚辰進士

秦慶 常熟 明弘治己酉舉人

秦霑 崑山 明嘉靖壬子舉人

秦嵩 吳縣 明萬曆癸未進士

秦雲 崑山 明嘉靖間諸生

秦文超 吳縣 清康熙壬午舉人

秦文越 吳縣 清雍正丙午舉人

秦檝 崑山 清康熙間歲貢

秦彬 吳江 清乾隆間歲貢

秦禮嘉 吳縣 明乾隆間歲貢

秦叠青 長洲 清乾隆間諸生

秦向春 崑山

秦大鈞 昭文 清道光間恩貢

秦清錫 震澤 清嘉慶間恩貢

秦鏊 崑山 明嘉靖五年進士

以上選舉表

秦玉 字德卿其先鹽城人 徙崇明再徙崑山

秦瓛 崑山

秦鰲 崑山字子元 明嘉靖五年進士

秦璜 崑山性至孝

秦霑 崑山字光甫本上海人父奎 避仇徙崑山年十七補諸生

以上人物傳

秦　乾 吳江護民太尉墓在黎里　秦　儀 駙馬都尉墓在西山 吳縣

以上冢墓志

吳江黎里秦氏世素封行善多以貲得官其始祖乾當宋季之亂集鄉兵自保寇不敢犯依以全者甚眾詔授護民太尉歿而爲神祀之至今考五季之末民間聚保鄉黨者率稱太保故有適地太保之稱宋末則稱太尉非實授職銜也見湧幢小品[redacted]

[redacted]洞庭秦如說是

洞庭秦氏之見於錫山譜者淮海生處度處度生南翁南翁子四季爲世威公烈子師古孫四宗建宗邁守宗述宗邊宗邁子遜是爲洞庭遷祖洞庭之譜[redacted]託始於此譜初輯於明正德辛未則先於吾宗者近二十年清康熙間續修族祖對巖公序其譜曰吾秦自龍圖公一傳爲通判公卜居晉陵通判四傳爲益之公遷洞庭之西山因名秦家堡後世析居曰渡諸曰涵村曰石公曰[redacted]鎮夏曰陽塢曰明灣曰陶村通爲洞庭秦氏考其世系登進士者三人舉孝廉及副榜者四人明經者五人其仕也內而館閣外而巡方以及郡佐邑宰文學政事並有聞於時光緒間濬如公又經重修序[redacted]云益之公遷於蘇之洞庭尚在南宋之初實先於遷錫者百數十年輩行亦長五六世洞庭有東西兩山秦氏始居於西山後亦有遷於東山者並有遷吳江遷上海及遠之青徐湖廣者益之公二傳爲元德公成進士尚郡主顯於宋季宋亡其子閬仙公蹈海殉節嗣後恥事二姓遂多隱居不仕洞庭風俗往往服賈江漢湖湘間秦氏之適楚蓋以此也其留於兩山間者亦善治生號素封惟宦達者卒鮮前明時有官御史官縣令而祀名宦者皆非洞庭山人也[redacted]鈞聞就他書以考證之覺濬如公說亦有不盡然者[redacted]遷[redacted]如[redacted]上海之秦自揚而徙載在志乘彼宗譜系[redacted]然信而可徵青徐湖廣之秦遷自洞庭蓋據秦大夔秦嵩秦文超秦文越而言致金友理太湖備考大夔字聖卿東山人山東臨清州籍明萬曆丙子舉人庚辰進士官陝西右布政嵩

字望中望湖廣鄖縣籍明萬曆壬午舉人癸未進士官巴縣知縣文超字偉士湖廣籍清康熙壬午舉人浙江龍游縣知縣文越字鈌湖廣籍清雍正丙午舉人皆西山人也又有秦伯齡者亦西山人明洪武初以人才舉官山東廵按秦文戫秦英俱西山人文戫字盛之明洪武中以文學舉官刑部員外郎英字仲雍明洪武中以秀才舉授順德府邢台縣簿惟青徐之秦近人俱傳為叔寶後雨蒼曾叔祖嘗語余云山東之秦源於叔寶戲劇中賣馬之秦瓊即其遠祖曾叔祖生長山東隨官有年所言必非無據附錄俟攷元德公諱儀今西山秦家堡飛仙山下蓋有駙馬都尉秦儀墓云

洞庭秦氏源流攷

洞庭秦氏與吾錫山同出少游公後少游公五世孫益之公字宗邁愛洞庭山水之勝遂隱居於縹渺峯下此秦家堡發源之所自也繼而分東西秦分渡渚分明灣分涵村分鎮夏又分石公暘塢陶村焉統曰洞庭秦氏秦氏環林屋而居讀書力田俗敦古處斷斷如也其支派所衍最近者分徙於東山三山閶次則為吳江之韭溪遠者半流寓於湖南之長沙岳州常德衡州各郡縣族大丁繁清芬四布均能數典不忘所自始譜初輯於正統乙丑創之者十二世孫孟剛繼之者為宏治庚申為萬曆己亥為崇禎庚辰迨入遜清與吾族溝通康熙壬辰五修宗譜由對巖漆園皃仙吳川公兄弟親為閲定而對巖公松齡且為之序乾隆戊辰重加修纂吾族與於參校列者六人薪巖公仁且為之序道光乙酉續議七修而吾家與於參校列者凡十二人芝臺公泳且親序之同治壬申重議八修其時吾族人雖未與於參校之列而澹如公緗業曾為之序具詳虹橋

老屋遺稿歲己巳譜事告竣道出蘇門晤吳興宗人福基
字第花自洞庭山遷居吳興者近復僑寓蘇垣少游公三
十三世孫精岐黃現輯少游公詩集註出洞庭譜相示分
類節錄如左

遷祖　毓鈞案正統間彼族始創宗譜益之公十二世孫
孟剛序云洞庭始遷祖爲宋贈金紫光祿大夫益之公
淵海先生五世孫也紹熙時由晉陵徙居吳興臨平營
別業於義皋嘗游洞庭愛山水之勝遂築別墅於消夏
灣之安仁鄉卒葬縹渺峯下飛仙山之陽子君顯公守
墓於此遂卜居焉更鄉名爲秦家堡君顯公一傳爲駙
馬元德公生三子長雙林公孝懋居秦家堡之東爲東
秦派次雲峯公孝先居秦家堡之西爲西秦派次閬仙
公孝義居西秦之西亦爲西秦派由是支分派別或贅
或徙散處諸村墟者計半洞庭今計其世已十有四傳
計其時已三百年矣

族望　毓鈞案康熙間長沙陳恪勤公鵬年序其五修譜
云秦氏之族以國爲姓世居淮海漢唐以來代有顯者
自少游公之子湛卜居晉陵遂爲晉陵秦氏又三傳至
益之公遷洞庭之西山遂爲洞庭秦氏其間出而用世
有聲於時則有都督子明公駙馬元德公守忠不二國
亡與亡則有靖節閬仙公勒銘絕元則有千一公篤志
君親形諸歌詠則有太一太公三公是皆虎炳家乘久
而彌光者至有明肇興則有靖齋公伯齡由歲貢薦辟
歷任山東道監察御史誠齋公文彧由鄉貢薦辟任湖
廣長沙醴陵令皆有德政崇祀名宦載郡邑誌而秦氏
之居臨清青徐及湖廣者漸多少室公嵩籍湖廣之鄖
陽中萬曆癸未進士任四川巴縣知縣而秦氏之著籍
於長沙湘潭間者日益衆矣

分支　毓鈞案乾隆間益之公二十世孫元智序其六修
譜云我洞庭自駙馬都尉祿臣公卜居以來子姓繁衍支
分派析有以宦而分者則都督子明公也建才荊楚遷
居黄安有以賈而分者則貴三公也貿易沔湖肆籍於

浦以徙居而分者則元美公之於嚴州也以出嗣而分者則凌雲公之於江陵也如此種種皆世遠人遥勢難延訪若夫分而為東西泰為渡渚為涵村為鎮夏為石公為暘塢為韭溪為明灣固近而可稽者

韭溪遷祖　毓鈞案康熙間公十九世孫永祐序其五修譜云韭溪之有洞庭秦氏自益之公十三世孫漢傑公始漢傑公始居洞庭之石公習賈松陵徙居石塘以石塘舊多族姓命子孫以肉祀竈以別宗支生子六圭珩珮琴瑟聖圭珩珮琴瑟俱婚配無傳惟聖贄於韭溪李氏遂占籍焉

東山遷祖　毓鈞案道光間龍圖二十八世孫東洞庭支正懋序其七修譜云自太益公六傳至西洞庭益之公又歷十三傳至廷珪公則為我東山始遷之祖也公於前明成化間贅於東山長圻村張氏即卜居焉

三山遷祖　毓鈞案同治間公二十七世孫三山支開階序其六修譜云階幼時聞先伯雲帆公言吾十四世祖浩養公始由洞庭西山遷居三山十八世祖道生公貿易吳興旋居三山而再來焉迄今六百餘年矣謹溯道生公兄弟三人長諱楚字善惟次諱本字道生三諱榛字厚山道光乙酉洞庭宗長續修譜牒善惟公無後厚山公一支先承採入惟吾道生公一支因各子姓遠隸浙江未即合刻

洞庭遷祖　毓鈞案同治間公二十三世孫湖廣支景序其八修譜云吾族自宋元來世居洞庭西山簪纓絡繹明以後或以仕宦或因服賈遂多占籍他鄉而吾宗澹如公緗業序亦云益之公二傳為元德公成進士尚郡主顯於宋季宋亡其子閬仙公蹈海殉節嗣後恥事二姓遂多隱居不仕洞庭風俗往往服賈江漢湖湘間秦氏之適楚蓋以此也

輯譜略歷　毓鈞案乾隆時公二十世孫文彬序其六修譜云我洞庭一支自琴川公肇修於正統乙丑益庵公續修於宏治庚申至曾叔祖欽止公雲濤公遞增而輯

於萬曆己亥崇禎庚辰今計其時距彬之生已五十餘載而族人之散處者各以其見名其子孫夫值數過之時則修之也不容緩而加以紛出之名字氏則考核不可不詳苟誘其難而不能繼前人之志積之既久將親者疏疏者且途人視矣爰是彬自庚寅歲從淞嶘二叔涵村二兄韭溪汀儔姪遠搜近考不敢告勞至壬辰始脱稿因呈於錫山從兄對巖翁爲之序力有未逮欲壽諸梓而不果丙寅春錫山薪巖弟暨味經再姪來山中言及兹事曰錫山現在修譜盍彙而梓之適七兄公達氏出其先輿文思武承二兄草創之稿相證而韭溪汀儔姪之令似虞占亦於是時持其先人之譜來訂同刻緣取彬所錄參校靡不符合遂各捐資重爲增輯與錫山同付諸剞劂焉而同治間公二十五世孫敏樹序其八修譜云宗譜肇自明正統間琴川公歷宏治萬曆崇禎凡四修本朝康熙壬辰淞嶘偉士兩公有志於斯并前之分自韭溪者手錄合之乾隆戊辰君純公重加修纂始付梓然世次稍舛乾隆甲寅歲先曾祖道行公經始宗祠將釐正舊譜而不果先大父耕雲公受遺命至道光辛巳將告蒇而公歿越乙酉先叔祖畬村公踵成之補列誥敕志傳並訪求東山三山兩支刊於内椒聊蓄衍實大且篤蓋不忘遠條矣粵匪之變既躪楚旋蹈吴仕而以身殉難者有人居而克全大義者有人其閨閣以貞節著者亦有人更有轉徙流離無可稽考者諸宗長恐日久而宗支更難採訪也議八修之役責樹暨從弟嘉樂以參校任因思古有族大夫之職如楚之三閭大夫掌楚國同姓之世系以屈原固驚才絶豔也離騷首序高陽繼言皇考蓋即數典不忘之意樹幼失學筆墨弇陋讀爾雅釋親一篇赧然顔汗中年迫於飢驅歲時伏臘又未能以世德作求聯歡話舊今重逢喪亂變遷不知凡幾昔人云杜氏一姓而五望張氏一姓而十望望多則訛其姓矣趙郡李氏一望而六房隴西李氏一望而四房房多則訛其望矣其訛也其多也樹能無

惕然防其疏漏乎第念先大父與先叔祖誦述清芬手
編纂續纂克偉厥功今諸宗長又皆高年碩德多方採
輯不憚勤勞小子不克承尊命而繼先志恐益爲宗族
羞爰悄悄隨諸宗長後効寸長於萬一事既竣綴斯語
以誌始末云

宗譜目録

卷之首　誥勅　淮海公年譜　宗祠圖　墓圖　像
贊　宗祠記　序文　凡例
卷首上　志傳銘記
卷首中　毘陵世系統宗圖　毘陵分高郵宗支圖
毘陵分錫山宗支圖　毘陵分洞庭宗支圖　洞庭
宗支全圖
卷首下　毘陵世系一世至九世　洞庭世系一世至
五世
卷一上　淬之公派五世至二十一世
卷一之一二　淬之公派二十一世至二十九世
卷之二　瑑之公派五世至二十九世
卷三之一　廷彩公派五世至十七世
卷三之二　廷彩公派十七世至二十五世
卷三之三　廷彩公派二十一世至二十五世
卷三之四上　廷彩公派二十一世至二十九世
卷之四　祥符公派五世至二十九世
卷五之一　行雲公派五世至二十一世
卷五之二　行雲公派二十一世至二十五世
卷五之三　行雲公派二十一世至二十五世
卷五之四上　行雲公派二十五世至三十三世
卷之末　補遺　編號

修譜源流

正統乙丑
十二世孫　孟剛　初編
宏治庚申
十三世孫　謙　肯　續修

十六世孫　軫　　參校
萬曆己亥
十七世孫　燧　　重輯
十七世孫　聲雷　　考訂
崇禎庚辰
十七世孫　明倫　　重修
康熙壬辰
十九世孫　永祐　　彙輯
二十世孫　文超　文彬　　編次
二十一世孫　峭　志鵬
二十二世孫　承昌
錫山十四世孫　松齡　松期　松喬　松如　　閱定
乾隆戊辰
十九世孫　永祿
二十世孫　元智　文彬　秉憲
本錦　秉禮　秉恭

二十一世孫　萬九　萬方　光彝
光勳　能熙
二十二世孫　璲　琯　　重編
二十三世孫　庭莪
錫山十四世孫　本始　秉丰　仁　樹瑚
十五世孫　寶然　元騶　　參校
洞庭十九世孫　子嵩　子賢　元塋
二十世孫　文起　文龍　樹修
二十一世孫　宜闢　學熙　炳達　義然　炳孚　查輯湖廣各支
二十二世孫　璡　玢
二十一世孫　士虬　鉅
二十二世孫　人佺　世英　學定　景嵩
正培　應望　世基
二十三世孫　榕　寅　庭莪　申嶽
二十四世孫　臨熙　萱　　編輯韭溪世系
道光乙酉

二十三世孫　承基　重穀　世鈞　九錫　錫祉
二十四世孫　協薰　瀾
二十五世孫　清遠　穀豐　鍾瑞　蘭墀
二十六世孫　清錫　秉純
二十七世孫　元琦
參訂校定
錫山二十六世孫　雄　翔　鶴
二十九世孫　江　泳　潤
三十世孫　廷懋　雲梯　廷栻
三十一世孫　文彪　文燾　昌烈
採訪各支
二十三世孫　士鈖　鍾偉　錫浤　錫魁
二十四世孫　錫田　永源　之淮　和鈞　士濬
採訪湖廣各支
二十三世孫　之琯　錫應　鍾秀
二十四世孫　潮　海

採訪韭溪各支
二十三世孫　守惇
二十四世孫　其灼　學禮　學易　守恕
二十五世孫　質中
二十六世孫　秉和　秉縉　秉誥
採訪東山支
二十三世孫　正懋
二十四世孫　世綱　世良
採訪三山支
二十四世孫　克勤
二十五世孫　墉　塽
同治癸酉
二十三世孫　錦
二十四世孫　之源　之澧　沅　淇
二十五世孫　汝源　維棠　維機　敏樹
維條　嘉樂　忠林

二十六世孫　孝熹

採訪名支

二十三世孫　錫麒

二十四世孫　學漳　永潤

二十五世孫　汝源　忠材　樹剛　榮茂

二十六世孫　熙常　孝熊

採訪斛廣名支

二十三世孫　鑑

二十四世孫　渭南

二十五世孫　國樑

二十六世孫　文煜

二十七世孫　其均

採訪韭溪支

二十五世孫　桂墀

二十六世孫　秉翀

二十八世孫　廷王

採訪東山支

二十五世孫　傳琴　傳瑩　傳禔

採訪三山支

二十六世孫　景福　鈞

二十七世孫　源安　瀾　開階

嘉定秦氏考

嘉定秦氏以輔之爲始祖自常州遷此時當元季避兵東徙文學有傳其見於嘉定縣志者

科貢

秦　倬　乾隆丙辰舉人戊辰進士官知縣有傳

秦大成　乾隆己卯舉人癸未一甲一名進士授修撰有傳

秦嚴玉　乾隆戊子舉人官定遠訓導

秦慶賓　道光庚子舉人附父長治傳

秦　炳　道光壬午舉人

秦慶泰　同治甲子舉人附父長治傳

秦毓麒　同治癸酉舉人官江陰教諭

秦燮颺　補湖萱孫字芍舲光緒乙亥舉人癸未進士廣平知府字韶臣毓麒季弟

秦綬章　補光緒己卯舉人癸未進士授編修官至侍郎字佩鶴毓麒仲弟

薦舉

秦　昺　附强坦傳元省府辟充學職

秦良仲　元省府辟充學職

例選

秦兆蘭　户部郎中浙江候補道　湖萱子

雜進

秦　鑄　明隆慶閒吏部主事遷刑部郎中

武科

秦　晉　順治庚子武舉從蘇州

封贈

秦士鳳　大成曾祖贈翰林院修撰

秦　焯　大成父諸生

秦　荷　附父爾達傳以孫湖萱貤贈知府銜兵部員外郎以曾孫兆蘭贈浙江候補道

秦湖萱　以子兆蘭贈浙江候補道

秦　楫　大成祖歲貢考名顧楫後改本姓

秦宗琦　嚴玉父貤贈定遠教諭

秦鳳輝　以子湖萱贈知府銜兵部員外郎

宦績

秦　倬　字天采一字訥菴

秦大成　字承叙一字簪國世以孝稱

孝義

秦　哲　字希賢居吳淞江南

秦一驥　字閑之居諸翟鎮授徒廣福時值兵亂從子死於兵而從孫被掠至松江從孫女被掠至吳淞一驥營求四載先後得遇子庭賓字茂先從子恪字慎之諸生

秦　綿　字久成國子生子學山字磐安贈族施醫國子生孫錦字琴年諸生累世積德

秦湖萱　字蔦堂一字亦園國子生例授兵部員外郎幼孤事祖父母孝捐創存仁堂施棺施藥不惜重

貲道光癸未癸巳乙酉歲荒捐賑貲萬計咸豐癸丑助餉及本邑防堵捐貲以鉅萬計

秦長治 字堯宋一字屏山大成孫諸生子慶寶字崧甫慶泰字嶽甫並以孝聞先後舉於鄉

秦　映 字淮圃月一字雲泉偉曾孫弟暐字旦華昂字驤程並同子生道光癸未水災暐平糶米豈昂亦孝友養孀姊二十年

文學

秦輔之 字道山一字聖翼常州人元末徙居邑城隱居行義博學善詩文撰練川志宋至治元年卒學者稱文懿先生

秦　立 字雲津一字芝齋諸生父潤亦諸生字德彰一字誠庵子二藻字融初兆曜字文初並諸生

隱逸

秦　昺 字文剛號橫塘叟明洪武初辟為訓導附强玨傳

藝術

秦世進 字繼越好披異異書得外科真傳子鉄字範如製藥必精施診不倦

松江秦氏考

松江秦氏以知柔兄弟五人為始祖宋季咸淳間自揚遷此知柔最長攜兩弟知立知彰渡江而南知立居趙屯知彰居九團是為南滙秦氏自居滬瀆為上海秦氏即閘港也其知剛知微仍留邗瀆為高郵秦氏彼宗譜牒紀載如此其見於松江府者志

寓賢傳

秦知柔 觀六世孫

古今人物傳

秦裕伯 上海知柔孫

秦　敕 南滙裕伯族孫

秦嘉楫 上海

秦國士 上海明萬曆四年舉人

秦秉謙 南滙

選舉表

秦裕伯 辟薦

秦世傑 上海

秦允恭 上海

秦嘉楫 上海明嘉靖壬子舉人己未進士

秦國士 上海明萬曆四年舉人

秦　衡 明洪武間歲貢

秦　壁 上海 明正德八年舉人　　秦　寀 上海 明嘉靖癸卯舉人

秦　鏡 華亭 明崇禎八(元)年恩貢　　秦懋紳 華亭 清雍正閏副貢

秦　淵 婁縣 清乾隆甲寅舉人嘉慶丙辰進士

封贈表

秦良佐 子世傑

松江府續志

古今人物傳

秦勝三 南滙　　秦士醇 奉賢 清道光庚子舉人

選舉表

秦贊堯 奉賢

秦鑑淙

上海秦氏近又有秦錫田錫圭者兄弟清光緒癸巳同榜舉人錫田字硯畦著有晉書注稿補晉年表宗室封爵表異姓封爵表北魏記載並詩賦文稿錫圭字介侯乙未進士改庶常散館以知縣分發山西任介[illegible]休縣知縣著有晉書注稿補晉執政表方鎮表朔閏表宣景文三王年譜壽宜室古文詩賦稿父榮光原名載瞻號月汀改炳如歲貢生著有補晉書水利志一卷學校志一卷藝文志四卷同治上海縣志札記六卷光緒南滙縣志札記二卷淮海宗譜續世系圖一卷續家傳一卷梓鄉詩文錄梓鄉雜錄養真室雜著駢文古近體詩半耕室時文律賦試帖等稿

閘港在黃浦北折處地屬南滙故南滙縣志人物志游寓門云秦知柔觀六世孫世居維揚遭咸淳至元之亂挾其譜牒圖像挈其弟知立知章(一本作知彰)渡江至浦東知立居趙屯村知章居九團知柔居閘港元至正二年浙東宣慰使賁纂以宜裔通儒請律薦擢江浙行中書保使固辭歸卒子良顯良顥孫裕伯俱貴顯其地今稱裏秦外秦與九團秦同為海濱望族葬上海肇家浜右淡井廟北(嘉志)胡又雜志云秦裕伯墓在邑之長壽里子姓世居閘港稱內外秦而董宜陽松郡雜記引陸文裕公外集以裕(祖)伯為不知所終則似不應有墓又言九團閘港二秦俱裕伯九團地

近海濱以明祖書辭為證閘港以書尚留家為證茲據秦氏譜知柔弟知彰實居九團其為彰裔可知知柔渡江即居滬裕伯為知柔孫良顥子似當以閘港為嫡但譜又言裕伯無出弟亨伯僅一子遂為嗣而又早卒無後據此則不僅裕伯無嫡裔今所傳皆顥兄良顯後矣

九團今屬川沙攺川沙廳志人物志游寓門云秦知章本一作彰宋少游六世孫世居維揚遭咸淳至元之亂與兄知柔知立挾其譜牒圖象渡江而東知立居趙屯村知柔居滬港傳子良顯良顥孫裕伯俱顯貴即今裏秦外秦知章居九團子孫蕃衍為海濱望族嘉楫國士亦以科顯郡邑志

上海秦氏考宗譜異聞考

上海秦氏據大音公宋元世系圖譜跋云小宗六世之萬一為上海始祖而名諱不同是可疑者萬一公名諱未詳攷陡門宗人湄村氏燮先世源流述畧云六一公子六長行萬一諱京字文華子二長憚次慵慵無子憚子四誕諾詢諒俱無考此毘陵譜舊說也然據閘港宗人自邗所述則云萬一公値咸淳至元兵亂自高郵南徙遷居松之滬瀆處度公子長為進諡僖巽進傳世宗諡定簡世宗傳天佑諡景愍為萬一公之高曾祖父實大宗而非小宗近上海宗人榮光著有滙海宗譜續世系圖一卷說亦與之密合湛生進進生世忠世忠生天佑天佑生知柔兄弟五人知柔最長字元吉一字以和號節齋始遷來滬豈大音公此則大音公所謂名諱之不同者豈大音公已於毘陵譜外而別有所見歟惟閘港宗人謂處度公次子為宗又名通字元善遷居無錫而上海宗人所載亦同無遷居無錫字樣僅云子一早卒是又未嘗指為無錫遷祖矣且余所

見閘港宗人辨疑有兩本一本詳一本較略略者亦僅述其本宗不知果何所據而云然至上海遷祖自以彼宗譜乘爲雅揆之尊聞行知之義當如是耳

閘港宗人錫山譜辨釋誣

譜牒之學至難言哉錫山譜始於瑞五自瑞五以上溯至淮海凡十二世據毘陵譜本耳閘港宗人自郁著論辨之其文如左

歲庚申族中委以修譜事余素有志遂承乏焉奔走數月閘溪一支稍有蒐輯至九團嘉定兩派舊譜已引其端諒亦易彙將欲抵揚州訪知剛知柔徵兩公遺派并欲由洞庭達錫山尋流問源可彙則彙豈非極宗譜之大成哉一日門鷲剝啄有客自洞庭東山來者詢之則同宗名正慧揖余而言曰洞庭東山即西山之分支西山即郇毘陵之分支其譜系與錫山合因袖出錫譜六本凡九卷余欣然展余卷首閱兩圖遂生疑異其圖亦以少游公爲一世處度公爲二世處度公所配此爲魯氏彼爲金氏已見不符然此猶其小者也至三世其一圖曰南翁南翁之子爲小五照小十煦十一熙二十烈其一烈圖併無南翁小五等即爲處度公子直至十一

世皆以承事秀才稱而繫之以行字號行履歷俱不詳夫南翁者誠所謂非字非諱是何稱也承事秀才非爵非位是何義也一圖有一圖無世次究安所定也照號隱南煦號振南謂其始托江南而有是名然則煦與烈又何以不南乎且煦為哲宗御名豈處度公世受國恩而為子命名不知避諱尤無是理細閱諸序知錫譜向以始遷祖瑞五公為第一世其先原有未詳後考感於毘陵譜圖抄錄傳訛不足取信適以見疑尤異譜圖後跋云大宗十二世之福六公為高郵始祖高郵乃秦氏發源之地少游公叔祖孟陽之後在此少游公叔瞻之後在此少游公弟覿覯震鼎之後亦在此少游公六世孫知剛知微之後俱在此何待十二世之福六為高郵始祖哉又云小宗六世之萬一為上海始祖而名諱不同豈知始遷上海之萬一公實大宗而非小宗不徒諱氏世次之不符也并閱小宗第四圖烈之一派前書以下俱無致後復書遜為洞庭始祖達為三山始祖書法背謬何以傳信煦之子師尹師尹次子名宗道煦之子師閔師閔三子亦名宗道恐同曾祖弟兄必不雷同若此愚謂錫山原係淮海嫡派然自瑞五而後得所考據上海支派有難詳者揆之時代亦必無十世之懸一經附會雖實一本反生異同之見矣我家譜牒總以閘溪為最確蓋少游公六世孫萬一公值咸淳至至元兵亂遷居松之滬瀆所有先世誥命圖譜公即挾以值俱來自公一遷則秦氏舊物盡在於此矣故少游公原係六七百年遺蹟至今尚存雖在高郵恐亦無有也至處度公之子長為進諡僖翼次為宗又名通字元善遷居無錫進傳世宗諡定簡世宗傳天佑諡景愍之四公者皆以武功顯於宋有科第可稽有勳業可見有誥命年月帝王寶璽可徵有生卒可[illegible]按其時代有墓圖可識其區圻此為萬一公之高曾祖父也故得歷歷詳盡之豈南翁小五小十等之所可附會者余恐後世子孫黜於錫山科第[illegible]人物之盛或信其紀載者必有可據而我閘

溪七百年之舊譜反致生疑爰錄其兩圖及一跋一序遂不恤長言以辨以於後嘉慶五年荷月望日閘溪二十一世孫自邦謹述

毓鈞讀之而喟然以歎悄然以思曰有是哉閘港宗人之迂也夫人數典而不忘祖斯可矣何居乎辨人之宗祖為彼祖為處度公長子進亦可矣何居乎强吾之祖亦名宗為且宗進非志道公子乎今取一人之名析而二之果何義也至所謂一圖有一圖無者殆南翁一代之傳疑耳端敏大音丙公自擊之毘陵譜本有互不同亦何必强錫山派以牽合閘港為會九修宗譜將次竣事秦仲雲諭族祖命代序譜首遂考江南諸秦源源流為文以闢之詞曰

吾秦淵源淮海支派散布大江南北而高郵江都山陽之秦上海嘉定崑山吳江洞庭之秦近如夫椒洛陽名鎮水南陡門之秦皆祖淮海而宗其所自出若吾錫山之秦則自宋季瑞五公始推其先亦源於淮海者但淮海而下傳次世系本各不同上海之秦至於今傳世互二十五六詢之嘉定支而然詢之洞庭及其他各支而亦無不然與吾錫山支卜世三十外者歷年同歷世不必相同且自處度以下名號傳次亦各互殊閘港宗人遂謂吾錫山譜上世支派有難詳者援諸時代必無十世之懸並致疑承事秀才之稱名號配氏之歧而兢兢於宗圖之辨疑不知此固無庸辨者錫山之譜以毘陵為根據耳陡門宗之洛陽宗之夫椒水南洞庭亦宗之彼上嘉崑吳各自有其傳本各奉一先人遺說以為宗初不必是丹而非素春秋之作所見異辭所聞異辭所傳聞又異辭此其例也端敏不云乎檢宗圖所載先後相去幾四百年在武進者尚不可考姑寘顛末於首敬識先獻其寘之而不欲深考者蓋言慎也晚近以來書缺有間各居一方交通阻隔因之各守其說而不能相通亦理之常無足怪者以錫山論於洞庭支交通最早毘陵洞庭本出一源然乾隆時來訂同修作書謝之况崑山之秦自鹽城而南徙始祖曰玉嘉定之秦自常州而東遷

始祖曰輔之吳江之秦雖不詳其所自遷然始祖曰乾當宋季之亂結團自保詔授護民太尉載在志乘彰彰可考至上海之秦別爲一派閘港九團源自滬瀆知柔兄弟五人自瑒而滬世居浦東亦有遷青浦泗涇者南川奉上在在占籍若必欲綜諸秦而一之尋流溯源集宗譜之大成是冒亂也君子謂其鄰於誣矣

不寧唯是洛陽之秦出於志道公次子宗賢而錫山譜則志道公僅一子有宗進無宗賢夫椒之秦出於曾四公子三子瑞八而錫山譜則曾四公僅二子長瑞三次即瑞五別別無所爲瑞八設令閘港宗人聞之吾不知其更何說以處此宣尼有言知之爲知之不知爲不知蓋不可強不知以爲知耳告我宗人各尊所聞各宗所知焉可也

江甯秦氏考

秦大士 乾隆壬申狀元授脩撰官至翰林學士
秦承恩 乾隆辛巳進士授編脩官至刑部尚書
秦承業 乾隆辛丑傳臚授編脩
秦緗曾 嘉慶乙丑進士官員外郎福建監察御史
秦耀曾 嘉慶戊辰舉人累官兵部郎中擢四品卿
秦鶴齡 嘉慶丙子舉人
秦象曾 道光壬辰舉人四川峩眉知縣積功保知府補越嶲同知
秦際唐 同治丁卯舉人

江甯秦氏無世系可考但見續江甯府志有秦承業追述陳情叩恩旌表一疏文云竊臣高祖應湖始遷江邑原籍安徽太平府當塗縣高郚地方明亡爲土賊所擾肆行淫虐臣高祖避奔江邑高祖母方無計自全赴祖墳側拔簪剌地頸身於池時年二十二歲臣曾祖邦燦方五齡被棄路隅仆地而殞會郚人返有赴池側者見之隨曳起遺簪在焉知其失母伏池邊時近七日求諸潛淵衣履須縫生

躯自若邨人乃就壁後平處葬之隨臣曾祖歸江邑具述其事厥後棄農就藝餬口不遑遠隔鄉城難于記直至百年之外臣父大士舉於鄉而山村猶昔人物已非旌例不符遂成憾事伏念臣家累世業農無緣識字自臣父以殿撰歷官學士臣兄承恩以翰林官躋九列臣以翰林供奉内廷臣子若姪俱以科目充今職回憶耕雲鋤雨何德何功榮遇至於如此當緣苦節之一誠所感召臣每見鄉城衢路節額貞苦坊姓氏標題知為人紀獨臣高祖母方世遠無徵遂抱沈痛自臣父兄以來懷欲陳之忱而未有路臣今叨蒙殊榮至再至三焉敢復有陳乞惟是聖人御宇明倫察物萬彙昭蘇臣　白首青氊幸依朝旭再不懇恩亦無以仰對祖考乞俯遂臣請不交部議優詔自天而發潛德之幽光於代遠年湮之後則事因罕見傳說愈真不獨臣一家沒存銘心於無已也奉旨朕召見秦承業知其高祖母方已得受伊兄承恩一品封典着照所請即贈一品節烈夫人由廣儲司賞銀三百兩自行建坊欽此

揚州秦氏考

淮海公生長高郵然高郵秦氏世無顯者據揚州府志錄之

選舉志

秦黌江都乾隆壬申進士　秦恩復江都乾隆丁未進士
秦之俊江都康熙丁巳舉人　秦瓛江都道光辛巳舉人
秦杓高郵同治間貢生　秦洪甘泉道光庚午武舉
秦臻江都道光甲午武舉

人物傳

秦黌字序東先世由陝西三原遷江都遂家焉乾隆十七年進士改庶吉士授編修官至湖南岳常澧道子恩復

秦恩復字近光號敦夫江都人黌子乾隆五十二年進士授編修子瓛字玉笙姪嘉謨字味芸諸生

山陽之秦則僅秦文伯煥一人其上世有難詳者淮揚壤地相接或亦自揚而遷者歟

高郵秦氏考

高郵秦氏為大宗十二世之福隆此見於大音公宋元世系圖後跋者自上海閘港宗人創為淮海公裔世居高郵説余心竊異（疑）之歲庚午南通宗人敬翔以譜事見商閻關来錫現為農鑛部高郵農産物檢驗處長因浼其代為調查高郵秦氏宗譜頃得覆云承命在郵調查秦氏源流系統茲將高郵秦氏譜序抄呈一節如下

處度公子孫卜居無武進新塘鄉因名秦村至十一世瑞五公贅於錫山富安鄉王遂為錫人爰有武進錫山兩派自是屢遭兵燹譜牒不存及明洪武初少游公十三世孫福隆公由錫遷郵仍居武寧鄉三垛村則又流分而源合矣

據此則大音公之言信而可徵上海譜閘港宗人之妄不待辯而自明而顧張大其詞曰將欲抵揚州訪知剛知徵兩公遺派吾不知其所得遇者果福隆後耶抑知剛知徵後耶且復大言不慚謂高郵乃秦氏發源之地少游公叔直（祖）賜祖之後在此少游公叔瞻之後在此少游弟覿覯震鼎之後亦在此少游公六世孫知剛知徵之後俱在此何待十二世之福隆為高郵始祖設有持高郵譜序以詰之者更不知閘港宗人其將何説之辭

南通秦氏考

南通秦氏卜居金沙鎮據云嘉靖初自無錫遷通始祖曰景三公亦少游公後裔但不詳其世次生三子思健思来思秀墓在金沙南八角亭迨後子孫蕃衍系派分歧而居海門舊地有明季世因海坍一再播遷散居各處如闞家菴金沙西亭鎮場興仁鎮姜灶港三圩頭餘西餘東梁店如皋岔河單堰等地遜清嘉慶間成五宗譜道光中重脩迄今八十餘年族議三脩主持宗人字敬翔者名伯龍以南通支既源出錫山来訪錫譜攷之景三公吾宗迄無其人至與瑞五公叙次行輩則時又不合並云世居無錫城内倉橋考之明代自富安鄉分支徙城或居西關或居河上或徙開花（化）鄉之沙頭亦無居倉橋者而彼宗所傳如是殆又不可究詰者矣兹錄遷通始祖景三公傳略於後

公乃　少游公後裔世居無錫城内倉橋明嘉靖初来通經商因金沙場市面繁盛遂遷居焉公兄弟多人長先一次中二公行居三四達四五瑞五當公之遷通也先一中二兩公偕公北渡佚公宅居既定兩公乃返梓錫山別其友愛之情可見矣公配徐太妙蓮生三子思健思来思秀墓在金沙南八角亭

瑞五公後三支八宗圖

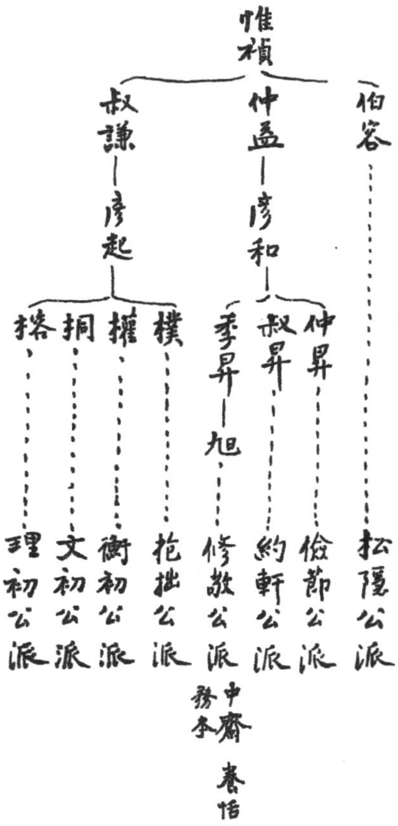

毓鈞案吾秦氏三支分爲八宗蓋繁簡之別三支者松隱公伯容竹隱公仲益梅隱公叔謙支亦宗也故後人亦稱三支爲三大宗云

三隱

新巖公仁曰吾宗自瑞五公惟禎一傳爲松隱伯容竹隱仲益梅隱叔謙三公而竹隱之後發祥于修敬公旭今日最爲繁衍梅隱公之後發祥于光瑞敏公金彪炳史冊至本朝康熙廉使公釴而外科第寥寥能無望乎

毓鈞案端敏公金爲抱拙公樸之曾世孫吾秦氏八宗中以修敬公支爲繁衍抱拙公支次之故新巖公言之如此

八宗今存其六

文松先生樹瑚曰吾宗自瑞五公遷錫以來支分爲八今存其六歷四百餘年見于譜者二十世其間仕宦甲第名臣接迹以起海内稱爲鼎族

毓鈞案八宗中松隱公派文初公派俱無後

秦氏始遷之祖有三

大音先生曰我秦氏始遷之祖有三處度府君湛始遷毗陵之祖也瑞五府君惟禎始遷無錫之祖也遯軒府君彥和始遷邑城之祖也

[illegible]少游公子處度公湛宋政和間判常州始遷葬公於無錫惠山之第一塢俗名團瓢是爲毗陵始遷祖宋季瑞五府君婿於無錫富安鄉鴻禧監簿王野舟先生家依之以居占籍無錫是爲無錫始遷祖自瑞五府

君三傳至遯軒府君始遷於邑城之第六箭河玄文里
是為始遷邑城之祖
秦氏三大宗外復有大宗
又曰吾秦以松隱伯容為大宗固已然十世以後不絕如綫竹隱仲益之四世以忠若孝起家如夔如旦、奭、黴、勵，梅隱之叔謙之五世以忠金起家此吾秦而大宗也至若儉節公仲昇之後有若一諴公勵，約軒公叔昇之後有若恒軒公字中齋公夔之後有若原山公汶，至我二孝子旦之後有若通參府君瀚字從川，贈通政司左參議暨永昌公禾字文播，永昌府知府三孝子夷之後有若鶴亭公鉞而端敏公之後有若次山公詝凡此五六支者其始固皆小宗也而今卒為大宗者或以賢或以貴或以子孫蕃碩一言以蔽之曰勉為善而已
錫山支有遷徙在外者
小峴先生曰吾秦以氏遷徙他邑大抵由於游幕及商賈既歿於外力不能歸葬子孫因而僑居皆出於不得已如湘僎公沅之後有國士者其後居於廣州中齋公夔之後有熙者其後亦在廣州大音公鏞之後有名錕者贅於塗氏今其子居于天津則為燕京人矣其實皆錫山支也務本公仲孚支有名武游者遷居江陰東常樂山公之鳴支有名鑾者邑庠生原名紫錫字宏度遷居蘇州海翁公懷藻封玄孫有名星鑾者子永義字邦直贅居揚州而其子永珍封珠遂占籍焉在乾隆時是揚州有錫山支也
毓昀案自經粵匪之變故里遭亂人多遷徙或出仕或游幕其子孫往往流寓于外今就其可知者而錄之小牧公幣之後居于直隸振暄公炳章之後居于雲南子封公光圻之後居于河南「韞萬公邦殿之後居于山東」益齋公熙成之後居于京師皆是。

全世譜源流

明萬歷時慎庵公之輯秦氏全世譜也爲卷二十有三爲集十有四其言曰自先世以來所得累朝朝廷文字君之賜也君賜不可不重則重而寶之首絲綸集在國曰君在家曰親其尊一也德容如在瞻仰所存次手範集木之則一族最而殊統同辨異源深流長次宗系集環山之陽玄宮來即肇基發祥寶惟伊始次龍岡集魁橋賦咏作配于王卜世其昌歷年滋大次魁橋集名公鉅卿言出爲史刻之金石垂之無窮次金石集交游往來投贈篇什可愛可傳家之珪璧次琬琰集立朝疏議鑿鑿可行匪苟言之縣官利益次奏疏集百行之本莫先於孝婦人首善莫大於節次樹聲集發跡科名榮身仕官功光祖宗業垂孫子次流芳集功德在人人不能忘生有生祠遺愛之建殁有鄉賢名宦之祀載在祀典膾炙人口次俎豆集魂氣無不之也骨肉則歸于土愛護封植永言孝思次先塋集故家風範閨閫攸瞻禮儀卒度見者欽仰次家訓集保族宜家莫善役田後有興者立冊可師故以役田集終焉

邳仙公松期曰世系者不過全譜之十一耳全譜之修難在刻全譜之未修難在修自萬歷癸未慎庵公編輯以來季時叔祖續編之今時日益多卷帙益煩踵而刻之猶爲有待

小峴公瀛曰慎庵公編家乘十有四集纂有成書未付剞劂嗣後續纂者不一家都存稿中大約至崇禎之季而止瀛晚歲歸田不獲續事纂述而家貧又不能刊刻遺書今譜就先世之有功德在人暨孝友文學者綜括生平附識于生卒年月之前稍見崖略舊譜于著述有載有不載茲譜無論已刊未刊並附載焉

澹如公綱業曰嘗思興復義學以薰陶子弟並法笠源公續編家乘搜羅先世遺文佚事都爲一集均齎志未遑白首無成于斯益見

顧鈞案先人之論列全世譜者止此自經兵燹慎庵季時二公之所著蕩焉靡遺鈞僅得見謄稿兩本殘缺不全

深以為憾其他各家著述具有一体者如大音公鏞之淮海先生年譜天乳公泉芳之淮海先生墓考燕庭公稜桂之秦氏金石録紹鬈公雲錦之秦氏先城考今皆無傳所存者惟小峴公瀛之重輯淮海先生年譜芸軒公灝之秦氏宗傳録特臣叔同璋之祖德録而已鈞不敏亦勉輯献鈔八冊今藏于家

鈞又案慎菴公全世譜今本有誤為端敏公者文恭公之說是也亦有誤為笠源公者小峴公澹如公之說是也

宗譜源流

慎菴公論曰吾秦氏之譜抱拙府君嘗有志焉而未逮以其從子景美是時去始祖甫三世耳目所逮必加詳景美不能從㕜以成更歷四世至世父端敏公及樂易葦軒兩公始克成之自四世以上生卒年月事行皆所未備非不欲備也不可知則其不能備也固宜

笠源公案曰宗譜者我曾叔祖一識公草創于家未卒業而亦未諗之族至端敏公暨都事葦軒公輯宗譜則聚族定議於淮海以下十一世為圖以紀其傳生之次而名之曰世系舊圖目瑞五以下始列為大宗小宗諸圖而冠之曰錫山秦氏世譜

大音公鏞曰錫山新譜以始遷祖瑞五府君為第一世自瑞五以上接淮海凡十餘世皆畧而弗詳所存舊圖止列行名及承事秀才之稱諱號履歷既不具存旁分支派亦無可考往時有毘陵族某公挾其先世樂耕公譜以游于錫寓族長老家鏞乃求而得之則淮海源流洞然可考遂

錄副本秋間中會新譜成乃出是本校正之又演之以圖而別之曰宗元世系譜圖若本支一派當止于瑞一瑞三瑞五以接錫山之譜而今又過五世者以瑞一派之樂耕公輯毘陵譜瑞三派之茂稷公見錫山志皆不可缺云

小峴公瀛曰是編冠以嘉慶二年瀛所刻始祖淮海先生年譜譜為國朝初年先生二十世孫監察御史鏞輯蓋本諸萬曆壬午先生十八世孫武進族人名淇舊本而加以案語考證者瀛少時于族父鈞儀處得見是本板已遺失流傳絕少忽忽又三十餘年瀛官於杭會族人持是本至爰于公暇重事編次缺者補之誤者辨之既成質諸少詹錢辛楣先生閱數月以跋語見遺蓋服其校核之精固已付梓不及更正即補刻跋語于後

　籲鈞案宗譜之輯今已八修而所謂代有變更者止此今次九修族兄鼎臣夫子主撰述并擬編輯大概約鈞襄理舊譜首淮海公年譜擬仍其舊而別輯秦氏掌故於後略如左項

一淮海祠圖　坿列祭田
二雙孝祠圖　坿列祭田
三千休館圖
四祠祭考
五墓圖　坿列祭田
六義莊記　坿列祭田
七公學始末記　坿列田房各產
八秦氏軼聞
九秦氏著述總目
十族居一覽表
十一職業統計表
十二子弟入學統計表
十三現存人數統計表

籲鈞又案自嘉靖以來歷屆修譜予姓冊錄于後

嘉靖戊子宗譜初編
　瑞五公七世孫　金

鏜
鋭
宗譜續編穎鈞業吾家全譜之修計兩次此殆慎菴
公瀹創之而季時公鑑續之者歟
八世孫　瀹
九世孫　梁
十世孫　燿
十二世孫鐩　鏞　鍈
萬曆丙辰重修宗譜編校子姓
九世孫　粢
十世孫　延烝
十一世孫撊　達聰
順治庚子第三次修輯宗譜編校子姓
十二世孫鏞　鏌　公鑲
十三世孫德藻　淙
十四世孫松齡
康熙甲午第四次修輯宗譜編校子姓

十三世孫祉　之鴻　鄒沼　源寛
十四世孫松齡　松期　松喬　松如
　臬　巽權　樹績
十五世孫道然　朱干　靖然　軒然
乾隆丙寅第五次修輯宗譜編校子姓
十四世孫本始　秉丰　仁　果誠
　樹瑚
十五世孫道然　孝然　賓然　敬然
　始然　祖然　欒然　壽然
　瑞熙　丙熾　元馴　元騶
十六世孫芝田　致　藍田　昆田
　東田　向　莘田　琦
　雲翼　勇均　蕙田　雲衢
　雲萬
十七世孫鉌　銖　元釗　銘恩
　鏔

乾隆甲辰第六次修輯宗譜編校子姓

十四世孫樹瑚 夢蘭

十五世孫雄飛 心 雲錦 雄升

十六世孫紹奎 筠 玉輿 藝田

十七世孫元釗 嘉錫 朝釪 森鈞

鍌 銓 廷鉞 震鈞

鼎雲

十八世孫泉 潮 瀛

嘉慶己卯第七次修輯宗譜編校子姓

十八世孫瀛 大昭 大治

十九世孫廷標 大樸

嘉慶己卯第七次採訪子姓

十五世孫若鴻 世熙 鶴

十六世孫城 琳 元善 瑞阜

春城

十七世孫鈐 鍌 宏鈞

十八世孫景洛 治 玉海 大中

景瀛 景衍 若礪

十九世孫文楷 雲梯 國楠

同治壬申第八次修輯宗譜編校子姓

十八世孫淑曾 小瀋 芝清 梅修 殿颺 吟薌

十九世孫蘭枝 香谷 樹 硯樵 緗業 澹如

文楨 相輔 叔 鳳翔 芝珊

二十世孫賡彤 臨士 堯曦 殿卿 昌業 補山

臻 葆風 家騏 昂千 鴻彥 叔美

二十一世孫玉禮 介亭 國瑚 馨臣

寶璣 桃臣 寶瑚 禹臣

端敏公初編錫山秦氏世譜凡例

一秦自受姓以來中間武游聖門武登要路代有其人唐時籍屬會稽東海釣者系其遠祖也天寶末避亂分徙淮海高郵武寧鄉左廂里逮五季喪亂相仍天下多故譜諜燬失蔑延十八世祖少游先生以文學顯於宋遭謫雷陽建中靖國改元起旋路卒于藤葉殯于潭政和間子湛倅常郡遷塋無錫璇山子孫因家武進新塘鄉人稱秦村至七世祖瑞五府君出贅于錫之富安鄉胡埭元鴻禧馱簿王野舟女以居遂爲錫人爰檢宗圖所載自少游下及占錫世系十二用爲圖記以遡本源本之隆自瑞五府君傳今九葉彙譜以表支流之正蓋先後相去幾四百年其在武進者尚不可考況望其他乎銓次之意竊有在也姑置顛末于首敬識先獻昭垂永久

一譜準漢史記年表唐書世系表參酌歐蘇[illegible]氏譜例列遺像以昭世德別宗法以統元會圖倣周官大宰九兩五宗首提其世大書書其名以爲綱分註行字號配仕否年壽卒葬子女之屬爲目自初祖下及五世以見五服之親其第五世復列于初祖之左亦系之以五世是二圖爲九以見九族之親由九族而至于無窮則第世次列之

一祖宗以仁義忠孝之道傳于世世故所書必先德行而後事功苟有忠于君孝于親友于兄弟信于朋友睦于姻黨此皆修身之大者故謹書之武反是數者上悖先王之教下違祖宗之訓雖有智聰明村智所不取也

一或者謂女歸有家則畧而不書外他姓也今則詳而錄之有非宜然者昔嘗伯姬歸于宋致女以卿三國來媵春秋皆不一而書之有以見伯姬之賢也故得書者亦必由其孝悌節義之足稱焉耳

一婦女之行不出閨門詩曰無非無儀當其哀苦之餘載其貞淑者有之苟於無事之時不敢以善自聞故多忽畧是譜之修蓋欲垂憲無世使男位乎外女正乎內永綿雍睦之風凡有懿行錄之以爲閨式一切浮辭溢美不錄

一三殤登譜於禮有礙如有長殤以上記名於本生左中

慎菴公續編錫山秦氏世譜凡例

一譜作於世父而修于今日原命曰錫山秦氏世譜譜為錫山秦氏作也秦氏非五祖之後產於錫者不登于譜

一自絕于祖為異姓後者不登于譜

一自棄于祖流為異端者不登于譜

一自遠于祖遷徙他郡者不登于譜

一辱及于祖身陷大戮者不登于譜

一不念厥祖降為皂隸者不登于譜

一附麗于祖強為之後者仍存于所後之下而著其本來姓氏使他人觀之不知其為絕之也自夫人觀之則知天親非可以人為矣

一三支分為八宗蓋煩簡之別大要則不出五宗之法

一內外傳皆據先今見在文字次第其語為之間亦竊附已意然皆見聞故實其三世以前原無文字故其辭略四世以後始有文字故其辭詳若生在近世而原未有文字或雖有而不存或雖存而不蒙送到並闕之此亦文獻不間或是關係教化重為世則者表而出之

一舊有名無字及行名者因之不知其事行之詳者闕之不敢妄自誣飾

一生者雖賢不得立傳蓋倣史家通例也

一凡出繼異姓及異姓來繼止記名於本生及所後父名之左以繩置亂如從釋老教者不錄

一列祠墓以重本之所由出別徙派以遡支之所由分

一譜以三十年為率宗子訪求闔族新生嫁娶卒葬等項事實務要代相增入毋致坐視廢興如出三代不修并私鬻與人致他姓竄入者俱以不孝論

一瑞五而下至現在世數凡十三世每五世為一圖圖凡三

一凡無嗣者竟書絕於其下恐有伺隙而竄入者是以雖當為後五世之宗亦不收載

足之驗也
一生者雖賢不傳
一子孫輩雖賢雖故不傳其有科第仕宦實跡誌銘等項文字並從記錄以備他日修譜者有所考據而為之傳
一譜主書美不書惡凡事有功光祖宗者因事起例各以其類為集而表識之若其有惡則直削之而已
一孔子歎文獻之不足徵文與獻相資而互發者也凡先世文字或往或來有關道德性命文學政事教化勸率者並皆登錄其或煩猥不堪者則直削去若詩文等集之類則但錄其序文以見編纂之旨
一每集每項之後空其左方以俟後日漸次補入
毓鈞案此即慎菴公全譜凡例分十四集其後季時大音小匡三公續之名曰秦氏文獻傳若世譜疑即世傳之秦氏文獻十集秘慎菴公舊本於世系獨缺有崇德集而無俎豆集蓋宗慎菴公舊例而略事分併者二書之不同如此

笠源公重修世譜凡例

一日月居諸支孫姪繁衍或有以孫繼祖則上侵有以弟繼兄則下移尊卑昭穆奚容紊置僭為正之雖起端敏諸祖先于地下必不易鄙言也
按笠源公譜例云尊卑昭穆不容紊置雖起端敏諸祖先于地下必不易鄙言嗚呼何其思深而慮遠也近世有姪可嗣而嗣姪孫者以愛憎為取舍其紊序實甚遂過飾非至撫據高忠憲事為口實不知高氏三世單傳繼成公又無弟可嗣事理情勢實有萬難非若吾宗子孫繁衍明有可嗣之人徒為亂宗之舉反欲藉口忠憲欺人乎欺祖宗乎今遵笠源公例願吾家族永守家法毋紊世次是所望也松期敬識

小峴公續修秦氏世系宗譜凡例

一吾秦氏家世姚遠有唐中葉籍屬會稽其後分徙高郵武寧鄉左廂里少游公始顯於宋世稱淮海先生以黨籍竄雷州建中靖國初起廢官路卒於藤藁殯於潭政和間子處度公湛判常州葬先生於無錫惠山之第一塢俗名圖瓢子孫遂家武進新塘鄉是為毗陵始遷祖宋季瑞五府君婿於無錫富安鄉鴻禧監簿王野舟先生家依之以居占籍無錫是為無錫始遷祖端敏公始輯宗譜曰錫山秦氏宗譜以別於毗陵蓋云慎也而更繫自淮海以下世系圖於首簡用示追遠之義又毗陵支派有遷吳縣洞庭山及上海者洞庭於南宋時頗繁盛其後子孫多賈於湖湘今長沙有秦氏圍洞庭支也瀛輯是編一遵端敏公遺法斷自瑞五府君為始

一是編冠以嘉慶二年瀛所刻淮海公年譜本大音公舊藁重加蒐輯凡上下二卷

一笠源公編家乘首然綸集而丰範宗系龍圖魁橋諸集次之分為十有四集為卷二十有三纂有成書未付剞劂嗣後纂續者不一家都存藁本大約至崇禎之季而止瀛晚歲歸田不獲續事纂述而家貧又不能刊刻遺書今謹就先世之功有德在人暨孝友文學者綜括生平附識於生卒年月之前稍見崖略舊譜於著述有載有不載茲無論已刻未刻並附載

一瑞五府君婿於富安鄉占籍無錫當在宋季瀛已據碑記辨正是府君之考曾四公尚係宋人而舊傳宋元世系圖始自處度公終於曾四公似誤以曾四公為元人但相沿既久瀛不敢妄改姑仍之

一舊譜稱毗陵譜無南翁錫山譜有南翁錫山之譜本於毗陵不識何以互異大音公謂南翁疑即振南翁年代久遠文亡獻佚竊謂古人義重闕疑寧存無濫不敢删也

一端敏公輯譜時事經創始氏族未繁義例謹嚴未暇詳備茲閱三百餘年事漸增而例亦漸有變通祇期無戾乎歐陽氏蘇氏收族之義而已

一封贈爲國家鉅典應從其實甲辰譜有書例封例贈者并有書例貤封例貤贈者跡涉誇耀實近虛誣茲概不書

一異姓亂宗者不載以甥爲後亦異姓也茲概不録惟無子議嗣本有定例生前立愛亦自有説近日吾宗子孫愛利忘義入苟貧乏即應嗣之人亦不肯嗣房長懦弱輒聽之不敢置喙此吾宗風俗之一大變也至立嗣當循昭穆次爲序笠源潞園兩公屢屢言之今則世次紊亂者已有之藉口於高忠憲家譜也

一無嗣者舊本書絶今概書無嗣不忍絶之也説本瞿文懿銑

一舊例自遠於祖宗者不載蓋爲遷徙他邑者而言瀛謂遷徙他邑大都由於游幕及商賈既没於外力不能歸葬子孫因而僑居皆出於不得已如湘後公之後有國士者其後居於廣州中齋公支有照者其後亦在廣州大音公之後鉅贅於天津塗氏今其子居天津他年伊等子孫如有不忘祖宗仍歸原籍譜中仍當録入蓋彼始雖自遠於祖宗終未嘗自絶於祖宗也

一女子出嫁皆登於譜其再醮者不録

一是譜體例畫一考核精詳後人永當奉爲法式

硯樵公新修秦氏宗譜凡例

一凡子婿外孫妻姪均屬螟蛉概不登譜所以繩冒亂之原因異姓不得亂宗故也祖訓綦嚴子孫允宜遵守以昭畫一但世族有義養子撫育成人不忍割愛故前譜景儀公支養子敬亦登譜查先少司冦小硯公己卯譜嘗援此例姑存其名仍限一世以後不准再上以為區别此次修譜有亮之子世勳柄之子嬿安同宗因為養子而撫育之者固請爰仿司冦公例加按以表明之俟後續修譜者定奪癸酉中元節樹遐族公識

修譜以三十年為斷

笠源公案曰從伯祖端敏公金暨郡事韋軒公鋭所輯錫山秦氏宗譜其凡例有曰後世子孫每三十年一修如坐視其廢弛者以不孝論蓋三十年為一世不及時而修之為太亟太繁過時而不修則太疏太畧此所由以三十年為斷也邨山公崧期日期偕伯君兄受業于大音叔祖叔祖之言曰三十年為一世人生自少而壯而老大抵閱三十年其事之變者變定者定矣家譜之修如未三十年則為時太近或將苦于亟費過三十年而不修則為時太遠或多至于遺忘今自庚子至于庚寅已逾三十年又四年至癸巳始脱稿

毓鈞案吾宗之譜今九修矣在明二修在清六修托始于戊子時為嘉靖七年至萬歷丙辰而重修之其間相距八十九年至順治庚子而三修之其間相距四十五年至康熙甲午而四修之其間相距五十五年迨乾隆丙寅五次修輯其相距實為三十三年迨

甲辰而六次修輯其相距實為三十九年由此以至嘉慶己卯為七修距凡三十六年由此以至同治壬申為八修相距凡五十五年其自壬申以至于今相距約四十七年雖其間相距修短或有不同要之皆以三十年為斷云

祖宗聚族之法

留仙公松齡曰古之制凡月之吉少長咸會於先祠拜謁畢齒坐聖命一人庭誦古訓誦已長且賢者繹其義而諷導之書會者名於冊再會互陳其所為其行有孝弟忠信者俾卑且幼者旅拜之而著於其名之下有悖戾之行者命徧拜羣坐之尊者以愧之而亦著于其名之下踰月而能改者如初否則擯不使坐踰年不能改者斥勿齒同姓之人疾相撫患相拯貧相賙死相葬老弱癃殘者相養祭酺相召昏嫁喪災相助不能然不使與會斯數者本於周制而損益於諸大儒吾祖宗之所奉而常行也今或一行之未必無笑以為迂者是可嘆也吾祖宗自淮海公以文章節義為元祐名臣處度瑞五兩遷而至無錫抱拙貞靜兩公耆年碩德推重鄉邦厥後科名鼎盛位方岳掌兵柄秉旌節勳名炳於史乘而考其行事無不以敦倫睦族為後世法今吾宗人能推其念所以流慶綿遠傳之于今者此則亢宗之道亦於是乎在 順治辛丑序言

敬宗收族之訓

文恭公 蕙田 云惟是敬宗收族之訓聞於過庭者素矣昔宋范文正公置義田以贍族至今賴之近世如漳浦李氏彭城李氏吾鄉華氏亦有踵而行之者吾錫秦氏自元以來歷四百年祖宗之勳德文章赫然著於史乘册今子姓日繁科名相望何莫非祖宗遺澤而宗法未立收族無聞非後起者之責歟夫欲庚節禮遜之教行必先敦睦賙䘏之誼篤舉其事者厚其資公產之所入實賴宗子族望之名分整齊而約束之然後可以久存而不敝則由譜系而思收族因收族而思立宗庶不失先王篤親親敦倫理之義此則大人平居所以述祖宗之遺志而族祖諸父昆弟與修是譜者咸有同心小子蕙不敢不握筆而敬為述也

為善莫大於孝友

文松公 樹珊 云樹珊於吾族年最長適方伯雄飛編修泰鈞曹州守震鈞中翰瀛俱在籍謹與商榷擇宗人之賢者搜羅編校既成為之言曰吾宗自瑞五公遷錫以來支分為八今存其六歷四百餘年見于譜者二十世其間仕官甲第名臣接迹以起海内稱為鼎族惟吾宗之所以盛者要不出大音公勉為善之一言而為善之實莫大於孝友夫父兄之教不先子弟之率不謹今恭逢聖天子親灑宸翰特賜孝友傳家四字表宅里而樹風聲吾願登茲譜者服膺聖訓景仰前型則樹珊今日所云如木鐸之循路工師之相規不以農里之言而忽之是吾宗之澤當永永而未有艾也 乾隆甲辰序言

家法陵替之懼

小峴公 瀛 曰唐襄文順之之表樂易府君墓也曰衙衛之間衰衣矩步恂恂然不問而知為秦氏子弟蓋吾秦氏之在無錫衆推巨族不獨以科名官閥相誇耀亦以孝弟忠信廉謹家法相承綿延以永於弗替瀛幼時隨祖父朝望展謁祖祠子弟望見即趨而前肅然拱侍否則面叱之今則子弟之率漸不謹矣此非一日之故吾宗之衰兆已形履霜堅冰不可不撫而知懼也瀛官侍郎時蒙召見嘗諭

及宗室子弟如不安分族長不到(得)無咎議聞而悚然今歸田九歷寒暑忝為族望且房長也尋繹聖諭不勝懇愿是譜之成願讀之者油然生尊祖敬宗之心改過遷善以求無忝於吾祖則吾族人其庶有賴乎嘉慶己卯序言

舍本逐末之多

滄如公翀業云吾秦氏當前明中葉及本朝乾嘉間服官中外者一時有(恒)數十人而應春秋二試亦如之榜發必有掇巍科登上第者而出為名臣為循吏處為文學為醇儒為孝子悌弟者又歷歷可數吁亦盛矣乃十餘年來游經喪亂死亡顛沛之餘饑寒日迫舍本逐末惟利是趨讀書稽古之華百無一二其赴童子試者且不如曩時鄉會之多而名列賢書者已寥寥無幾何其衰也安得子孫之賢而有力者以養以教培植成材庶幾科名復顯於今孝友無忝乃祖乾嘉兩朝之盛何(不)可再覯乎同治壬申序言

讀書就試者尠

臨士公賡彤云吾秦家世讀書而今子弟之讀書就試者尠夫不讀書則不能明理不明理則孝弟忠信禮義廉恥之道皆闕焉不講不但文藝之末也自時厥後凡我同宗尚其以讀書為務淵源家學有行有文庶幾勿墜厥緒而振起有自哉同治壬申序言

毓鈞案錄諸公譜序是(足)以見吾宗盛衰之一班覽之者所當惕然懼蹶然起矣

修敬公年譜

笠亭公原本　　孫男毓鈞增輯

永樂八年庚寅八月二十六日公生一歲父成趣公季昇居言文里家貧布衣不掩肝而心存利濟常以口舌勸化成就人甚衆嘗往馬跡山湖中舟覆一老僧浮沈波浪中力救活之僧注曰後世當為公子以報居三年見老僧入室而公生成趣公于時年二十九矣

毓鈞謹案公諱旭字景暘號修敬瑞五公惟禎玄孫瑞五公為錫山始遷祖有子三人曰松隱公伯容行名誌一曰竹隱公仲益行名誌三曰梅隱公叔謙行名誌四此三大支也所謂吾秦氏以三隱為大宗者是也竹隱公子遯軒公諱彥和徙居邑城第八箭河言文里有子四人曰子真公孟昇一傳無嗣曰子成公仲昇私謚儉節即譜所稱儉節公派是也曰子實公叔昇一號約軒即譜所稱約軒公派是也曰成趣公季昇有子二人長即公次偉字景華無嗣而公之後子孫繁衍科第昇蜚曰修敬公派禮法文章政事學業為海內所宗子弟衣傳帶不問而知為秦氏者是也實與松隱公後之松隱公派梅隱公後之抱拙衛和文和理和四公支派共稱八宗云

九年辛卯公年二歲

十年壬辰公年三歲

十一年癸巳公年四歲

十二年甲午公年五歲母惠太君卒

毓鈞案公五歲失恃知哀慕及長莊重聲敏讀書強記過人族長老異之曰是可干祿矣公以單子請終養不許嘗讀書論語修己以敬慨然曰此君子之自治萬金良藥也取修敬二字顏所居室行己接物一以是為準則

十三年乙未公年六歲

十四年丙申公年七歲

十五年丁酉公年八歲

十六年戊戌 公年九歲
十七年己亥 公年十歲弟正菴公昊生
毓鈞案正菴公字以新為約軒公三子壽六十七配高氏子四澤孚洪孚濤孚灃孚
十八年庚子 公年十一歲
十九年辛丑 公年十二歲
二十年壬寅 公年十三歲
二十一年癸卯 公年十四歲
二十二年甲辰 公年十五歲
洪熙元年乙巳 公年十六歲
宣德元年丙午 公年十七歲
二年丁未 公年十八歲
三年戊申 公年十九歲弟東皋公瑺生
毓鈞案東皋公字景英為傑菴公三子壽六十一長子詩着有東皋集配王氏子一周中
四年己酉 公年二十歲姪孚姪錫生

毓鈞案孚原名信孚字信之號恒軒為約軒公之孫容庵公果仲子邑庠生天順己卯應天舉人是為無錫秦氏府庠登科之始任雲南嵩明州同知署知州事壽七十八配張氏繼蔣氏子三錡字國祥號梅崖鐵字國威號竹庄與府引禮舍人鑰字國賢號菊庄其後子姓繁衍為秦氏一大宗即大音先生所謂約軒公之後有若恒軒公云孚兄德孚以字行生卒俱缺子一鑑
毓鈞又案錫字天錫一字道孚號行義為松隱公玄孫曾祖彥可以字行祖行中更名喆號坦率壽八十五父元字景仁號警菴壽七十三有子三公其長也邑庠生任稅課大使壽七十六配楊氏子一鏞大音先生鏞云吾秦以松隱為大宗固已然十傳以後不絕如縷而必欲以大宗屬之則泥矣
五年庚戌 公年二十一歲
六年辛亥 公年二十二歲

七年壬子公二十三歲姪孝孚生
毓釣業孝孚以字行號東隱處恒軒公之弟配王氏
子四鑾字國用號海涯靖江陰陽學生鑾字國清號蕩
川鑾字國新號丹崖鑾字國貞號月江孝孚弟忠孚
以字行號樵月生卒俱缺子一鑑
八年癸丑公年二十四歲長子夔生夔字中齋天順庚辰
進士仕至布政使壽六十三著有五峯遺稿
毓釣業中齋公夔字廷韶一字中孚號中齋處竹軒
公後之一大宗邑庠生順天己卯應天舉人庚辰成進
士任南京兵部武庫司主事陞職方司員外郎武庫
司郎中擢湖廣武昌府知府丙艱起復授江西建昌
府知府陞福建右參政轉江西右布政使以父老引
疾歸壽六十三著有五峯遺稿事載毘陵人品記湖
廣通志崇祀鄉賢祠武昌名宦祠配享淮海祖祠配
沈氏壽七十四子一銳
九年甲寅公年二十五歲姪勉生

毓釣業勉字邦正號守拙處儉菴公之孫壽八十一
子三佳俊傑俊字國乂號石橋子二璜琨琨字正夫
號小橋子二寀寀寀一號瑩原冠帶壽官舉鄉飲賓
萬曆甲寅續竹溪譜寀號怡橋又三傳爲又新公之
銘生子三鄖銘尚渭尚烈鄖銘號六軒壽七十三著
有六軒詩草尚渭字田來壽七十九尚烈字映青號
鹿渠邑庠生著有樂志園文稿鹿渠詩草壽六十兄
弟三人從居泰塘距水渠即今水渠支也
十年乙卯公年二十六歲
正統元年丙辰公年二十七歲次子永孚生永孚詔旌孝子
壽八十八姪勵生勵以孝子歲貢生著有一誠齋文集梓
擇孚生
毓釣業二孝子名旦以字行號耆悟即竹軒公後第
二支也成化丙申與弟仲孚詔旌孝子宏治改元授
冠帶世號雙孝壽八十八子宗姪以譽處稱二孝子事載
毘陵人品記崇祀忠孝祠配享淮海祖祠乾隆十一

年振于惠山家園建雙孝專祠歲時致祭配張氏壽
八十八子一鏜
毓鈞又案勵字邦哲號一識居瑞彙公次子以孝行
著父葬白龍山山當無水公廬墓作永思泉忽湧
出因名孝子泉以歲貢生選授徐州判官壽八十六
配享淮海祠子四儀偉儗仲儀字國表號淡菴壽
八十三子二坦堂壂偉字國勝號鍊齋由儒士中成化
丙午應天舉人任應天府通判壽八十八子一坤字
靜夫號守默太學生任雲南蒙化衛經歷改浙江紹
興府經歷署常山縣事邑志宦跡有傳儗字國毅號
逸休著有四柳先生集子一堅仲字國是號帖山子
一信亦吾秦一大宗也即大音先生所謂僖節公之後有
若一識公者也
毓鈞又案澤學以字行號玉海約軒公之後為正菴
公昊子壽八十三子三鏜鍾錦
二年丁巳公年二十八歲
三年戊午公年二十九歲
四年己未公年三十歲
五年庚申公年三十一歲仲三子仲孚生仲孚亦諱孝
子敏有雙孝之稱工詩畫年七十八著有滌煩齋稿
毓鈞案三孝子名爽以字行號禱本即修敬公後第
三支也與兄永孚同舉孝行旌詔雙孝之門工詩畫見
明詩綜壽七十八事載毘陵人品記崇祀忠孝祠配
享淮海祠惠山雙孝專祠配劉氏子二銓鉉
六年辛酉公年三十歲姪淯孚生
毓鈞案淯孚以字行號耕隱為正庵公次子壽六十
八子一鉦
七年壬戌公年三十三歲
八年癸亥公年三十四歲
九年甲子公年三十五歲姪洪孚生
毓鈞案洪孚以字行為正庵公三子嗣景儀公昆後
即正庵公之從兄也無子以甥周性為後瑞啟公原

譜已注無後大黃公順治庚子三修宗譜時量存三
世以後子孫俱不登譜
十年乙丑公年三十六歲
十一年丙寅公年三十七歲父成趣公卒壽六十五是年
伯父子成公仲昇亦卒私謚儉節先生壽七十三種田中
生
毓錦案公父成趣公晚年遺書散籍草堂於對溪
之上以家政委諸子日從賓友樂于其中未幾疾作
而逝[illegible]五月二十二日也公侍父疾夜禱北辰求代
死髮為之白及卒哀毀過制事繼母畢盡禮教育其
孤弟曄寄為歲在兩月食之死為斂葬偶嘗一甘味
必割餉之乃已
毓錦又案成趣公兄弟四人伯兄子成公仲昇埴子
沙頭王氏有子三人瑾號端素瑄號東皋璵字號生
卒俱缺孟曰孟昇叔曰叔昇字彥賓號南溪一號約
軒俱早世孟兄有子一人璽叔兄有子四人杲果昊
景明成趣公痛孟叔二兄早世視諸孤逾己子恒勸
其清白以嗣家聲云
毓錦又案田中為東皋公瑄子字澤之號諫齋歲貢
生任江西安仁訓導陞浙江泰順教諭以詩名見郡
志文學傳着有浙遊集事載昆陵人品記子四文卿
武卿仁卿德卿
十二年丁卯公年三十八歲
十三年戊辰公年三十九歲
十四年己巳公年四十歲
景泰元年庚午公年四十一歲和抱拙公檟卒壽九十一
毓錦案抱拙公檟字物和為梅隱公之孫生元至正
庚子至是年九十一矣梅隱公子二彥起彥白彥起
號樂壽子四長即抱拙公檟壽九十一者有抱拙生
集是為錫山秦氏專集之始事載昆陵人品記崇祀
鄉賢祠配享淮海祖祠譜錄抱拙公派次衡和公檝
三文和公相四理和公榢譜錄衡和文和理和公派

是爲梅隱公後四大宗而尤以抱拙公後醫學華隱
科名最盛與公後稱爲晉秦兩大宗即大晉公所謂
竹隱公之後四世以忠君孝起家梅隱公之五世以
忠起家此吾秦兩大宗固不得以小宗目之也而對
巖公亦云抱拙貞靖兩公者年碩德推宗鄉邦厥後
科名最盛任方岳掌兵柄秉旄節勳名炳於史乘而
考其行事無不以敦倫睦族爲後世法云

二年辛未公年四十二歲

三年壬申公年四十三歲姪澄孚生

毓鈞案澄孚以字行號檀庵爲正庵公四子子一鐸

四年癸酉公年四十四歲

五年甲戌公年四十五歲

六年乙亥公年四十六歲

七年丙子公年四十七歲

天順元年丁丑公年四十八歲

二年戊寅公年四十九歲

三年己卯公年五十歲子夔鄉試中式姪孚亦以是年中式

毓鈞案是爲錫山秦氏登科之始即中齋公夔所謂秦氏自少游先生父子以科第文章顯于宋其後子孫嗜遯跡儒農累累四百餘年來無能繼其後者迨天順間予與從兄富明先生始同時擢鄉闈如六陰之極而一陽漸萌此吾秦氏科名發軔之一初也

天順四年庚辰公年五十一歲子夔登王一夔榜進士

毓鈞案是爲錫山秦氏成進士之始

五年辛巳公年五十二歲

六年壬午公年五十三歲

七年癸未公年五十四歲

八年甲申公年五十五歲抱孫金生

毓鈞案金字國贊號鳳山爲抱拙公曾孫抱拙公子景蕭字惜晚子三霖霖字潤孚號卑牧子二長鳳山公即鳳山公金次半農公鋐是爲半農公派以癸卯進

士授主事仕至南京兵部尚書晉階太子太保壽七十八謚端敏子二長小山公泮正德己卯舉人泮子三人相樫格權邑庠生任慶遠府知府相格俱太學生孫四人瓚四延煦延勳延然延熊曾孫六人重稷重端重光重芳重杲重常重端玄孫鳴雷字震遷邑庠生著有詩翻六卷是為小山公派次次山公諱仕兆安府知府其後最為繁衍即大音先生所謂端敏公之後有若次山公也次山公子三人栖楷桂栖號邦墉讀書重氣節子三延烈延熙延熙延烈子一重號慶延熙子一重振延熙子二重允重業重棨曾孫枝桂字燕庭著有秦氏金石錄楷號定橋子四延勳延熹延煦延默延勳子一重泰號濟緣萬曆庚子舉任鄲城教諭陞長樂縣知縣延熹字見橋萬曆庚子舉人子一重昱延煦號重橋郡庠生子一重香延默號念橋萬曆壬辰拔貢任湯溪縣知縣子二重甲重采重采子鉞字克繩號補庵順治乙未一甲三名進士官至江西按察使邑志宦望有傳鉞從孫仁字穗國號薪巖以歲貢丙午副貢詔舉賢能榜雲南師宗縣知縣官至福寧府知府乾隆丙寅與修宗譜號祖瑩又被侵者十二世仁孫琳榜名琦字希韓號漱漁嘉慶甲子舉人任范縣知縣著有漱漁詩稿桂號餘山任武英殿中書舍人忤執政黃羅號明史附端敏公傳後又見毘陵人品記子二延熙延赤延熙號亭山萬曆癸卯進士歷任永平遵化知縣擢兵部職方司主事子一重豐邑庠生著有三經偶得錄延赤字元華邑庠生子二重益號六皆邑增生重益字子能倫字敦五以康熙甲辰進士授揚州教授陞宜君縣知縣端敏公大第在西關子孫世居其地宗人稱為西關支云

成化元年乙酉公年五十六歲娶康生極娶鏞生鏞官刑部員外郎壽七十八

鈜鈞字康字邦祥子三倫佾仲

毓錫又案鑑字國重號古峯別號蘭墳邑增生宏治
壬子應天舉人任涿州學正歷任知縣通判同知南
撫南京刑部員外郎周府左長史邑志宦望有傳子
二灤浚
二年丙戌公年五十七歲兄寄庵公卒孫鏜生鏜舉人壽
七十九有孝行著橒林摘稿
毓錫業寄庵公果爲約軒公長子生洪武庚辰年長
於公十歲至是六十七矣子四德孚信孚孝孚忠孚
邑志稱四子鏜爽子鍃亦有双春君稱從双春先祖稱書公同以梁易公館山叢公銓爲從双春存以備考
毓錫又案樂易公鐘字國和爲養恬公子邑庠生宏
治甲子應天舉人後以親老不赴會試有司舉孝廉
不應進授南京都察院都事事載毘陵人品記寧祀鄉
賢祠配繆氏繼徐氏子四澧漳瀚涵
三年丁亥公年五十八歲侄無孫金生
四年戊子公年五十九歲
五年己丑公年六十歲
六年庚寅公年六十一歲孫銓生鏜孫爲台州府通判著
有錫谷叢談讀史簡評看做筆夾
毓錫業止庵公銓字國衡爲綉峯公長子邑庠生宏
治甲子應天舉人任廣東市舶司提舉署香山連山
二縣事陞浙江台州府通判壽七十二子二灜漋
七年辛卯公年六十二歲
八年壬辰公年六十三歲
九年癸巳公年六十四歲
十年甲午公年六十五歲
十一年乙未公年六十六歲
十二年丙申公年六十七歲孫銳生銳字國英號韋軒浙
江布政使都事著有紫薇臺稿是年仲子旦叔子爽詒旌
嘆孝之行
毓錫業韋軒公銳字國英爲中齋公子太學生授浙
江布政使都事壽六十三子三濂字楚南號見川太
學生任鴻臚寺序班進鳴贊陞任江西寧義縣知縣
子二橋標汶字齋南號原山太學生任浙江金華府

東陽縣丞子二棒椿漢字荊南年十六而殤娉蘇郡熊氏女壽芳斷髮截耳誓死不二已卯來會葬哭臨成禮嘉靖丙辰有司奉詔旌门壽六十六嗣康子樑為後之後而原山公後支派贅衍即大音先生所謂中齋公盾若原山公者也

十三年丁酉公年六十八歲

十四年戊戌公年六十九歲殷茶人卒壽六十六歲

十五年己亥公年七十歲

十六年庚子公年七十一歲

十七年辛丑公年七十二歲兄端肅公瓚卒壽八十一

毓鈞案端肅公瓚字景輝為儀郊公長子生洪武辛巳長于公八歲至是年八十一矣子三勉勵慶

十八年壬寅公年七十三歲結碧山吟社于惠山之蘀與者十人

毓鈞案公是年遂也惠山之蘀得龍泉精舍改築碧山吟社公同九人觴咏其中九人者李綱菴庚八十五陳遜菴履四十三陸竹石勉四十二高梅菴直七十黃杏軒裱七十四楊聽玉理七十四陳玉溪公懋七十九施北野康六十五潘玉林緒年最少時年弱五十耳諸公陸之入社而德也

十九年癸卯公年七十四歲

二十年甲辰公年七十五歲孫鉉生鉉邑庠生有甲辰正月六日徙芳邀社子以脹痞不赴詩以申謝一章

毓鈞案鶴亭公鉉字國賓為楊本公仲子邑庠生子三滂洗淪滂歸振菴恩貢生任四川劍州判官署梓潼縣巴州事陞江西布政使理問壽七十一祔祀灌庵祖祠後子三棟楙森洗字裕菴壽七十四子一楊淪字季新歸慎菴邑庠生壽六十八著有家乘二十卷春秋類編戰國人才録六箭河志子二徨科即大音先生所謂孝子之後有若鶴亭公者也

二十一年乙巳公年七十六歲子夔以江西右布政使引疾歸侍公十年而丁父憂後一年卒是年有變兒謝政歸

庙卧龙山草堂以诗词之七律一首又恭有庆免解官东公禄七律一章

二十二年丙午公年七十七岁伍孙伟卿试中式是年有送姪孙伟会试五律一首姪孙金亦以是年中式有赠姪孙金鳌乡荐诗一首

二十三年丁未公年七十八岁

宏治元年戊申公年七十九岁曾孙淮生淮以岁贡生任辰溪县知县卒八十一是年永季仲季授冠带

公

鲸钓叶存赤公滂字伯川号别味菜为乐易公长子事载昆陵人品记湖广通志崇祀乡贤祠辰溪名宦祠是为存赤公支子四采禾菜楠后分四大宗采号凤桥太学生任广西灵山县丞陛四川广安州判子一燦即凤桥公支也禾字子实号文桥邑庠生中嘉靖庚子应天乡试癸丑成进士任浙江武康县知县陛南京工部主事晋员外郎擢郎中出任金华知府调永昌知府即大吾公所谓永昌公者也为二房子后之一大支菜字双桥庠太学生子三炜炫熺楠字子植太学生子二熿爟

鲸钓又业永昌公子二长曰康宗公炳为康宗公支次为昇峰公燦字道两附太学生中嘉靖甲子应天乡试隆庆辛未成进士改翰林院庶吉士官至湖广巡抚卒六十一著有天地疏稿湖广通志全楚厓仪姜政摘录崇祀乡贤祠配享惠山双孝祠子四埈埏坦墙又分为四支埈字太清埏字太宁俱太学生坦字太鸣浙江平湖县庠生墙号太涵岁贡生授州判不就太清公卒八十一子三长曰伯钦号公安其后为公安公派次曰仲锡即我公蕃公也有子三人曰德澄德藻德湛德澄字以时德藻字以新德湛字以雷以新公一字海翁有子六人孙二十四人分为二十四大支云详

二年己酉公年八十岁

三年庚戌公年八十一岁

四年辛亥公年八十二歲曾孫漳生是年有辛亥八月廿
六日自壽詩
鯨釣婁澍泉公澤太學生壽六十七爲樂易公仲子
子一木
五年壬子公年八十三歲侄孫鑑鄉試中式有壬子立夏
前一日偕梅菴立夫過新安別墅詩
六年癸丑公年八十四歲曾孫瀚生瀚邑庠生著有從川
詩集巖栖集碧山吟社志是年侄孫廷登毛際榜進士

鯨釣婁從川公瀚邑庠生以子果封奉政大夫通政使司
右參議壽七十四爲樂易公三子即大音公所謂二
孝子之後者有若通參府君者也譜張從川公派爲
樂易公後一大宗李弟向廬公涵樂易公幼子後從川
公九年而生邑庠生嘉靖庚子應天舉人任儋州府推
官陞寧波通判著有古今要語讀史百詠解思録率
載毘陵人品記子二果樹
鯨釣又槃從川公子四長虹洲公果字子成邑庠生

中嘉靖癸卯應天鄉試登丁未李春芳榜進士任江
西南昌推官擢禮科給事中遷江西布政使右參六十四
著有鴻傳堂詩集無錫縣志子四夔焜輝煉次龍洲
公榮庠太學生任鴻臚寺序班子五炯照炳熒輝三
元洲公渠太學生授河南衛陽縣丞四鷺洲公燾
太學生任寧夏府經歷子一炬虹洲公長孫爾載字
彥熙一字伯厚號水菴吳縣庠生遊高忠憲門爲東
林書院都講段後崇祀道南祠子三長即大音公鏞

崇禎丁丑進士任清江蓬萊知縣行取離任者授河
南道監察御史會遭國變爲岳城東千休館杜門讀
易著有參同閣集易序圖說周子通書半解皇極内
篇小衍先儒四編讜議公年譜順治庚子修傳宗
譜成後崇祀道南祠門人等祀之千休館私謚文孝邑志
儒林有傳次中實公鉞爲聽社十七子之一者有讀書
類記次小匡公鍈邑庠生中天啓丁卯副榜其長兄
鏞並名籍復社其次先鉞名列聽社小匡公子泉芳

鍍鉰業公卒之夕端坐不廢巾幘子孫進問所欲言曰吾得于世多矣吾又奚言其達生安命如此以子夔封承德郎南京兵部主事晉中憲大夫湖廣武昌府知府友人李舜明暨倡議合鄉評孝友義以清白守節覚樂令終二治私謚公曰貞靖先生以卒後二年正月六日永字葬公於龍山望公塢其後並以子永字仲字孫鑣鉉曾孫濬澤濬洗侶名以甚貽穆祔葬張為秦氏世墓著有修敬先生集事載毘陵人品記崇祀郡縣鄉賢祠惠山尊賢祠配享附海祖祠邑志隱逸有傳

字天牝共江詩學與從弟保宣著名龍州公曾孫鑣字馭甫崇禎丙子舉人任和州學正旋中順治壬辰進士任溫州推官欽奠寧君鄰崇禎己卯舉人任常安教諭陞順昌縣知縣行取兵科給事中子六長吉生公研崇禎癸未進士授兵部職方司主事屏居碧山吟社五十年鍵閉著書著有書經箋注杜詩注白向稿間已什五子湘彥公沅郡庠生工書法閉戶讀書惜顧祖禹合纂方輿紀要著有春秋綱目詩經多識吉生公玄孫鈞儀字伯芳號芸舫乾隆癸酉拔貢著有芸舫詩文稿元洲公孫燕新公綱天啟壬戌進士歷任澤州福寧知州內陞戶部員外郎郎著有東皋唱和集靜遠堂集崇祀鄉賢祠玄孫岵雲公源寬康熙癸未進士內閣中書子五長蛟門公伯龍雍正甲辰進士濰縣知縣子四季映軒公鳴卅乾隆庚子舉人僭縣知縣　年譜

弘治七年甲寅公年八十五歲十一月十六日卒

端敏公年譜　　族孫毓鈞謹纂

明憲宗成化三年丁亥九月十一日公生一歲卑牧公霖長子母王太夫人卑牧公以儒素教授鄉里手一編終日不釋學既該洽尤精於史和光謙德溢於眉宇人有犯之者輒置不校一時目為長者年壯時貧甚嘗詠斗室詩云乏金難買地結屋僅容身簾破能通燕簷低欲礙巾曲肱時肆志抱膝屢凝神莫笑規模窄中藏萬斛春識者知其抱負不凡時年四十一矣

毓鈞案公諱金字國聲號鳳山五世祖梅隱公叔謙為瑞五公季子與仲兄竹隱公長兄松隱公為秦氏三大支梅隱公生樂善公彥起樂善公四子長抱拙公樸次衡初公權三文初公桐四理初公榕實為秦氏八宗之四而抱拙公後子姓尤為繁衍簪纓科第累世不絕公其嫡曾孫也大父諱景薰字怡晚以字行父諱霖字潤夫號卑牧自梅隱公至怡晚公四世食貧孜孜以口舌成人之美潤夫公霖尤積德於人所不見處人或侮之輒置不問自號卑牧以見志年四十一始生公公未第時夢家堂神語曰公大貴人也出入必煩我起居不如另置之為便公覺依神言另置一處自是尚書第無家堂焉幼時倦於讀書偶醫人家病者得公來即愈嗣是人咸異之

成化四年戊子公年二歲

成化五年己丑公年三歲

成化六年庚寅公年四歲從弟鈞生

毓鈞案鈞字思平號拙耘為衡初公曾孫兄弟四人世居江南長魁橋公釗邑庠生子二淵源次甘隱公鏌子三涑湘淶自河西分居湖山湘自河西徙居塘路上三支松公欽舉鄉飲介賓子二灌濟季即拙耘公也子四澥洲瀛浚實為衡初公後之四大支

成化七年辛卯公年五歲

成化八年壬辰公年六歲

成化九年癸巳公年七歲

成化十年甲午公年八歲
成化十一年乙未公年九歲
成化十二年丙申公年十歲
成化十三年丁酉公年十一歲
成化十四年戊戌公年十二歲
成化十五年己亥公年十三歲
成化十六年庚子公年十四歲
成化十七年辛丑公年十五歲母王夫人卒

錫山秦氏宗譜　卷首中　廿三

毓鈞案是歲公丁王夫人憂毀瘠如禮自為之立傳公自是童時即穎秀不羣見羣兒戲每卻避之端默自若卑牧公授以啟蒙諸書退為家人解即能了其大義一日卑牧公對客以陸績懷橘命題賦詩公援筆立就詞曰公紀因心孝懷柑奉母慈辞拜時曾墮地哀術大奇之滿座驚歎謂為神授至是事唐元敬進士又從宗人豫齋先生游經學蹊徑豁然大通為文日有繩尺

成化十八年壬寅公年十六歲
成化十九年癸卯公年十七歲
成化二十年甲辰公年十八歲
成化廿一年乙巳公年十九歲
成化廿二年丙午公年二十歲由儒士中式應天鄉試舉人

毓鈞案公由儒士赴選郡邑以至督學御史三試皆第一是年領南畿鄉薦名益著卑牧公欲大成之不

錫山秦氏宗譜　卷首中　廿四

遣會試亟令就西塾讀書如故

成化廿三年丁未公年二十一歲
孝宗宏治元年戊申公年二十二歲
宏治二年己酉公年二十三歲
宏治三年庚戌公年二十四歲
宏治四年辛亥公年二十五歲
宏治五年壬子公年二十六歲子泮生

毓鈞案公配鈕夫人有賢德來歸時姑王夫人先亡

皁牧公置妾滕馬氏以娛老夫人善遇之得馬㩜皁牧翁謂新婦賢令持家政而公獲專致學問至是生子泮字思魯號小山由官生中正德己卯順天鄉試著有小山吟稿子三人曰相曰樫曰格

弘治六年癸丑公年二十七歲登毛澄榜進士

毓鈞案公是年中式禮部試後射策大廷賜第二甲進士出身故相徐文靖公在位召試館職公以父老急歸省不就文靖愈器重之嘗謂人曰釋褐新進能知忠孝大節不有秦氏子耶

弘治七年甲寅公年二十八歲

弘治八年乙卯公年二十九歲授戶部福建司主事陞員外員郎署郎中

毓鈞案是年公授戶部福建司主事委督太倉糧儲明年監臨清倉勘順天等府災歉監收長安四門倉及象房糧芻剔扶姦蠹撫綏憚養職無不舉三載考績銓曹署曰文學政事並優奏上推恩封贈其父母及鈕夫人如制大司徒太原周公經簡公視諸司奏章奏盤錯多所裁決尋升河南司員外郎再進山西司署郎中時邊書告警軍食不贍太宰清溪倪公岳司徒獨山侶公鍾患之謂非異才不能急濟乃超公本司郎中計處糧餉條陳時宜曲中緩急二公謂為得人

弘治九年丙辰公年三十歲

弘治十年丁巳公年三十一歲

弘治十一年戊午公年三十二歲

弘治十二年己未公年三十三歲姪淲生

毓鈞案淲為半農公子太學生子二栟機半農公諱銘公之同父異母弟也生卒未詳譜分半農公派

弘治十三年庚申公年三十四歲從弟鏡生

毓鈞案鏡為理初公五子景資之孫字國明號蒲石景資公於兄弟五人中為最幼子二長俅次伯長兄景貲生二子曰佩曰位仲兄景貴生三子曰億曰僖

曰倪叔兄景贇生二子曰俍曰仁季兄景賢生三子
曰仕曰儼曰儒譜分衛初公派鏡為衛實為貴公
支第十世
宏治十四年辛酉公年三十五歲
宏治十五年壬戌公年三十六歲
宏治十六年癸亥公年三十七歲父阜牧公卒
毓鈞案阜牧公以是年正月初九卒壽七十七著有
阜牧吟稿湖南䄍錄事載毘陵人品記崇祀鄉賢祠

錫山秦氏宗譜　卷首中　廿七

配享淮海祖祠
宏治十七年甲子公年三十八歲從弟鈚生
毓鈞案鈚為衛初公後景賢之孫父儒生卒字號皆缺
宏治十八年乙丑公年三十九歲
武宗正德元年丙寅公年四十歲服闋補戶部四川司員
外郎
毓鈞案公父歿後泣血三年不與戶外事至是服闋
授戶部四川司郎中是秋誥授奉政大夫贈封其父
母及鈕夫人如制時戚畹恣驕中璫擅作威福奏乞引鹽
連袂攘利阻撓實邊大計公持之不可大司徒洪洞
韓公文執奏至再其風稍稍寢革由是言者怒公嗾
當事者橫撓無所得乃已
正德二年丁卯公年四十一歲
正德三年戊辰公年四十二歲升河南提學副使
毓鈞案是春禮部以會試同考官請公以族人子弟
多入試辭不敢赴至是升河南按察提學司副使提督學

錫山秦氏宗譜　卷首中　廿八

校公以身範士嚴立課程精於品藻凡所甄拔異日
率多嚮用中州朝紳自郎署以至公卿率皆公之門
人說者謂邵文莊公與公同篤信矣
正德四年己巳公年四十三歲子汴生
毓鈞案汴字思宗號次山由官生授南京後軍都督
府都事補右府都事晉封文林郎陞左府經歷補雲
南姚安府知府子三柄楷桂
正德五年庚午公年四十四歲陞河南左參政分守大梁

姪灝生

毓鈞案于時劇賊劉六劉七等嘯聚亡命長驅河洛所過焚燒城邑殺吏民將薄封邱公先期設備繕城堡峙糗糧會參將宗振提兵南下公馳檄邀之翼以民兵鼓戰遇賊於陳橋劇腳野大奮擊之斬賊首若干級生擒其魁封邱晏然土人生為立祠歲時伏臘有過祠泣下者

毓鈞又案灝為半農公第二子子四棖臬楧楨

錫山秦氏宗譜　卷首　廿九

正德六年辛未調公年四十五歲調任山東右布政司未幾轉山東左布政使叔父雷卒

毓鈞案山東于時久罹鋒鏑瘡痍未復公總方數千里之政重念民瘼極意拊循凡勢要請託翔價賣鈔等事即日禁除民大感悅

毓鈞又案雷為卑牧公親弟公之胞叔父也卑牧公兄弟三人長震字號生卒缺傳數世而絕季即雲屋公雷壽官生正統丙辰至是卒壽七十六無嗣

正德七年壬申公年四十六歲姪沆生

毓鈞案沆為半農公季子字思孝號東橋子四梅樹檟枋

正德八年癸酉公年四十七歲

正德九年甲戌公年四十八歲擢都察院右副都御史巡撫湖廣地方贊理軍務

毓鈞案公聞命即行挾二僕以從先歷黃德漢黃等郡至所至問民疾苦誅姦貪咸謦惠流奏上便宜八

錫山秦氏宗譜　卷中　二十

事曰添官府以督邊倉設關吏以謹防禦減差内臣以靖地方裁革多官以省冗費處邊衛軍職以便行事處軍職軍以嚴事例訂法律以清倉場處置苗民以保地方及巡歷岳常辰寶諸處復上地方便宜十事曰復添官以便分守改兵備以兼分巡改巡司以嚴保障興屯捌以杜侵欺查坍墾以均利害處軍職以警奸貪作興衛學以求人材還革驛傳以協人情慎選巡檢以嚴捕詰協操守以固省城疏入俱允行詳

見撫湖政要及安楚録中時盜起苗叛公擒賀璋廖琪於江討猺夆於梆桂平叛苗於香爐峰楚患遂平三載考績詔進階通議大夫贈封三代蔭一子入監讀書

正德十年乙亥公年四十九歲

正德十一年丙子公年五十歲

正德十二年丁丑公年五十一歲

正德十三年戊寅公年五十二歲與族兄鋭弟鏜創建淮海祖祠

錫山秦氏宗譜　卷首中　三一

毓鈞案張提學汝立以監察御史至縣盡毀女冠之居及於善智寺韋軒公鋭歸直於官請其地改建祖祠並以書抵公公曰此吾族缺典也不可不圖命子小山公洋與韋軒公合力興修己卯春告成奉淮海先生像於中堂前為門堂之後築燕室四楹室之後為樓題曰淮海其下為夾室以抱拙公修敬公卑牧公中齋公配享號曰五先生祠

正德十四年己卯公年五十三歲子洋舉於鄉

正德十五年庚辰公年五十四歲內陞戶部右侍郎適年改吏部左侍郎尋調戶部左侍郎

毓鈞案公改吏部後言官忌者論公無人倫儉鑑復改戶部轉左侍郎時大司徒九峯孫公交在召未至公

錫山秦氏宗譜　卷首中　三二

攝部事清理勳戚莊田禁格勢要鹽引創籍句稽兩直隸十三省逋負國用漸充以克復梆桂功成升階一級蔭子一人為錦衣衛世襲百戶公疏辭

刪作錄

正德十六年辛巳公年五十五歲

世宗嘉靖元年壬午公年五十六歲

嘉靖二年癸未公年五十七歲擢南京禮部尚書上直陳時政不能如初疏尋改南京兵部尚書參贊機務轉戶部

尚書

毓鈞棠公擢南京禮部尚書後即率諸臣上疏曰陛
下繼統以來昭德塞違勵精圖治動無過舉宜召天
和而災眚頻告者何也詩曰靡不有初鮮克有終陛
下登極一詔百度咸貞天下拭目望至治比來多與
詔違百司罔遵萬民失仰此詔令不能如初也即位
之初逐庸回任耆舊比內閣擬旨輒中改至疏請徒
答溫語此任賢不能如初也即位之初聽言如流朝

請暮報比來事涉戚畹官寺雖九卿執奏科道交章
皆曰業經有旨此聽納不能如初也即位之初凡先
朝傳陞乞陞等官一切釐革比來恩澤過濫封拜頻
煩此慎名器不能如初也即位之初凡奸黨巨惡俱
付三法司比來輒下鎮撫此謹國法不能如初也即
位之初首命戶部減馬房糧芻之半且令科道官備
覈馬數乃因太監閻洪等言遂寢前詔此恤民瘼不
能如初也即位之初遣斥法王佛子國師比來於禁
地設齋醮此崇正道不能如初也即位之初精明克
盛比來聖躬弗豫天顏未復此齋精神不能如初也
夫初政所以清明者政出公朝而左右不預也今政
所以淆濁者政在左右而外廷不知也惟政不可一
日不在朝廷惟權不可一日移於左右所謂政在朝
廷者非必皆獨運也股肱有託耳目有寄即主威重
於九鼎國勢安於泰山自古帝王制御天下操此術
而已不則宮府之勢隔而信任有所偏婦寺之情親

而聽受有所蔽名曰總攬而太阿之鐏實移於下矣
章下禮部尚書汪俊力勸帝採納報聞尋就改兵部
孫交去職為戶部尚書公抵任條奏時政以備國儲
琅琅千餘言一言一藥皆切中時弊聞者韙之

嘉靖三年甲申公年五十八歲孫相生

毓鈞棠相為小山公長子公之嫡長孫也字汝弼號
贍山太學生無子以裡子延煦格子延熙為嗣

嘉靖四年乙酉公年五十九歲

嘉靖五年丙戌公年六十歲封邱縣為公建生祠七月落成
嘉靖六年丁亥公年六十一歲致仕馳驛歸孫樫生格生柄生
毓鈞案是時帝欲考興獻帝公偕廷臣伏闕爭又與何孟春等條陳張璁建議之非及上聖母冊公與趙璜等復不至帝頻詰讓公為人樂易及居官一以廉正自持在戶部尤孜孜為國永福長公主乞寶坻武清

地以公言頗減撫寧山海莊地賜魏國公徐達者達卒仍歸之官定國公光祚請之公執不可給事中黃重御史張珩等先後爭公等復以為言始報許內府諸監局軍匠至數千人中官梁諫請下部採金玉珠石公皆執奏不聽奸人逯俊等乞兩淮鹽引三十萬帝許之公力爭不可積失帝旨至是以考察自陳致仕馳驛歸給夫廩如制
毓鈞又案樫為小山公次子字汝蔭號企鳳邑庠生由恩廕任南京都察院都事陞南京後軍都督府經歷擢廣西慶遠府知府子二延杰延焦格為小山公三子字汝正號邦川太學生子二延然延熙而延焦延熙出嗣贍山公後譜稱小山公派後嗣類有聲庠序錄登科者柄字汝操號邦塘歲貢生讀書尚氣節為顧端文所重則次山公之老長房也子三延烈字允揚延熙字允緝延熙字繹山延烈子一重慶延熙子一重振延熙子二重允重榮重榮曾孫枝桂字燕

庭著有秦氏金石錄
嘉靖七年戊子公年六十二歲始纂宗譜
毓鈞案秦氏之譜抱拙府君有志未逮屬其從子景美而未克有成其後一誠府君草創於家未卒業至是公致政歸與從兄樂易章軒兩公成之淮海以下十一世為圖誌所自也瑞五公以下列為大宗小宗諸圖各詳誌其諱號履歷而冠之曰錫山秦氏世譜
嘉靖八年己丑公年六十三歲孫楷生

毓鈞案楷字汝範號定橋邑庠生爲次山公仲子子四延勲延熹延煦延默延勲號存橋子一重泰由郡庠生中萬歷庚子應天鄉試任山東鄆城縣教諭陞福建長樂縣知縣有惠政崇祀長樂名宦祠東林道南祠延熹號見橋萬歷庚子舉人子一重鼎延煦號從橋郡庠生子一重晉延默號念橋萬歷壬辰拔貢任湯溪縣知縣子二重甲重采重采字幼儀子三鉽寅錸鉽字克繩號補念長洲縣庠生以順治乙未會

元應殿試成一甲三名進士授内翰林國史院編修官至[illegible]江西按察司邑志宦望有傳寅字克備邑庠生以孫仁贈文林郎雲南蒙自縣知縣仁號蘄巖以雍正丙午副榜詔舉賢能由蒙自調師宗官至福寧府知府歸田後修祖塋之被侵者十二世邑志宦望有傳實爲次山公後之一大宗

嘉靖九年庚寅公年六十四歲

嘉靖十年辛卯公年六十五歲朝旨復起公任南京户部尚書從姪治生

毓鈞案公於丁亥乞身歸田時上賜璽書寶鈔乘傳以歸仍命有司歲給輿隸月給廩有差宰執大臣暨諸官御史百執事皆詣闕請留言者不已章且數十上至是遂起公南京户部尚書

毓鈞又案治爲文初公五世孫亦吾秦氏八宗之一文初生景章字號生卒俱缺景章生霓字慰孚號蘭畹子鎮字國賓號丙郊子二長洪字思大次治字思

正號左橋洪子一彬治子三松柏檟是爲文初公派

嘉靖十一年壬辰公年六十六歲改北京工部尚書料理有法大工賴之

毓鈞案公改任時廟工方殷公夙夜在公督視維謹

嘉靖十二年癸巳公年六十七歲

嘉靖十三年甲午公年六十八歲進太子少保

嘉靖十四年乙未公年六十九歲升太子太保改任南京兵部尚書

䥴鈞橐公之進太子少保也累疏言歸朝廷鑒其誠
聽公安便之私遂有是命
嘉靖十五年丙申公年七十歲引年致仕孫柱生
䥴鈞橐公援大夫七十致仕之義據禮引謝上不允
再疏以請始奉温詔賜歸歲給輿廪如初
䥴鈞又橐柱字汝立號餘山為次山公三子太學生
任武英殿中書以救建言諸臣曷中行等忤執政意
左遷魯王府審理尋罷歸直聲震一時事具明史公
傳郡志邑志一統志皆有傳子二延烝延赤延烝字
允孝號亭山萬歷癸丑進士任永豐縣知縣調福建
歸化擢兵部職方司主事崇祀永豐名宦祠子一重
豐延赤字允華邑庠生子一重益號六皆以子鉅倫
封陝西宜君縣知縣鉅倫字敷五號雲(牖)康熙甲
辰進士授揚州府學教授升陝西宜君縣知縣
嘉靖十六年丁酉公年七十一歲晉階光祿大夫太子太
保

錫山秦氏宗譜 卷首中 三九

䥴鈞橐公歸田後朝廷猶思公不已至是遂晉階光
祿大夫給四代誥命遭際之盛始(終)之榮一時仕宦
莫之與並公既歸家居動關世教賓客過從每語不
忘天下大事退率諸孫課以舉子業臨文自為點竄
見其學文向進欣欣樂之每晨起正襟危坐令兩青
衣展大板四書五經或史册一道相對朗誦憑几聽

之雖寒暑風雨毋或輟者公於惠山有鳳谷行窩山
色溪光占一方之勝有鶯架亭午橋野堂諸景爾蓉峯參議燕
集於此作詩紀之詞云午橋野堂秀鬱口九龍峻嶺流潔口巍
峯冠若合衆迴列中有亭兮平波演漪于沖融東攔晨有陽焉
拂桑虚西閱夕靚玉宗神桂宫竹霞斜煙兮丹闕
碧山二……見朗八窗啟兮玲瓏其勝概可想云云
色溪光占一方之勝閣……進焉必與客俱今海内所

錫山秦氏宗譜　卷首中　四十

謂秦園者實公啟之城中有後樂園高臨城闉公倚
然一室左右圖書日弄筆墨為事問遺故人必手自
勒狀間發之詩歌以相贈答終其身不舍嘗邀宗伯
二泉邵公都事心泉呂公少參惠巖松閣二顧公族
兄長史藕塘公山人陳石村等結詩會山中亦以碧
山吟社名就諸公之别墅如二泉精舍鳳谷行窩惠
巖小築次第舉會蓋亦慕修敬之風而偶一寄意焉

嘉靖十七年戊戌公年七十二歲

嘉靖十八年己亥公年七十三歲
嘉靖十九年庚子公年七十四歲
嘉靖二十年辛丑公年七十五歲
嘉靖二十一年壬寅公年七十六歲
嘉靖二十二年癸卯公年七十七歲
嘉靖二十三年甲辰公年七十八歲正月廿七日公卒加
贈少保謚端敏諭祭葬著有鳳山奏稿撫湖政要鳳山詩
集安楚錄通惠河志事具明史本傳崇祀郡縣鄉賢鄉祠

錫山秦氏宗譜　卷首中　四一

河南封邱縣生祠配享淮海祖祠

毓鈞案公病患疾大漸時一月口口口病鈕夫人在
側召家人與語井井不亂猶口授一柬遺其子曰此
吾治命也汝盡慎諸訃聞於朝上震悼輟朝一日下
所司議祭葬如例贈少保謚端敏請天子命葬於歸
山薛墩公平生無所好服食儉甚内無姬妾之奉外
無絲竹宴衍之樂惟日孳孳忠勤體國當其職守百
撼不搖遇物温厚見片善必亟稱之不幸有過輒為

山薛墩從端敏公之兆天子詔賜祭葬如例

抬下化

掄覆位愈高憂惕愈至每當晉秩必悚然懼曰食浮於人吾所畏也惴惴焉惟以僨事爲戒始領鄉薦卽惠養宗族叔父雷及從父霓皆老而貧視親疏並贍之寡姊不能存公攜歸養其篤於內行如此

嘉靖二十九年庚戌公配鈕夫人卒享年八十有七

毓鈞案夫人始封安人晉宜人再封淑人當皇太子誕生覃敷大慶加晉一品夫人貴無與敵而夫人執謙退遜儉衣削食澣澣㐭㐭如在蓬翟之日性寬夷仁恕篤厚人倫所居之處里姬鄰媛聞夫人莫不願見顏色夫人平生事公甚謹公亦推轂夫人賢不畜妾媵故公歷中外佩印綬入尚書省勳名彰著實夫人內贊之力爲多公守大梁出行縣有盜肆掠封邱流言叔公去夫人流涕曰夫君死節妾分俱死無憾也嘗居江村夜值盜警或勸令死士劫卻之夫人曰亡命利吾貲不得且遁去奚格鬭爲雖小節足以諷矣以二月六日卒於里第踰歲正月葬夫人於歸

秦氏獻徵錄

丙集（中）

先十四世從祖從川公年譜

族孫毓鈞謹纂

宏治六年癸丑正月十一日公生一歲樂易公鐘第三子
也修敬公封武昌翁曾孫旌孝養恬府君之孫母薛孺人
時封武昌翁枕肱堂公長姑適同邑吴氏者夫前死遺腹子
生○歲亦夭時歸依父母以居樂易公奉武昌翁命以公為
吴氏姑嗣吴氏姑生天順庚辰至是年已三十五矣
毓鈞按公諱瀚字叔度號從川為樂易公三子從川
者從夫道也行至高孝友性成敦性信尚義少為諸生
臺試取高等八試場屋廪食者二十年後以樂易公
老憣然棄去晨夕定省無間寒暑生辰令節必偕兄
弟輩戚供俱集賓友率子姪羅拜為壽樂易公疾夙
夜視藥食不脱巾帶者數閱月鄉人謂秦世有孝子
云承曾祖命為姑後於吴後復姓往來定省終其身
請表於朝殁後營葬如礼又為之求賢立後乃去晚
膺〔通政司右參議之〕封代公封肮署軒冕章縫以故時與故等夷游無

矜色不事家人生產好賓客性剛正義氣激昂追振
風靡治家有声其後簪纓累葉科第連綿實為秦氏
一大宗云
宏治七年甲寅公年二歲曾祖修敬府君卒
毓鈞按修敬府君字景暘號修敬私謚貞靖先生碧
山吟社十老之首以子夔封承德郎南京兵部主事
晉中憲大夫湖廣武昌府知府生永樂庚寅至是卒
壽八十五後嗣繁衍為秦氏八大宗之一卒之日有
孫四人孫女十人曾孫男四人事載毘陵人品記崇
祀郡縣鄉賢祠惠山尊賢祠著有修敬先生集邑志
郡志江南通志隱逸有傳
宏治八年乙卯公年三歲伯祖中齋公夔卒是歲母龔太
君卒時公兄弟三人伯兄存赤府君甫八歲仲兄澈泉府
君甫四歲耳
毓鈞按中齋公諱夔修敬府君長子字廷韶一字中
孚號中齋邑庠生中天順己卯應天鄉試登天順庚
辰王一夔榜進士任南京兵部武庫司員外郎武庫
司郎中成化丙辰擢廣湖武昌府知府封中憲大夫
內艱起復授江西建昌府知府陞福建右參政轉江
西右布政使以父老引疾歸養至是卒著有五峯遺
稿事載毘陵人品記湖廣通志崇祀鄉賢祠武昌名
宦祠配享淮海祖祠公宦成歸作寧壽堂於宅第之
西奉養老父融融以和凡佳辰勝日必致老人所好
者操几杖侍行嘗作五峯草堂天全亭於九龍山下
以探山水之奇邑志郡志江南通志俱有傳子一鉞
字國英號韋軒孫三長見川公濂次原山公汶子姓
繁衍譜稱中齋公派三荊南公漢年十六殤聘於熊
氏女壽芳年十五聞漢喪誓死不二斷髮截耳己卯
會漢葬哭臨成礼嘉靖甲申以事上聞尋奉旨先給
牌匾仍月給薪米嘉靖丙辰年五十四有司奉詔旌
門嗣濂子標為後
毓鈞按存赤府君諱淮字伯川號存赤別號味菜毓

釣十四世卒支祖七岁貢生任湖廣辰溪縣知縣以
子禾封承德郎南京户部廣西司主事從祀鄉賢祠
辰溪名宦祠
毓鈞按澂泉府君諱潭字仲淵太學生以子禾贈徵
仕郎孝陵衛經歷
宏治九年丙辰公年四岁
宏治十年丁巳公年五岁
宏治十一年戊午公年六岁
宏治十二年己未公年七岁
宏治十三年庚申公年八岁繼母徐太君來歸
宏治十四年辛酉公年九岁
宏治十五年壬戌公年十岁弟間詹公涵生
毓鈞按涵字季安号間詹邑庠生中嘉靖庚子應天
鄉試任浙江溫州府推官陞寧波府通判致仕著有
古今要語讀史百咏辨思錄
宏治十六年癸亥公年十一岁

宏治十七年甲子公年十二岁父樂易府君舉於鄉
宏治十八年乙丑公年十三岁兄淮游於庠
正德元年丙寅公年十四岁公祖養恬府君治第於舊居
之東適年落成挈公移居焉
毓鈞按吾祖遯軒公始自秦村遷居城中之元文里
曰挺秀堂在師古河南岸秦氏世居之至中齋公時
始在鳳光橋北建宅第一堂曰壽安修敬公稱壽時
中齋公又即挺秀堂西别建新廬顏其堂曰寧壽至
是養恬府君復治第於挺秀堂之東而宅居焉
正德二年丁卯公年十五岁
正德三年戊辰公年十六岁姪采生
毓鈞按采号存赤府君長子字子白号鳳橋太學生任
廣西靈山縣縣丞陞四川廣安州判官子一燦
正德四年己巳公年十七岁
正德五年庚午公年十八岁
正德六年辛未公年十九岁

正德七年壬申公年二十岁

正德八年癸酉公年二十一岁继母徐太君卒時公已娶於殷為邑庠生矣

鋐鈞按殷太宜人為邑博龍岩君殷佐之女生宏治己未贅歸之日有月華之瑞親知相歎羨為隆昌之兆

正德九年甲戌公年二十二岁

正德十年乙亥公年二十三岁子梁生

鋐鈞按梁為公長子字子成号虹洲邑廪生中嘉靖癸卯应天鄉试登嘉靖丁未李春芳榜進士任江西南昌府推官仕至江西右布政使丙寅丁外艱歸遂不仕寿六十四子四燦焜焯燫燦字匙和号龍槐焜字君暘号元峰焯字華号玉峰燫字和号松峰

正德十一年丙子公年二十四岁姪禾生

鋐鈞按禾字子實号文橋邑庠生鋐鈞十三世本支祖也中嘉靖庚子应天鄉试癸丑登陳謹榜進士任浙江武康縣知縣陞南京工部主事進本部員外郎中擢浙江金華府知府以侄兄梁督学浙江迴避改雲南永昌府知府卒於官以子燿贈中憲大夫太常寺少卿崇祀永昌名宦祠及武康名宦祠配享淮海祖祠子二長炳字道元号庸泉次燿字道明号舜峰隆慶辛未進士改翰林院庶吉士官至湖廣巡撫庸泉公孫華鍾字元蔭授廣西富川縣知縣殉李定國之難六世孫雄飛字旦初雄虎字甘泉俱成進士雄飛官至江西布政使護理巡撫雄虎官至鴻臚寺少卿籍纓黑芝世号庸泉公派舜峰公子四人長太清公墢次太寧公墡三太隅公坦四太安公堦太清公三子長公安公伯欽次公蕃公仲錫三公盤公叔銘公蕃公三子長以時公德澄次以新公德藻三以雪公德湛以新公別号海翁子孫繁衍遞衍二十四房之祥実為鋐鈞九世祖云

正德十二年丁丑公年二十五岁叔祖務本公卒

毓鈞按務本公仲學諱爽修敬府君三子以字行号
務本公兄永學同肇孝行詔旌双孝之门工書畫至
是年壽七十八著有滌煩亭稿見硎詩綜事載毘陵
人品記崇祀忠孝祠配享淮海祖祠惠山双孝專祠子
二銓字渭衡号北溪　鋐字閔凝号雙亭俱詳長發譜
秋叙本公派

正德十三年戊寅公年二十六岁始創淮海祖祠
毓鈞按吾宗遷錫後未有宗祠至是歸古河北岸善
智寺毁公叔韋軒公銳与從弟小山公津歸值於有
請其地而建焉始事於是年之秋越明年己卯春告
之養悟府君兄弟奉淮海先生祀焉配者四人亦曰
五先生祠

正德十四年己卯公年二十七岁姪棨生
毓鈞按棨為公兄存赤公三子字子培号双橋庠太
學生子三煒熼熷煒字君輝号孚妻胡氏嫁三月而
寡遺娠不育守節詔旌崇祀貞節祠邑志列女有傳

正德十五年庚辰公年二十八岁
正德十六年辛巳公年二十九岁
嘉靖元年壬午公年三十岁子榮生
毓鈞案榮為公次子字子儀号龍洲庠太學生任鴻
臚寺序班子五炯炤燭燈燁[illegible]
守節詔旌崇祀貞節祠邑志列女有傳

嘉靖二年癸未公年三十一岁公祖養悟府君卒
毓鈞案養悟府君諱永學名旦以字行成化丙申至
弟仲學詔旌孝子宏治改元授冠帶生正統丙辰至
是年壽八十八子男一人孫男四人孫女二人曾孫
男六人曾孫女六人事載毘陵人品記崇祀忠孝祠
邑志郡志江南通志清一統志孝友有傳
毓鈞案先祖訓導公游梁錄載族中舊藏鶴鹿圖為
我十四世祖養悟公与弟務本公遺像之並立古長
松下前有鶴一旁有鹿二廣庭靈芝數本而已族中
以孝真像惟此一軸為曾鯨筆曾字波臣宏治間名

手之每於冬至岁旦展掛於師古河義莊公所子弟
肅衣冠敬拜焉圖額有八分書鶴鹿凝休洪楊亂後
詢之宗老此圖已無存矣亟誌之以彰吾家故實
嘉靖三年甲申公年三十二岁
嘉靖四年乙酉公年三十三岁祖母張太君卒
鍁釣案張太君諱貞一邑人都轉鹽運使張愷之姊
生正統戊午至是卒壽八十八是年六月為樂易公
六秩誕未稱觴及仲冬十有一日適逢太君壽誕同
時稱觴上壽孫輩請人繪寶婺圖以誌家慶而太君
之弟東洛公愷並為之歌今圖狀存家寶也
嘉靖五年丙戌公年三十四岁子棠生
鍁釣案棠為公三子字子任号元洲太学生授河南
蘭陽縣縣丞壽七十四子三熒燮炅
嘉靖六年丁亥公年三十五岁
嘉靖七年戊子公年三十六岁始纂宗谱
鍁釣案吾宗先望會稽後徙高郵自淮海公葬於錫
子處度公湛依墓以居乃籍晉陵新塘鄉名所居曰
秦村其自秦村遷錫之富安鄉者則自瑞五府君諱
惟禎始至是公祖樂易府君偕從弟端敏公金相与
修輯宗譜以瑞五府君為一世其自淮海先生以及瑞五府
君止另摘為圖附紀傳生之次是為秦氏有譜之始
嘉靖八年己丑公年三十七岁
嘉靖九年庚寅公年三十八岁
嘉靖十年辛卯公年三十九岁公姑吳太君以節旌门
鍁釣案邑志列女傳云國子生吳鈇妻秦孝子旦女
也年二十八鈇卒遺腹子生三四岁夭乃归依父母
以居以弟子瀚為後年七十二受旌又十有四年而
卒
嘉靖十一年壬辰公年四十岁
嘉靖十二年癸巳公年四十一岁
嘉靖十三年甲午公年四十二岁姪木生
鍁釣案木為公仲兄澂泉公之子字子仁号虹濱太

學生任南京孝陵衛經歷陞陝西行太僕苑馬寺丞

出監：正

嘉靖十四年乙未公年四十三歲子梁游於庠

嘉靖十五年丙申公年四十四歲

嘉靖十六年丁酉公年四十五歲子梁餼於庠

嘉靖十七年戊戌公年四十六歲長孫瓊生

毓鈞案瓊為虹洲公長子號龍槐公長孫也郡庠生早卒配談氏守節未旌嗣燁子尔載為後尔載字彥熙號水庵游高忠憲公門為東林都講邑志孝友有傳尔載生子三鏞鈇鎖俱有名於時鏞字大音號弱水中崇禎庚午鄉試丁丑成進士任江西清江縣知縣官至河南監察道御史明亡後屏城東杜門讀易自題曰千休館卒後門人輩祀之於此曰弱水先生祠私謚文孝邑志儒林有傳鈇幼育於尔佳鎖字小匡中天啟丁卯副榜與兄鏞亦名鎖子泉芳字天乳號花柘邑庠生工詩與從弟保寅亦名邑志有傳鏞孫巽權字行之中康熙癸酉江南鄉試官滁州學正

嘉靖十八年己亥公年四十七歲

嘉靖十九年庚子公年四十八歲

嘉靖二十年辛丑公年四十九歲公父樂易府君應廉舉孝兄淮是歲充貢

毓鈞案樂易府君諱鏜字國和邑庠生中宏治應天鄉試後正德十五年至嘉靖二年五年三次例應會試因見父母高年衰辭不赴專意侍養嘉靖七年由常州府知府張大輪舉旌孝行禮部以尚在仕進之列例難准旌至是無錫縣知縣萬雲憶復以篤孝廣節等情申府帖行覈勘據實上陳會有詔選人不願仕授以散銜長子存赤公淮時適以生員貢禮部疏於朝詔授南京都察院都事銜公因為孝友錄以敘以彰之

嘉靖二十一年壬寅公年五十歲姪楠生

毓鈞案楠為公兄存赤公四子字子植號虹川太學

生子二煋燿
嘉靖二十二年癸卯公年四十一歲子梁舉於鄉
嘉靖二十三年甲辰[illegible]
烱生焜生
　統穀寧樂易府君生成化丙戌至是年子男四人孫男十人曾孫男七人孫女十二人曾孫女十四人壽七十九著有標林摘槁事載毘陵人品記崇祀鄉賢祠
　統鈞案烱号五河為龍洲公長子公次孫也早卒配華氏守節詔旌崇祀貞節祠嗣炤子珍為後珍子鏕字敦夫中崇禎丙子鄉試順治壬辰成進士任溫州府推官焜為虹洲公次子公三孫也字君揚号元峯太學生誥敕房辦事中書兼翰林院典籍以子之垣贈承德郎礼部儀注司主事
嘉靖二十四年乙巳公年五十三歲公姑吳太君卒
嘉靖二十五年丙午公年五十四歲孫炤生
　統鈞案炤為龍洲公次子公四孫也字孟開号箭源太學生任廣西都司斷事署興安縣知縣泉州知州事崇祀興安名宦祠子三圻琰張珍嗣烱殁[illegible]乎圻子欽翼字君翔長洲縣庠生中崇禎鄉試任福建崇安縣教諭陞順昌縣知縣行取兵科給事中欽翼子汧字吉生邑庠生中崇禎己卯鄉試癸未成進士授職方司主事明亡後屏居碧山吟社五十年鍵關著書殁後祀焉汧子朱干字樂燕江西癸巳舉人候選知縣汧弟沅字湘侯郡庠生工書皆顧祖禹著方輿紀要邑志文苑有傳沅子㮚字卣纘工篆隷与寧都魏禧交有名於時汧玄孫鈞儀字伯斧号恭舫乾隆癸酉拔貢有文名著有恭舫詩文稿邑志文苑有傳
嘉靖二十六年丁未公年五十五歲子梁成進士授南昌府推官
　統鈞案虹洲公以南昌政績報最內擢吏科給事中慷慨言事以諫上不進香被杖明年京師築重城被

選監工工成遂擢通政使右參議戊午滿考公因得
誥封如其官譜故稱通參府君云
嘉靖二十七年戊申公年五十六歲
嘉靖二十八年己酉公年五十七歲孫燁生
皈釣案燁為虹洲公三子公四孫也字孝華號玉峯
太學生授上林苑監署丞以子爾佳贈徵侍郎光
祿寺珍羞署署丞子三爾佳爾載爾基爾佳子鉞字仲實
長洲歲貢生弟鎮並為聽社十七子之一爾載嗣
燮為戚爾基子鏌字子鄉號真齋長洲縣庠生精於
校勘著有銅版訂正九經行世保寅字樂天家富藏
書工詩邑志文苑有傳
嘉靖二十九年庚戌公年五十八歲
嘉靖三十年辛亥公年五十九歲孫燭生長歲子棨內擢
給事中
皈釣案燭為䂓洲公三子公五孫也字孟熙號劍峯
太學生子二堣㙟

皈釣案虹洲公以嘉靖乙未補弟子員丁酉廩食於
庠癸卯舉應天鄉試人以公居第中有金匱山稱公
匱山先生一日公步宅前門前水次從者遠見有彩
虹自公所貫之天南因號虹洲至是以第八名中式
會試入對成三甲進士授江西南昌推官
嘉靖三十一年壬子公年六十歲
嘉靖三十二年癸丑公年六十一歲孫燈生
皈釣案燈為䂓洲公四子公六孫也字孟化號文峯
太學生子一至仁燈子鍵字維持邑庠生中順治丙
戌副榜鍵子彪字季致邑庠生中順治丁酉科武舉
人任江陰衛千總
嘉靖三十三年甲寅公年六十二歲修復碧山吟社
皈釣案公好山水之勝以惠麓有碧山吟社創自曾
祖修敬府君府君殁而地尽奪於豪至是乃謀之王
侍御石沙公醵貲復之邑人顧惠岩為之記曰秦封
君從川思惟其曾大祖父修敬之肇峯吟社也乃鉞志

恢復謀之王侍御石沙義倡御建公醵贖復去鳩工戴
葺為徵修堂為濯纓軒為十老亭為流馨室為吟臺
為行厨茶具為凡弈壺觴棋局之數凡有資於燕遊
者纖悉治備諸公之功偉矣時參有廣和預會者郡
伯喻心遠寔之僉憲莫迂泉僉書余四峯憲副洞陽
與新安諭徐西巖贊大正郎華浦菴從龍大尹錢心
齋國専封君秦從川叔度太僕侯企竹繩武司諫張
靜思舜峯宮贊浦后巖道徵少尹施武陵子羽大尹
高杏江文明侍御王石沙沚玉學士華鴻山子潛僉
憲王仲山子裕京兆尤西村樾宗副郎馮補齋子占
僉憲安胶峯子靜共若干人公當時並有詩記其事
一時倡屬而和者有徐司教槐有余喻本守義僉事如山俱見梁
溪詩鈔

嘉靖三十四年乙卯公年六十三歲子埜生

皝鈞業謙為公四子字維川號鷺洲太學生娶宛甯夏
衛經歷辛於官子一炡

嘉靖三十五年丙辰公年六十四歲修復洛社閒利寺觀
鷺亭

皝鈞撝洛社閒利寺有觀鷺亭王右軍故址成宏間
公祖養恬府君嘗購墅於蠡橋之北曰蓟溪別墅去
閒利寺不百武而近每春秋景明桂芳菊綻養恬府
君奉武昌翁携社中諸老來墅必一過斯亭以舉觴
將餘興迨嘉靖甲寅邑罹倭夷之變而亭遂廢至是公
鳩資重建為之記友人李攀龍作詩詠之云江上新
亭接梵台風流重憶右軍才相携愛馬高僧過自許
籠鵞道士來使君暇日多延眺可為南樓興已哉

嘉靖三十六年丁巳公年六十五歲仲兄漳卒

皝鈞撝公兄弟四人友愛異常性嚴重鄉人敬之稱
為四先生仲兄漳泉公徵漳家最貧賦役煩重外侮踏
至公必偕長兄宸溪公極力維持至是仲兄歿視其
子猶己子也四先生者自少友愛至白首無間言焉每
月朔晨起相率揖家廟中風雨寒暑無輟焉退而聚

首一堂称説古今移時不能去出而反於门犹相依
门不間相聚説如初移時不能去行道之人匿迹不
敢趨即趨而过者必規行矩步矣惟恐不得当於の
先生者其為人敬礼如此

嘉靖三十七年戊午公年六十六岁子梁改南京太僕寺
卿

毓鈞按虹洲公任通參時与嚴分宜子世蕃不洽乃以
便養請南擢南京太僕寺少卿之署在滁故山水佳
處公课牧之暇時游瑯琊一觴一詠飄然有醉翁風
度丰樂亭有王陽明先生讀書之所諸生来请益者
輒就中训课之辛酉擢南京鴻臚寺卿再遷通政會
有風霾之变公自陳遂降调浙江布政使左參議分
宜敗遂擢山东按察使副使

嘉靖三十八年己未公年六十七岁

嘉靖三十九年庚申公年六十八岁葺園池於惠山之陽

毓鈞按端敏公全有家園在惠山之麓曰凤谷行窝
端敏公既殁園漸廢壁属於虹洲公泉声樹色於诸
家園亭中为傳勝公偕虹洲公日命肩輿或棹舡以
往栽花種竹或与山人姚舜咨茂長顧世叔酒杯碁
局唱酬詩篇公於是有廣池上之篇作并序其事曰
池上篇乃白樂天履道里时醉後所成也予每誦之
輒喜其幽遠閒適恨不身躡雅勝以想其醉醒於松
石握筆时不知作何態度也庚申之夏葺園池於惠
山之麓目中境界髣其一二肖似遂诵樂天之篇字
味而句諷之恍然以為真似也且於園池所有而篇
中不載者增入数语命之曰廣池上篇書於池亭之
壁然斯特以景物言耳若曰頣然自附於香山居士
則如雲泥何哉詩曰百仞之山数畝之園有泉有池
有竹千竿有繁古木青蔭盤旋勿谓土狭勿谓地偏
足以容膝
有亭翼然足以息肩有堂有室有橋有舡有閣焕若
有亭翼然菓畦花径曲涧平川有书有酒有歌有弦
有叟其中白髮飄然識分知足外無求焉如鳥擇木

姑蘇巢安如魚居坎不知海寬動與物游矯若飛仙
静與心道契安馬如枕禪塵鶴怪石紫菱白蓮皆我所好
尽在目前攜筐摘果舉網得鮮約我生計斯爾足焉
時飲一杯或吟一篇老懷熙熙雖犬閒閒天地一瞬
吾忘吾年日居月諸莫知其然傲我游我吾將終老
半其間未幾園池中有假山之作公有詩詠之其一
云為愛真山架假山烟窗雲礎可躋攀而今真假都
忘却聊與衰遲寄散閒其二云疊石栽花強作山登
山無藉薜蘿攀孤亭高樹塵囂外独坐渾消白晝閒其
三云駐步登山見遠山又將遥矚寄躋攀登臨無問
山遐邇贏得浮生於許閒其四云一卷何意便成山
應笑平泉未可攀桃怒青盲驁未得錦岡玉壘總成
閒公又有山墅言懷云何處尋名勝幽探此更宜泉
聲風外落雲氣日邊奔渝若鐺頻聽看山榻屢移老
來塵慮尽独坐每拈髭公殁虹洲公亦下世園遂屬
於吾祖六中丞舜峯府君取王內侍詩名之曰寄暢
園乾隆十一年即其地建雙孝祠以奉養恬府君
昆仲二栗主五百年來世守弗替人稱之為江南第
一名墅良有以也

嘉靖四十年辛酉公年六十九歲

嘉靖四十一年壬戌公年七十歲建復尊賢祠是歲孫燦
以子梁調山東按察司添註參

疏鈞按惠山尊賢堂者邵文莊公拓三賢祠而重建
者文莊公殁堂日就圮狼題毀落垣墉傾敗公請命
於伯兄辰溪先生鳩歡集治公為之記友人彭翰作
詩詠之云採此南山蕨酌彼清澗流流澄蕨復肥將
以奠前修無錫稱壯邑諸賢尽琳球廣者表嚴穴出
者襄皇猷文采炤照灼儀型日已遠慨哉銀台君葺
墜勤冥搜舊宮振新製煌煌來道周不有伊人揚其
誰觀前修懷古兼詠今我欲往從游秋水清漸望蒹
葭滿汀洲

疏鈞按燦為元洲公長子字明量號蕭泊邑庠生舉

鄉飲賓冠帶儒官子二境域
經釣按虹洲公官山东按察使副使時德州兵備公
提督紫荆等関皆缺官嘗兼領之文治武備整飭改觀
嘉靖の十二年癸亥公年七十一歲
嘉靖の十三年甲子公年七十二岁子梁改浙江提學副
使
經釣按虹洲公任浙江提學副使時賓興之期且逼
蒞事五閱月徧歷十一郡浙之名士收錄殆盡時中
式者九十五人而公之收拔士居五十有六时論韪
之
嘉靖の十の年乙丑公年七十三岁有風疾孫興生子梁擢湖廣
按察使參儉公風痹疾
經釣按興為元洲公次子字上生号混塵郡庠生以
子調贈奉直大夫福建福甯州知州子二調材調字
號新号儀海邑庠生萬歷乙卯舉人天啓壬戌成進
士任澤州知州官至户部郎中崇祀鄉賢祠材字表

行号備塵康太學生傍孫源寬字来紘号怡雲康熙
乙卯舉人癸未成進士候補内閣中書源寬長子伯
號号蛟门邑庠生康熙庚子舉人雍正甲辰成進士
官潍縣知縣四子號光字逸孝吴縣庠生父子三人俱以
孝行著邑志有傳伯號子鴻升字映斗号霽峯乾隆
庚子舉人渭縣知縣號光子景邀字振千号勉庵中
乾隆壬申舉人甲戌會試明通榜
經釣按虹洲公之任湖廣按察使也徵才起能墨吏
多解綬去按死囚求生不得乃論之
嘉靖の十五年丙寅公年七十の岁子梁陞江西右布政
使請假归里是岁六月二十三日公薨著有從川詩集岁
栖集碧山吟社表事載昆陵人品記崇祀惠山尊賢祠
經釣按是时公春秋高患風疾思虹洲公心切適江
西右布政使命下亟馳归早夜侍醫藥衣不解帶者
閱兩月公病竟不起虹洲公毁瘠骨立鄉评於是推
秦氏世孝云

隆慶元年丁卯

萬曆元年癸酉

萬曆六年戊寅子梁卒享壽六十四歲

毓釣揆公殁後虹洲公家居不出者十有三年在山之日常多家園之外又得黄𥟖黄𥟖者春申君別業也鳴瀑自山頭來𥟖承而下景最奇雨後輒邀客載酒以往会先人修復吟社盛事時其扃鑰間以三四知己觴詠其間治第於淮海祖祠之西建從修既翕

阡

室奐三堂既翕堂舊為中齋公宅宏治甲寅修邑志吳瀠庵李綱庵輩協才成書由中齋公序而行之歲甲戌重修邑志会庭開館聘虹洲公五敘公即其比西厲禍馬事後顔其堂曰文獻之家示不忘也至是辛亥年六十有四而殁太夫人狀在堂云

萬曆九年辛巳公配殷太宜人考終正寢享壽八十三歲有孫八人孫女幼之曾孫男六人曾孫女亦幼之是歲八月初二日公次子繁奉太宜人柩合葬於軍將山冥塢新

毓釣菜太宜人夙嫻庭訓凡孝經女誡默識洞解歸而事舅姑順夫子處妯娌戚族上下出所習熟者循行之詠以也通參公方砥礪當南無暇握筭執籌太宜人為劑量綜核不一以嬰内顧念適通參公同産吳節婦早寡無子父參憲樂易公命通參公為節婦後太宜人孝養姑竭誠祇慎間以歲節伏臘虔修樂易公側樂易公夫婦亟稱佳婦焉比節婦殁哀毁喪葬一歸于厚嘉靖丁巳伯子以給舍奉命視都重城功完優敘擢通政司參議奉贈父母咸錫封誥太宜人渥寵隆貴矣而服食儉節約承尊御下愈謙飲賑恤族黨愈周洽其甘淡惜福樹德冥冥尤丈夫所難也通參公性剛正義氣激昂至振風靡而太宜人濟濟以温慈事無巨細期即于義故終身雍睦相敬愛如賓友孽妾王氏興興加惠澤節婦媵丁氏亦感恩相守不再嫁節婦育華氏女為女

適鄒者尤相愛篤視華所生子如己子至娶其女以配孫敦舊好七太宜人三女奩飾粧厚助諸甥嫁娶各俾得所諸子婦孫行起居立訓格言無偏愛無涸澤以故群情咸得之

海翁公年譜

笠亭公原本　　孫男毓釣增輯

萬曆四十五年丁巳二月初四日公生　一歲曾祖舜峯公燿祖太太清公竣父公蕃公仲錫公蕃公以萬曆戊子生至是三十歲矣公諱德藻字以新號海翁恩貢生壽八十有五舉郡縣鄉飲賓齒德俱尊諸子通顯孫曾繁昌後分二十四支

毓釣案秦氏世為無錫著姓舊分三支八宗公為修敬公旭九世孫兄弟三人公其仲也配侯太夫人以是年二月二十五日生為同邑戶部主事鼎鉉女有子六人長松齡嗣以時公後次松期松喬松如俱侯出松紀側張出慧航側出生而好佛不茹葷受業師倪某愛而育之既長不願婚娶從釋孫二十四人以生年之先後為次分為二十四支大房道然二房孝然三房靖然四房文然五房憲然六房賓然七房舜然八房抬然九房敬然十房悟然十一房軒然十二房

祖並十三房存並十四房易並十五房棠並十六房起並十七房明並十八房景並十九房孝並二十房純並二十一房修並二十二房瑞熙二十三房竹並二十四房慶其曾孫五十八玄孫百有六人承先啟後身備福享當世稱之為國老為人瑞者久矣晚年諸子在仕籍將成均者俱歸子舍從容侍養孫曾男女繞膝百人及身親見五世孫天倫至樂完美無憾焉

四十六年戊午公年二歲

四十七年己未公年三歲

四十八年庚申公年四歲

是年亦為泰昌元年

天啟元年辛酉公年五歲

二年壬戌公年六歲

三年癸亥公年七歲

四年甲子公年八歲

五年乙丑公年九歲

六年丙寅公年十歲

七年丁卯公年十一歲

崇禎元年戊辰公年十二歲

二年己巳公年十三歲

三年庚午公年十四歲

四年辛未公年十五歲

五年壬申公年十六歲

六年癸酉公年十七歲

七年甲戌公年十八歲與兄以時公德隆同游庠侯太孺人來歸是年父公蕃公卒享年四十七歲時祖父母俱存

鯤鈞業公時以大父母白髮在堂恐增悲慟每晨昏入省拭涕將事退就苫次哭盡哀事母于曲體意旨母好作佛事公敬順之靡不至為諸生有聲壇坫而試輒闈卒以明經薦成恩貢生遭明季亂世不果出延名師闢講舍教成諸子以次通顯

八年乙亥公年十九歲

九年丙子公年二十歲 長女生

十年丁丑公年二十一歲長子松齡生嗣光德瀅後字留仙號對嚴乙未進士改庶吉士仕至左春坊左諭德壽七十八著有毛詩日箋六卷蒼峴山人文集六卷詩集五卷微雲詞一卷明史擬稿四卷

毓釣案對嚴公應官諭德故亦稱宮諭嘗與睢州湯文正斌講求性命之學工詩古文與同邑嚴繩孫齊名而詩格尤高晚益耽研經訓尤深于詩邑志儒林有傳崇祀鄉賢祠惠山尊賢祠配享雙孝祖祠配吳氏副貢生以馭女繼華氏弘文院侍讀亦祥女子六道出吳出實出華出祖出易出明出壽出俱側出

十一年戊寅公年二十二歲

毓釣案是年八月初十兄以時公德瀅病歿無子公乃以己子松齡及弟以霄公子松岱為之後時松齡生甫逾歲松岱後以時公病歿九月而生俗所謂遺腹云又十年嫂氏王卒王名朔金壇名諸生彥泓女工詩著有靡提閣集遺有女一嫁華實楸家貧公贍以田百畝終其身

十二年己卯公年二十三歲

十三年庚辰公年二十四歲子松期生字邵仙號溹園廩貢生選蒙城縣學訓導改授翰林院孔目舉鄉飲賓壽七十六

毓釣案邵仙公家居養親內行淳至負才識不及施用閒施之於鄉里邑有公事恆尸之康熙甲午續修宗譜獨任刊刻邑志行義有傳配享雙孝祠配黃氏歸安知縣鍾瑞女繼鮑氏樂安知縣鳳儀女壽七十八子五煊出軒出存出彭出瑞出俱鮑出

十四年辛巳公年二十五歲

十五年壬午公年二十六歲子松裔生字島仙號臥雲增太學生舉鄉飲賓壽八十二

毓釣案島仙公頎身重顏性樂善有叩必應天真爛

並能童豎亦愛而覯之羣呼曰三老佛子邑志耆碩
有傳配享雙孝祠配高氏庠生蓮生女子三孝並請
並文並

十六年癸未公年二十七歲
（明崇禎十七年 清順治元年）甲申公年二十八歲
鯨鈞案是年三月流寇入北京思宗殉國清兵入關
破走李自成據而代之是年爲順治元年南都立
福王改元弘光

（明弘光元 清順治二）年乙酉公年二十九歲
鯨鈞案是年六月南都覆弘光降江南地入于清公
奉母避兵居鄉時大父母以年篤老不出城公朝夕
往還省視盛暑中奔走不輟時以爲難
三年丙戌公年三十歲大父太清公以五月二十日卒壽
八十一公共伯父公安公諱伯欽泣血廬墓如喪父時宗
黨稱其孝
鯨鈞案公嘗身當機户重役并爲伯父公安公分任

以紓其憂公安公太學生舉鄉賓五子德滋德沏德
淇德芬德衎德滋字以巽崇禎癸酉副貢名著復社
見復社姓氏録德淇字小武吴縣庠生與伯兄以巽
俱列名于涯臻詩社
四年丁亥公年三十一歲子松如生字亦仙太學生任吴川
縣知縣以請蠲逋賦忤上官罷歸崇祀吴川名宦並建專
祠壽七十二
鯨鈞案亦仙公令吴川有惠政于姓輩亦稱以吴川
公邑志宦望有傳配享雙孝祠配陳氏庠生允謙女
子五憲並敬並恬並陳出榮並景並側出
五年戊子公年三十二歲子松齡（年十二）入泮大母施孺人
以三月初三卒施爲太僕寺卿策女壽八十三
六年己丑公年三十三歲
七年庚寅公年三十四歲
八年辛卯公年三十五歲姪松岱游庠松岱字赤仙號燈巖
附太學生與兄松齡師事弱水先生鏞講求性命之學爲

東林都講

毓鈞案赤仙公講學東林尤邃於易著有周易衍微

二十卷邑志儒林有傳崇祀東林道南祠配邵氏庠

生嗣姻女無子嗣松齡子寶岱松衡子舜燕爲後

九年壬辰公年三十六歲長女歸同邑王鄉埜爲室

十年癸巳公年三十七歲

十一年甲午公年三十八歲長子松齡中式江南鄉試舉人

十二年乙未公年三十九歲長子松齡聯捷登史大成榜進

士改授翰林院庶吉士

十三年丙申公年四十歲

十四年丁酉公年四十一歲長子松齡授檢討尋以道糧案

罷歸次子松期游庠

毓鈞案是年邑道糧籍中誤入宮諭名乃公族姊

適朱者所遺累公念其孀居子幼令宮諭置勿辯

十五年戊戌公年四十二歲長孫道岱生道岱乙酉舉人己

丑進士改翰林仕給事中著有泉南山人詩集明儒語要

周知私記

毓鈞案維生公道岱號南汸爲對嚴公長子公之嫡

長孫也配陳氏子三芝田蕙疇蕙田蕙田嗣曷岱後

乾隆丙辰一甲三名進士授編修仕至刑部尚書謚

文恭著有五禮通考二百六十二卷學者稱味經先

生邑志儒林有傳崇祀鄉賢祠配享淮海祖祠惠山

雙孝祠墓田子泰鈞甲戌進士授編修捐贍族田二

百畝與族叔樸齋公書田介菴公兆雷族兄禾亭公

饋蓉莊公雲鈞竝文集公遺志創建義莊族中孤寡

者咸感德之

十六年己亥公年四十三歲

十七年庚子公年四十四歲續配侯夫人以八月十六日辛時僅四十有

四歲耳

十八年辛丑公年四十五歲母于太孺人以八月二十七卒

孝七十二子爲金壇鄢陽兵備道文熙孫女

康熙元年壬寅公年四十六歲孫孝岱生孝岱邑庠生壽九

十三為乾隆辛未南巡御製詩中寄暢園中九老第一人
舉鄉飲賓邑志耆碩附父松喬傳
毓鈞案石經公孝貽號慕廬為卧雲公長子公次孫
也壽九十三配顧氏子七玉田鶴田在田鳳田雨田
南田荷田
二年癸卯公年四十七歲孫請貽生請貽丁丑拔貢生辛卯
順天舉人壬辰進士改翰林官授編修壽六十四
毓鈞案樂師公請貽號慕廬為卧雲公次子公之第
三孫壽六十四邑志文苑有傳配張氏子三力田研
田餘田
三年甲辰公年四十八歲孫文貽憲貽生文貽太學生憲貽
附太學生
毓鈞案中子公文貽為卧雲公三子公之第四孫配
顧氏早卒繼配顧氏壽七十四守節請旌崇祀貞節
祠子華田繼顧出又撫孝貽子荷田武度公字學圃
為六仙公長子附太學生壽七十九配王氏子二嗣
惜貽子雲會雲鶴側出
四年乙巳公年四十九歲孫實貽生實貽增貢生寄暢園九
老第二人與從兄孝貽同里閈因顏其里曰孝友里壽八
十九姪孫舜燕生舜燕邑庠生壽七十四
毓鈞案涑子公實貽號訒菴為對巖公次子公之第
六孫也嗣燿巖公為後邑志孝友有傳壽八十九聘
沈氏配鮑氏壽六十三子一春田姚升公舜燕為漢
仙公松衡次子嗣燿巖公為後以幼於涑子公列為
七房邑庠生壽七十四配高氏子二中巖獻
五年丙午公年五十歲
六年丁未公五十一歲子松乩孫敬貽生松乩字龍仙太
學生敬貽邑庠生寄暢園九老第三人壽九十是歲子松
喬游庠
毓鈞案龍仙公配吳氏繼胡氏子四純貽脩貽吳出
竹貽處貽胡出真齋公敬貽字學伊為六仙公次子公
之第九孫也邑志耆碩有傳公實長子元獻公三歲

歆仙公生康熙丁未卒康熙庚辰年三十四岁在海翁公卒之前一年子四
師范公生康熙丙寅時十五歲學顔公生康熙庚午時方十一岁企唐公生康熙丁丑時方五岁
宗周公生康熙己巳時方二岁外附歩辛巳胡璐人卒歆仙公生母張而存
對君公卒康熙甲午壽七十八滲園公卒康熙乙未壽七十六鳥仙公卒雍正癸卯壽八十二
亦仙公卒康熙戊戌壽七十二

而舊譜如此仍之配高氏壽八十五子二昆田東田
七年戊申公年五十二歲
八年己酉公年五十三歲
九年庚戌公年五十四歲孫始然恬然生恬然附貢生壽七
十八恬然邑庠生壽七十七
毓鈞集元獻公怡然號丹山為鄧仙公長子公之第
八孫也壽七十八配高氏壽七十九子四冀田二田
天田鵬程偷齋公孫也亦仙公三子公之第十孫也邑
志耆碩有傳壽七十七子五星田甸雲翼雲會雲衢甸
字中馭雍正丁未進士官知縣南陛刑部主事邑志
宦望有傳雲會嗣憲然後雲會子朝舒字大樽號岵
齋乾隆戊辰進士官主事出任知府工詩古文詞著
有岵齋詩文稿邑志文苑有傳
十年辛亥公年五十五歲
十一年壬子公年五十六歲
十二年癸丑公年五十七歲長孫道然游庠

十三年甲寅公年五十八歲子松齡以賢能薦赴湖廣軍前効用孫軒箕生軒箕增貢生
毓鈞案二南公軒箕孫敬甫爲邵仙公次子公之十一孫也配祖氏子三琥宏錦麟
毓鈞又案對嚴公之從軍荊襄乜蔡大將軍毓榮延之講學公談性命之旨與大忠孝大義介甫之士供爲悚慄
十四年乙卯公年五十九歲子松期考充本年歲貢姪孫辰燕游庠辰燕歲貢生善屬文與從兄道箕從弟靖箕雷榮稱秦氏四子靖箕繼道箕入翰林兩辰燕雷榮皆以諸生終
毓鈞案是年六月初五公弟以雷公德滋殁公哀之甚逾歲當六十壽辰特命不舉觴以誌遺悼以雷公明季諸生鼎革後屏居小樓足迹不離戶庭二十餘年邑志隱逸有傳子三松岱松衡松華松岱嗣以時公後無子嗣松齡子貫箕松衡子彝燕松衡子三辰燕彝燕昌燕松華歲貢生官知縣邑志宦望有傳子四雷燦琦榮博榮獬榮雷榮子勇鈞字健資以乾隆乾己未一甲三名進士授編修官至陝西按察使邑志宦望有傳
毓鈞又案公次子邵仙公松期以考充本年歲貢入京前輩葉文敏宋文恪咸交稱之授蒙城縣訓導不赴
十五年丙辰公年六十歲
毓鈞案是年公長曾孫耕青公芝田生道箕子也耕青公康熙乙酉舉人官無極縣知縣列耆暢園九老第六人配王氏子一應鈞
十六年丁巳公年六十一歲孫祖箕生祖箕太學生
毓鈞案蘂士公祖箕爲勸伊公次子公之十二孫也配胡氏子二琮田恩田
十七年戊午公年六十二歲子松齡以博學鴻儒薦
十八年己未公年六十三歲子松齡召試一等還原官纂修

明史是歲孫靖並孝並𢘆並同案入泮

十九年庚申公年六十四歲孫曷並𠕎並生曷並郡庠生存並附貢生

毓鈞案三省公存並號三織為郎仙公三子公之十三孫也配顧氏子一圭田魯山公曷並為開伊公四子公之十四孫也郡庠生配顧氏嗣道並子蕙田是歲公曾孫耕烟公玉田生二房孝並子也壽七十四配王氏子二鈇仙鑾仙鑾嗣鳳後

毓鈞又案是年公四子亦仙公松如以明經謁選授粤東吳川令

二十年辛酉公年六十五歲子松齡充日講官起居注江西鄉試正考官陞右春坊右中允兼翰林院修撰是歲孫賁並游庠

毓鈞案是歲公曾孫耕九公鶴田生二房孝並子也壽七十六配楊氏子一甫鑾

二十一年壬戌公年六十六歲孫起並崇並生起並太學生崇並太學生為寄暢園九老第四人是歲孫啟並游庠

毓鈞案啟公崇並號蕭村為亦仙公四子公之十五孫也壽七十配吳氏子二鳳翼龍田四知公起並為郎仙公四子公之十六孫也太學生配周氏守節詒旌子一時是年公曾孫耕雲公在田生二房孝並子也壽六十八配鮑氏子一璧鑾

二十二年癸亥公年六十七歲孫明並生明並太學生候選州判

毓鈞案後集公明並為對巖公四子公之十六孫也太學生候選州判配周氏繼施氏又繼施氏守節詒旌崇祀貞節祠子一園田

二十三年甲子公年六十八歲子松齡陞左春坊左諭德充順天鄉試正考官中與諸羅歸癸未南巡奉旨開復原官

毓鈞案是年十月聖祖南巡庚申幸惠山駐蹕寄暢園公率子姪迎謁之禮園為端敬公金所築初名鳳谷行窩嗣僞郡華公燿改王内史寄暢山水陰向措

定今名其後分屬諸子又三傳而合併于公乃累石
作層樂引二泉之流曲注其中園成而益勝以故康
熙乾隆兩朝每過南巡駐蹕臨幸云
二十四年乙丑公年六十九歲
二十五年丙寅公年七十歲孫景蕃孝蕃純蕃生孝蕃邑庠生
乾隆丁丑南巡恩賜翰林院編修列寄暢園九老第五人
純蕃太學生
毓鈞業廣先公景蕃為以仙公五子公之十八孫也
配華氏守節請旌子一孟堅人鑑公孫蓉漢為對巖
公六子公之十九孫也壽七十七配劉氏子三卿田
杏田藝田鼎乾公純蕃為龍仙公長子公之二十孫也太學生配吳
氏壽六十八守節請旌崇祀貞節祠子二禹田伤田
二十六年丁卯公年七十一歲
毓鈞業是年公曾孫耕璧公藍田耕若公鳳漢玠公
昆田阜楠公星田生耕璧公為八房丹山公子壽六
十二配侯氏壽七十四歲子四大鈞和鈞調鈞之鳴

耕若公號研齋考授州吏目舉鄉飲賓壽八十六二
房石經公子配過氏壽七十九子二長嗣玉田子仙
寰次殿璋側出漢玠公字文富太學生壽七十為九
房奠齋公子配黃氏子二錫恩錦瑞阜楠公郡庠生
為十房鼎齡齋公子配王氏壽六十五守節請旌崇祀
貞節祠子一元釗
二十七年戊辰公年七十二歲
二十八年己巳公年七十三歲孫悟蕃游庠
毓鈞業是年正月聖祖再巡江南渡錢塘江祀禹陵
過無錫駕幸寄暢園公率子孫迎謁如禮温旨存問
並命出御書品泉二字賜公子左諭德松齡刻石泉
上而以墨本賜之官諭公乃求善手蒸摹撤濤潤堂
而新之亞七月落成又葺霍井之亭別勒貞珉以垂
永久
二十九年庚午公年七十四歲孫修蕃生修蕃歲貢生
毓鈞業曾歐公修蕃為龍仙公次子公之第二十一

孫也配倪氏子一見田是歲曾孫約齋公東田生約
齋公字暘谷郡增生乾隆辛未南巡列寄暢園第九
老第九人壽七十三為九房真齋公次子配顧氏壽
六十一子三鏢鑕鐘鏢字禮寰乾隆丁卯舉人官雲
湖北松滋縣令壽六十六邑志宦望有傳鑕號果亭乾
隆乙丑進士官廣東鹽運使捐贍族田八十四畝
邑志附見鏢傳鐘子三東字漪園己丑翰林授編修
潮號瑞崖乾隆丙戌進士授編修官國子司業兄弟
二人迭掌文衡有聲于時湘號西山乾隆癸卯舉人
官知縣邑志俱附父鏢傳

三十年辛未公年七十五歲孫瑞熙生瑞熙附貢生壽五十
與列寄暢園九老第七人賜老友傳家額壽六十六是歲孫
軒出游庠

毓鈞案五輯公瑞熙號耐園為邵仙公五子公之第二十二
孫也乾隆初曾出資三千餘金獨修葺寄暢園改作祖
祠供奉兩孝子神位邑志孝友有傳壽六十六奉旨
配享雙孝祖祠配周氏子一兆雷例華出字介菴克
承先志捐田二百畝修復寄暢園及双孝祠學
之貴又捐贍族田三百畝是歲公曾孫耕仁公力田
生耕仁公名學生壽六十四為三房藥師公長子配
殷氏子三應鏡鏡庭鑄

三十一年壬申公年七十六歲

三十二年癸酉公年七十七歲

毓鈞案是年公曾孫耕樂公華田生耕樂公號侍軒
邑庠生雍正甲辰副貢丙午舉人癸丑成進士歷任
湖南益陽請福建武平等縣知縣乾隆辛未迎蹕
列寄暢園九老第八人壽六十六為第四房中子公
子配侯氏子二鑄

三十三年甲戌公年七十八歲

三十四年乙亥公年七十九歲

毓鈞案是年公曾孫沛霖公雨田生為第二房石經
公子配天文生配朱氏子二鑾昇和璽

三十五年丙子公年八十歲

毓鈞業是年公曾孫漢隱公春田漢陽公南田生溪隱公字耕和爲第六房叔菴公子邑志耆碩有傳太學生倡議捐贍族田一百畝又鳩族人圭田非雷鎮泰鈞等捐田三百六十畝有奇是爲秦氏義田之始孝八十八配章淮海祖祠配呂氏繼黃氏孝七十九臨侍遺命捐贍族田五十畝子六鳴鈞龍鈞廣鈞呂出震鈞豫鈞鳳鈞黃出震鈞歸丵蘇官濟東泰武臨道邑志宦望有傳克承先志建秦氏義莊于第六箭河增置田五百四十畝莊之西偏又瀾(?)金十數椽搵爲書塾造就族中子弟鳴鈞子鼐號小峴乾隆庚寅舉人官侍郎以文學名邑志宦望有傳捐義塾田八十畝族中子弟無動延師者量給膏脯漢陽公爲第二房石經公子配李氏子四祥鑾鳴鈞調鑾星鑾

三十六年丁丑公年八十一歲孫竹岩生竹岩太學生是歲棫績並華(?)恤貢生

毓鈞業壬唐公仲岩爲龍仙公三子公之第二十三孫也配張氏繼亦張氏子一福田是歲公曾孫耕紅公研田生耕紅公應臣癸卯貢副貢爲第三房墨(?)師公子配張氏子二宏鍾漢鍾萬鍾

三十七年戊寅公年八十二歲

毓鈞業是年公曾孫耕畹公惠疇耕来公圭田生耕畹公一字藝采郡庠生爲大房南沙公次子配華氏子二體鈞鳴鈞耕来公號樸齋太學生捐贍族田十五畝孝十三房三省公子孝六十七配尤氏子二瓊鈞

三十八年己卯公年八十三歲孫廣岩生是歲孫存岩游庠

毓鈞業宗周公廣岩爲龍仙公幼子公之第二十四孫也配顧氏繼張氏子二瑺(?)舊瑺(?)畯是歲四月十二公玄孫叶宮公應鈞生芝田子也配薛氏子二溥瀾

毓鈞又業是歲三月聖祖孝聖太后南巡幸無錫駐蹕寄暢園于是公年八十三矣視履食息俱無恙乎

子拯等跽伏山園埡迎謁計自甲子至己卯十六
年間天子三巡江南四經臨幸公親被垂詢者再賜
御書匾額者二寵遇優渥一時稱異數云
三十九年庚辰孫男□游庠公年八十四歲孫男然游庠
康熙四十年辛巳公年八十五五月初七日卒于里第以
子松齡貤贈庶吉士以曾孫蕙田貤贈刑部尚書配享□
孝祖祠
毓錫棨是時官翰苑者四侍其左右者五人皆蒼顏白髮環侍考終
而孫曾以下男女被縗絰立總帷側者孫男二十三
人曾孫男十六人玄孫男一人諸女合孫曾以下又
得四十七人以卒之年八月二十六葬于唐山灣新
阡邑志耆碩有傳

旭燮銑漢

湆荼偉

秦氏閨懿集

秦氏閨媛集余既輯而著之矣夫婦德婦言古人並重自宋儒創餓死事小失節事大之論一時閨門之内咸知以貞孝節烈樹厥風聲旌門之典明制綦嚴雍正初垂爲令典度地建祠厥例稍稍廣矣道光間總旌例開搜幽剔隱野無遺賢惠山節孝總祠且增至五處吾秦之得與于斯典者凡若而人茲據家乘所及分支採輯並取邑志以彌其闕其未能確指爲起山公後者概焉從略

修敬公支

養恬公長女適吳鉞年二十八守節嘉靖辛卯奏旌邑志列女有傳

荆南公漢聘蘇郡熊氏女名壽芳年十五聞喪誓死不二斷髮截耳己卯來會葬哭臨成禮嘉靖丙辰有司奏詔旌門祠楚南公子標爲後邑志列女有傳

孟輝公煒配胡氏嫁三月而寡萬曆間憲旌貞節嗣舜麓

公墉子為後邑志列女有傳
龍槐公燮配談氏守節旌嗣玉峯公子爾戴為後爾戴
早卒其婦施氏亦守節旌道光間先後補旌如制
五河公炯妻華氏萬曆間憲旌貞節嗣箭源公子珍為後
崇祀貞節祠邑志列女有傳
起予公起妻吳氏守節四十年道光間補旌如制
仲瑩公珩妻董氏守節詔旌崇祀貞節祠邑志列女有傳
永儀公城繼聘顧氏未嫁過門守貞詔旌崇祀貞節祠邑
志列女有傳
省齋公址廣長女適奚長錫三女適丁雋民俱守節詔旌
戴還公巳錫配華氏守節詔旌崇祀貞節祠子二源寬源
功邑志列女有傳
紫廻公瀾妾諸氏撫孤子樹穀守節詔旌以孫雄飛貴贈
夫人邑志列女有傳
以巽公德滋側室李氏生子松壽松辰守節詔旌崇祀貞
節祠

小武公德淇繼配華氏守節詔旌子一松高崇祀貞節祠
以聚公德滙繼配黃氏守節詔旌見邑志
巨侯公泓昌聘吳氏聞訃持服會議婚者至絕粒死詔旌
崇祀貞節祠邑志列女有傳
名皆公溢配周氏守節詔旌崇祀貞節祠
龍門公汝舟聘張氏聞訃守貞嗣開大公子衍義歲星公
子本德為後崇祀貞節祠邑志列女有傳
復敬公承澤配孫氏守節詔旌崇祀貞節祠
大生公仁液三女字陳守節詔旌
映碧公日新三女適吳縣楊俞寄守節詔旌
靜尹公湊聘李氏未娶卒詔旌見邑志
轉時公瀠女適施然守節詔旌
以貞公浴藏次女適吳縣華吳照守節詔旌
源遠公潢兩女俱守貞不字詔旌貞孝見邑志
幼傑公孔洽女字談宜聰聞訃過門撫孤守貞詔旌邑志
列女有傳

本立公蓮淵女適葉天與守節旌
兆廣公源功三女適周需集守節詔旌
漢千公本敬配姚氏守節詔旌崇祀貞節祠嗣熙公千公子
壽熹為後
大士公棟配鄧氏守節詔旌崇祀貞節祠
及高公榮紹聘許氏聞訃守貞過門合葬夫墓候旌
南軒公喬林配李氏守節詔旌見邑志
彭年公桂林配唐氏壽七十七守節候旌道光間補旌如
制見邑志
旭初公國桄配高氏守節候旌道光間補旌如制
林培公梅村聘趙氏未娶卒道光間補旌如制
斯主公本祿配徐氏守節詔旌見邑志
春谷公惟梅配孫氏守節詔旌見邑志
維高公仁標配顧氏守節候旌嗣武高公子甲熾
張之公巽維配樂氏守節詔旌崇祀貞節祠嗣行之公子
麗治

務纘公㮣配朱氏守節詔旌崇祀貞節祠遺腹子一為綱
敬纘公榮配華氏守節詔旌崇祀貞節祠子一為遠
維公公樹屏配李氏守節詔旌道光間補旌如制見邑志
亦仙公松如三女適薛撫辰守節候旌
隨之公巽申李女守貞詔旌貞孝見邑志
斆九公來曾李女守貞詔旌見邑志
邦瞻公松巖李女守貞詔旌見邑志
麗明公爻配陳氏守貞詔旌道光間補旌如制見邑志
綏臣公純熙配華氏守節詔旌崇祀貞節祠嗣亮運公子
堯章為後
景恬公養熙配陸氏守節詔旌崇祀貞節祠子三載寀載
績載叢
元功公成烈配傀氏守節詔旌崇祀貞節祠
後渠公明熙繼配施氏守節詔旌崇祀貞節祠
四知公起然配周氏守節詔旌崇祀貞節祠
彝師公靖然側室吳氏守節詔旌崇祀貞節祠

中子公文然繼配顧氏守節詔旌崇祀貞節祠

儉齋公憎然側室安氏年少無出守節以終邑志列女有傳

虞光公景然配吳氏守節詔旌崇祀貞節祠子孟賢早卒媳周氏亦守節詔旌見邑志嗣耕曾公子恩初為後

師範公純然配呂氏守節詔旌崇祀貞節祠

企塘公竹然繼配張氏守節詔旌見邑志

亦大公奕勲聘施氏年十七聞訃守貞詔旌崇祀貞節祠嗣有典公子在升為後

少先公官旂配黃氏守貞詔旌見邑志

有燕公為則長女適蔡岵基守節詔旌

戴翊公之燕長女適劉鳴若守節詔旌

運福公王政配陳氏守節詔旌

楚黔公珩聘侯氏聞訃守貞慕而卒與夫合葬詔旌崇祀貞節祠嗣溪雲公子嗣聲為後早卒媳李氏撫孤子瀛成立娶婦楊氏未幾亦卒李氏撫孫女二守節詔旌崇祀貞節祠邑志兩人均有傳

滌儀公中威聘顧氏聞訃守貞詔旌崇祀貞節祠撫嗣吉公子鈁為後邑志列女有傳

澹齋公宏配侯氏守節詔旌崇祀貞節祠嗣若章公子士錫為後

阜榆公星田配王氏守節詔旌崇祀貞節祠

承裕公坤敬配徐氏守節詔旌崇祀貞節祠邑志列女有傳

接觀公新畬配華氏守節詔旌見邑志

紫佩公含英配楊氏守節詔旌見邑志

景中公璣配堵氏守節詔旌崇祀貞節祠

羽起公士鵠次女適袁溪簡守節旌子秉鈞早卒婦陶氏守節詔旌崇祀貞節祠孫女一字許未過門守貞亦詔旌焉

一蜚公培聲配殷氏守節詔旌崇祀貞節祠嗣子喬公子鴻為後弟輿清公鳳聲亦早卒其婦華氏守節詔旌崇

祀貞節祠嗣聿商公子洞為後洞又早卒婦俛氏亦守
節詔旌兩世三孀邑志列女有傳
兆文公鼎鈞側室徐氏撫孤子洞成立守節詔旌壽八十
一崇祀貞節祠
儀抑公鳴鈞配丁氏守節候旌嗣叶宫公子灝為後
衡臺公輅鈞聘許氏娶有期矣而聞訃守貞詔旌如制嗣
亦園公子淑殤
蔘莊公震鈞側室李氏守節詔旌見邑志
朝階公秉鈞配陶氏守節詔旌崇祀貞節祠女一字許亦
守貞詔旌
正音公黃鐘配趙氏守節詔旌見邑志
果亭公鑛側室王氏撫二女成立守節詔旌崇祀貞節祠
師范公上鈞配金氏守節詔旌見邑志
彥章公文釗繼配陶氏守節詔旌崇祀貞節祠撫彥成公
子瀚為後邑志列女有傳
嗣音公調鈞繼配胡氏守節詔旌崇祀貞節祠邑志列女

有傳
益恭公鼎銘配蔡氏守貞詔旌崇祀貞節祠
王齋公鼎雲側室呂氏守節詔旌崇祀貞節祠長女適顧
敬均亦守節詔旌
松禱公鼎美聘潘氏痛夫而亡詔旌如制崇祀貞節祠
高賢公灝配張氏守節候旌
東會公滙繼配金氏守節詔旌崇祀貞節祠
易齋公濂配張氏守節詔旌
酉山公湘繼配丁氏守節詔旌其媵張氏亦守節詔旌
湘葵公潤配李氏偕媳華氏吳氏殉咸豐庚申之難見邑
志
小泗公洸側室胡氏守節詔旌子國楠早卒側室呂氏亦
守節詔旌
巨川公濬配鄒氏守節詔旌見邑志
味泉公澄繼配鄒氏壽八十一咸豐庚申偕孫媳鄒氏同
殉祀忠節祠

質夫公文彬配楊氏咸豐庚申偕媳楊氏遇害祀忠節祠
蘭繇公晉林配孫氏守節詔旌見邑志
惶大公巽林繼配施氏守節詔旌見邑志
節堂公和配任氏守節詔旌見邑志
樸堂公棫側室倪氏守節詔旌見邑志
召堂公廷森配顧氏庚申殉節見邑志
景山公栝配周氏守節詔旌見邑志
昌言公師程配孫氏守節詔旌見邑志
小蘅公榕廷配華氏夫歿水漿不入口越七日而絕詔旌
節烈見邑志
蓂梅公廷梁配陸氏壬戌遇害偕一女同殉祀忠節祠
輔叔公繼相妻費氏庚申遇害
維秋公維寅配鄒氏庚申遇害祀忠節祠
佩之公華林繼配龔氏壽八十咸豐庚申之難偕女同投
井死奏請旌表祀忠節祠
謹三公禑配楊氏咸豐庚申之亂偕媳胡氏同遇害祀忠

簡塘公渭配孫氏詔旌節孝崇祀貞節祠
會嘉公添壽聘江氏聞訃在家守貞嗣保齡公子湘為後
耀廷公振清配周氏壽六十咸豐庚申遇害祀忠節祠
洪瞻公聯源配孫氏壽六十六咸豐庚申遇害祀忠節祠
雨人公宗源配高氏庚申遇害祀忠節祠
□□公如濤配陳氏壽七十二咸豐庚申偕子棣媳呂氏
孫承熙壽熙成熙咸熙同遇害
芳洲公注長女適嵇棫守節詔旌
作霖公大用長女素貞父病割股父歿嘔血死詔旌貞孝
見邑志
雨蒼公霖長女適鄒沂守節詔旌
廷美公玉林配吳氏守節詔旌
紹棠公成林側室吳氏守節詔旌
麗補公棨桂配徐氏守節詔旌
春圃公國楨配朱氏庚申避難居鄉偕夫率二子二女同
遇害祀忠節祠

節祠
聽濤公掛勛咸豐庚申城陷遇害長女同母殉寇難哀毀
卒
春圃公泰林女字顧未過門以夫卒矢志守貞遭咸豐庚
申之難請旌崇祀忠節祠
省吾公翊武三女璽雲美矢志事母兩次割股愈疾先母卒
邑志列女有傳
倬青公先翰配嵇氏咸豐辛酉殉難杭州
慈宣公繼昌繼配呂氏庚申二月杭城遭亂挈媳汪氏同
殉長女字李作霖夫死守貞次適平湖徐元錫殉節詔
旌崇祀貞節祠
鑑齋公炳衡配卜氏守節詔旌見邑志
佩華公焯妻顧氏咸豐庚申城陷殉難
殺之公學熙配龔氏遭庚申之難偕夫同殉祀忠節祠
景陶公志熙配鄒氏遭庚申之難偕夫同殉見邑志
映齋公炳慈配鄒氏咸豐庚申遇害偕女同殉仲弟婦吳
氏挈一幼子三弟婦陸氏偕一幼女亦同及于難
佰銘公務勛聘配華氏未娶在家守節十年卒
子安公廷寶二妹未字入隨官杭州偕兄殉辛酉之亂仲
嫂周氏季嫂狄氏及幼弟廷栢同及于難
楚臣公國珩聘薛氏遭庚申之難被戕詔旌祀忠節祠
撤峰公兆魁配周氏守節詔旌建坊惠山綺膝衖
長卿公恒培聘侯氏守貞詔旌
抱拙公派
南湖公湜女適王有道守節詔旌邑志列女有傳
允華公廷赤配華氏守節詔旌見邑志
念橋公廷熙長女適湯作霖守節詔旌邑志列女有傳
公寶公涑配方氏守節詔旌崇祀貞節祠
學海公汝瀚繼配華氏守節詔旌崇祀貞節祠弟汝溥亦
早卒其婦徐氏守節詔旌崇祀貞節祠
咸英公宸漢配倪氏守節詔旌見邑志
孝則公準配吳氏守節詔旌見邑志

跋宗公之浚季女守貞詔旌貞孝見邑志
逢源公之本繼妻楊氏守貞詔旌見邑志
逢辰公之樞配楊氏守節詔旌嗣荆山公子燽為後崇祀
貞節祠邑志列女有傳
中藩公秉宣配顧氏守節詔旌見邑志
子豫公廷梓配錢氏守節詔旌崇祀貞節祠
眉山公本忠配吳氏守節詔旌崇祀貞節祠
松山公士杲配陳氏守節候旌
元溥公煥配顧氏守節詔旌崇祀貞節祠
元章公廷炯配湯氏守節候旌撫遺腹子增齡嗣元輿公
為後復歸次子叙錫為孫
銓積公善慶配吳氏守節詔旌見邑志
斗初公思默次女適孫漢沖守節子鈞男早卒媳吳氏亦
守節道光間詔旌如制
其慶公銓昜配周氏守節詔旌見邑志
景文公宏銓長女守貞未字

虞善公泰配金氏守節詔旌嗣存橋公文汝源子棠為後
棠亦早卒其婦薛氏守節詔旌崇祀貞節祠
康秀公自立配周氏守節詔旌
嘉植公應禮配吳氏守節詔旌
儉節公文
我沙公燧女適祁陞守節詔旌崇祀貞節祠
復曾公達材配蔡氏守節詔旌崇祀貞節祠邑志列女有
傳
韮聲公鴻志繼配楊氏守節詔旌崇祀貞節祠
俊若公仁露配王氏守節詔旌道光間補旌如制見邑志
國士公高來配華氏守節候旌
廷章公柏麟配王氏守節候旌撫廷陛公子虞羔廷榮公
子仁羔為後
春山公果愛女適王家旦守節詔旌
企蓮公夢蘭次女適朱廷賢守節詔旌
慶雲公燦配錢氏守節候旌道光間補旌如制

瑒珍公瑶次女適周錕三女適滕曜均守節詔旌

繼安公藍田配許氏守節詔旌見邑志

廷玉公京釗配陸氏守節候旌

約軒公支

濟襄公煥配陸氏守節詔旌崇祀貞節祠

志完公至化女一適華錫鍾守節詔旌

延喜公廷詔二幼女從死長沙殉國難子鏡肖父長沙佐

父殉節慟哭卒其婦華氏亦守節候旌

達九公渭膺配黃氏守節詔旌崇祀貞節祠

次顯公汲配趙氏守節詔旌崇祀貞節祠

明祥公澤灝配顧氏守節詔旌崇祀貞節祠

石麟公鍾麟配華氏守節詔旌崇祀貞節祠

子春公滋椿配顧氏守節候旌道光間補旌

昭廣公爲昫配趙氏壽七十守節候旌道光間補旌如制

粹瑩公璵配高氏守節候旌道光間補旌如制

碧山吟社家集摹

敏鈞案碧山吟社爲修敬公手創時在景泰末年選地于春申澗上得龍泉僧舍乃改爲之構堂名十老公同李綱菴庶陳遜菴履陸竹石勉高梅菴直黃杏軒祿楊葩玉理陳玉溪公懋施北野廉潘玉林緒等九人觴詠其中每風日晴和以次爲具行以雁序坐以齒列而陳秋林勉盛冰壑顒暨公子中齋公夔亦時或一至不在恒數社内建亭四名曰撚鬚曰流馨曰借山曰濯纓鑿池名涵碧開徑名芙蓉葉陂名古木并龍縫泉麓爲八景各繫以詩但不知爲何人所作姑從錫山景物畧錄之如左

撚鬚亭

水聲凄洞戶竹色淨檐楹寂寞懷人處吟安正賦詩

流馨亭

香柚舊垂重雙新枝又幾霜顧將勿翦意竊比召公棠

濯纓亭

華冕久忘情歸來濯舊纓濯時欲孺子明月在南榮

借山亭

誰得借名山山靈可否開乾坤都是借何處始應還

涵碧池

一水滿安池清風漾碧漪野人時弄水惟有白雲知

芙蓉徑

名花夾徑栽秋色翳高臺臺下行吟者花神莫浪猜

古木跋

喬柯滿近坡千載映崖巘石山留詩處題名半滅磨

龍縫泉

龍縫時泉清誰穿龍縫成小池風雨夜空有飲龍聲

修敬公旭

乙巳三月遊吟社諸公小集

三春將遵芳歇老子闔門養疎拙山中白社久荒涼誰破慳囊作時節我家小山猶一拳錦石秀古含風烟長日鈎藤對高卧此中彷彿壺中天繡毬花開大如斗重臺牡丹世稀有急呼九老賞餘春短簡長箋費走六客徐徐來短韈新茶奉款相寒暄三人不來是誰子聽玉梅菴同杏軒七人焚香看書畫時或調琴坐花下衆中一客是施郎被酒佯狂尤善罵此郎乃是詩酒仙醉來落筆如張顛刄司倪召上京去白眼舉觴長看天陸郎與我握松子咩嘰何曾論容止李公七十猶添丁把酒敬勸賀新喜二陳先生能著書妄意量肯排諸儒潘郎詞鋒亦景煥年少自足餐詩腴七人相觀忘爾汝談笑何妨作常語回看碌碌三老翁未肯癡聾作家主

花朝繼芳邀社飲

去年花朝晴復雨潘郎邀我遊山墅畫船曾載玉梅花醉撥琵琶唱金縷今日花開風日妍潘郎攜酒復占先年年如期謹約束不比懶牛須着鞭碧山堂上開華宴緑酒吹香撲人面座無紅袖撥琵琶司馬何須淚如線衆人文采推潘郎折花行酒春興狂題詩不愁韵腳險吐詞自覺光

苙長泉欲(陵)披草相呼喚海錯湖鮮鋪錯亂人生行樂莫道
此只恐流光暗中换昨聞朝報遷(過)州司此舉黜陟何曾知
山花紅壓紗帽重彊學四(妙)年聊自欺只今天王六五帝升
米三錢門不閉八荒四海無啼飢吾儕且樂太平時

將就養斷江留別吟社諸老

鄉園回望思依依莫怪先生去魯遲白鳥已傳湖上信清
樽暫負社中期出門繾綣嗟無歸到郡檄勤喜有兒寄語
諸公休見念歸來同賦菊花詩

過碧山吟社有感東楊叔理

鳥飛雲散水泠泠騎馬還來看晚晴竹死桐枯原有數蛙
鳴蟬噪卻無聲澗邊寒菊猶花事眼底青山不世情寄語
滄洲楊散吏好將詩筆改泉名

與諸公社飲有感 以下

賞興衰年亦奮飛冷觀真與世相違青衫白髮從容老流
水孤雲自在歸眼底江山隨世好社中朋舊幾人非殘花
尚有傷春意還入朱簾拓舞衣

甲辰正月六日繼芳邀社予以眩疾不赴詩以申謝

頭白昏昏只欲眠招呼長者社中賢餘生待斃鬼門下良
會負期人日前畏酒暫辭金谷罰酌泉重結惠山緣春湖
綠漲桃花水煩借米家書畫船

弘治壬子新春荷納菴先生以君子道長之時先後
吟社此有道之舉也亦賢矣哉喜而賦五言律二章
錄奉諸公先和且訂後會云

先生忽命至老子成青鞋舊事休酸鼻新年且放懷憑闌
小天地把酒外形骸只作亡何飲機關我我太平
勝事久沈沒江山間氣銷愁腸置冰炭吾道付簞瓢此老
能恢復春杯還見招等閒誰繼續我亦在元宵

中齋公燮

將赴武昌留別吟社諸老

鼇旆別鄉國悠悠江漢行朝廷無棄物我輩亦專城豈慰
蒼生望虛傳竹馬迎題詩關行色多謝故人情
故里歸來日新篘正滿缸飲多妨讀律才小懼為邦曉夢

還依闕春帆又渡江功名成底事聯白鬢毛雙

癸巳正月將之武昌留别諸社友

滿天風雨下西樓簿宦催人不自由江上移家都十口天涯為客只孤舟閒愁忽忽心如搗短景匆匆鬢欲秋堪羨吟壇諸故舊春來詩酒漫優游

丁未初冬將赴西江留别諸社友

一紙除書出禁宸天恩遥起病中身年來屢喜官資大老去空慚寵命新豈有涓埃酬聖主已看新進笑陳人何時歸來龍峰下喜與諸公樂隱淪

過碧山吟社懷楊叔理

暮年詩酒自從容占斷青山十里宫每共野人聯石鼎還憑高閣聽秋風才華舊説滄洲吏圖畫新傳白髮翁更有餘情真可笑不應泉姓獨從公

和碧山吟社新成韻

諸公結社題詩處占斷東南第一山茅屋清涼崖谷底葛巾消散水雲間煙霞 何時醒人名浮名好是閒搯吾育觀勞問訊西江官棹未曾還乾坤萬象入牢籠詩法如君眼底空翠壁丹崖延十老青雲黄閣付諸公閑隨野鶴尋僧遠醉挿山花映酒紅笑我塵緣何日脱白頭應老簿書中

别吟社諸公

野夫又理西江棹錯認他鄉是故鄉世是無端良足厭君恩如海自難忘也知疎懶人多棄漸覺衰遲鬢已蒼最苦江湖涼月夜不堪回首碧山堂

從川公瀚

迂泉八月十八日舉碧山吟社會和補菴韻

碧山稀社會久矣待時清何意干戈後來聞歌吹聲亭臺喜如故草樹幸重生物理無庸問惟憐卯壑情

十月十二日碧山社會賦泉上鳴琴

泉上堂成戸牖虚小春衡雨過軒車為憐石罅流瀺灂又喜琴聲雜珮琚落指音稀何淡若到池聲静想純如何人更解無絃意流水高山聽有餘

毓鈞案梁溪詩鈔顧惠巖復碧山吟社記云秦封君從川恩惟其曾大父修敬之摩舉吟社也乃鋭志恢復謀之王侍御石沙義倡鄉達公醵購復鳩

工載葺爲紹修堂爲濯纓軒爲十老亭流馨室爲吟臺爲行廚茶具爲几椅壺觴棋局之數凡有資於燕遊者纖悉治備諸公之功偉矣時各有賡和預會者郡伯喻心遠宜之僉憲莫迂泉僉吉余四弟憲副洞陽與新學諭徐西巖顧夫正郎華補菴從龍大尹錢心齋國章封君秦從川叔度太僕侯企竹繩武司諫張靜思舜舉宮贊浦后巖道徵少尹施武陵子羽大尹高杏江文明侍御王石沙汝玉學士華鴻山子潛僉憲王仲山子裕京兆尤西村懋宗副郎馮補齋子占僉憲安膠子靜共若干人

穎鈞又案碧山吟社者至弘正間社會既輟之後舊社未復之先司徒鳳山公歸自留都乃邀宗伯二泉邵公都事心泉呂公少參惠巖顧公與其弟少參松閣公司徒之族兄長史藕塘公山人陳石村氏結詩會山中亦以碧山吟社名然止就諸公之別墅如二泉精舍鳳谷行窩惠巖小築次第舉會焉

虹洲公梁

吟社次華少岳韻

白社枉高車滄江返棹初論心驚歲晏選勝入詩腴十老風猶在　公望不虛郤慭叨侍從猶未薦相如

約齋公東田

乾隆己卯之冬顧珍山先生持二泉紀盛圖約余赴十老會緬昔吾祖貞靖公首倡碧山吟社厥後族祖從川公續之顧洞陽先生實倡之是舉乃三續矣予不工詩勉強應命率成長歌一首

九龍蜿蜒蓉湖瀏南極峯高國多壽況逢運會值昌期文物聲名正雄厚翠華屢幸邀聯翩宸翰輝煌賁二泉邑中耆英主提挖披圖題咏多新篇自昔香山推九老樂天以十稱最少狄盧年未登古稀同賦無須列名早碧社諸公並九峯蒼髯亭畔生芙蓉石田爲繪碧山景畫歸吾祖貞

靖公風流歌絶殘碑在一朝振頓需宗工朝廷尚爵鄉黨
齒布衣軒冕分仕止期頤又見兩詞宗鄒二知張有堂滿堂嘉客
首屈指不見吟社有潘君當年嘖嘖誇閭里碧山吟社惟潘玉林緒未
六十今珍山未七十也巴人何處和陽春水秀山清氣象新箕裘勿
替孝慈賴醇儒交苑交流芬虎頭盛舉記三續文獻從今
有替人

毓鈞案是時公年七十兩續碧山吟社未成立也
又踰十一年而吟社成立公殁已八年矣致顧珍

山續碧山吟社詩序碧山以前後十老傳林壑已
墟流風未泯欲舉其廢者前有杜雲川太史布衣
邵來九諸君子比鄒二知宗伯林居既久今八十
有六張有堂宫傅以八十予告歸里今八十有三
二老提倡風流慨然復古爰集宫經歷子通之瑛
年八十有五鄒封翁逸溪禔年八十有四華大令
煙麓西植年七十有九施大令紉齋禹言年七十
有八華中翰賁園希閔年七十有六家廣文欖園
還年七十有四鄒太守亦樵雲城年七十有二予
年六十二亦與其末庚寅之秋會於慧川園續碧
山吟社繪十老圖因系以詩

寄暢園家集纂

餘鈞案吾家之有寄暢園者五百年于茲矣經端敏　虹洲　舜峯　海翁四公之締造康熙乾隆兩朝迭次邀幸乾隆中並奉雙孝慈壽于此泰園之名赫奕一時洪楊亂後敗瓦頽垣雖事修葺大非昔比過之者即一園之盛衰亦可以消息吾族之狀况矣謹蒐先人所紀咏彙錄成冊俾子姓閱之藉知吾家掌故

餘鈞案端敏公鳳谷行窩有蘇[illegible]振衣亭午橋野堂諸勝嶺落峯參議嘗賦于此步韻賦詩有[illegible]

端敏公金

築鳳谷行窩成

名山投老杜卜築有行窩曲磵盤曲石長松冒碧蘿峯高看鳥度徑僻少人過清夢泉聲裏何緣聽玉珂

虹洲公梁

秋和施農曹登鳳谷行窩振衣亭

松磯搖空影秋風日夜來畫開頻掃葉寒近怕登臺我欲林泉卧君將風雅開蕭疎明下月應倩謫仙陪

鳳谷次少岳韻

鳳谷投閒地龍阜攬勝時孤峯當杖策流水淨襟期寺暝鐘初度林深鳥競棲暫淹詞客駕樽酒得相追

七月五日偶至鳳谷山莊

朝來畏頰暑鳳谷恣幽尋紅畫怒蓮老青鋪任蘚侵高吟蟬隱葉閒舞鶴棲林獨酌無同調松風澄素襟

𥫗塘公[illegible]

九日集鳳谷行窩振衣亭

花前謝車馬木葉紛前庭偶因時節至一向山中行山中多貴游馳道冠蓋盈蒿邀采菊侶排徊集孫亭前林木疏頹遺我情南睇楚天[illegible]東望吳山青[illegible]廊不可企[illegible]骨飱滄霞莫達士貴識此翩之一身輕豈伊衰年少相競唯[illegible]情

舜峯公㬊

寄暢園二十咏并序

吾邑九龍二泉秀甲江左唐宋以來名流品題不一余家園在其下理荒薙穢構列二十景總名之曰寄暢或登高舒嘯或臨流賦詩境内詞人遊者歡詠相屬念王右丞輞川有集李贊皇平泉有詩要之各寫爾懷非曰自侈其盛嗟余宦途奔走今幸息機對景放言庶幾有因余言而知余之知者

嘉樹堂

嘉木圍清流草堂置其上周遭林樾深倒影池中漾

清響齋

繞屋皆篔簹尋齋自幽敞時和寒泉鳴泠泠滴清響

錦漣漪

灼灼夭桃花漣漪互相向水底爛朱霞林端日初上

清籟。

竹光冷到地慢卷湘雲綠隔塢清風來聲聲戛寒玉

知魚檻

檻外秋水足策策復堂堂焉知我非魚此樂思蒙莊

清川華薄

映水列軒窓林巒森在矚塘坳聚落花溪流出茅屋

涵碧亭

中流繫孤艇危亭四無壁松風水上來衣與寒潭碧

懸淙澗

淙淙乳泉落碉道石林幽尋聲窮其源杖屨多三休

卧雲堂四面皆竹

白雲已出岫復此還山谷幽人卧其間常抱白雲宿

鄰梵閣。

高閣鄰招提天花落如雨時聞鐘梵聲維摩此中柱

大石山房

寒崖拄蒼藤一一石塞雲棟夜半月明中天風吹欲動

丹邱小隱

小隱人世間神仙安可求吾將鍊大藥即此是丹邱

環翠樓。

登樓展幽步俯見林壑美落日憑闌干當窓四山翠

先月榭

斜陽墜西嶺昇榭先將明流連翫清景忘言坐永夕

鶴步灘

獨鶴前山歸從容步淺渚望遠時一鳴臨流刷毛羽

含貞齋

盤桓撫孤松千載懷淵明歲寒挺高節吾自含吾貞

爽臺。

曉起盼青蒼天共絕塵埃排闥兩山閒軒窓致高爽

飛泉。
雨溢忽飛泉泉流注深谷我欲往從之褰裳濯吾足
凌虛閣
飛甍聳碧虛臨下如無地九閽若可捫從此巔上帝
栖元堂。
獨抱違時蘊幽栖歲月深太元猶未草我異子雲心
園居　紀俱當日有朱太史為之序今不贅
曲澗抱飛樓林深翠若流浮雲憐宦迹逸興寄滄洲夏日
舒長簟秋風解𣁋裘端居忘應接獨坐每科頭
卜築依蘭若銜杯趁桂叢憂讒甘去國處世慕飛鴻過雨
池光淨經霜樹影空倚蘭渾不寐靜聽水淙淙
涼颸開令節清嘯繳秋陽撫景懷同調登樓擧觴松凝三
經翠桂散一林香竟日欣游陟都忘名利場
山園即事次董太史王山人韻
青山日已暮暝色一林分松檜澄秋月樓臺拂岫雲泉聲
當戶落鶴唳隔潭聞夜賞歡無極招攜還昔居

小築依山徑幽栖絕市囂崇臺松作棟深壑石為橋酒映
霞峯灔琴將澗瀨調淩虛一以眺煙樹望中遥
萬曆三十二年舜峯公撥付園居分關
一由正門自長廊至霞蔚鬱盤自此出便門抵環翠樓及
栖玄堂止闔定塋墦管業
一由後門從凌虛閣入卧雲堂及鄰梵樓抵書房蒼雪亭
止并佛堂一帶闔定撥挺管業
園居係游玩之所不當分屬今析為二處欲便管攝耳內
從屋各隨所便分管一半廚房廳憑總用其沿街租房查
照間數均作二分各自取討
紀俱當日有王穉登虞儀部為之記今不贅
海翁公始築假山

欽定南巡名勝圖說云寄暢園在惠山之左環以清流蔭以嘉木堂曰嘉樹曰卧雲閣曰天香曰凌虛水池為知魚檻一峯卓立其中曰介如而鶴見亭[illegible]雪因傍園祀則稱惠寄暢園遥望翠嶺叢森平臨曠門即知魚檻以依檻壘石為沼沼形逶橋為嘉樹堂滿山桂花樹

先祖訓導公曰寄暢園假山創始于王穉登窮形盡相備
極變態追入國朝山漸傾圮自為海翁公所有後延松
江張南垣重加砌疊一邱一壑妙極天成而園遂益勝園
中錦滙陂寬廣十畝中綴七石如浮邱曰七星橋過此而
上為雲霞鬱盤處右有一洞洞旁澗水漩瀠洪纖高下急

[illegible]

接五音不戒隨安水樂蓋此水從第二泉流出自華陂穿金蓮池由牆外來紆回曲折以達于陂入園後復為所激從高而下或直或曲或大或小以獻巧于技于斯園者不協宮商角徵羽焉故斯園之勝為天下最

康熙南巡七幸寄暢園次數

[illegible]

二十三年甲子九月南巡十月戊午至蘇州幸虎邱庚申回鑾幸惠山駐蹕寄暢園

[illegible]

二十八年己巳正月南巡二月辛丑至蘇州丁未至杭州辛亥渡錢塘江祀禹陵乙卯回鑾幸惠山駐蹕寄暢園

[illegible]

三十八年己卯二月南巡三月戊子至浙江辛卯駐杭州途經無錫幸惠山駐蹕寄暢園

四十二年癸未正月起視南行庚寅駐杭州府途經無錫幸惠山駐蹕寄暢園

四十四年乙酉二月南巡閱視黃河至杭州而返途經無錫幸惠山駐蹕寄暢園

四十六年丁亥正月南巡黃河至杭州而返途經無錫幸惠山駐蹕寄暢園

[illegible]

附淼園公行畧

寄暢園創自先端敏公至先中丞公擴而大之迨先王父疏泉疊石並加丹艧園林之勝遂甲於郡邑甲子冬先伯父罷職未得旋里皇上閱視河工過幸蘇州回鑾過蓉湖觀泉幸寄暢園吾父代先王父接駕蒙皇上垂問家世並吾父名及出身逐一奏對畢皇上又問秦松齡莫不就是閑一家麼奏云是臣親哥哥時皇上及諸大臣憩卧雲堂見庭前樟樹交枝翳空顧問這樹幾何年了臣父奏云有百二十年上又問緣何曉得又奏臣祖臣燿前朝備員湖廣巡撫移植庭中已百二十年天顏甚霽顧隨扈大臣笑語移時閱五載己巳皇上再幸園吾父隨先伯父接駕又十載己卯皇上南巡回鑾奉皇太后幸園先伯父前途迎駕皇上溫旨慰撫外問係兄弟怎麼不來伯父奏云臣兄弟隨臣父德藻在園門外伺候閱四載癸未先王父已辭世皇上還幸蘇州先伯父蒙恩給還原品回鑾幸園伯父

同吾父兩叔父接駕有旨宣進皇上親問子姪中有學問好者可舉一人進來辦事吾父奏云臣姪兜道然去得上頷之即命隨駕至京師嗣後乙酉丁亥皇上南巡又兩次幸園吾父俱隨先伯父接駕兩賜克食微末小臣得邀天語垂問兼蒙賜予真異遇焉

茗柯公泉芳

與從姪留仙赤仙小憩寄暢園

羣從期何所終朝面翠微雨餘松鼠過花落水禽飛讀易啜清茗赤仙時讀易題詩吟落暉溪山幽樂在吾已澹忘歸

留仙公松齡

約同金陵俞廣霞楚黃粗茶村從叔樂天先生遊寄暢園即送從廣霞茶村別

古屋薜蘿陰斜陽澹暮岑先公留賞地我輩共登臨千里碧雲合九峯黃葉怨忽分手別秋思復侵尋

寄暢園喜雨

千村同慰望五月得甘霖霑灑皇天澤憂思聖主心時歲稍不雨

鳥飛花隨澗落修竹到池深不辨雲歸處微風出遠岑

邳仙公松期

新秋寄暢園侍家大人偕伯兄同作

蒼翠涵空碧波先入画欄鳥鳴山自靜人語闇初寒杖履親顏喜園林舍安百年微聚首昆弟並承歡

乾隆十一年改建祖祠公議

立議單道然孝然敬然始然等議得惠山寄暢園一區為吾六世祖　舜峯公營構退息之地四傳至吾祖　海翁公歸供改葺祠經聖祖仁皇帝鑾輿六幸宸翰頻頒　對巖公　滌園公　卧雲公　吳川公敬謹供奉增葺修飾舉無廢弛　海翁公後分四房完糧修理因事權不能歸一以致墻屋傾頹樹石戕損吾祖三百餘年基業弗克保守故於乾隆八年曾公同立議共推五輯弟綜理整頓倏有頭緒原議供奉御書並立家祠今兩年以來五輯弟敬葺御書碑亭并修砌樹石搭蓋屋宇業已漸有規模惟是是園專究屬游觀之地必須建立家祠始可永垂不朽且

吾宗自河上分支以來皆以詔旌孝子功德留貽用保世滋大雖經祔祭淮海先生尚未建有專祠鉅典終闕今章以六世相傳之業五輯獨力鼎新厥功甚偉若以正屋尊奉御書將嘉樹堂供奉兩孝子神位以舜峯公海翁公對巖公漆園公卧雲公吴川公配改建專祠則雙孝家風于焉丕振而舜峯海翁兩公營構歸併之業可以不墜在五輯弟鼎新之烈尤有關係嗣後一切基地官糧房屋墻垣山池花木均歸五輯弟一人掌管修理各房子姓均宜凜尊君敬祖之心天衣德紹聞之志守身守業群相勸勉保護勿替毋許攙越如有游宿無忌損傷祠中一草一木者以不敬不孝論所有祠規議款開列于左

一議建雙孝祠原係海翁公一分子孫尊祖敬宗之心嗣後春秋兩祭俱本房子孫敬謹輪值不得怠玩

一議本房各捐田十畝共成四十畝以為春秋兩祭之用但祠內墻垣屋宇須按年修葺必立有經費方可久遠祭田租入所餘無多凡我子姓有情愿捐出田租保守先祠者多多益善

一議春秋官祭僅傳三牲一副五鼎三蔬陪祭子孫除城內始祖祠家祭外每房輪議三人詣祠行禮不得紛雜享餕以四桌為準務須少長有禮衣冠整肅毋得喧嘩笑語跛倚將事

一議專祠原係園亭改建地基寬濶屋宇延廣修葺之費頗為浩繁今雖五輯弟出費三千餘金照舊營構但歷年滋久歲修費不貲難以責成一人永遠承值日後倘有孝弟子孫力堪承當付託者聽掌管之人推擇交管

一議祠宇地臨孔道倘有承應聽掌管之人支值而各房亦宜協力同心毋失當年四位先人一體關切之誼

一議修廢舉墜改立祠宇均係敬念先德昭示後人凡我子姓入祠瞻仰當思孝友貽謀顯揚先緒奕葉保守三廢三復以迄於今創始維艱守成不易從此益敦倫紀整家規以繼祖德日後本房子孫實能孝友顯揚克光前烈者公舉入祠配享以勵後賢　下缺四紙

乾隆十一年月日立合同議單

南沙　石經　涑子　學伊　元猷　萊士　希敏

人鏞　五輯

芝田　惠疇　春田　瑶田　恩田　周田　卿田

余田　藍田　二田　天田　鵬程　琬　錦麟

圭田　時　兆雷　玉田　鶴田　在田　鳳

雨田　南田　力田　餘田　莘田　荷田　崑田

東田　畝　雲翼　雲衢　雲蔦　灤田　蕙田（執筆）

朝釬（雲翁子）　元釗（宏也子）　士錦（宏子）　泰初（子）　鎬（修也）　銓

附雙孝祠配位考

明詔旌孝子養恬公諱永孚

明詔旌孝子務本公諱仲孚

明右副都御史巡撫湖廣等處舜峯公諱燿

明太學生鄉飲賓太清公諱璲

明太學生公蕃公諱仲錫

清贈光禄大夫經筵講官刑部尚書兼理樂部大臣郡縣

鄉飲賓海翁公諱德藻

清左春坊左諭德贈光禄大夫刑部尚書兼理樂部大臣

對巖公諱松齡

清贈中憲大夫鄉飲賓滌園公諱松期

清封儒林郎翰林院庶吉士鄉飲賓卧雲公諱松喬

清贈中議大夫兩廣鹽運使昊川公諱松如

清封中憲大夫耐圃公諱瑞熙

清封榮禄大夫經筵講官刑部尚書兼理樂部大臣文恭

公諱蕙田

清授資政大夫山東濟東泰武臨道蓉莊公諱震鈞

清贈奉直大夫直隸祁州知州雲漪公諱智鈇

清封文林郎師宗縣知縣竦山公諱江

乾隆十六年辛未（乾隆辛未第一次南巡）駕幸寄暢園石經公孝然率兄弟子姪

年六十以上者九人於園門迎駕御製詩有近族九人年

六百者英高會勝香山之句公等皆恭和進呈御覽及回

鑾復幸山園有專賜公五律詩云更許傳佳話遮留詩債

償尤極榮遇九人者首公次諱實然敬然榮然壽然瑞熙
芝田東田華田也

石經公孝然

恭和御製詩元韻

乘春龍舸艤溪灣問俗欣看萬象閒嵐氣林端連數疊泉
聲澗外憂琮潺至人真契觀於水仁者崇懷樂在山擊壤

小臣今九十置身如傍五雲間

紀恩詩二首

衰朽何從拜紫宸載蒙春顧玉音頻皇情悅豫詩瀟灑往
話爭傳齒類新
老親夢裏解恩光予受恩後要老親特示空光二字欲報春暉轉自傷御
製引年親染翰愧人提說姓名香
華宏博希閔云石翁齒高德邵幸際遐游盛典獨有天章賁之紀詩二首詞句清鍊心存忠孝所謂仁人之言藹如者也
王敕授編曾云讀秦貞靖先生詩有習於有方當處後執事無譏自能前之句舅氏石經先生克紹祖訓斂迹山林乃年登耄耋扶杖迎鑾親承顧問並蒙賜詩不求名而名自致二語若合符節且自慙非分意欲歸美先人孺慕之誠可歌而又可咏也

淶子公實然

恭和御製詩元韻

六龍新駐九龍灣暫蒞園亭一晌閒岩嵎拂雲林氣濕石
梁飛瀑澗聲潺春深渥澤連青甸天霽和光滿碧山何幸
銜芳邀睿藻矢欽擬在上林間

紀恩詩六首

九龍山色護祥烟兩世承恩五十年聖祖仁皇帝臨幸山園臣實然曾隨臣父臣松齡迎蹕園門之右今日翠華臨幸處萬花飛舞聖人前
衰庸何敢齒耆英暫愧香山白傳情帝許高年聯近族實
恩堂上拜恩榮實恩臣實然家廳匾額
臥雲堂畔彩雲高五色瑤箋染御毫中使昨宵親捧出更
頌文綺賁蓬蒿
小築園亭僅蓋芳千金喬木接層霄烟雲筆墨塵清覽誰
道書生也賜貂臣堂弟瑞熙治園亭躬執灑掃之役進獻畫冊蒙賜貂
靈巖一塔聳嶙峋天語殷勤尚下詢臣實然等恭詣靈巖行宮謝恩蒙詳問臣等姓名寄語京華猶子道高深何以荅塵埃臣胞姪臣蕙田時官刑部侍郎

草木增輝大地春開階披拂露華新好扶兄杖攜筆從九
老人中第二人
真齋公敬然
恭和御製詩元韵
鳳舸乘流下碧灣春深綺甸萬幾閒祥風滿路催花發靈
雨千巖夾澗潺五瀉穿林泝嶼水（謂黃埠墩）九龍當面一房山
雲蒸霞蔚瞻宸翰熙耀常懸日月間
希敏公榮然
恭和御製詩元韵
三呼萬歲碧雲灣玉輦平看十畝閒花近御爐香細細泉
供硯水雨潺潺竹隱繞[illegible]無還嵐氣當窗忽見山喜覲
龍顏瞻雲藻奎光直射斗牛間
人鑑公壽然
恭和御製詩元韵
芳塘一徑綠楊灣細雨東風白鳥閒山色入門青宛轉溪
光繞澗玉淨潺虹眠曲水烟中棹鶴棲深林屋後山白首
書生天咫尺翠華今在翠微間
五輯公瑞然
恭和御製詩元韵
壽葉空[illegible]水一灣朝來天霽白雲間欣看輦路隨山轉況
有泉聲帶雨潺波及臣家恩似海恭逢聖母壽如山（恭逢太
后六十壽辰）紫宸編麗丹毫露翹首金鑾霄漢間
耕青公芝田
恭和御製詩元韵
楊柳陰移碧玉灣和風扇物豫情閒盤雲塔影當窗掛穿
澗泉流落鏡潺竹塢編成藏鶴徑林亭缺處見龍山架梁
別起天章閣長在層嵐疊巘間
約齋公東田
恭和御製詩元韵
鳳艖親臨碧水灣知仁心契白雲閒灘移鶴步跳珠細磴
瀉龍泉戛玉潺千葉名花看浣濯三竺靈蹤見遥山西神
峯下瞻天近瑤草香生輦路間

耕樂公莘田

恭和御製詩元韵

蓮蓉湖近慧山灣白石清泉古徑閒度磴正逢萱影寄入門已覺澗聲潺覓汀淡抹烟中水螺岫濃添雨後山和暢惠風林壑美爐香吹出紫雲閒

寄暢園紀恩詩

瑞靄祥烟擁至尊平疇綠野正春溫恭承清問從容對臣等泰園子若孫 聖駕初臨臣等恭迎至洛社蒙問何人謹對泰園子孫

鷁頭遥指九龍隈葳蕤旌旗萬乘來禮佛觀泉且先翹鑾輿先已幸池臺 龍舟泊岸先幸寄暢園

闔門匍伏仰堯天杖者頻蒙問歲年溫語更教開年進草茅名達聖人前 駕至問臣等年名隨命繕摺呈覽

一邱一壑實清真頃刻揮毫若有神小幅疏行先賜示爐香惹得墨痕新 駕進園少頃即賜詩一首宣示臣等

鏗鏘金石落塵寰知是乘春睿思閒僥倖微臣名厠末覲承天語勝香山 御詩有近族九人年六百者共高會勝香山句臣莘田名在九人之末

翩然鳳輌下吳閶綵緞遥頒自上方二十四人齊拜舞全家又共被恩光 駕至蘇州頒賜内緞共四十端分賚臣等

乘輿回日正春深一帶長隄映柳陰父老提攜孱子姓馬歡泥首謝君恩 回鑾日臣等於新安地方恭謝恩賜

太平共沐天朝澤帝澤臣家沐更多敬效華封陳下悃宮門鵠立進賡歌 臣等九人恭和御製繕冊以進蒙恩收覽

石闌橋畔小亭東位置天然愜聖衷又降鑾輿中道入山花亦自舞春風 回鑾再幸寄暢園

五言四韵燦龍箋九十龐眉拜賜壽佳話許傳傳立編非常顏色自天還 駕再幸園亭特賜九十老人臣考然五律詩有更許傳佳話之句

天心悅豫近臣知鳳藻遥頒五色絲長使林泉臺不休仲冬采玉樹崇碑 御製幸寄暢園詩於仲冬頒到

湖下吏本書生一片葵心向日傾欲為家門傳盛事敢將瓦缶代鐘鳴

中畈公向

和石經伯父寄暢園紀恩詩

簇簇旌旗降北辰五雲深處沐恩頻攀龍父老傳佳話奕
世清門帝澤新
童顏白髮覲龍光璧鍊何須老自傷彩燦天章承寵錫謝
恩歸去墨痕香
耕九公鶴田
恭和家大人寄暢園紀恩詩
欽奉慈親覲玉宸耆英天賜沐恩頻家聲奕葉流芳遠此
日山園御墨新
耕若公鳳
恭和家大人寄暢園紀恩詩
六龍南駐接楓宸山墅重游灑翰頻九十親承天子問尚
方錫賚受恩新
聲暉公銖
恭和大父寄暢園紀恩詩
寄暢園中再覲宸天顏有喜賜書頻九旬上沐君王寵禍
杖扶攜景色新

杯舞歡歡帝澤長頌來宸翰墨飛揚扶迎九老同邀寵會
啟耆英繼洛陽
寄暢園九老說
先祖訓導公曰乾隆十六年辛未翠華南軒駐蹕寄暢園
慕廬公孝然率兄弟子姪年六十以上者九人於門外
迎駕御製詩有近族九人年六百耆英高會勝香山之句
公等皆恭和進呈寄暢園九老一時傳為盛事九人者一
慕廬公孝然年九十歲二訒菴公實然年八十七歲三真
齋公敬然年八十五歲四素村公榮然年七十歲五芥溪
公壽然年六十六歲六寄園公芝田年七十六七耐圃公
瑞熙年六十歲八特軒公華田年六十歲九約齋公東田
年六十二歲合九人數之共計六百六十五歲惟當時以
輩行年齒而論則耐圃公當居第六寄園公第七約齋公
第八最後殿之以待軒公而舊譜中依擬邑志排次如此
今從之梁溪詩鈔則又以待軒公為第九而升約齋公為
第八人義似允矣然耐圃寄園二公錯亙如故迨後秦氏

詩鈔宗之訛亦有說以處此耳姑並存之以昭闕疑之義
乾隆二十二年丁丑（乾隆丁丑第二次南巡）駕幸寄暢園有遊寄暢園題句中五
六兩語曰清泉白石自仙境玉竹冰梅總化工並改美人
石為介如峯作詩繪圖並賜玉戛金鏦御題及將詩中清
泉白石仙境玉竹冰梅總化工兩語製聯賜之人鑑公壽
然恩賜翰林院編修耕青公芝田給還知縣原品蓉莊公
震鈞恭錄御製賜寄暢園詩及前人詩文彙成一冊以進
蒙文綺之賜逾年復蒙賜孝友傳家祠額并奉特旨以五
輯公瑞熙祔祭於祠

文恭公蕙田

恭和御製介如峯圖詩原韻

雲根擢秀山園藏蘿蔦支翠高柯客忽邀天顧動天語卓
爾特立超羣行九龍掩映林巒美登峙中庭絕倚宸章
更寫幽人貞姻姿露態非所擬嘉名摩賜今何如凡陋不
獸丹邱圖（明張復有丹邱小隱圖臣燿圖中二十景之一）先巖扉寶墨珍拱璧詎
止山水增清娛

恭和御製游寄暢園題句原韻

春臺渥澤慶麗鴻曲水波平一棹通惠麓恩承三徑衮臺
光文燦百年中池魚靈躍游知樂溪鳥歡吟語亦工爭仰
御毫親染翰彩箋捧出紫薇宮

聖駕幸寄暢園紀恩詩四首

西神山下古烟嵐小築忻欣駐玉驂麗耆扶攜迎輦下殊
恩特許列朝簪（臣叔父生員臣壽然蒙恩賜翰林院編修臣兄知縣臣芝田蒙給還原品）
昔年鳳谷舊行窩不盡烟霞是處多頭白老人呈和什直
將園墅當巻阿
嘉樹堂鄰孝子祠冰梅玉竹總相宜宸毫染編烟霞裏揮
灑名泉作研池
五色天章拜手瞻芝花蕊葉拂霜縭介如一片瓏瓏石偏
受聖臺雨露霑

乾隆二十七年壬午（乾隆壬午第三次南巡）駕幸寄暢園再疊舊韻

乾隆三十年乙酉（乾隆乙酉第四次南巡）駕幸寄暢園三疊舊韻是時文恭公新
卒有養疴歸里人何在憮景愀然是此間之句並有丁丑

寄暢園題句原韻及顧竹淨梅芬御題
乾隆四十五年（乾隆庚子第五次南巡）庚子駕幸寄暢園有遊寄暢園再疊丁丑
舊作韻溪隱公春田時年八十有五率世萊公鴻鶴（鈞）遮献
如意蒙恩賞緞二疋
心陶公鴻鈞
述恩紀事
曙色曈曨麗碧（碧）覺園林勝處即蓬瀛冠裳再世叨恩澤（臣弟）
震鈞以守城（以）勞特陞知草木三春被寵榮非極輝光聯
州臣子瀛以召試賜中書
太乙南躔游豫暢由庚小臣何幸天顏近葵藿難傾向日
誠
乾隆四十九年甲辰（乾隆甲辰第六次南巡）駕幸寄暢園有遊寄暢園三疊丁丑
舊作韵會嘉公禮鉷恩賜綵緞荷包
會嘉公禮鉷
恭紀一律
蓬壑迎清蹕微臣荷厚恩綵囊凝日曜艷錦映春溫作佩
同銀袋成章邁繡純賞逾花箄比製比綠荷論守口 心常

凜文身服佁尊久宜光黼黻詎合貴邱樊拜貺榮中錫重（玉山）
銘示子孫俚詞彰帝簡珍重貯家園
嘉慶六年辛酉蓉莊公（蓉莊公儁刻寄暢園帖）震鈞取寄暢園恥賜三希堂法帖
擇光恭臨摹刊（壬戌上下二十八人知人凡四）卷并搜錄宋元以來名人墨蹟
鐫帖六冊附於賜帖之後錄目如左
收藏先人真蹟目次
淮海公書　自著詩一首
修敬公書　壽李綱菴詩並手札
中齋公書　致李綱菴書（語）　題鶺鴒圖後　杏花書屋跋
務本公書　贈李綱菴詩
附碧山吟社圖題跋沈周　邵寶
樂易公書自著詩
端敏公書致徐東淤書　致約齋叔書
從川公書　致友人書
虹洲公書　致友人書
文橋公書　致友人書

附王百穀寄暢園記
弱水先生答問手札
赤仙公跋語
附澄江張有譽跋　徐枋跋
留仙公書自著詩一首日廣山雜詩　曾叔祖六皆府君家傳　秋
附高江邨手札　曹禾手札　尤西堂手札
南沙公書蘭亭集序　敬録始祖龍圖公詩
附徐音南送南沙公序　王艮常跋宋刻淮海公集
錢陳羣跋味經公家藏淮海公集　汪由敦和詩
梁詩正和詩　嵇文恭公手札
耕和公書録韋應物詩
味經公書題懷仁堂聖教序後
附王一峯手札　顧響泉重修詠烈堂記　鐵冶亭
書姜西溟惠山秦園記
蓉莊公後跋缺　錦棠寄暢園收藏先人真蹟自此止
亮工公澳

夜坐寄暢園值月上
一聲山鳥喚捲卷已吹燈虛室忽生白秋懷似水澄
步三公玉海
寄暢園二首
直似名山護園林閱歲年松間穿有月石上聽飛泉雨霽
千重畫意開一抹烟探幽花鳥外習静好安禪
山徑藤蘿入巖巒絶處通梅芬樓野鶴竹韻爽長虹移履
衣沾翠檐萼花映紅窺園心不滯如在玉壺中
小峴公瀛
雨坐寄暢園
高閣樹皆響山空多雨聲入松空翠滴隔竹暗泉生石冷
調沙鶴池香洗藥鐺禪綦坐來夕鄰院暮鐘清
山園晚興
青山秋欲暝園林穿疏篠流連池上酌寂寞澗中釣竹風
流夕梵松月墮湘然吾意寂坐忘識此無言妙
知魚檻晚坐

窗映山色深松間漏殘照遥知碧澗外萬壑藏窅篠不想
亭上陰空水相晃耀流泉激適（處）聽高下入幽眺孤鶴琢苔
蘚寒禽感蘿蔦淳瞑無游人嚴谷益清峭冥心晤物理道
君觀之妙焉知我非魚臨淵罷釣（圭）

晚坐寄暢園

衆壑斂斜照竹風含夕清華池蕩瀲（激）瀾波光瞻（澄）吾情林岐
剩（制）空枝歸雲在簷楹墻角茶花紅嫣然媚寒英以茲悟物
化萬彙殊枯榮幽懷無長說山禽向我鳴

懷寄暢園

山色名園在泉流曲澗通時來傳磵石還復（生）松風灘轉
雲移鶴（園中臨水處為鶴步灘）果（絮横）積水映虹一從前歲別回首葬烟
中

山園即興

林壑興不（石）極九峯當（戕）檻山雲浮閣起澗水上階平不覺塵
想減自然清籟生當年閉門處白髮著書成（先宮諭毛詩日箋成于園）
中

知魚檻獨坐

曲欄傍清泠磵畔蒼苔長石瀨風中喧秋禽竹間響心空
與物游意愜非外獎薄暮聞鄒（郁）鐘東嶺月初上

寄暢園引遺錄

先祖訓導公曰吾家寄暢園始名鳳谷行窩　端敏公闢
南隱漚窩二僧舍者為之後屬于虹洲公至　舜峯公而
理荒雜織構列二十景總名（之曰）寄暢寄暢者取王內史寄暢
山水陰詩句意也公後析而為二一與　太清公諱揆
太寧公諱埏執業由後門從凌虛閣入卧雲堂及鄰梵樓
抵書房蒼雪亭止并佛堂一帶一與　太鴻公諱壂　太
涵公諱瑨執業由正門自長廊至霞蔚鬱盤自此出便門
抵環翠樓及栖元室（玄堂）止三傳而併於　海翁公諱德藻疏
泉鑿石園林益勝康乾時鑾輿屢幸宸翰頻頒　對巖公
漆園公　卧雲公　吴川公敬謹供奉修葺以時事至（之）
廢弛嗣以四房完糧修理事權不一乃公議歸　五輯公
一人經理由　南沙公　涑子公　學伊公　元献公

萊士公　希敏公率族中子姓於乾隆十一年倡建專祠將嘉樹堂供奉雙孝子神位以　舜峯公　海翁公　對巖公　潨園公　卧雲公　吴川公配時則　五暉公獨力鼎新由本支各房捐田四十畝為春秋祭祀之用其後五暉公孫（捐田三十畝）介菴公復捐常稔田二百畝以資修葺綿延弗替至咸豐十年乃盡毁于髮冠迨同治二年十二月清兵克復邑城而祠園之幸存者僅屋三間老樹數株而已慨懷先澤昌（潸）泫然凡為子孫者可不力求恢復祖業于勿替焉

臨士先生贋形

寄暢園

鳳谷舊行窩園扉罥女蘿嵐光吞日小樹影落池多臺榭今已矣禽魚樂若何天然有真趣游憩愧槃阿

桃臣先生寶璣

春日寄暢園作

蒼涼大似鶴歸辰頽瓦零烟一愴神暗澗莫尋琴筑韻秸柯猶借鳥蘿春平時耆舊新習古刹後山林面目真他日誅茅吾儕迹此生長作守園人

欃柑何處聽黃鸝無復回闌倚水低亭榭昔曾呼鳳谷風雷今尚護瑤題林容瀟白初經雨山色濃青畫（畫）眉溪一樹鳴桃遮不住夕陽紅過壞橋西

寄暢園壽樹記

毓麟僅棄寄暢園以古木千章蔚日侵霄斤斧累盡矣然據道光二十六年所調查狀可想見當日之盛分

錄其樹冊及議單據如左

樹冊

御書山色溪光匾即卧雲堂今處在天香閣之前而宸翰堂即在其後自懸御書匾聯後而舊額移懸此為入門正屋之第一所恰當園西南隅園在山之北背山臨水為奧邃勝處

後軒左天井內

梧桐一株 圍圓四尺

後軒右天井內

香樟一株 圍圓三尺五寸

前面由石橋左向嵩花牆起至河亭右邊止共樹十七株

柏樹一株 圍圓五尺

又柏一株 圍圓二尺五寸

山楊一株 圍圓一丈

沙栝一株 圍圓六尺

青栝一株 圍圓五尺五寸

又柏一株 圍圓七尺

冬青一株 圍圓二尺三寸

冬青一株 圍圓五尺 嵩水閣月洞

椿樹一株 圍圓七尺五寸 嵩水閣右邊

胡桃一株 圍圓五尺 橋邊

河亭右邊起至凌虛閣下止共樹七株

山楊一株 圍圓九尺五寸 橋邊碼頭口

又栖一株 圍圓三尺

沙栝一株 圍圓八尺 嵩河亭右邊

冬青一株 圍圓六尺

大榴山楊一株 圍圓一丈二尺五寸

沙栝一株 圍圓五尺五寸

槐樹一株 圍圓四尺五寸

栖樹一株 圍圓四尺

又栖一株 圍圓四尺

柏樹一株 圍圓六尺

又大山楊一株 圍圓一丈三尺

栖樹一株 圍圓三尺五寸

栖樹一株 圍圓五尺五寸

前面右邊第一座梅亭山共樹廿七株 梅亭為假山最高處

梓樹一株 圍圓八尺五寸

椐樹一株 圍圓八尺五寸

柏樹一株 圍圓三尺

紫靈樹一株 圍圓六尺五寸

又椐一株 圍圓五尺五寸

又栝一株 圍圓四尺五寸

又椿一株 圍圓陸尺五寸

梧桐一株 圍圓一尺二寸

青椿一株 圍圓三尺五寸

青栝一株 圍圓三尺五寸

又椿一株 圍圓三尺五寸

又栝一株 圍圓伍尺五寸

又椿一株 圍圓肆尺五寸

九里香樹一株 圍圓六尺五寸　青槐一株 圍圓三尺五寸
又槐一株 圍圓六尺　又槐一株 圍圓八尺五寸
松樹一株 圍圓五尺五寸　樸樹一株 圍圓八尺五寸
山楊一株 圍圓一丈〇五寸　山楊一株 圍圓一丈六尺
山楊一株 圍圓一丈四尺　栒樹一株 圍圓四尺五寸
又柏一株 圍圓二尺　又柏一株 圍圓三尺五寸
山楊一株 圍圓一丈四尺五寸　梧桐一株 圍圓一尺
栖樹一株 圍圓一尺

前面右邊第二座中山澗東至內園門外止共樹三十五株
柏樹一株 圍圓四尺　檀樹一株 圍圓二尺
柏樹一株 圍圓二尺五寸　又柏一株 圍圓一尺
又柏一株 圍圓一尺　榆樹一株 圍圓六寸
又槐一株 圍圓六尺五寸　又槐一株 圍圓六尺五寸
樸樹一株 圍圓五尺五寸　槐樹一株 圍圓六尺五寸
又槐一株 圍圓六尺五寸　楝樹一株 圍圓五尺五寸
槐樹一株 圍圓一丈〇五寸　樸樹一株 圍圓二尺

又樸一株 圍圓一尺　楝樹一株 圍圓五尺五寸
柏樹一株 圍圓一尺　樸樹一株 圍圓三尺
槐樹一株 圍圓六尺　梧桐一株 圍圓八寸
冬青一株 圍圓一尺五寸　小梅樹十四株
前面右邊第三座山由梅亭前沿河池邊起至鶴息灘
盡處止共樹廿八株
冬青一株 圍圓二尺　冬青一株 圍圓一尺
槐樹一株 圍圓三尺　梧桐一株 圍圓五寸

槐樹一株 圍圓七尺五寸　又槐一株 圍圓五尺五寸
又槐一株 圍圓二尺　柏樹一株 圍圓七尺五寸
槐樹一株 圍圓二尺　又槐一株 圍圓六尺五寸
香樟一株 圍圓二尺　杉樹一株 圍圓四尺五寸
柏樹一株 圍圓八尺五寸　槐樹一株 圍圓五尺五寸
柏樹一株 圍圓五尺 方屋外　又柏一株 圍圓五尺
又柏一株 圍圓七尺五寸　梧桐一株 圍圓一尺五寸
槐樹一株 圍圓七尺五寸　冬青一株 圍圓三尺五寸

柏樹一株 圍圓六尺　又柏一株 圍圓六尺五寸

冬青一株 圍圓三尺 方閣外　黃楝野樹一株 圍圓四尺

蒔莪椐樹一株 圍圓三尺　柏樹一株 圍圓五尺

椐樹一株 圍圓六尺

旌孝祠、嘉樹堂 在錦匯漪之南，為園中■■■，今廳所謂御書松風水月額即懸於其處，亦題為祠，移大石山房之前老屋三間而已，非其舊也

前面共樹六株

柏樹一株 圍圓二尺　冬青一株 圍圓四尺五寸

香樟一株 圍圓一丈二尺　石楠一株 圍圓一尺五寸

冬青一株 圍圓二尺　冬青一株 圍圓二尺

右遵祠堂間壁共樹五株

香樟一株 圍圓六尺五寸　香樟一株 圍圓六尺五寸

椐樹一株 圍圓三尺　柏樹一株 圍圓三尺

椐樹一株 圍圓一尺五寸

淮海公碑儀前 在嘉樹堂之前，疑即今之大石山房前，以前則又似在今之清響齋矣，俟考

共樹十一株

香樟一株 圍圓六尺五寸　梧桐一株 圍圓四尺五寸

椐樹一株 圍圓五尺五寸　梧桐一株 圍圓一尺五寸

又梧一株 圍圓三尺　石楠一株 圍圓一尺

株樹一株 圍圓三尺五寸　椐樹一株 圍圓三尺

椐樹一株 圍圓六尺　栖樹一株 圍圓三尺五寸

黃楝野樹一株 圍圓四尺五寸

御書碑廳 疑即宸翰堂，乾隆八年後所改，亦曰御書碑亭，今■■■。此為園之正屋，其園■■閒最爲廣

後軒左天井內

香樟一株 圍圓九尺五寸　枇杷一株 圍圓一尺二寸

後軒右天井內

柏樹一株 圍圓四尺五寸

前面共樹十六株

杉樹一株 右邊 圍圓五尺　又杉一株 右邊 圍圓三尺五寸

又杉一株 左邊 圍圓三尺五寸　香樟一株 圍圓三尺

梧桐一株 圍圓一尺　香樟一株 圍圓二尺

梧桐一株 圍圓一尺　椐樹一株 圍圓又尺

椐樹一株 圍圓五尺五寸　金銀桂樹圍圓七株 三十年六月十四日斫去一株

御題介茹碑前

共樹九株

香樟一株 圍圓三尺五寸

冬青一株 圍圓三尺五寸

栖樹一株 圍圓四尺五寸

柘樹一株 圍圓六尺五寸

香樟一株 圍圓一尺五寸

柏樹一株 圍圓一尺五寸

梧桐一株 圍圓四尺五寸

梧桐一株 圍圓六尺五寸 三十年七月十四大風吹折

香樟一株 圍圓六尺五寸

天香閣

南面

梧桐一株 圍圓一尺二寸

梧桐一株 圍圓一尺

金銀桂樹共計十株

北面

樸樹一株 圍圓七尺五寸

冬青一株 圍圓一尺

野胡桃樹一株 圍圓四尺五寸

桂樹一株 圍圓一尺五寸

樸樹一株 圍圓五尺

冬青一株 圍圓一尺

樸樹一株 圍圓四尺五寸

槐樹一株 圍圓二尺

柏樹一株 圍圓一尺 沿河花牆内

柏樹一株 圍圓一尺

廊下

柏樹一株 圍圓三尺五寸

栢樾下小山頭上

柏樹一株 圍圓一尺

梓樹一株 圍圓六尺五寸

柘樹一株 圍圓五尺五寸

又柘一株 圍圓五尺五寸

栢樾下

冬青一株 圍圓一尺五寸

樸樹一株 圍圓五尺五寸

柘樹一株 圍圓六尺五寸

梧桐一株 圍圓七尺五寸

小竹園内

冬青一株 圍圓二尺

香樟一株 圍圓一尺

柏樹一株 圍圓一尺

御書竹靜（淨）梅芬 [illegible]

前面

樸樹一株 圍圓五尺

柘樹一株 圍圓八尺五寸

香樟一株 圍圓八尺五寸

香樟一株 圍圓一尺五寸

柏樹一株 圍圓一尺五寸　香樟一株 圍圓三尺五寸
樸樹一株 圍圓六尺四寸　冬青一株 圍圓一尺
金鼠桂樹共計十三株
後軒
竹園
道光二十六年九月
查道光二十六年廿二房桂三盜伐寄暢園大株樹三棵 三十年廿二房蘭亭妻伐折寄暢園大樹

由族人枝公同清理擬定議單原稿列左

立永禁議單瀞齋派子孫議得惠山樂孝祖祠寄暢園 八世祖潮峯公營構於前 五世祖海翁公改築於後 水石清幽 喬樹古茂 疊蒙
列聖鑾輿屢次臨幸
皇恩祖澤 渺有碑記 載在邑乘 歙歙可考 乾隆年間 曾伯祖陶沙公等立議勒石 規傚嚴明 議載損傷園中一草一木者以不敬不孝論 凡我子姓皆當失尊君敬祖之心 恪守前規 使此山林 惟是園祠坐落稍遠 耳目難周 近以年以來 屢次失去樹木 戕折樹枝 曾不思數百年祖先培養於前
列聖摩挲題於後
天章寵賁 龍光常照 何容任肆傷殘耶 相保護 我子姓念祖宗一脈 業已寬縱於既往 亟宜懲戒於將來 用是敬集各房子姓 永令園中竹木 勿霸力伐 遂其生全 助其長養 設有一木碍屋枯枝 應該園丁赴訴各房 眼同芟除 治毋得擅行私戕 以遵祖宗遺訓 倘園丁幸今寬免 而戕樹折枝仍蹈前轍 當即送官斥責 各房子孫勿徇情故縱 鳴鼓共攻 以懲其咎 再園中崇山房屋漸形頹廢 當講保守長策 敬凜前規 毋荒毋怠 所有重申議款 開明於後

一議 原議載各房各捐田十畝 共成四十畝 以為春秋兩祭之用 其祖賬定於秋祭日 值田子孫將一年收支數目公同核算 倘有贏餘 留為祠內修理之費 嗣後曾叔祖五韓○○公續捐田三十畝 叔祖○○介庵○○公增捐田二百畝 充

公辦理每年飯價祭費之外僅有羨餘自當陸續修葺不
得聽其頹廢
一議原議載春秋家祭詣祠行禮不得紛雜務須少長有
禮衣冠整肅近年以來各房子孫往往有年未及冠并有
止圖餔啜衣冠不備來詣　祖先行禮輒行坐桌者以後
倘有前項應即公同拉至　祖先前責罰
一議園中所有樹木於道光二十六年查明造冊各執一
卷凡樹名坐落棵數大小圍圓尺寸俱載每逢春秋祀祭
照冊查點一次以期永守
一議原議載倘有孝友子孫力堪承當付託者聽掌管之
人推擇公管　祖宗法良意美原冀永遠將園祠交與○五
○辦公派支值不可移易而房子孫不得誤會此旨嗣後倘
掌管之家不遵　祖宗遺訓通族鳴鼓共攻將田歸出另
擇公幹子孫辦理
一議護園從屋自園門右首起至錢武肅王祠止共○○○若干
間又園門對面舒房從屋共○○○若干間今查明一併載入

以上所議均系廿二房大有連錫鼎楚三等不厭
如此改從　實甫叔父豈照楚三來議寫押議歸左
主永禁議據楚三斷照得惠山寄暢園從樹木陰翳方可蔭
庇　祠宇茲以園中樹木勉期培養永不許翦伐設有樹
枝壓屋損牆者理應知明房首眼同剪伐毋得擅行私伐
一草一木以昭鄭重如有違者援剪伐之家議罰看守園
丁一體懲治特此永禁為照
道光三十年五月　日立永禁議據楚三斷

漁山　蘅洲

執筆　梅溪

文謂　心梅　吕甫　頌軒　偉堂　禮園　永金　企周　月卿　國才　子箴　博我

鳴岡　寶權　含生　咲笙　麗裳　鶴鳴　韋軒　燁亭　戰宣　敬之

關帝廟祭議單

崇安寺

關聖大帝廟前明吾祖中丞公所建每逢聖誕吾族輪值虔誠敬祭各房人等指分詣廟拈香祭畢就輪值之家散福二百餘年無替近因各房漸有力不能支值者公議以所售寶花巷基地田畝之價自道光十八年起應得錢八十千文公存生息撥存義莊每年輪值之人於五月初十日向莊取錢支息六千文祭後散福各房人等具分者方與入席所有餘息以備廟中葺修之費此項本錢義莊亦不得挪用如欲移存他處必須會同族中公議妥協存貯立此議據刊送各房存照

道光二十一年五月　日秦氏合族公議

漆園公和祭崖略

蒲銅里等昔張秋侶之傳海翁公之備吉公每歲舉行海祠祭二陳山墓祭二龍山墓祭二今則諸祭皆隸于莊而漆園公支獨以和祭著和祭之田掌鳴佩堂宗祠時享掌文橋公滸(許)溪橋墓祭掌海翁公唐山墓祭以漆園公蘇州和安山墓祭經爲題曰和祭詳所自也今舉其祭掃規程和祭議單如左

祭掃規程　録自咸豐二年十三房所録漆園公祭掃規程

七月初七日漆園公忌辰起

七月半

鳴佩堂宗祠作享二桌六位　每桌八盆八碟　每位猪膀各四　住福燭伍湯點

誥贈中憲大夫文橋公滸(許)溪橋掃墓

預於隔晚請鳴佩堂廿二房十六房上坟早晨下船沿

備點船中祭許溪橋坟沿下船吃飯菜四色

文橋公祭菜一桌二位　刺盆撥盆　糕果湯點　住福燭伍　猪膀每位各四　白席

上地盤　肋肉半斤　魚　鴨子二　素菜　水菓　饅頭二　元宝二串　白斤　糕子　猪髒各二　香燭

坟佃許阿大子阿和賞素菜二碗　土地盤　湯點

誥贈光禄大夫太子太保刑部尚書海翁公扎山掃墓

祭菜一桌二位同上　土地盤同上

誥贈恭人黄太恭人祭菜一桌一位同上

誥贈恭人鮑太恭人女四祖姑也祭菜一桌一位土城内有土墩在海翁公祠城外左手

敕封文林郎山東樂安縣知縣外祖鮑鉄君公墓在青龍

山祭菜一桌之位　向來上坟子孫不數人借菜一桌

親到青龍山祭掃今止設祭於海翁公拜臺向青龍山

奠拜而鮑墓存亡不可考矣

扎山唐山址坟佃張鳳侣小名阿壽賞同上

誥贈中憲大夫淶園公蘇州吳縣和安山掃墓

祭菜一桌二位十盆十碟　高茶　高菓二　湯點　泡飯　香　燭四両一對　錢糧　白帛　楮錠六升

土地盤猪頭　雞　魚　鴨子　素菜　水果　饅頭二　香　燭宵一支　糕子　元寶二　白片　楮錠各二

坟佃石百齡子壽喜賞米一斗錢一百文葷素菜各二碗高

菓小盆湯點

轎夫每名上下工錢八十四文米一升又與坟佃各分土地盤一半

冬至節

鴻儲堂家祠祭菓二桌六位禮儀同七月半門上供菜四色

冬至朝

鴻儲堂家祠供菓二桌各八盆　糖茶六鍾　糰子六鍾　香燭

鴻儲堂大廳神像八位燭臺三副　香燭　糖茶八鍾　糰子八鍾

神像　舜峯公　公蕃公　太清公　海翁公　侯太夫人　淶園公　黄鮑太恭人

年節

照冬至節

年朝

照冬至朝糕湯

春間掃墓照上

端陽節

照七月半節鴻儲堂門丁粽子

忌辰六次每次祭菜一桌八盆八碟　高菓　湯點　泡飯　錢糧　香燭　楮錠各八

七月初七日淶園公誕辰　八月廿四日鮑太恭人誕辰

九月十三日鮑太恭人忌辰　十月初七日淶園公忌辰

十一月廿八日黄太恭人誕辰　十二月十四日黄太恭人忌辰

每次享筆鴻儲堂門丁賞湯點酒飯
鴻儲堂門丁賞年底飯米一斗
蘇州收佃每年白米二石又代辦收上銀漕往來盤費
又往進朱巷山册使錢四百二十文

和祭議單

立公同議單偉人芸軒鏡川雲瀛楚三秀峰鴻人紹棠禮
園春嘉企周燮和所有
高祖漆園公金錫兩邑和公祭祖五十五畝八十二 十三 十六 廿三
房每房五年一值因八房 十一房積年年歲荒歉所有銀漕
拖欠照算但每房值祭者各有公用舊欠銀漕不得推諉
下年值祭者以遺風恐為此邀集五房叔姪兄弟議明各
值各欠不能推諉是實此議

計開 八房值祭 秀峰 六房 春嘉 房 燮和 房 雲瀛
十一房值祭

道光十七年七月 日立公同議單 偉人 芸軒 鏡川 雲瀛 楚三 秀峰 姪 鴻人 紹棠 禮園 春嘉 企周 燮和 執筆 鴻人

（●）錫山秦氏著作家姓氏攷畧

復初先生之選秦氏詩鈔望冕先生昆仲增補刊行書共前集八卷今集十卷而冠以少游少章二公另為一卷總十九卷前後甄錄共二百四十四人計宋得二人元得一人明得七十二人清得一百六十九人洋洋乎吾宗之巨觀也迨先祖訓導公甄錄秦氏制義自端敏公始共得一百有三人稿凡八大巨冊藏于家洎余小子搜輯秦氏文鈔冥途探索得文三百八十餘篇共一百有四人而所謂著作家姓氏考畧秦氏之制藝作家盡于此矣

詩鈔目錄

秦觀八十二　秦覯二　秦維禎一
秦樸三　秦旭一百十一　秦璠二
秦勵七　秦用中二　秦霖十
秦錫一　秦孚二　秦夔一百〇一
秦旦八　秦爽三十三　秦偉三
秦僎一　秦侃一　秦伸二

秦金七十一　秦鎰三　秦銳四十六
秦鏜二十　秦銓五　秦坤一
秦培一　秦堅一　秦淮五
秦瀚二十七　秦滂一　秦渝二
秦泮二十三　秦汴五　秦涵三
秦寅二　秦梁二十八　秦禾十四
秦樫三　秦柄五　秦木二
秦梧鳳八　秦叔豹十七　秦柱一
著作小說共六次集
秦植八十九　秦延勲三　秦延照三十五
秦燿三十四　秦焜三　秦炑二
秦㷠四十一　秦延烝四　秦延赤三
秦孝維五　秦壑五　秦埈一
秦重泰三　秦爾載二　秦堈四十二
秦延珪三　秦坊二　秦韶一
秦重釆二　秦伯欽一　秦仲錫二
秦鏷三　秦鏞七　秦鈛二

秦鏃二　秦鋹一　秦年錫十一
秦華鍾五　秦鉽十二　秦寅六
秦鈗二　秦鉅倫一　秦宏鑄三
秦汧二　秦世綸二　秦德滋六
秦德淇一　秦德浻一　秦澳二
秦德藻二　秦廣之一　秦沅一
秦泉芳四　秦瀾一　秦保寅十
秦原一　秦汝泌一　秦日新四
著作家共六次集
秦沚二　秦流慶一　秦鄭洺五
秦源寬一　秦尚烈六　秦松齡五十二
秦松岱一　秦松期二　秦松喬一
秦松華一　秦松如二　秦望十七
秦樹猷二　秦枝桂一　秦伯龍一
秦仁四　秦曜龍一　秦之樞一　秦棐彝四
秦種五一　秦應龍一　秦樹穀一
秦之本二　秦夢蘭三　秦道然四十八

秦孝然二
秦昌燕一
秦軒然一
秦榮然一
秦雄褒一
秦雄飛二
秦鳴雷十七
秦　心一
[illegible]
秦若鴻二
秦義均一
秦華田十五
秦大呂一
秦勇均十一
秦　鳳一
秦邦鐵一
秦　璽二

秦靖然一
秦成烈一
秦揚烈二
秦壽然一
秦元驄一
秦景熹一
秦鷯序三
秦雲錦一
秦　鶴二
秦東田四
秦春田一
秦雲翼一
秦芝田一
秦兆雷一
秦蕙田十六
秦　玠四

秦寶然七
秦敬然一
秦存然一
秦瑞熙一
秦雄文三
秦　琦一
秦鴻升一
秦若暘二
秦藍田一
秦　甸二
秦圭田二
秦　琬二
秦鶴田一
秦在東二
秦玉堂二
秦　琳五十四

秦玉庭二
秦　銖二
秦泰鈞四
秦文錦一
秦鼎雲六
秦　銑一
秦新銘一
秦雄鎮一
[illegible]
秦震鈞六
秦智鉄十
秦　潮三十九
秦　濂五
秦　瀅五
秦　湘二
秦大霖二
秦　澳一

秦錦城一
秦　鏢四
秦　鏊二
秦之鴻一
秦朝釪三十七
秦鼎銘一
秦世鑑一
秦維鏞二
秦金門一
秦蓬同四
秦　瀛一百〇三
秦景洛一
秦景范三
秦恩湛一
秦雄濤一
秦大光三

秦鈞儀十
秦　鐄五
秦　銓一
秦畫錦一
秦廷釪三
秦銘恩一
秦巨鎮一
秦鴻鈞五
秦禮鉄一
秦　泉二
秦　雷一
秦鴻甲一
秦忠清一
秦大受丶
秦大雯三
秦宗濂一

秦文炳一
秦沆六
秦永年五
秦江二
秦玉海十九
秦鴻儀一
秦汝霖二
秦泳二
秦大中三
秦霖一
秦仁溥一
秦沅一
秦鼎元三
秦承霈二
秦亮一
秦淇源九
秦油然二
秦棟一
秦棵四
秦緗武十三
秦豐林一
秦用韜二 者作営於氏族譜
秦栻一
秦鳳梁十六
秦廷標一
秦國璃八
秦滌初三
秦榮桂二
秦彬四
秦河樾四
秦炳衡一
秦承烈二

制藝目録

秦金一
秦禾一
秦堈一
秦金奏一
秦華鍾一
秦鏞十二
秦鏕四
秦二丰一
秦宏鑄一
秦鉽七
秦鈢一
秦鉅倫一

秦錦一
秦鄂銘四
秦南烈一
秦復泰一
秦澳十九
秦人功二
秦浙九
秦源寬十九
秦廣之二
秦汝泌一
秦遠志一
秦之鴻四
秦樹績一
秦松齡七
秦龍標一
秦王春一
秦伯龍三
秦宮璧一
秦躍龍二
秦學龍三
秦惟杏一
秦仁三十四 昔作〻〻〻〻〻
秦雄飛五
秦雄褒四
秦敬熙一
秦道然十四
秦易狀一
秦怡然一
秦軒然一
秦石然三
秦芳然一
秦靖然五
秦蕙然一
秦敘然
秦脩然一
秦辰燕九
秦曾榮二
秦龍祈一
秦夏鼎一
秦鴻升二
秦景熹二
秦鶴一
秦蕙田八
秦星田一
秦雲會五
秦圭田三
秦東田一
秦春田一

秦觀十四　秦湛一　秦旭二
秦孚一　秦夔八　秦勵一
秦用中一　秦奭一　秦金十
秦鏜三　秦淮一　秦涛一
秦潬一　秦瀚一　秦汴一　秦淪七
秦梁八　秦禾一　秦棻一
秦寀一　秦炳一　秦燿六
秦奥一　著作家姓氏記畧　秦垓二　秦重泰一
秦堈二　秦坊一　秦仲益一
秦詔一　秦欽翼一　秦鏞十二
秦鉠三　秦鉽三　秦浙十七
秦德澄一　秦德藻二　秦德汾一
秦沅二　秦㴬一　秦流慶一　秦源寬一
秦尚渭一　秦松齡二十七　秦松岱三
秦松期二　秦巽權一　秦伯龍一
秦枝桂一　秦果誠二　秦仁一

秦甸十七　秦勇均二　秦之璋一
秦錡一　秦文錦一　秦錦二
秦朝釬五　秦鏻三　秦鏞十五
秦鼎雲七　秦金門一　秦釗儀一
秦大治一　秦玉海十　秦潤二
秦瀛二十八　秦宗海一　秦濬弍
秦潢一　秦大受三　秦大光九
秦泉一　著作卜居之八名　秦潮一　秦鳴甲三
秦永年一　秦大雯五　秦芝清二
秦國楠一　秦栻一　秦藹芝四
秦豐林一　秦鳳岡一　秦匡楨三
秦騰昌七　秦斌一　秦世燮三
秦文彪三　秦文熊二　秦炳文三
秦承烈一　秦士杰一　秦炳斗三
秦光圻三

文鈔目録

秦樹瑚一
秦始然一
秦鳴雷一
秦東田三
秦勇均一
秦元釗一
秦　鑛二
秦朝釬五 著作家姓氏録畧
秦震鈞七
秦　瀛三十三
秦　灝二
秦芝清一
秦蘭枝一
秦鳳翔一
秦炳文四
秦　煥八

秦道然十二
秦雄文一
秦雲錦一
秦春田一
秦惠田二十四
秦鈞儀一
秦鴻鈞一
秦文錦一
秦金門一
秦　潮四　秦漉一
秦玉海一
秦　檝一
秦　樹一
秦　崇一
秦賡彤十四
秦　綠八

秦靖然一
秦雄飛一
秦　燾二
秦圭田一
秦　琦一
秦　鏶二
秦　鏊一
秦泰鈞三
秦　鏊一
秦　沆七
秦商章一
秦　彬二　秦緗武一
秦緗業十九
秦昌煜三
秦堯曦三
秦祖永一

秦穀豐一
秦寶璣八
秦　堅二
著作家姓氏録畧

秦　璇一
秦復培五
秦寶鑑二

秦瑩培
秦謙培

秦氏殿試策纂

毓鈞案吾宗秦氏占籍無錫成進士者三十三人類皆珍藏殿試策對大廷登第後卷藏秘閣外人不得而見然惠君甘科名之盛如兄弟兩鼎甲叔姪三編修祖孫綿衍四世詞林父子相繼後先進士佳話甲一鄉族姓譁為盛事自天順庚辰以訖咸丰丙辰凡共若干科僅題名于邑志選舉表耳其間如味經蕙田桂川公勇均以名列一甲鼎探上苑之花原卷幸存于鼎甲錄亟選入文鈔以存乎澤乃者清鼎既革科舉亦廢舊日之藏于內閣者以撤除舊籍流落人間留心稽古者至舉而備之歷史博物館良可慨矣湘臣族叔時適旅京乞之于博物館凡吾鄉之曾與金殿試者分科標擇得若干人將其真蹟藏入邑中圖書館而吾秦如怙雲公源寬繩師公請然待軒公箕田大樽公朝釪瀣園公泉各卷亦與其列特彙錄之以貽吾家故寶

康熙癸未殿試策

秦源寬

臣對臣聞帝王之綏輯四海而承敘萬年也必有執中建極之實學以為經緯萬端之本而後宰治為有原必有敷政立教之弘模以為運量一世之規而後化成為有要夫所為執中建極以經緯萬端者此天德之純也惟其純乎天德故能法天行之健協天運之貞體天心之仁凡撫世柔物之際莫非本緝熙兢業之精意以為兼綜條貫之端而治天下之體以立所謂敷政立教以運量一世者此王道之全也惟其全乎王道故能紹王業之隆復王化之淳幾王風之厚凡察吏安民之下莫非由明作惇大之深恩以為亮工熙載之準而治天下之用以周夫誠本天德以行王道而後奉之百司者無不奮之治功形之風俗者無不浹之治化彰之法紀者無不厚之治道而咸五登三之理可臻久安長治之休可致自古郅隆之世所為可大可久之業未有不由乎此而非一切近功淺效可幾也欽惟皇帝陛下天錫智勇聖靈聰明奉三無以無私道備夫作

哲作謀作肅作乂撫九有而有截化洽於自南自北自西自東建帝王未建之弘猷功高而檢玉沉金山聲萬歲開古今未開之景運德盛而平天成地河色千年治啟時雍而歲豐民樂猶勤補助於省方沐蠲租錫賦之恩家志之允懷率廸者所在塗歌而巷舞業隆交泰而夕儆朝咨彌切勵精於宫府體率作省成之意百職之撫辰凝績者固非大法而小廉固已六服承德百度惟貞覆載之間被潤澤而大豐美血氣之屬聞盛德而皆來臣矣乃猶聖不自聖求治彌殷進臣等於廷而策以吏治淑慝之故民生休戚之情以臣之微賤固陋何足以知此然讀古人之書慕古人之行事竊恐學焉而不得言言焉而不得達今者幸承清問下逮敢不竭管見之愚以對揚休命乎伏讀制策有曰治有大體貴在適中務綜核則人受煩苛之擾尚寬平則人蒙休養之福大哉聖謨此誠灼見吏治之要者也夫從來吏治之弊有二好言寬大者務為苟安之計而於釐奸剔弊諸計漫然不以經其心彼固以為治之寬大者當如是也不知姑息之端一開其不肖者必且假含宏之説以恣行其徇庇之私而其長厚者亦不免失之縱弛此吏治之一弊也矜尚綜核者好為刻深之謀而於釐奸剔弊諸務紛然適以滋其擾彼固以為治之綜核者當如是也不知苛察之事一行其不肖者必且借擊斷之威以巧遂其營私之謀而其廉正者亦不免失之於矯激此吏治之又一弊也夫所貴乎為吏者為其勤撫字善保障能有裨於民生耳若徒以好察矜自用之智以嚴苛為禦衆之術縱使清裁卓絶廉節可風其自為立名計則得矣於民曾何益於國曾何補哉況乎赴乖張之習長訐訟之風其弊有不可言者臣愚以為封疆之臣監司大吏宜時加訓飭使天下明知聖治崇尚寬平之至意而其激矯過甚者或間黜其一二以示儆則大吏既飭守令之官自不敢相尚煩苛而民生樂業治體永惇矣伏讀制策有曰風俗厚則仁讓之風興俗偷則囂陵之氣熾欲使家敦孝弟戶勵廉隅今天下風俗固宜厚矣國家久道化成之隆

為從來所未有天下太平數十年於茲民生其間其秀者沐詩書之澤其愿者安耕鑿之常宜其仁風翔洽習尚敦龐進仁讓而遠冀淩古所稱從欲風動之治當復見於今日矣顧睿慮所及猶惓惓於孝弟廉隅此固求治無已之心然而風俗淳漓之大原固已盡於此矣大抵風俗之偷也其端皆起於天性之薄而成於好利之心人非甚頑愚未有不知倫紀之當重者第性之弗篤則所為祇父恭兄之情終淺而其風且日即於澆矣蓋薄於家人之誼者其於天下當無所不用其薄也至於人情變偽百出其端皆由於嗜利一念利心起則有巧取巧求之術而詐偽生焉利心甚則有強取強求之思而凌競起焉風俗之厚也其何日之有於此而欲化其天性之薄也非勉以孝弟不可變其好利之心也非勵以廉隅不可是在親民之有司體皇上化民成俗之至意而實心奉行歲時講明訓約時行旌別之典使民之興行者有所勸不率教者有所懲則風俗不期厚而厚矣制策有曰刑獄者萬民之命欲聽獄之吏知體朝廷好生之心悉歸平允以漸臻於刑措皇上興言及此此天下萬世之福也夫刑者原以輔教化所不及故曰行期無刑於用刑者見聖人不得已之衷於期無刑者見聖人惻怛忠厚之意刑之大旨亦可識矣後世不察猥以刑為制世之具於科條日密禁綱日煩一二治獄之吏又群以擊斷為能鉤致為巧以為非是不見吏才稱上旨以聖人期無刑之意竟忘其以刑為威之心甚無謂也然而此亦有故焉從來國家之法寧失入毋失出不過防官吏之舞文狥庇使奸民漏網耳聽獄者遂以此藉口以為朝廷立法專主於嚴密於是止顧已之功名罔念民之身命攸厥所由蓋有自來矣皇上如天好生之心雖古之刑期無刑者無以過而聽獄之吏不無用內不無濫刑其或有拘於文法者歟今聖心既惓惓以民命為念以平允為期而禁網寬疏無密科條寧寬無刻將勵在法司無不仰體此意即以幾措刑之治不難也凡此數條臣敢因聖問所及而盡其愚要之習俗之化原必於是吏寄刑獄之欽

恤亦必於吏是司則吏治尤在所重也此爲王道之至此爲天德之純而治功於此奮治化於此洽治道於此厚億萬斯年之業將垂之無窮矣臣草茅新進罔識忌諱干冒宸嚴不勝戰慄隕越之至臣謹對

康熙壬戌殿試策　　秦靖然

臣對臣聞帝王之久道化成而與天同運也惟天有不已之命顯仁藏用行大化於無窮故日月之久照四時之久成祇此一闔一闢而宇宙著日新富有之機惟聖有不息之體盛德大業綿曆服於有永故紀綱久而益肅文教久而彌光唯是一張一弛而朝野享休養涵濡之福蓋天與心通而皇建有極巳默運於開物成務之原斯治與天一而德合無疆遂觀成於風動時雍之後夫然而所以勵臣品者必期於協和而無戾也所以飭官方者必期於矢公而無私也以開賢路必使才全德備之士有所鼓舞而日升以端士習必使讀書稽古之徒有所觀型而益勵也由是和衷著績寅亮得人賢俊由之用章風俗因而丕變上有謨明弼諧之臣而府事治下有則古稱先之彥而禮讓興馴至景運日隆丕基永固有以凝承天眷而申保佑於無已蓋自古以來唐虞三代之隆未有不積諸此也欽惟皇帝陛下聖德涵天神功蓋地文謨丕顯光華偕星日俱輝武烈維揚赫濯與風霆並肅康四海阜兆民發棠蠲租推恩肆赦人人仰荷生全寧萬方綏列服巡河浩岳勸學省耕事事咸歸盡善仁心育物風化美而教令行食德飲和悉優游於卿雲復旦壽考作人禮樂興而謳歌起漸仁摩義胥鼓舞於化天光天下百國之共球並自西自東自南自北罔不梯山航海奉聲教以來王億萬年之曆數且如山如阜如岡如陵犀知寶爲器車感休和而獻瑞固已覆幬之中被潤澤而大豐美寰海之內協風雨而順陰陽矣乃猶聖不自聖安益求安進臣等而咨之以臣心之未易協臣職之未易修且思所以盡用賢之道求所以彈訓士之方臣生逢明盛拜獻有懷思自效一得之愚久矣今天威咫尺之下敢不直抒所得以敬陳無隱乎伏讀制策

曰唐虞之世皋陶陳謨同寅協恭夫協同者豈其朋黨比周之謂亦惟寅畏恭敬則精白無私故能偏黨不生和衷共濟大哉王言固人臣同心一德之大道也夫人所以綜理煩劇者才也所以秉躬清白者守也顧有才而恃其才則氣盛而不能下將睥睨同官易啟招尤之漸有守而矜其守則量狹而不能容將峭厲獨立易開構釁之端故人臣非無才之患患在才大而不持之以謙非無守之患患在守嚴而不濟之以和無或乎同寅協恭之美重煩聖天子之慨慕而未有已也臣愚以為和衷之道惟忠與誠可以致之忠則不恃己不傲物視天下正賴矯矯者以共事方且自砥厥守而何所忌於人之守誠則不植黨不市名視天下原非硜硜者所能有為方且自愧乏才而何所忌乎人之才由是彼此無相角之形而有相成之雅精白一心而偏黨不作安在岳牧交讓之風不復見於今哉伏讀制策又曰大臣者小臣之表也吏不廉則民生不安大臣不法則小臣不康大哉王言洵人臣正己率屬之準則也

夫君之撫民不能獨為治也於是舉而責之於大臣而大臣之代君以撫民亦不能獨為治也於是因而分之於小臣然則大臣者所以統率夫小臣者也每見大臣之於小臣也小臣而出一言焉則大臣得進而較其是非顧獨不思大臣之所以自矢者果有是而無非矣乎小臣而舉一事焉則大臣得進而察其公私顧獨不思大臣之所以自信者果有公而無私乎夫上作而下不應者下之過也莫或作之而望其應非下之過也今大臣果欲為民興利則小臣無一不以興民利為心今大臣果欲為民除害則小臣無一不以除民害為心是故大臣法則小臣廉欲求其效於小臣莫如專其責於大臣以大臣之黜陟定小臣之賢否即以小人之賢否定大臣之優劣則廉法相承而永底盛治果何難焉伏讀制策又曰薦賢受上賞蔽賢蒙顯戮古之道也國家需人維急故常命九卿廷推督撫保舉期得真才以裨實用此誠聖天子求賢若渴之盛心也然而相需甚殷相遇甚疎非天下之無賢才也正恐知其賢

而不能薦於上及其所薦於上者則又未必果賢也而國家於是乎不得收用之效矣今夫賢人之欲有所樹立以表異於當世者其情孔亟矣然有時甘心自斂而不悔者其所蓄積有素而其所挾持甚大視天下常有求於我而我自無求於天下故常落落難合而初不以人之推與不推與不舉動其心夫有賢而不推不舉在賢者何足為重輕獨思賢而不推必有非所推而推者矣賢而不舉必有非所舉而舉者矣至於非所推而推非所舉而舉則或援私交或狥請託所責廷推保舉者謂何故欲杜私交截請託莫如即於薦賢之人重其責令使內廷而進一賢焉即所以推之賢定推賢者之賢而推賢者不得不慎其所推矣今使外僚而舉一賢焉即以所舉之賢定舉賢者之賢而舉賢者不得不慎其所舉矣於以救得人之效尚何私交請託之足患哉伏讀制策又曰士不學無以居官學不正無以致用行猶未盡修士業猶未盡醇將何以養育陶成紹休聖緒則聖天子之所望於士者甚奢而所責於士者甚切矣夫士之取重於當世固無待冊名天府而始知其經術之有用也蓋士之為士居乎則視其行入則孝出則弟以義為路以禮為門則其行醇矣行醇而其言必無不得矣考課則視其文經為經史為緯闡揚乎聖訓服習乎師儒則其文正矣文正而其人大槩可知矣我皇上尊崇正學雅重儒修而於士習之純漓不能不慮是莫如專其任於學臣分其任於學博課其文尤課其行庶幾行返於醇而文歸於正則士習不患不古若耳要而言之朝有誠正之臣而庶績熙下有端粹之品而教化洽今聖天子方勵臣品而飭官方開賢路而升士氣則治益進於治而千古郅隆之化無過是矣臣草茅新進罔識忌諱干冒宸嚴不勝戰慄隕越之至臣謹對

雍正癸丑殿試策　　秦蕙田

臣對臣聞帝王之統一海宇而裕萬年有道之長也必體天地之量以為量而覆載生成萬方咸受化育於陶鈞之內必存父母之心以為心而飲食教誨萬物胥樂恩勤於

胞輿之中以飭天下之官方務惟和惟一以共効夫忠君
愛國之忱以振天下之士習務有守有為以共裕夫致主
澤民之本以整肅武備使捍衛牧圉之衆殫其股肱心膂
而磐固永於百年以培植民生使出入作息之倫安其日
用行常而淳朴貽於奕世蓋天地之於物也春生秋肅無
為而成化聖人之出政也敬民勤治不令而自行父母之
於子也攜持保抱而所以體恤之者無不至聖人之於民
也教養安全而所以愛護之者無不周由自是百僚師濟
以宣其猷多士奮興以行其義慎固封守以防其漸敦厚
風俗以正其原自昔唐虞三代之隆所以致風動誠和之
治而鴻圖永固享國綿遠者其道罔未有不由於此也欽
惟皇帝陛下德握乾符治隆泰運建中和之極學懋予內
聖外王弘參贊之功業廣夫經文緯武漸以仁而摩以義
河清海宴開六宇之昇平禮以序而樂以和璧合珠聯映
三辰而麗照藻鑑觀於亦臨亦保而精誠昭格曰雨曰暘
曰寒曰燠休徵協四氣之和陳彝訓於無黨無偏而大化
覃敷自西自東自南自北聲教暨八紘之遠罔已道高千
古本聰明睿知以式臨澤及萬方統侯甸要荒而蒙化勳
業巍巍而莫並性功蕩蕩而難名矣乃聖懷無逸獨切疇
咨而求治日殷廣資獻納爰進臣等於廷而策以獎勵忠
勤振[illegible]髦士與大夫奮武衛而厚民風之至計以臣愚陋
何足知此然仰承清問對揚伊始敢不竭管窺之見以為
拜獻之資乎伏讀制策有曰純誠自矢精白望人化朋黨
比周之習為勸善規過之風務以忘私袪偽者自勵而交
勵此誠訓誡臣工之至意也從自臣子之大節必本於公
忠夙夜之間常凜然於分義之正而不稍參一樹黨植私
之計然後謂之公隱微之內皆肅然於帝天之臨而不稍
雜一矯情飾詐之私然後謂之忠故古純臣之事君也精
白乃心恪共厥職有朝夕匪懈之敬有表裏如一之誠功
在丹書名垂竹帛皆無私者為之也我皇上整飭官方凡
大小臣工莫不潔己以奉公實心以任事而聖訓煌煌不
忘告誡丁寧之意者蓋臣子之公忠不必立異亦不必苟

同有時集思廣益雖以平生不相合之人不妨舍己以從而不得謂之同有時精明果斷雖以肺腑可相信之人不妨各行其閒見而不得謂之異惟其一本於無私則內可以盟衾影上可以對天地幽可以格神明不恃智而智無不周不矜才而才無不裕臣道之極何以加茲制策有曰業先四民之謂士必思所以有異於齊民之實而後立心制行始不淪於汚下此誠振興士習之深心也夫士習者風化所自起而勸勵者士習所由興古者立大學以教於

國設庠序以教於鄉比年入學中年考校法如此其詳也論定而官論官而爵意如此其厚也移遂移郊侯明撻記廣如此其周也誠以士居四民之首必士端其習而後民風可厚故著誠去僞以為聖賢之歸則務實行不貴虛聲端本澄源以守道義之正則先器識而後文藝我皇上雅意作人廣棫樸菁莪之化崇選賢顯俊之條凡為士者孰不爭自濯磨以思奮起夫德行者士之本也功業者士之用也而文詞特其餘事正其本裕其用而彼及其餘是以

里之外斯凱奏時聞而金湯永固不且收不戰之功而成無敵之仁也哉制策有曰導民以愛敬則忠順可移馴民以敬恭則詬誶不作而以正人心厚風俗為切務誠欲進天下於雍和之治也夫民之生也其性本厚而或趨於不善者習為之也其在書曰降衷下民若有恒性又曰道有升降政由俗革是可知誘掖有術則不難引中人而納於君子之塗獎勸有方則不難導凡庸而歸之諸聖賢之域移風易俗之道務在教民者加之意而已哉皇上啟廸萬方凡孝廉方正之流莫不選舉忠孝節義之行莫不獎勸斯所以樹風聲而俾畏慕者何所不至誠使為民上者仰體陶成鼓舞之至意而多方引掖以復民之性範圍曲成以防民之習則民生本厚而不因物遷所為允升於大猷者雖媲美於唐虞三代之治又何難歟凡此者治本相因理惟一貫是以朝廷清純臣即學校多良士閫外嚴武備則城內躋雍熙而皆由我皇上以主敬之心為法天之學休明良而興激勸一敬之存存也精簡閱而歆風化一

修之家者可獻之廷善其身者可効諸世而浮華縟艷非所尚焉若其養之於平日則必明學校以尊之擇師儒以董之使本躬行心得之餘而著為履中蹈和之矩斯坊表立而善人多矣制策有曰治世不弛武備以制治保邦於永久而殷殷夫所以固圉衛民誠欲措天下於磐石之安也從來有百年不用之兵而無一日可玩之武蓋兵之力貴勇而其氣貴靜故斂戢為大將之德而持重尤勝兵之宜周書之典必嚴於步伐止齊而司馬之法常講於春秋冬夏皆所以養其精銳之氣而又有以制其驕逸之心此節制之師百戰而百勝者也我皇上勝武布昭神謨獨運凡環海內外皆不怒而自威不戰而自服誠使為將者仰體不得已而用之之意以競業為遠大之圖慮其瀆〔輕〕也而持之以重以小心為奮揚之本懼其縱也而束之以嚴績已奏而猶講坐作進退之法一事之精神可以貫之萬事功已著而更申戰守攻取之令一日之志氣可以貞諸百年則慎之又慎而運籌於幃幄之中者無難決勝於千載之齊也治道洽而休徵至我國家萬年有道之長基諸此矣臣草茅新進罔識忌諱干冒宸嚴不勝隕越戰慄隕越之至臣謹對

乾隆戊辰殿試策

秦朝釪

臣對臣聞人主之一身天下羣生之所託命也百官萬務之所立極也故一夫不得其所而聖人引曰予辜一職不得其人而王者引為已責是以人主日勞其心以為天下而正其治以正朝廷正朝廷以正百官正百官以正萬民以正萬民者正四方而和氣日滋災祲不作百職修而萬民殖河海效清晏之休膠庠致菁莪之頌胥是道也其在書曰百僚師師百工惟時言百工之得其人而庶績以理也記有之曰九年耕必有三年之蓄以三十年之通雖有凶旱水溢民無菜色言荒政之備之早也書曰四海會同言川瀆之安其流也詩曰成人有德小子有造言教化之及於士類也大抵欲求安民而致治者必在乎善得人欲求小臣之得人者在慎簡大吏謹好惡慎取舍官人以德

而化治日臻於上理此自古聖帝明王未有不由此者也欽惟皇帝陛下法堯舜之用心邁殷周之盛治求賢若渴之意未嘗一日而去之心望道未見之懷未嘗一刻而忘於念固已朝無遺政野有同風矣乃猶進臣等於廷而策之臣敢不竭誠以對伏讀制策仰見求治之勤而內外大小之臣工未能各盡其職也臣謹按書曰嘉言罔攸伏野無遺賢夫必使天下之人各盡其所懷而後擇其人而用之斯可以得賢矣又曰用人勿貳去邪勿疑夫必慎選其人賢必顯而邪心黜則朝廷之上以及四方之吏治俱克舉其職矣又曰言逆於心必求之道言遜於志心之非道夫自古以[illegible]可附奏賈[illegible]君子漢之後點[illegible]魏徵是也夫廟堂得其人而庶司百職自各就其緒矣督撫大吏得其人而郡縣之吏各能其職矣然欲別大臣之賢否而與之共治則非老成如汲黯魏徵其人者則不可由是勞於簡大臣者逸於簡小臣此舜禹所以得一二人而衆職咸修也若夫整飭之與激勸固人主之大權然或數用之則寬或以啓人徼倖之心嚴則足以動天下自危之慮臣故以為莫若於其根本而治之為得也制策又以農桑為王政之本而欲及於勸課之不因其方地力之不盡其利而念及於荒政有不勝其愷惻而動心者此誠天下蒼生之福也然臣竊聞之自古救荒無奇策在裕之於其前與培之於後夫地無遺利邑無游民此所以生之者衆也教民節儉限以制度此所以食之者寡也勸課督率使民自力於農所為之者疾也敦樸行於上風俗美於下蓄儲素裕無卒然空乏之憂所為用之者舒也凡此皆所以裕之於前者也若夫培之後其道更有不能立辦者夫被荒之民如新病初未善醫者調其飲食時其寒煖然後漸克以有濟夫此在循良有司而已休養生息民之自謀也上代其自謀民之至樂也然而未見其效則有司之過也夫有司亦嘗讀書懷古守百里之地亦欲月結於民而所以致之者大吏操切之過也臣聞之富弼在青州饑而不害范仲淹在蘇州饑而不病其措置之宜因時立法固不可執一以

論然亦可為封疆大吏之法矣至於米價騰貴非一日之
故也由來久矣迨商賈以便民而關市無譏滋内地之米
或溜出外洋則米價益貴若夫採買之法行則益其價停
止則恐無以備荒論者相持每不能決然不知穀貴則病
民穀賤則傷農今莫若于禾黍登場之
時米價或積停滯則買之價平則止酌劑其盈虛消長而
制之如劉晏之理財於荒政豈無補哉制策又以河工下
詢臣愚何足以知此然竊聞河之患歷代然矣自前明潘
季馴專主以水刷沙故緊隄防以東之至今未改其制而
河身亦日淤是故持重者樂由舊遠慮者欲新臣以為皆
未盡善夫治河如治兵挑濬以禦難端固不可自恃不設
備尤不可今莫若兼用之因前人之提防而時加河兵器
具器械以濬之使外有所限而不至于潰内有所疏而不
至怒則河漕允賴矣制策又以士習宜端而深望之以明
體用朱子有云士以立志志不立直則無事可成是故學
問有淺深而其志已足自立者君子小人之分固已決于
一朝也若夫中人之性進可為善退亦可為惡彼先無以
自主是故處無以益于鄉里出無以益于朝廷固亦無以
言于體用矣雖然亦在上之人使之耳洪範曰不協于極
不罹于咎王則受之曰予攸好德汝則錫之福然待士之
道甄拔賢才教養中士敦名節厲廉恥以供百職其選也
以寄司牧其仕也以禦災捍患其人也賢才輩出將見我
國家致治之隆與三代同稱矣臣草茅新進罔識忌諱干
冒宸嚴不勝戰慄隕越之志至臣謹對

乾隆甲戌殿試策　　秦雄飛

臣對臣聞古帝王之膺圖御宇而垂億萬年之統緒也莫
非本法天之德以大覺世之模而敷化宣猷復有以收臣鄰
一德之效則民風之淳漓學校之盛衰無日不默籌於一
人之睿慮夫是以推之有本運之有方道德一而風俗同
唐虞三代之軌不難再見於日矣其在書曰惟天聰明惟
聖時憲惟臣欽若惟民從乂又曰天佑下民作之君作之
師可見經天緯地之能要不外乎崇效卑法之素則必窮

理盡性推見本原而後可以闡精微之旨返樸還淳力圖夫治體而始得仁讓之風去綺麗之習而一返清真則文體廓清而聖賢精義之傳不至勦説以雷同也絶澆漓之風而感敦實學則士氣振興而庠序學校之訓自能樂育而無遺也自古聖帝明王所以昭敷施於廟堂而致懋勉於深宮者其道端由於此故勅天命而時凛幾康法必持盈而保泰際重熙而勤治畧道在正本而清源也欽惟皇帝陛下道隆峻極化洽文明紹危精微一之心傳際禮樂文章之大備固已外王内聖學集大成道一風同功邁上理矣乃猶切望道未見之心存檢身不及之慮進臣等於廷而詢以天人合一之理化民成俗之方文體之崇實黜華士風之砥行立節臣管窺蠡測縱有一得譬如細流土壤奚補高深然既承明問敢不敬效芻蕘之獻以仰副聖心於萬一乎伏讀制策有曰人無一日不在理道中欲使先聖先賢之微言大義朗如日月星俾學者得所致力誠哉洞見本源之論也道之大原出於天在天之天虛而難索在人之天切而可求而要之無二理也故曰誠者天之道思誠者人之道故子臣弟友敦於五倫而祇以還乎天德肅乂哲謀盡於五事而適以順乎天機理至虛而必藉人以實之則不道於空虛杳渺之學我皇上聖明天亶學問日新於五經四子之書濂洛關閩之旨固已融會貫通而深研其得失異同之故矣而猶恐標榜名目既多則不無隨聲附和之失而微言大義或積久而滋晦也嘗按朱子之言曰居敬以立其本窮理以致其知反躬以踐其實此三者竊謂學人之全事備焉夫居敬者誠意正心之事也窮理者格物致知之事也反躬者修身之事也格致誠正所以修身窮理居皆歸實踐此朱子所為得孔曾之真傳而先後一揆者也其於五經四子之書或不無小補乎是在致力於返躬切己之圖而不惑於異説則人道盡而天道亦盡矣制策又以上之所視嚮實下之效法而欲正百官正百官以正萬民此誠整躬率物之良箴也臣惟自古帝王立政必期於百姓昭明四方風動然而翼為明聽

之司亦時資乎四岳九官之助蓋君者代天理物而為人臣者共天位代天工則固人心風俗之所由係屬也昔者司徒掌邦教撫五典以擾兆民故其時雖田間小民罔不入孝出弟彬彬可觀蓋理道之在天下也如大路然亦在引擾之以使之率由罔越而已矣夫今之與昔非有異民也乃昔之布帛菽粟者今且膏粱而文繡矣向之不識者今且機械而變詐矣此豈盡風氣使然哉或亦牧民長伯董勸之未得其方而鼓舞之靡遺其力也誠能司牧者守已以廉率下以正不以簿書期會為急而以敦崇禮讓為先則人知涼德之不可師而古處之足尚下可咸風俗之書而上足供輶軒之採所以仰副聖天子慎簡賢良左右育民者莫切於此矣制策又以取士首重制義而或病為汗漫之詞或徒工綺麗之句欲使之黜華崇實以存先正之遺此誠學古有獲之至論也臣惟制義之説所代者六經四子之言所闡者濂洛關閩之旨使學者口誦而心維躬行而心得將發之為文而道其所自得非但文焉而已

乃久而失其意循文者不深求之仁義道德之旨而以敷衍妥貼為工作文者不以窮理明道為先而以揣摩近似為得甚有汗漫綺麗且有以漢唐詞賦闌入其中以為新奇而可喜　甚非制科之初意也明初之文質實醇茂不事紛飾原以闡經義明理道也至隆萬時而運以機杼工巧日出然而意境清晰且其運實於虛馭繁以簡耳目為之一新迨天崇而金陳肖出命詞立意皆掃除一切自闢心裁而其典麗矞皇如炫服新妝江東朗照文之能事畢矣然或者多激烈之音而鮮和平之雅讀者不無遺憾焉我朝文教覃敷人文蔚起體裁愈闊然而矜才肆氣冗長綺麗之風實所不免是在斂才就法一以清正雅正為宗庶經義日以彰所以鼓吹休明者端在是矣制策又曰民俗之厚薄視士風之淳漓士習之不端由士志之不立欲納於庠序之中以陶淑而樂育之此誠勸學興賢之至意也夫所貴乎士也者處則敦詩　禮之英出則社稷蒼生之福故曰隱居以求其志行義以達其道學聖賢之學

先法聖賢之心必有凜乎自維進規退矩之意斯三公不以易其介千駟不以動其心斷不敢以菲薄自安或流爲苟且狗人之學而及其致身事主皇路馳驅則霖雨舟楫於是乎寄所以貴也乃臣居不爲閉戶之修而險健成風或逞鄉曲之武斷守身不記執玉之應而懷材欲試或希僥倖以營私甚非所以上副聖天子興賢造士登明選公聖天子興賢造士登明選公之意也國家百餘年養士之典至優渥　上通屆各　選拔來京復遴選以分別擢用所以奮興鼓舞之者蔑以尚矣而浮薄之風猶有未盡絶者則端飭士習之方不可不講明而切究也昔胡瑗教授蘇湖以經義時務爲急　經義齋以擇通經有氣局者居之有治事齋人各治一事又兼一事如邊防水利之類也故其學多俊彥出而致治多適於用造就人材之法莫過於此矣要之事本同條理惟一貫德性尊於上而勅幾致治於以建皇極之隆風俗成於下而臣直考來丞以廣翼爲之助又辭尚體要而斯文猶存大雅之遺取士黜浮華而膠庠用溥作人之化我國家久安長治之業基於此矣臣草茅新進罔識忌諱干冒宸嚴不勝戰慄隕越之至臣謹

對

乾隆己丑殿試策　　秦泉

臣對臣聞皇建有極斂五福以錫厥庶民蓋兢兢乎體天心合天德憲天時張弛經緯運量於寰宇之中而權衡於政治之本是以道愈隆而化愈光功彌崇而心彌惕也夫當太平極盛之時而宵衣旰食一息不敢康故天心之保佑申命用休而更欲究至誠感神之理吏治之激勸振綱肅紀而更欲昭分猷課績之嚴求賢若渴而更欲以文行交勵者共贊文明之雅化乂民是切而更欲以良善克敦者著章徵治化之光昌惟上之昭感格者誠宜民宜人之德可歆受祿之符也惟上之慎考績皆殷大法小康之規自奮功名之地惟黜華以崇實而讀書稽古之功可備論秀書升之選也惟華薄以敦厚而務本力作之民自裕敦龐純固之風也在昔唐虞三代之隆用能光昭德業遐敷化

理者其道悉由乎此書曰惟天聰明惟聖時憲惟臣欽若惟民從乂言人君法天率下而民獲福利無窮也欽惟皇帝陛下文思天亶廣運日新際重熙累洽之盛凛持盈保泰之心競業於萬幾基命於宥密固已嘉績播乎九垓仁聲翔乎六合民安物阜久道化成矣乃聖不自聖諮訪彌殷復進臣等於廷而策以亮天功熙庶績黜浮靡導淳風之要道臣至愚極陋何足知此伏念古者事君先資其言拜自獻其身以成其信張子有言曰試言乃事君第一義不可有欺茲當對揚伊始敬承清問敢不竭管窺蠡測之見以仰副萬一乎伏讀制策有曰天人感應之微奚假推測洗心藏密之地真有吉凶同患之情誠無不格理本不爽此誠昭事迎庥之盛軌也臣聞積氣者天氣載理而行率性謂道理隨物而寓天人相感疾如桴鼓其理廣大而精微其事平近而切實詩曰予懷明德言天之於人也又曰自求多福言人之於天也遐稽唐虞典謨推言天道未有專言元妙之理惟是曰欽曰寅畏曰執中此萬世心法之宗即聖人敬天之學乎夫善言天者必有驗於人而仲舒天人三策可謂深切著明惜其學本春秋往往流入陰陽術數即其弟子早已議其非是易稱神以知來知以藏往則於寂然不動之中自有感而遂通之妙真實无妄奚煩推測而知故小心翼翼即為永言配命之基成性存存即為克享天心之學果默契於淵微自見其應之如響也方今皇上體天道之健行成至誠之不息凛鑒觀於曰旦曰明紹統緒於惟精惟一既裕祇承昭格之原而自集祿位名壽之慶矣若夫正朝廷以正百官正百官以正萬民則天下之吏治不可不飭也制策又曰察吏非不嚴而貪墨未息勸懲非不力而縱弛尚聞此誠澄敘官方之盛心也臣聞唐虞三載考績周官三年大計至漢以亦六條察二千石嗣後代有損益皆原本於周官者也臣思牧令為親民之官而莞牧令者郡守也上以承宣院下以表率州縣有導上達下之責惟郡守為最重夫其品秩既優祿稍尤厚固非僅以小廉曲謹為稱職也一日不事其事此日

為負君之日一心不敬其事此心即負君之心必須精明強幹撿部所之有以杜侵漁而懲閩茸故支領估報徵納之必稽而錢穀無虛縻也獄囚佐証讞牘之必覈而刑名無枉縱也尤必視國事如家事庶無瞻狥同官之習以民心為己心自見誠求赤子之懷周禮之計吏也廉善廉法更責其廉能洪範之程材也有猷有為歸本於有守務使貪墨者必懲縱弛者必斥由是親民有司莫不稟承約束而布按收其效督撫受其成庶足以仰荅朝廷分猷課績之典歟制策又曰言著於文欲使陳言之務去而一歸於清真雅正此誠文昭文治之至計也臣思言以載道誠學術人心之本周子曰文才藝也道德實也篤其實而藝者書之漢時賈誼董仲舒諸策皆載道之文也若揚雄好為奇字文既乖於正體品亦流於阿附識者譏之至如韓愈振六朝之習歐陽修起五代之衰其人文至今不朽乃或採摭陳言取糟粕而遺精蘊此鄭樵所謂酒醴之末自然澆漓也無真品誼安有真文章哉欲使滌洗陋習特拔真

才惟在衡文者正其宗昔斐行儉為主司而罷盧照鄰駱賓王之浮躁歐陽修知貢舉而黜劉幾之險怪一時文風翕然丕變而為士者考論於平日亦自有要遵董子正誼明道之訓心術不患其不醇也做胡瑗經義治事之式學術不患其不正也更敦朱子分年考校之造就不患其不大也由是本湛深之經術為華國之文章言中有物愜心貴當庶副聖天子作人之雅化也乎風俗者教化所由開而制策又以物博地大家喻戶曉之難一道同風除莠養禾之法殷殷致詢此誠敦厚風俗之至意也臣思唐虞之世於變時雍尚有奸宄足徵天地覆載之寬所謂良莠並生者也詩曰不競不絿敷政優優傳曰寬以濟猛猛以濟寬誠以豐亨豫大之模休養生息之久而持盈殫切比者匪徒邪教偶有奸慝之未除遂致華心之煽惑其實民亦非盡無良也誠使有功者邀賞格有罪者置爰書旌別淑慝表厥宅里彰善癉惡樹之風聲有司以實心行實政而不徒視為奉行之故事則懲一而警百易曰小懲而大戒

此小人之福也然膺父母斯民之責者不恃有不可犯之法而恃有不欲犯之心記曰愷以强教之悌以悦安之言起化於微渺而絶惡於未萌也至若五禮六樂司徒所以尊民先儒所謂大務俗返敦龐而邪慝不作治臻上理而風動時雍豈不盛哉凡此數者道有同歸理無二致於以勑幾凝命而自昭撫辰凝績之休肅紀振綱而克奏撫字循良之美去浮辭而揄實學自得明體達用之才臻盈止而樂阜成自兆時和年豐之慶抑臣尤伏願皇上以思艱

度易之心裕篤祜迎禧之本治益求治安愈求安庶司有亮釆之功百姓蒙愷悌之澤謠吉事彰純禧孔固四海之間被潤澤而大豐美六合之内聞至德而皆来臣則我國家萬年有道之長基於此矣臣草茅新進罔識忌諱干冒宸嚴不勝戰慄隕越之至臣謹對

秦氏獻徵録 丙集（下）

淮海先生龍井遺蹟考

龍井距錢塘十餘里山川觀深宋辯才法師行道處也在天竺門山側獅子峯下本名龍泓近西湖南山登風篁嶺澗泉泱泱與幽花野草延緣山磴更上嶺背巖壑林樾皆老蒼而西湖已蔽掩不可見氣象愈清古巖骨棱瘦泉流停涵一泓清澈即之淒然相傳有龍在焉觸石為雲禱者輒應因建龍祠為吳越王所創乾祐二年居民凌霄募緣建造焉明弘治中洪水記濫遂廢俗呼為老龍井非今寺也舊額報國看經院熙寧中改壽聖院元豐二年辯才大師元淨自天竺退休於此山始鼎新棟宇及遊覽之所山川勝槩一時呈露淮海先生偕二蘇趙楊諸賢皆與辯才為方外交名章大篇照映泉石龍井古荒剎由是振顯豈非以其人乎今之寺則在井側明正德間所移建者

先生龍井題名云元豐二年中秋後一日余自吳興道杭東還會稽龍井辯才法師以書邀余入山比出郭日已夕航湖至普寧遇道人參寥問龍井所遣籃輿則曰以不時至去矣是夕天宇開霽林間月明可數毛髮遂棄舟從參寥杖策並湖而行出雷峯度南屏濯足於惠因澗入靈石塢得支徑上風篁嶺憩於龍井亭酌泉據石而飲之自普寧經佛寺十五皆寂不聞人聲道旁廬舍或燈火隱顯草木深鬱流水激激悲鳴殆非人間境也行二鼓始至壽聖院謁辯才於潮音堂明日乃還高郵秦觀題

東坡集題秦太虛龍井題名記覽太虛題名皆余昔時遊行處閉目想之了然可數始余與辯才別五年乃自徐州還於湖至高郵見太虛參寥遂載與俱辯才聞余至欲扁舟相過以結夏未果太虛參寥又相與適越云秋盡當還而余倉卒去郡遂不復見明年余謫居黄州辯才參寥遣人致問且以題名相示時去中秋不十日秋潦方漲水面千里月出房心間風露浩然所居去江無十步獨與兒子邁棹小舟至赤壁西望武昌山谷喬木蒼然雲濤際天因録以寄參寥使以示辯才有便至高郵亦可録以示太虛也

東坡集黄州與參寥書：聰師相別五六年，不謂便爾長進，詩語筆韻皆可畏，遂為名僧，法足非特巧慧而已。又聞今年剃度，可喜。太虛只在高郵，近舍弟過彼，相見，亦有書來。題名絕奇，辯才要書其後，寄一紙去，然不須以石也。黄州絕無所產，又窘乏殊甚，如便不能寄信物去，只有布一疋作卧單，悚悚愧悚。

黄溍跋云：元豐元年，東坡先生謫黄州，少游以二年秋至龍井，三年秋，先生乃為書此題名而記其後，言與兒子邁棹小舟至赤壁，西望武昌山谷，喬木蒼然，雲濤際天。而先生作赤壁賦，則五年之秋冬也。溍兒時即能誦少游題名，不意垂老獲見先生真蹟，因考其歲月而謹識之。

程珌記洺水集游龍井記，是慕先生之游而追蹤者。文云：余舊讀秦太虛記，想其事，甚欲一追故步者，不知幾年矣。辛巳歲，出清波門，經淨慈寺，過白蓮院，上風篁嶺，謁龍祠，酌龍井，遂至辯才塔，飯於月林。月林，辯才所廬也。主僧出范文正、東坡、欒城、參寥、辯才遺像及坡遺辯才水墨羅漢八軸，軸皆二像，仁皇飛白四字與南唐草字四紙。已而酌泉瀹茗，復汲二盎以歸。徑旁佛舍多不知名，獨白蓮為近，晚不暇入。四山多怪石，如亂雲，如虎豹。下視西湖如盤，狹處僅若帶。沿路居民，視昔不加密，炊煙斷續相望，澗泉則瀲瀲如故。但太虛乃宵征，所不見者，怪石與西澗及炊煙耳。元豐距今百三十七年矣，人事幾變，而景物則宛然當時，可為太息。辯才結廬，今為廣福寺，一山屹然内向，故備錄以告來游者。

先生遊龍井記兩次上石，舊為米元章書，京尹趙公立夫於紹定己丑上石，簽樞密院事鄭清之跋龍井題名記之最詳，後廢。今在寺中者，乃明董其昌為方伯斗垣周公臨，後附跋云：此文見淮海集，龍井舊有此碑，乃米元章書，今已不復存，但有方圓菴記，余仿米書以補之。壬戌元正晦東燭記。

龍井舊名龍泓，距錢塘十里，吴赤烏中方士葛洪嘗鍊丹於此事見圖記其地當西湖之西浙江之北風篁嶺之上實深山亂石中之水泉也每歲旱禱雨輒應故老相傳以為有龍居之然泉者山之精氣所發也西湖深靚空闊納光景而涵煙霏菱芡荷花之所附麗龜魚鳥蟲之所依憑漫衍而不迫紆餘以成文陰晴之中各有奇態而不可以畫也故岸湖之山多為所誘而不克以為泉浙江介於吳越之間一晝一夜濤頭自海而上者再疾擊而遠馳兕虎駭而風雨怒遇者摧當者壞乘高而望之使人毛髮盡立心掉而不禁故岸江之山多為脇[仿]而不暇以為泉惟此地蟠幽而蹊阻內無靡曼之誘以散越其精外無豪悍之脇以虧疏其氣故嶺之左右大率多泉龍井其尤者也夫蓄之深者發之遠其養也不苟則其施也無窮龍井之德蓋有至於是者則其為神物之託也亦奚疑哉元豐二年辯才法師元淨自天竺謝講事退休於此山之壽聖院院去龍井一里凡山中之人有事於錢塘與遊客之將至壽聖者皆取道井旁法師乃即其處為亭又率其徒以浮屠法環而咒之庶幾有慰夫所謂龍者俄有大魚自泉中躍出觀者異焉然後知井之有龍不謬而其名由此益大聞於時是歲余自淮南如越省親過錢塘訪法師於山中法師策杖送余於風篁嶺之上指龍井曰此泉之德至矣美如西湖不能淫之使遷壯如浙江不能威之使屈受天地之中資陰陽之和以養其源推其緒餘以澤於萬物雖古有道之士又何以加於此為我記之余曰唯唯

鄭清之跋云坡仙至錢塘與辯才師為世外交師歸龍井坡公為作二老亭詩一時名勝多與之遊瑰詞藻翰衣被泉石至今枯槎斷壁間奕奕飛動獨少游記文得元章書二妙相輝宜耀不朽而寺失其傳好事者闕然不滿紹定己丑得真蹟於户書胡公榘印以他來書不謬每念鑱之寺中以苴放軼一日語京尹趙公公斂衽曰前賢之勝韻不續嗣遺吾邦羞寺於何有亟訪堅珉刻之且損錢百萬畀住山宗炳建樓植鐘新緇宇之弊於是龍井之勝若前賢之美如創見然余每愛少游文

笻步月敲辯才門夜半清語殆非人間世今留題中寫澗谷經行登危憩寂之境衝煙破暝之態谿澗林影斷續隱見善（雖）書不能及題識猶爾況記乎雖然微趙公好古博雅則斯記未必遇雖遇未必遽赫然在人耳目間余幸記之遇題之遠也於是借石歷書其顛末如此

董其昌畫禪室隨筆補龍井記書後云秦太虛龍井記直稱家（蘇）勝友元章此碑絶得李括州三昧惜多殘缺余為補之然閱趙吳興曾欲補未書數行一再易之皆不相似曰今人去古遠矣則余其有續貂之愧也夫

吳寬家藏集集宋米芾書龍井記石本跋云天水尹希賓嘗蓄米老所書秦太虛龍井記石本字畫雄放但其文多缺處其子寬因錄全文於前以便讀者記吾友史明古求余題之尹君之意雖為古物然（重）亦重視米書而又不無不重乎太虛之文也君如重其文則太虛又嘗有龍井題名記及東坡跋語更錄以附於後則不獨全龍井之文且并龍井之事全矣余方與明古約同遊杭

孫期日月而龍井者杭之勝處也至則當案記文所載次第登覽亦將為數（語）以續古人歸其為君再書以附之

先生嘗跋元淨十題云辯才法師謝天竺講事退休於龍山壽聖院凡堂室齋閣山峯水泉皆名以新意復作詩記之號龍井十題其言清警發人之妙思信非世間音也元豐二年八月高郵秦觀為寫遣其徒懷楚刻於石（元）石湻十題曰（歸）隱橋曰寂室曰照閣曰訥齋曰潮音堂曰薩埵石曰（龍井亭曰）冲泉曰獅子峯曰風篁嶺追後元豐八年楊傑被命陪高麗國王子祐世僧統訪道吳越謁辯才於山中乃度風篁嶺窺龍井過歸隱橋鑑滌心沼觀獅子峯望薩埵石升潮音堂憩訥齋酌冲泉入寂室登照閣臨閒堂會方圓菴從容論議久而復還既為之記又繫以詩則又增入方圓菴閒堂滌心沼三詠已非元淨十題之舊又元淨曰龍井亭而楊傑新詠直曰龍井此其異同也

元淨大師次韻參寥四照閣夜坐懷秦少游學士七律云巖樓木食已皤然交舊何人慰眼前秦與畫公心印合每

思秦子意珠圓當時步月來幽谷拄杖穿雲冒夕煙臺閣
山林本無異故應文字未離禪參寥名道源潛其原詩云
四照閣奉陪辯才師夜坐懷少游學士猿鳥投林已寂然
芭蕉過雨小樓前雲依絶壁中間破月自遥峯缺處圓照
坐不須紅蠟炬可人惟有蕙爐烟校讐御府圖書客疇昔
還同此夜禪而先生得詩已在辯才示寂之後云辯才法
師嘗以詩見寄繼聞示寂追次其韻遥聞隻履去翛然詩
翰纔收數月前滄海盡頭人滅度亂山深處塔孤圓憶登
夜闌天連雁同看秋崖月破烟尚有衆生未成佛肯超欲
界入諸禪道潛兼有夏日龍井書事呈辯才法師兼寄吴
興蘇太守并秦少游四首少游時在越其三翠樾高蘿結晝陰
驕陽無地迫吾身石崖細聽紅泉落林果初嘗碧柰新揮麈
已欣從惠遠談經終恨少遺民何時暫著登山屐來岸烏
紗漉酒巾其二云雨過千巖爽氣新孤懷日夜與誰鄰風
蟬鼓鼓頻移樹山月時時自近人禮樂汝其攻我短形骸
吾已付天真露華漸冷飛蚊息窗裏吟燈亦可親其三云
自憐多病畏炎曦長夏投蹤此最宜青石白沙含淺瀨碧
梧翠竹聒涼颸雲中雞犬聽難辨谷口漁樵問不知斑杖
芒鞵隨步遠歸來幽火認茅茨其四云朅來人外魁樓迸
郭遠山長萬事遺好鳥未嘗吟俗韻白雲還解弄清姿藤
花冉冉清當户竹色娟娟碧過籬不羨故人探禹穴短棹
孤榜逐漣漪而上天竺山志元淨亦有次韻參寥子寄秦
少游三絶施元之註蘇詩誤入蘇集然詳詩意格知非蘇也
然時先生舉進士不得蓋道潛原倡先生亦有次韻元淨詩
云秦郎文字固超然漢武憑虛意欲仙底事秋來不得解
定中試爲問諸天一尾追風抹萬蹄崑崙元圃謂朝隮回
看世上無伯樂卻道鹽車勝月題得失秋毫久已明不須
聞此氣峥嶸何妨卻伴參寥子無數新詩咳唾成道潛參
寥子集彭門書事寄少游三首云我思君處君思我此語
由來自誦仙欲借野人傳紙尾詩憑新雁寄遼天戲馬臺
邊駐馬蹄迴廊幽院縱攀躋秦郎前日曾來否試拂凝塵
覓舊題百尺黄樓拂杳冥樓前風物極峥嶸東州詞客渾

爭詠獨怪相如賦未成先生亦次韻云武林漁子入花源
但見秦人不得仙會有黃鸝鳴翠柳何妨白眼望青天長
安仕路與雲齊倦僕羸驂不可躋但得玄暉曾折簡何妨
平子更安題且折花枝醉復醒人間易（時節）峥嵘大都肯自羞
無用畫虎從人笑不成想見先生平日與辯才參寥等
唱隨之樂
龍井舊有五賢二開士像先生亦與其列見張雨句曲外
史集詩題爲遊龍井方圓菴閱五賢二開士像玫五賢者
胡則趙抃蘇軾蘇轍及先生二開士者謂元淨道潛詩云
獨尋招提遊果得世外歡昔賢所棲集畫像藏屋端山僧
啓鐍魚不待啜茗乾修廣各異製精采俱生完堂堂蘇長
公英氣邈難干筇杖紫道服天風吹袖寬清獻薄鬚眉示
我鐵肺肝尚餘所施物片石楯而寒侍郎胡金華高栝侍
中冠眉間可容掌手版出中單穎濱與淮海秋色丞僧欒
參寥獨緇衣領髭茁茅菅最後辯才師文菌高座安空山
一室內皆目皆龍鳶再拜傾擊壺喜極重悲酸去之三百
載歸路何漫漫斯人爲列星下視蟲沙繁寧不念學子道
術救凋殘抵舍丞摹貌微哉難控摶夢中儻未遇展詩時
一觀

兩始遷祖配享淮海公祠公呈

具呈翰林院編修秦泰鈞秦𦶎秦潮內閣中書秦瀛原任江西布政使秦雄飛原任雲南楚雄府知府秦朗舒前任山東曹州府知府秦鳳鈞署廣西博白縣知縣秦錫齡舉人秦鴻升貢生秦鼎雲秦智鉞職員秦滂監生秦龍鈞秦廷鉞秦鍾鼎秦禹鈞生員秦雲錦秦祥麟秦士錦秦鍔秦宗海秦大霖等呈為先人祠典宜崇懇祀淮祔祭事竊泰鈞等常州始遷祖宋常州通判諱湛文章汝洛學問宏通繼淮海之家風淵源有自佐毘陵之郡治政事兼優勞績見著于史編懿範常垂於桑梓無錫始遷祖宋處士諱維禎行敦孝友操勵廉隅丁趙宋之末年標隱遯之高節陽山遯跡犀占處士之星錫邑開宗允衍前人之澤是為祭葬不祧之祖宜崇先祠合食之文惟金匱縣城中之師古河舊有始祖淮海先生祠俎豆幽光春秋匪懈以子配父當附祭祀之隆纘別為宗□缺薦馨之報為此伏乞大宗師大人 恩准祔祭庶先德永附烝嘗而後人得展忱悃矣乾隆五十年八月日具呈

宋時十一代先塋考

少游公墓在惠山之二茅峯下地名團瓢山三面圍抱一面下臨□□形如團瓢故名應純之為邑令時樹碑表焉墓旁故有祠並建亭立石刻建炎誥辭後俱廢嘉慶十年裔孫瀛建屋三楹於三茅峯之祖師殿刻淮海及少章少儀三公像並建炎誥立石祀公鑴山風□移奉惠麓雙孝祠之前楹

按公墓明譜沿元王仁輔及毘陵譜之訛作瑤山今實在惠山三茅峯下非瑤山宋時失名碑記亦稱葬惠山之原今謹改正

墓後有泉歲旱不竭上有古藤一株雖不戒于樵前割者復生春時紫花滿樹

處度公墓在武進新塘鄉秦村東宅土名花墓塘

南翁無考振南公譜亦不詳志孝公默庵公復庵公南溪公樂閒公繼閒公並失所在或云附葬秦村東宅

營口翁□公墓在馬跡山耿灣龍舌尖

遯軒公墳祔葬子姓考

遯軒公為遷城第一世祖其歿也葬於璨山三子約軒公四子成趣公分昭穆列而祔嗣是而儉節公支祔葬者三世約軒公支祔葬者四世蓋皆居於城即葬於附郭之祖塋者公有四子長子孟昇早世一傳而絕仲子儉節公贅於沙頭王氏為開化鄉遷祖有子三子人次子東皋公還城歿即葬於璨山祖塋約軒公早世諸子城居歿後亦紛紛祔葬璨山祖塋近義莊致祭非其全者據家乘所載恭錄如左

祔注

遯軒公彥和　配錢孺人

約軒公叔昇　配浦丁孺人　公為遯軒公三子有子四人景泉昊景明譜稱葬璨山父塋

成趣公季昇　配華惠孺人　公為遯軒公季子有子二人旭曄譜稱葬璨山父塋

東皋公璠　配王孺人　公為儉節公次子子一用中譜稱葬璨山

豫齋公用中　配周謝孺人　公為東皋公子子四文卿武卿仁卿德卿譜稱葬璨山

立峯公文卿　配蕭潘孺人　公為豫齋公長子子二治洽譜稱葬璨山

容菴公杲　配唐孺人　公為約軒公長子子四德孚信孚孝孚惠孚譜稱葬璨山

恒軒公信孚　配蔣張孺人　公為容菴公次子子三錡鉞鑰譜稱葬璨山父塋

東隱公孝孚　配王孺人　公為容菴公三子子四鎣鏊鎜塋譜稱葬璨山祖塋

梅莊公錡　配沈孺人　公為恒軒公長子子三湘洛治譜稱葬璨山祖塋

竹莊公鉞　配盛孺人　公為恒軒公次子子三渶潮濤譜稱葬璨山祖塋

惠峯公渶　配吳華孺人　公為竹莊公長子子三楩櫝樸譜稱葬璨山

愛竹公潮　配朱孺人　公為竹莊公次子子四桓杞榆楨譜稱葬璨山

修敬公墓祔葬子姓考

龍山世墓修廣百二十畝，奉脩（修）敬公爲主穴，其昭則養恬公、樂易公、存赤公、鳳橋公、兩河公以次祔焉，其穆則務本公、鶴亭公、振菴公、裕安（菴）公以次祔焉，皆列羅城内者。其外則曾孫漱泉公塚一，玄孫玄洲公等塚三，五世孫則龍槐公等六塚，六世孫則處仁公等十塚，七世孫則君輅公等五塚，八世孫則源發公等七塚，九世孫則獻如公等六塚，十世孫則望子公等兩塚，各以其配祔。而八世孫源遠公配高孺人亦祔葬焉。計至乾隆癸亥年止，其見於譜者附葬約共四十餘塚，均錯落於羅城以外，或有碑，或無碑，或碑雖存而塚已湮滅，或塚不存而碑亦無之。惟龍槐公、玄洲公另葬羅城，歲時修葺。其春秋墓祭，則由義莊於清明、十月朔備菜五桌，恭祭脩（修）敬公暨殷恭人、養恬公暨張孺人、務本公暨劉孺人、樂易公暨龔徐兩孺人、鶴亭公暨楊孺人、存赤公暨周安人、漱泉公暨吴薛兩孺人、振菴公暨楊胡兩孺人、裕菴公暨楊孺人，都共二十一位，餘不編（徧）及。而龍槐、玄洲二公後裔或備菜或不備菜，暫假餕餘致祭，習以爲常。此次亮工弟董理修葺，恢復饗堂舊制，添置神龕三座，中奉修敬公墓域内列祖神位，其附葬者分設神位於左右兩龕，每歸年祭拜，即在饗堂合祭，以昭誠敬。位次如左：

主穴　脩敬公旭　配殷恭人

弘治九年丙辰正月六日合葬於此，前建石柱二、石獸六，中爲重門，内爲饗堂，歲節祭掃遷主祔祭，見王鏊《龍山新阡記》。饗堂向用木柱，今易以石；封塋用黄石，今易磚石，見乾隆間裔孫震鈞重修記。

昭一　子　養恬公永孚　配張孺人　脩敬公仲子

穆一　子　務本公仲孚　配劉孺人　脩敬公三子

昭二　孫　樂易公鏜　配龔徐孺人　養恬公子

穆二　孫　鶴亭公鋐　配楊孺人　務本公仲子

昭三　曾孫　存赤公淮　配周安人　樂易公長子

穆三　曾孫　振菴公滂　配楊胡孺人　鶴亭公長子

穆四　曾孫　裕菴公洸　配楊孺人　鶴亭公次子

昭四　玄孫　鳳橋公采　配華孺人　存赤公長子

昭五世五 雨河公燦　配毛孺人　凰橋公子
以上皆祔葬於羅城內分昭穆列而葬其不列於羅城以內另立塋兆者則有
曾孫 潄泉公灝　配吴孺人 側薛　樂易公次子有碑在右方較遠
玄孫 鑫橋公棟　配鄒孺人　鶴亭公孫無碑
玄洲公棨　配華孺人　從川公子另立羅城在右方較遠無碑
文巖公樽 揚　配蔡孺人　鶴亭公孫現僅有碑而墩已坍圮無餘
五世孫 龍槐公燮　配談孺人　從川公孫另立羅城在左方較遠
孟輝公煒　配胡孺人　存赤公孫無碑
芥舟公燧　配顧孺人　潄泉公孫無碑
茂華公烜　配黄孺人　鶴亭公曾孫無碑
文峯公燈　配鄒孺人　從川公孫無碑
獻可公燾　配華孺人 王 余　從川公孫無碑
六世孫 處仁公埘　配華孺人　潄泉公曾孫有碑而墩已圮
源赤公陛　配徐孺人　存赤公曾孫無碑
紹衡公塏　配華孺人　潄泉公曾孫無碑

惠水公全仁　配顧孺人　從川公曾孫無碑
叔潤公理　配李孺人　從川公曾孫無碑
百雉公堞　配王孺人　鶴亭公玄孫無碑
君荃公璲　配王孺人　鶴亭公玄孫無碑
維四公琬　配沈孺人　鶴亭公玄孫無碑
奇玉公琦　配姚孺人　鶴亭公玄孫無碑
季珍公璐　配陸孺人　從川公曾孫無碑
七世孫 君輅公明鎏　配華孺人　潄泉公玄孫無碑
仲明公明鑒　配范孺人　潄泉公玄孫無碑
懋昭公天錫　配萬孺人　鶴亭公五世孫無碑
行先公利錫　配徐孺人　從川公玄孫無碑
逸先公貞錫　配徐孺人　從川公玄孫無碑
八世孫 源法公紹游　配孔孺人　鶴亭公六世孫無碑
爾京公人功　配華孺人　潄泉公五世孫無碑
孝則公詠　配吴孺人　潄泉公五世孫無碑
高孺人　從川公五世孫媳弱水公長媳而源遠公演之元配也無碑

潔之公第　配胡孺人　從川公五世孫無碑

盛初公傳甲　配殷孺人　從川公五世孫無碑

清白公淙　配黃孺人　從川公五世孫無碑

亦發公普甲　配劉高孺人　從川公五世孫無碑

九世孫獻如公麗文　配鄒孺人　從川公六世孫無碑

闇如公麗明　配華孺人　從川公六世孫無碑

東明公繼離　配吳孺人　從川公六世孫無碑

後渠公明然　配周施施孺人　存赤公六世孫宮諭公五子本碑尚存而譜僅註惠山子周田譜註附葬父塋

孝勤公名夏　配鄒邵孺人　從川公六世孫無碑

翁歸公丙吉　配錢孺人　從川公六世孫無碑

十世孫望子公戊隆　配錢孺人　從川公七世孫無碑

梅溪公邦畿　配唐孺人　從川公七世孫無碑

右皆　修敬公支子姓葬惠山祖塋而見於宗譜者自養恬務本兩公以次至兩河公止分昭穆列而葬昭列養恬公裔以冢嫡為限穆列務本裔則鶴亭公後也自是而外則存赤公支祔葬者四　淑泉公支祔葬者七　鶴亭公支祔葬者九從川公支祔葬者二十有二俱不分昭穆叢葬羅城以外另列兆域計至乾隆癸亥年止公支子孫附葬祖塋有碑可考者五其餘數十塚無碑可識迨蓉莊公重修而惠山祖塋始禁附葬惟嘉慶年間寶仁堂玉玠小姐卒後亦葬於此今碑尚存玫玉玠小姐不知何人之女譜亦未詳

中齋公復聽松菴竹罏顛末

無錫案聽松菴竹罏製自性海上人二王圖詠膾炙人口性海歿後竹罏亦亡成化間中齋公代性海徒孫宏上人艸疏復之以貯秋聲小閣並為之記奉修撰公作詩詠之首唱一時屬而和者徧諸名士彙録如左

修撰公旭

方外曾參玉版禪草玄亭上住多年山房有意親靈液金屋何須伴麗娟詩卷畫圖真趣味薰爐煑茗舊姻緣湘筠骨格依然好留與真公弟子傳

附跋

聽松菴竹茶罏真公手製也淪落人間已五十餘年尋訪不可得適兒夔自瀟湘歸假榻菴中因覩諸鄉老所詠慨然有返復之念乃述疏語俾公徒孫宏上人訪求於城中之家得於秋林楊公所封泥編竹宛然若新發硎者上人懽喜以手加額日不圖今日復覩先師之手澤也山中風月從此不孤矣夔忘其固陋僭作復茶罏記并詩社中諸公不鄙倚歌和之余亦勉成一律裝潢成卷亦一勝事也上人當置之山中汲泉煑茗薦之祠下以慰真公之在天之靈俾知後人能光復舊物云

中齋公夔

烹茶只合伴枯禪誤落人間五十年華屋夢醒塵冉冉湘江魂冷月娟娟歸來白壁原無玷老去青山最有緣從此遠公須愛惜願同衣缽永相傳

又

多情常自愛逃禪歷劫今逢解脫年價重玉堂并粉署生憎華屋共嬋娟休論一物原無定信自三生却有緣從此諸天謾呵護千秋留伴佛燈傳傳

又

生平只供文字禪歸來松屋度餘年貞姿寧忍受塵污舊態尚含湘水娟舒州短杓本非侶湿石小鑪知有緣況復仙郎歌白雪高風留與士林傳

又

歷容脫却喜歸禪況復諸公為表年白雪數篇詞滾滾麥光三尺淨娟娟烹茶陶穀應同調解帶蘇公擬結緣陸羽泉頭惠山下清風萬古漫流傳

劉宏

憶自山中別老禪，松關寂寞已多年。寒驚春雨懷鴻漸，夢落秋風泣麗娟。忽逐檐頭歸舊隱，旋烹魚眼敘新緣。玉堂學士遺編在，贏得時人一樣傳。

陸　簡

渭川風格瘦于禪，鬢下相逢厄閏年。仙客未須防變幻，酪奴長許伴嬋娟。已看石鼎成奇遇，欲負詩瓢結好緣。寂寞天隨湖海上，釣槎安得並流傳。

陳　賓

謝却山靈住老禪，山房棲跡已多年。烹茶只合依鴻漸，熏爵何妨附李娟。流落自知前日誤，重來如結再生緣。世間萬物誰無主，獻璧懷金莫浪傳。

程敏政

此君忘却趙州禪，半世歸來似隔年。泉上故人應絕倒，眼中奇節尚連娟。不妨遣日分僧供，有幸逢人離俗緣。活火自今知未滅，聯詩留伴一燈傳。

李東陽

夜窗燈火共幽禪，回首風塵幾歲年。合浦故應還的皪，湘州空解惜嬋娟。浮生對境俱成幻，微物從來亦有緣。賴是郡侯清德在，他日秀句必同傳。

劉宏復竹茶爐詩卷序

物之成敗得失，莫不有時，若惠山聽松菴竹茶爐亦其一驗。洪武間，性海上人道行爲時輩推重，嘗編竹爲爐，體製甚精，僅園尺地許，天地動靜陽陰橐籥之妙，歷歷可觀。侍讀學士王公達善、少卿朱公逢吉、中書王公孟端，文字與上人來往其間，至則汲惠泉，烹香茗，累夕後返，山亦因此增重，入予嘉會之一助如此。既而上人物故，諸公亦凋謝，竹爐遂爲好事者得，茶煙寂寞於殘霞之頃，至此極矣。成化丙申冬，秦氏廷韶以武昌守如京師，道經故里，邱壑之趣瀟灑，不與俗吏俱。一日偕金陵郁景章先生宿菴中，菴之主僧戒宏出學士諸公竹爐所詠，太守誦之，掀髯歎曰：山中壯觀莫此若也，物去卷留，豈衣鉢之遺意乎？乃呼筆墨爲疏以求之。太守公天下之心，亦于此可見矣。未幾，楊孟敬慨然出之不少滯其亦賢矣老眼摩挲豐然感歎帶春蘚之斑含湘雨之潤猶昨日也非元氣呵護克爾哉太守為文記其實復作近體率諸公和何而成卷山之光輝于是增焉人才嘉會之一助又如此雖然竹爐一物耳出處若關乎大節蓋不成于他人而獨成于學士賡吟之秋不囊于囊時而必復于太守歸遊之日太守之緣殆與之夙契而神明有以相之歟古所謂身之前後不能無疑他日尚當攜諸老宿菴中汲泉瀹茗聽松雨而吟白雪不謂殘霞之頃寂寞無人也人才嘉會之一助又當在于斯詩若干首成化丙申臘月既望奉議大夫致仕劉宏超遠序

陸簡復竹茶鑪記

出錫城西里許惠山稍折北菴曰聽松洪武初詩僧性海肯當竹為鑪高不盈尺圓上下方類今學仙家流稱乾坤之象者規制絕精巧可玩邑先達耐軒王學士諸名士率賦詩實之真公沒鑪淪落於城中右族亦已兩易主成成丙申冬武昌太守秦廷韶聞得歸遇菴中誦諸先達詩歎曰物各有主茲鑪因惠泉之物也而他人何有慨然許為物色歸之復為詩飾其徒俾世守焉和者自京師諸名碩下得數十家竹鑪之名不獨傳一方而遂以聞天下鑪之所遇亦奇矣哉夫惠泉之名由陸鴻漸一言而著後世置鑪之意實欲匹泉之為用也處角之餘孰為謂遇如武昌者得以衍其名哉鴻漸嗜茶飾及鑪鼎至範銅為之銅當不如竹之不凡但竹力朽弱難久存存者若倪元鎮茶具今尚為蘇萬壽寺僧所收存矣而寂寂無所稱聽竹鑪之遇不過何居然鑪居惠泉之上是所處得其地也前遇耐軒後遇武昌亦得其人也岐陽石鼓孔廟之遺經假所處與遇非耶存者幾希物固有然者矣而況於人乎所以固其存者于吾同於同且成之武昌學行政事皆重當世而博雅好古乃其餘云成化丁酉歲春閏二月翰林侍講平原陸簡記

邵寶序竹茶鑪遺事

洪武壬午春友石公以初日寓惠山之聽松菴前同盧

山下於湛軒壁貫友潘克誠氏往觀之於是有竹工自湖州至主庵僧性海與二子者以古制命為茶罏友石有詩詠之一時諸名公繼作成卷永樂初性海之虎邱留以為竟訪求蓋存潘氏者六十餘年成化間楊禎見而從之燬玩不已潘之從某者慨然曰此豈卧於吾家之書乃了獨不能歸分者哉乃山從吾賢孟賢舉之一井中承奉入以知州報政還自武昌遂為僧撰歸詔曰諸面貝之口孟敬取而歸焉吾聞諸山伽之夫東耕翁曰正德戊寅　月望後四日二泉山人邵寶書于秋谷春精舍

竹罏宗復罏為成化丙申丁酉間事諸公唱酬括傳守為韻劉宏之序序于錫陸簡之記記于京而邵文莊之序遺事則爲事後追維之作迄己亥春吳文定寬過錫游山觀竹罏賦詩紀事始括全字為韻其後盛永齡之姪舜臣倣而製之吳文定因取前詩次韻賣之海內名流賡和殆遍景物略於此似欠分晰爰考而正之

附募復原疏

織竹為罏原是山房舊物燒松煮雪久為衲子珍藏移來瀟灑數竿秋製就瓏瓏一團玉不鎔不琢非石非金解烹山中第二泉慣烹天上小團月可愛清奇手段相傳澹泊家風冰雪清姿豈受錙塵點污歲寒貞節何妨劫火焚燒已分黨將軍之擯棄曾遭蘇內翰之賞憐蘿屋無人伴我同行木上座蘭闍專寵笑他無語竹夫人鐺鳴猶帶鷓鴣聲汗滴尚疑湘女淚正擬生涯永託豈堪塵障未除提攜竟落于豪門銷滅暑同乎泡幻開我山中風月添渠席上詩情大士悲哀諸天傾儒恭惟某資雄當代善種前生煮鳳烹麟自有千金翠釜樽風酌雨何須一個筠爐恐羞帳底金縷衣難似筵中碧玉梳伏冀早發慈悲惠然歸璧豈但空山有幸實為我佛增輝報恍愧之瓊瑤識理某資冥福恭持短疏俯聽慈宣

附　復竹罏記

罏以竹為之崇儉素也於山房為宜合罏之具其數有六

為瓶之似彌明石鼎者一為茗碗者四皆陶器也方而為茶格者一截班竹管為之乃洪武間惠山聽松菴真公舊物爐之制圓上而方下織竹為郛築土為質土甚堅密爪之鏗然作金石聲而其中歉焉以虛類謙有德者鎔鐵為為柵橫截上下以節宣氣候制度極巧相傳以為真公手蹟余獨疑此非良工師不能為鄉先達中書舍人王公嘗有詩詠之學士耐軒王公復作引弁其首以是爐之名益傳於人人永樂中真公示寂爐亦淪落人間獨諸公翰墨粲然尚存落落與松雲蘿月為伍成化丙申冬余歸自郛諸暇日假宿菴中真公嗣孫曰戒宻者出以示余因誦王舍人所作氣蒸陽羨三春雨聲帶湘江兩岸秋之句歎其佳絕且惜其空言無徵圖欲復之乃因釋氏教述疏語一通畀戒宻使遍訪焉已而果得於城中右族爐尚無恙特茗碗失去不存或疑爐細物也復不復不足為世輕重殊不知物不自顯必因人而後顯使爐不經諸名公品題雖復之累百何補況諸公之作亦將藉是以傳爐可泯諸公之言可繼之使泯乎爐之亡知知其的於何年姑記其概汲爐者故詩人楊孟賢復而歸之者其仲孟敬云

附 詩後跋

竹爐之復余既為詩具諸別卷頃來京師偶與考功郎中鄉友陳公誦之辱不鄙首賜和章既而朝之縉紳若翰林侍講同鄉陸公新安程公夏官副郎華亭張公輩聞之皆相繼賜和向日間凡得詩餘四十首亦富矣哉何物竹爐遭此奇遇余以諸公之意不可虛辱彙次成卷既求侍講陸公雄文記之不揣復用韻勉製四律一以賀此爐之遭一以答諸公勤惓之意南歸有日併付山中諸僧收藏用傳為山中他日故事云時成化丁酉春二月吉邑人秦夔書于金台寓館

毓鹍案惠山竹爐圖詠為吾鄉一大故實成化間中齋公募疏復之亦吾家一故實曩睹王氏錫山景物略郭氏聽松菴竹爐圖詠始末彙萃成篇頃復得劉氏慧山竹爐圖詠校定本其中闕于中齋

公復爐時事列爲利貞二册(一)中齋公訪求原疏(二)劉超遠復竹茶爐詩卷序附詩(三)修敬公詩附跋(四)高直詩二首(五)陳澤詩(六)張泰詩(七)成性詩(八)厲昇詩(九)羅南斗詩(十)陸勉詩(十一)陳賓詩三首(十二)倪祚詩(十三)中齋公復竹茶爐記附詩(十四)邵大莊序竹茶爐遺事附詩末綴端敏公及王其勤詩各一首(十五)陸簡復竹茶爐記附詩十首(十六)程敏政詩三首(十七)李傑詩(十八)許天錫詩(十九)張翊詩(二十)李穆詩(廿一)謝鐸詩(廿二)汝訥詩(廿三)趙邵珪詩(廿四)錢福詩(廿五)蕭顯詩(廿六)中齋公詩四首附跋其次序如此不佞所録嘗鼎一臠耳端敏公詩附後

竹爐

竹爐歡喜復歸禪一別山房五十年聲僕羊腸還籔〻夢回湘月共娟〻松堂宿火無塵刧石檻清泉有淨緣莫怪真公招不返已將詩卷萬〻傳

養恬務本兩公舉旌孝行疏

直隸常州府知府龍晉一本爲舉旌孝行以勵敦風俗事題稱本府無錫縣富安鄉十九都三圖民人秦永孚現年四十歲弟仲孚現年三十八歲俱各自幼知孝道其兄秦夔先於景泰三年選入邑庠爲弟子員時戒二弟謂吾方肄業邑庠以圖補報事父母之禮未免有缺二弟尤宜加謹自是永孚與仲孚愈篤孝道伊父秦旭天順七年患心痛疾每發經旬醫藥罔功二子日夕籲天以手摩熨之髮爲變白其疾得愈天順八年四月初八日前疾復加痛決沉重二子掐胸流血以分父痛醫云兎血可療倉卒難得二子焚香禱告仍掐己胸血和酒灌父口遂得甦復迄今九年不復舉作成化七年六月十八日其母殷氏登樓失跌左膝破傷流血淋漓二子捧持哀痛不勝憂形于色遍延名醫黄公祿等治療時當盛暑膿血臭穢人不敢近二子躬親洗滌終夜以扇驅蚊親戚顧問流涕不能語或時痛極流膿難勝洗濯二子輒以舌舐之乾腊始已其疾

終得全愈鄉里耆父皆稱二子搯胸舐膿以愈父母之疾其孝感尤愈於割股嘗糞之事其他飲食奉養承順顏色尤無不曲盡以得父母歡心今伊父秦旭見年六十六歲母殷氏見年六十四歲俱各壽考在堂伊兄任官宦在外二子承奉侍養始終無怠委的孝行超卓别無纖毫違碍乞旌表以勵風俗等因具題請旨

成化九年十一月　日

禮部一本為旌表事覆常州府奏稱無錫縣富安鄉十九都三圖民人秦永孚秦仲孚孝行事寔相應旌表以勵風俗合無行令該縣給與無碍官銀三十兩行令本家自行起蓋牌坊旌表秦永孚秦仲孚雙孝之門奉聖旨是

成化十二年　月　日

乾隆十一年寄暢園改建祖祠公議

立議單道然孝然敬然始然芋謙得惠山寄暢園一區為吾六世祖〃舜峯公營搆憩息之地四傳至吾祖　海翁公歸併改築嗣經聖祖仁皇帝鑾輿七幸宸翰頻頒　對巖公　漆園公　卧雲公　吴川公敬謹供奉增葺修飾舉無廢弛　海翁公後分四房完糧修理因事權不紛歸一以致墻屋傾頹樹石殘損吾祖三百餘年基業弗克保守故於乾隆八年曾公同立議共推五輯弟綜理整頓俟有頭緒原議供奉御書並立家祠今兩年以來五輯弟敬葺御書碑亭并修砌樹石搭蓋屋宇業已漸有規模惟是園亭究属游觀之地必須建立家祠始可永垂不朽且吾宗自河上分支以來皆以詔旌孝子功德留貽用能保世滋大雖經祔祭淮海先生尚未建有專祠鉅典終闕今幸以六世相傳之業五輯弟竭力鼎新厥功甚偉若以正屋尊奉御書將嘉樹堂供奉兩孝子神位以舜峯公海翁公對巖公漆園公卧雲公吴川公配改建專祠則表孝家風

于馬丕振而舜峯海翁兩公營構歸併之業可以不墜在五解弟鼎新之烈尤有関係嗣後一切基地官糧房屋墻垣山池花木均歸五解弟一人掌管修理各房子姓均宜凜尊君敬祖之心矢依德紹聞之志守身守業庠相勸勉保護勿替毋許攙越如有游宿無忌損傷祠中一草一木者以不敬不孝論所有祠規議款開列于左

一議建復孝祠原係海翁公一分子孫尊祖敬宗之心嗣後春秋兩祭俱本房子孫敬謹輪值不得怠玩

一議本房各捐田十畝共成四十畝以爲春秋兩祭之用但祠內墻垣屋宇須按年修葺必立有經費方可久遠祭田租入所餘無多凡我子姓有情愿捐出田租保守先祠者多多益善

一議春秋官祭僅備三牲一副五鼎三筵陪祭子孫除城內始祖祠家祭外每房輪議三人詣祠行禮不得紛雜享餕以四桌爲率務須少長有禮衣冠整肅毋得喧嘩笑語跛倚將事

一議專祠原係園亭改建地基寬潤屋宇延廣修葺之費頗爲浩繁今雖五解弟出費三千餘金照舊營構但歷年滋久苦修費不貲難以責成一人永遠承值日後倘有孝弟子孫力堪承當付託者聽掌管之人推擇交管

一議祠宇地臨孔道倘有承應聽掌管之人支值而各房亦宜協力同心毋失當年四位先人一體關切之誼

一議修展畢墜改立祠宇均係敬念先德昭示後人凡我子姓入祠瞻仰當思孝友貽謀顯揚纘緒奕葉保守三歷三復以迄於今創始維艱守成不易從此益敦倫紀整家規以繼祖德日後本房子孫實能孝友顯揚克光前烈者公舉入祠配享以勵後賢

乾隆十一年月日立合同議單

南沙　芝田　翻釪

石經　惠疇　元釗

涑子　春田　士錦

學伊　瑤田　泰初

元獻
萊士
希敏
人鑑
五緝

恩田
周田
卿田
余田
藍田
二田
天田
鵬程
琬
錦麟
圭田
時
兆雷
玉田
鶴田
在田

鎬
銓

鳳
雨田
力田
餘田
華田
荷田
昆田
東田
甸
雲粟
雲衢
雲萬
孫田
東華蕙田

寄暢園祭田執帖

江南江蘇等處承宣布政使司為請定盜賣盜買祀産義

田之例以厚風俗事案奉 蘇撫部院莊 憲行湖准
刑部議覆條奏祖宗祀產倘有不肖子孫投獻勢要私捏
典賣及富室強宗謀吞受買各至五十畝以上者悉依投
獻捏買祖墳山地原例問發充軍田產收回責償入官不
及前數者即照盜賣官田律治罪其盜賣歷久宗祠者亦
計間數一體辦理若盜賣義田應仍照例罪止杖一百徒
三年謀買之人各與同罪仍令立有碑摭分別勒石報館
官存案等因奏奉 俞旨欽遵咨 院行司奉此為查江
省各項祭田先奉 戶部咨查業經通飭造冊詳咨載入
會典並奉 部覆河南省銀米係屬錢除江省各祠祭田
是否免課抑仍徵收現在查詳咨覆外今據長元吳縣詳
據各裔呈稱祭義田畝舊例編立番後應辦賦稅秋成同
學十月啟徵優免差徭請賜給帖照並苦情前來覆查祀
產之設係往哲祠墓依賴或官為撥給或後裔自置均應世
守以昭崇德報功之典至義田為贍給同族貧乏以效范
文正遺規亦宜垂久勿替庶得蒸嘗永薦惇睦成風每有
不肖之徒恃無稽察盜賣盜買以致祠墓頹蕪歲祀陵替
詳奉 指憲摺奏申嚴定例茲據前情除經呈詳 督撫
二憲批飭遵行在案合准給帖為此帖仰該裔遵照帖開
緣由勒石永遵循例編立番後秋成輸賦優免差徭餘籽
以供俎豆贍給倘有奸徒捏冒諉寄及不肖子孫私行盜
賣富室強宗謀吞受買許即執帖首告按律懲治如非帖
內田產亦不得藉端控爭毋得故違須至帖者

計開

明孝子秦永孚名旦秦仲孚名爽遺父母痛抱血舐臚
成化九年詔旌 旌表建祠無錫惠山寄暢園之北國
朝後裔秦瑞熙篤承先志體愛誌昆置設祭田叁拾畝
玖分又獨力鼎新廢園乾隆貳拾三年陸月初叁日
御書孝友傳家匾額 賜雙孝祠及配享之封知府秦
瑞熙今瑞熙之子知府職銜秦兆雷續捐祭田貳百畝
永為春秋祭享及修葺祠園之費 刑部尚書秦蕙田
供職在京呈明 禮部移咨本省造冊咨報纂入會典

以上祭田坐落無錫縣
乾隆弍拾四年又月

道光三十年寄暢園永禁議單

立永禁議單灝崙源等敬議得惠山　雙孝祖祠寄暢園　八世祖舜峯公營構於前　五世祖海翁公改築於後水石清幽喬樹古茂疊蒙
列聖鑾輿屢次臨幸
皇恩　祖澤洵有碑記載在邑乘彰彰可考乾隆年間曾伯祖南沙公輩立議勒石規約嚴明議載損傷園中一草一木者以不敬不孝論凡我子姓自當矢尊
君敬　祖之心協守前規繼承勿替惟是園祠坐落較遠耳目難周近數年以來屢次失去樹木戕斫樹枝曾不思數百年　祖先培養於前
列聖摩挲於後
天章疊賁寵荷非常何容任肆傷殘非相保護我等拈念
祖宗一脈業已寬縱于既往急宜懲戒於將來用是邀集各房子姓永約園中竹木勿翦勿伐遂其生全助其長養設有一二碍屋枯枝應該園丁赴訴各房眼同芟治毋得擅行私戕以違　祖宗遺訓倘園丁奉令寬免而戕樹折枝仍蹈前轍當即送官作責各房子孫知情故縱鳴鼓共攻以懲其咎再園中靠山房屋湫形頹廢當議保守長策敬遵前規毋荒毋怠所有重申議欵開明於後

一議原議載本房各捐田十畝共成四十畝以為春秋兩祭之用其祖賬定於秋祭日值田子孫將一年收支數目公同核算倘有贏餘留為祠內修理之費嗣後　曾叔祖五緝公續捐田三十畝　叔祖介庵公增捐田二百畝充公辦理每年銀漕祭費之外儘有贏餘自當陸續修葺不得聽其頹廢

一議原議載春秋家祭謁　祠行礼不得紛雜務須少長有礼衣冠整肅近年以來各房子姓每有年未及冠并有止圖餔啜衣冠不備未詣　祖先行禮輒行坐桌者以後倘有前項惡習公同揎至　祖先前責罰

一議園中所有樹木於道光二十六年查明造册各執一

先凡樹名坐落棵數大小園圃尺寸俱載每逢春秋祀祭
一照冊查點一次以期永守
一議原議載佈有孝弟子孫力堪承當付託者聽掌管之
人推擇處置管　祖宗法良意美原非永遠將園祠交與
五鍔公一派支值不可移易各房子孫不得誤會此另嗣
後佈掌管之家不遵　祖宗遺訓通族鳴鼓共攻將田歸
出另擇公幹子孫接理
一議護園從屋自園门右首起至錢武肅王祠止共若干
间又園门對面朝房從屋共若干间今查明一併載入

端敏公後三十六派今昔考

金鳳山 端敏 泮小山 相贍山

延焦 允成 重樑 茂育 肇錫 敏伯公派 無嗣
延熙 允佐 重端 貽德 宏鏞 開省公派 無嗣
二手 禹和公派 無嗣
宏鑄 大冶公派 無嗣

樫企鳳 延焘 允修 重光 無嗣
重芳 茂芳 鍾琎 廷卿 無嗣
重鼎 茂初 鍾侃 中之公派 無嗣

格邦川 延焦 允羙 重輪 茂中 大鉞 伯咸公派 無嗣
大鈇 仲咸公派 無嗣
重閔 茂苑 高錫 纘侯公派 無嗣

汻次山 栖邦墉 延烈 允揚 重慶 原積 世鋐 来調公派 無嗣
延熙 允緝 重振 原仁 世銓 来衡公派 無嗣
世鑑 来藻公派 無嗣
延照 允明 重允 原錫 世鐸 来宣公派 無嗣
重榮 原賜 德涇 来啓公派 無嗣

楷 定橋 延勲 允元 重泰 原博
鍾瑗 蘧卿公派 無嗣
鍾璟 宋卿公派
鍾琦 韓卿公派
鍾瑋 曹卿公派 無嗣
延肅 見橋 重鼎 原如
鍾軾 伯驥公派 無嗣
鍪 仲彬公派 無嗣
鍾軨 季興公派
延煦 從橋 重晉 原虞
鍾霞 子綺公派
延默 念橋 重甲 原翔
鍾靄 子陽公派 無嗣
去垢 勿染公派 無嗣
鈺生 勿疑公派 無嗣
鑛生 勿私公派
去非 勿飾公派
鍈生 勿爲公派
重采 纔
鉽 克繩公派
寅 克備公派

柱 餘三 延烈 亭山 重豐 原壽
錄 尊尼公派
鉅儒 孔兼公派
鉅任 伊先公派 無嗣
延赤 允華 重益 六皆
鉅儀 虞來公派 無嗣
鉅倫 敦五公派 無嗣
錦 大千公派

右爲端敏公後三十六派清初最盛考端敏公二子長小山公泙子三孫四曾孫七玄孫九是爲小山公派共九房今存者一次次山公沂子三孫九曾孫十一玄孫二十有七是爲次山公派今存者十有二合之而三十六派以名與敏修公後十八派俱彪炳家乘云

樂易公舉旌孝行疏

直隸常州府知府張大輪謹奏為奉詔舉旌孝行以敦風化以效職守事臣大輪伏睹嘉靖七年七月二十六日詔書內一欵孝子順孫義夫節婦有司嚴寔奏聞照例旌表大哉王言足興海內仁孝之風益隆我皇明醇厚之治也欽此欽遵除臣遵依體訪外據無錫縣申據本縣儒學廩增附生員姚般等呈稱本縣富安鄉十九都第三啚秦鐘係旌表孝子秦永孚之子由本縣儒學廩膳生員中弘治十七年應天鄉試自幼天性純孝事親誠篤懇至弘治十年父患兩足痛瘓不能屈伸秦鐘籲天求代和首出血經月不懈父病得痊正德二年母張氏亦患中風癱瘓不能舉動秦鐘哀禱如父病時至於便溺起坐俱身親扶抱歷十有九年母如無病竟以壽終正德十五年嘉靖二年五年三次俱該會試秦鐘以親老不忍遠離固辭有司驗幣絕意進取乃父母既亡又以親存不及祿養親沒不忍竊祿為辭篤孝忘身理應旌表等因申府及秦鐘該啚里老楊樂等亦各呈稱秦鐘篤於孝養不圖官祿榮身亦與生員姚般等情辭無異臣覽各項申呈實竊嘉其孝行卓異當行三次覆勘猶恐未的委官研審並無實緣詐偽情弊臣又訪諸鄉評參諸士論果係為衆所推詑無異議可謂行著寔孚人無閒言者矣臣惟牧守之職以風化為先風化之敦以孝義為本況詔旨俯臨舉孝以旌孝為重如秦鐘者使臣不與奏聞終身泯沒則何以勵孝行於閭閻敦風化於郡邑不惟臣於職守有虧而於皇上以孝治天下之至意亦不能無負矣伏望聖慈允臣所奏將秦鐘旌表門閭庶幾有裨風化不韋甚與而臣亦得效萬一於聖治之醇厚也臣無任願望之至為此特差聽撥吏楊乾齎捧奏聞伏候敕旨

後禮部以公尚在仕進之列例難准旌事遂中寢

褒易公褒榮孝廉申文

無錫縣爲褒榮孝廉以敦風俗以勵士習事蒙本府批發本縣申請舉人秦鏜申文開據申秦鏜孝廉可嘉仰縣再行該學勘實取具師生結狀報繳蒙此案查先爲前事已經備由申詳及帖該學查勘去後今蒙前因依蒙行准本縣儒學牒呈開准本學訓導周法等遵依會同廩增附生員姚穀馮瑞時趙亨等從公查勘得舉人秦鏜係旌表孝子秦永孚之子由本縣儒學廩膳生員申弘治十七年應天府鄉試天性純孝先年父患兩足痛痿醫治罔効秦鏜焚香告天叩首出血祈以日[illegible]痊及母張氏亦患中風不能語言行動日逐親嘗湯藥使勉起坐但目扶抱母雖痼疾亦得保養一十九年自正德十五年至嘉靖二年五年三次例該會試因見父母衰老累辭府縣起送專意侍養士論攸歸及父母考終起復已久年力未衰係是註選人數親降過徑張琳趙克莊等勸伊應試就職又以親存不曾祿養親沒不忍受祿爲辭自此絕意進取不閑官祿榮身先於嘉靖七年十月内本學廩增附生員姚穀等遵奉恩詔數開義夫節婦孝子順孫有司即與保勘具實奏聞照例旌表將秦鏜篤廉節義等情呈縣勘實申府帖行該縣覆勘實尤恐不的復委官查勘前情實無贋緣詐僞據實申呈前任欽差巡撫都御史陳蒙批仰府訪勘是實徑行奏請開禮部以鏜尚在仕進之列例難准旌事遂中寢近於嘉靖十九年復該會試本縣起送聞秦鏜呈稱年力不顧應試當將應得長夫禮銀盡數告辭不奪雅志及勘得秦鏜委係見年七十六歲忠心雖切孝思不忘居家謹飭足跡不至公庭紛華不奪所慕篤意孝養子孫貢舉廩食者六人其餘諸子孫皆篤實習學循理成材者尚多鄉黨衆所推重遡其中試到今已曾坐監歷事於正德五年六月初二日歷滿註選其進取久已有階惟以親老不顧應試親沒不忍榮身篤孝廉節實應特舉褒榮況朝廷建學以育才爲先而育才必以激勸爲首如鏜始陶成於學校終勵志於孝廉要其踐履實行真足以爲

諸士之望使終泯沒不聞誠恐激勸不行而於建學育才
之意寔亦泒口且據大明會典所載凡監生不願出仕者成
化十一年詔聽選者授從七品依親聖監者正八品有司
職銜二十三年令仍填註衙門給與散官此皆不在考廉
科目之數亦蒙朝廷恩典給與散官職銜今秦鎧出身科
目寔以歷滿註選多年况能勵孝崇節教養後人誠非天
資膀合者比亦不止於區區恬退不願仕進者流其出身
次第德行優劣擬諸監生給與散官者寔宜有差使蒙朝
廷旌崇寔為無忝具結關繳到學牒呈到縣乞為轉達等
因及行據申明亭老人王明會同該啚里排薛佑楊樂等
從公查勘情詞無異具結呈繳到縣覆審相同擬合為行
為此今取儒師生并該啚里排結狀同原詞蒙申合行具
由另具書冊謹申伏乞撫按衙門口口庶使純孝有風聲
之樹苦節無貞山之虞於國家之典深為有補邑令之職
寔亦無辜為此具申須至申文者

嘉靖二十年正月　日

荆南公聘妻熊氏舉旌懿行疏呈

直隸蘇州府知府胡纘宗等謹奏為旌懿行以勵民俗事
伏覩嘉靖元年三月十五日詔書內一款孝子順孫義夫
節婦有司具寔奏聞照例旌表欽此欽遵查舉間抄蒙欽
差總理糧儲兼巡撫應天等處太子少保工部尚書兼都
察院左副都御史李充嗣紙牌前事仰府即行合屬州縣
凡遇前項懿行之人果有寔跡之可稱考諸輿論而不謬
即便開具寔跡申報該府再加用心咨訪覆寔相同方許
奏請旌表所在官司仍動支無碍官錢備辦禮物獎諭等
因除遵依外行據所屬吳縣申據申明亭老人張雲呈稱
該雲會同該管十一都糧長徐紹并北貞二啚排年里老
年高知因耆舊顧經等勘得烈女熊氏伊父熊慶澤係山
東青州府博興縣人先年贅與本府長洲縣十四都故工
部侍郎宜聖五十八代孫孔鏞為婿弘治十五年大造已
將慶澤收籍後慶澤因置本啚地產在彼居住生女熊氏
五歲時憑舉人范汝輿作媒許聘常州府無錫縣監生秦

鋭第三子秦漢為妻未娶正德十年母孔氏遺疾危篤其
女熊氏躬侍湯藥每夜焚香祝天願以身代正德十二年
正月二十日秦漢患病暴死熊氏比年一十五歲聞訃哭
慟一日忽謂侍婢曰吾死屍當歸秦氏婢訝其言而未以
為意婢出即閨門自縊婢驚奔救得不死他日有黨中媒
嫗見其少寡欲奪其志至其家與其母語久之熊氏問婢
曰彼嫗何為者婢曰不知也似聞聘禮姑納之外家熊氏
曰是為我也故以事遣婢出又自縊家人奔救得免自是
不敢復議然郡人以其賢父母亦以其少也終不能釋正
德十三年正月內又有求婚者女聞即不食又欲自縊不
得於二月初三日遂引刀斷髮割其右耳未殊流血滂然
即仆地死父母驚救偶得良藥傅之血止久之乃甦或諭
之曰適人之道一與之醮終身不改今汝未預執笄未之
醮也未醮而孀居禮所無也汝得無過乎熊氏曰復何面
目以適他氏之門且吾終身侍父母之側亦何不可而必
欲吾嫁乎諭者曰汝當於春秋守之寔難今日父母在父

母是依他日父母即有不諱汝復何依是時貧窶寒餓汝
得無悔乎熊氏曰吾今日惟死是求死且不畏何畏於貧
且吾志已定豈以死生貧富二其心乎諭者歎曰真烈女
也不敢復言後秦漢舉葬熊氏謂其父母曰吾不獲其事
生欲送其死遂斬衰至秦門秦門姑亦已卒熊氏哭之成
禮又拊秦漢柩哭之哀時秦漢止一穴熊氏以堊畫傍為
一穴曰吾終歸於秦門許之至家屏去華飾素服以居雖
至親莫或見其面人所共知貞烈之風聞于郡邑鄉士夫
夫咸稱誦之致仕大學士王鏊為撰其事為傳結得熊氏
見年二十二歲順慎本乎天性貞關出於國風親疾祈禱
情既衷懇毀容全節事亦奇卓即其處死尚且不恤諒其
晚節終當益勵自身雖云未亡此心則已先死自昔至今
閨門不出誠為卓異相應旌表等因具結呈縣轉繳到府
案查先為表烈行以勵風俗事已經通行該縣及長洲無
錫二縣勘結明白節蒙巡按直隸監察御史劉景宇提督
學校監察御史林有孚俱仰府縣辦備花紅羊酒紫米布

帛及罝貞烈牌匾遣官獎諭又蒙巡按直隸察監御史葉忠批詞行縣勘明月給薪米優養終志巡按直隸監察御史東郊批仰本府勘結是寔徑自具奏俱經遵依在卷舉行間今據前因臣等再三覆勘士鄉論許相同照得烈女熊氏幼雖受聘尚未適從年纔及笄甘心守節不食自縊賴救得生斷髮割耳誓死不貳所謂行人之難行無所為而為者也情寔本乎資稟事有關於風化較與已嫁而守節者尤為卓異臣等正當表揚貞烈豈宜拘於限年相應

奏聞旌表以膺明詔如蒙乞勅該部詳議容令有司創立牌坊則恩典施靈庶可以激勵於人心矣緣係遵明詔旌懿行以勵民俗事理未敢擅便除具府縣官吏人等結狀申繳禮部外為此具本順差醫人濮來親齎謹具奏聞

嘉靖三年四月二十九日

禮部尚書吴一鵬等謹奏為旌表事儀制司案呈節該案按直隸監察御史許中覆勘過貞女熊氏貞節是寔取據各該官吏人等保結粘連到部送司案呈到部為照前事勘得貞女熊氏係直隸蘇州府吴縣引禮舍人熊慶澤女年五歲時憑媒許聘常州府無錫縣監生秦鋭第三子秦漢為妻尚未過門正德十年母孔氏遺疾危篤其女熊氏躬侍湯藥每夜焚香祝天願以身代正德十二年正月二十日秦漢患病暴死熊氏比年十五歲聞訃慟哭自縊驚救不死後又斷髮割其右耳以示終身不易之志見年二十五歲深居閨閣不出戶庭其貞節天成匪由人授誠為卓異相應旌表本部已經覆勘是寔但熊氏年歲未及五十合無行令該縣先給貞節牌匾加禮獎慰以堅其志仍照依八品以下省祭等等官事例優免人丁二丁侍養待後本女年至五十本縣徑自照依本部先年題准事例給與無碍官銀三十兩行令本家自行起蓋牌坊旌表引禮舍人熊慶澤女熊氏貞節之門合行原籍官司照例旌表以勵風俗緣係旌表事理未敢擅便謹題請旨奉聖旨是

欽此欽遵

嘉靖六年七月初二日

常州府無錫縣儒學廩增附生員顧說謝希武趙文盛等
呈爲懇乞遵行恩典以旌貞節以慨孝養事本縣已故浙
江布政司都事秦鋭先年與男秦漢禮聘蘇州府吳縣引
禮舍人熊慶澤女熊氏爲配尚未過門秦漢泰死熊氏比
年一十五歲聞訃即矢死無二斷髮割耳以示守持喪營
墓以明志以十五歲之閨女明千萬世之大倫志行如此
深爲可嘉迨氏年二十二歲吳縣老人張雲具呈前事蒙
巡按許蘇州府知府胡嚴勘陳奏及禮部尚書吳題欽依
行令該縣先給貞節牌扁加禮獎慰仍照八品以下等官
事例免其人丁二丁月給薪米優養待年至五十該縣徑
自照依縣准事例給與無碍官銀三十兩起蓋牌坊等因
切照熊氏守節伊翁秦鋭立次孫生員秦標以繼秦漢熊
氏後使熊氏生不悲于守節之難後不貽其無嗣之憾人
情固已安矣然熊氏年已五十四歲而起蓋牌坊事例未
之舉行誠爲缺典況熊氏守節爲秦非爲熊也已前扁題
旌表引禮舍人熊慶澤女熊氏貞節之門則其守節初心
竟未表白而于秦氏若不相關激勸之典恐未明備又恩
給薪米向依父母吳縣支領今既歸秦居錫而薪米復支
自吳縣亦爲未便伏望上體聖恩下孚民願准吊原卷查
明詳酌扁額行令該縣遵依題准事例施行庶熊氏守節
之志不孤而秦標孝養之心益勵說等義切揄揚情難緘
默爲此通學具呈須至呈者

嘉靖三十五年二月　　日具呈蒙

欽差巡按直隸監察御史尚批看得熊氏以女守節白首
如初真地方之人瑞也既經該府勘明已蒙奏允樹里仰
無錫縣照例支給坊銀三十兩仍月給粳米一石木薪廿
束每束五十觔薪米該縣隨時處送不許騷擾里甲索與
好德孰不景仰可保熊氏終身無衣食之累也優免如例
樹坊之日知會本院通具依准領狀繳

先中丞公被誣辨

先舜峰公以湖廣中丞被誣解職，族祖小峴山人既辨之矣。偶讀安孟公遺稿，載有勲卿、樾卿付氏手書跋一通，於公被誣事言之甚詳。勲卿名希范，字我素，萬曆十四年進士，官南司封，天啟初贈光祿寺少卿。樾卿名紹芳，國子生，累試不第，早卒，邑志文苑有傳，亦以見當日直道之公，而讒人高張之無妨于正直也。亟録之以昭吾家故實。我素先生書云：舜峰初至楚天益僧舍，同施太僕往謁，見其意氣自如，可卜無慝，第恐其疏入時正主上震怒之際，而相代李君疏亦入，語甚肆，奏覆其不免詔獄，徹有天幸，從輕降旨，縱令就對法吏而已，脫剝膚之災矣。沈鎮酷吏為撫按，所論想亦不免，但無補於舜峰也。近在兩日之內，罷四文選，六都諫杖一，省臣遣一，省臣一臺臣，山陰公上觸聖怒，似不能安其身，朝事異常，良可浩嘆。怯懦苟全，殊為愧恧，所難烈烈者，祇以上有老親，丁無禍息，不然安能飽食偷安，視主上之失德而默默已哉。今方有事棘闈來監瑣屑，平生所最厭苦，拂意良當，周張失措，小試如此，何堪藝大具，林豐草勃勃注懷，然猶戀戀不捨，冀得一命之恩以報老親耳。春日漸長，肆力修業，勉旃勉旃。燈下捉筆，便報欲合一，不能盡布，當俟再申。叔跪白茂卿姪，嘉平六日。時萬曆辛卯冬也。越三十三年戊辰，先舜峰公暨我素先生同時入鄉賢祠，孟公檢出勲卿原稿而跋其後曰：夏殷之禮，夫子能言，猶以文獻不足無可徵信為憾，則文獻之所關不綦重乎。瀾嘗讀曾王父僉憲公行狀，屬孫婿秦康常肇時，王父勲卿公甫八齡，幼孤也，既弱冠成進士，官禮曹，歷常亦歷任至大中丞，建殊績，功高忌起，遂奉嚴譴，王父幾欲抗疏辨護是非，此致樾卿伯氏手書，感憤激烈，一腔忠愛溢於淋漓，非止為館甥痛切。越三年，竟以忠憲公降尉揭陽，上書忤君相，削籍編氓，則中丞之受過不可與忠憲公相觀而信耶？文獻之所關不綦重哉！今歲戊辰，王父適偕中丞同日俎豆黌宮，夫豈偶然。且閱宋史論贊武惠子孫之盛，惟念祖德，瑢於秦氏子孫箕裘赫奕，愈信中丞培養之厚因啟予書而張之歸其家賢世守敬為跋並於原書下另加識語文云應增天全堂文集尺牘内增有跋語應附錄瑨孟公名也玫今本天全堂集僅載自近在兩日之内以下而抹去首餞不知何故三百年後孟公遺稿為縣圖書館所得歲乙丑余忝長館事因檢出錄之以廣山人之所未逮並以紹孟公遺志云爾

禮堂果亭兩公官途蹭蹬考

嗚呼先中丞之落職以沈鈇誣劾先宮諭之被議以高士奇中傷屬在子姓類能言之獨五世祖果亭公以木天清望兩膺郡守洊擢運司在任十七年被參落職其事世莫能詳偶讀汪寓阮工部所撰族祖丹麓府君家傳其述府君謝薦之言曰吾族有出家資以辦官政者則動上憭側月吾族有不顧身以白大獄者則幾受群枉傾擠後一事殆指禮堂公蓋言公以舉發歸州真盜幾遭白簡奉旨平反大吏俱獲罪公擢知府遷臬司在任四年調運司後五年入為刑部郎中以主事致仕此受羣枉傾擠之實情也前一事不知意屬何人但先五世祖果亭公鑌舊曾有以承辦寄暢園南巡供張流言四起落職籍産之語故老流傳未敢深信今核以丹麓府君謝薦之語或者其即公歟孜乾隆南巡過錫幸園凡六次第一次為十六年辛未則公方讀中秘書也第二次為廿二年丁丑公任四川寧遠府知府第三次為廿七年壬午公特丁外艱第四次為三十年乙酉公時再任寧遠知府第五次為四十五年庚子則公任廣東運司十五年矣南巡供張出家資以辦官政

甙即此事不二年被參落職籍没家産癸卯事白恩授五品翰林迨甲辰六次南巡公即以是年入京供職十月卒於良鄉畫日未接而遽賦騎箕傷已丹麓府君生乾隆庚子見聞較切故恒引以動色相戒宦海之不可測如此

歸州盜案記

秦鏷

歸州龍城鄉地名三塊石有張紅貴張楚璧張玉堂張紅順兄弟四人係湖南匪類遷居此地一門男婦習符法為護身倚山洞為窖穴結黨連氣肆行挖竊近日遂為巨盜乾隆二十五年三月間該犯行劫本地鄉民李作棋家兄弟四人身穿紅衣頭裹紅巾塗臉掛鬚明火持刀捆毆搜贓事堪鬚髮指經事主之兄監生李作杆材訪知盜蹤同弟李作棋到州具稟時因知州趙泰交公出吏目聶念祖簽差協同保正袁志芳拘拏差保於四月二十日到該犯家止有張紅順一名在家當即扣獲並於其家搜出藍布夾套繭綢單袍白綾裹桃紅線條錫酒盃銀戒指皆係真贓其張紅貴張楚璧張玉堂三犯亦陸續拏獲俱經供明李作棋家屬實趙牧因他務羈身不能即時辦出輾轉遷延輒改事主之稟報為訪查並將拏獲月日移改作近更於招解時將張紅順一犯因病保釋捏作攜贓遠逃意在開脫一一曲存姑息此辦理之錯誤不能為趙牧寛者也

盜犯張楚璧等即從此生奸賄通禁卒懷挾張紅順進監印簿一頁於司審時極口呼冤當堂呈出印簿以四弟並未遠逃為據臬司因此起疑駁詰委員承審鍛鍊附會竟以栽贓誣良挾仇陷害等情完結定案事主之兄李作材革去監生與保正袁志芳同擬軍遣趙牧夏尉分別流徒於乾隆二十七年四月中奉到部覆此歸州士民人人痛心之冤獄也本年五月十六日夜歸州倉坪鄉趙啟賢家又有被刼一事查勘情形其穿紅塗臉持刀細（捆）毆種種光景與前案無異顯係該犯等伎倆復萌況查張紅貴等自前案釋回之後如放虎歸山益無忌憚白晝搶奪人人畏避（吞）聲恐氣禁不敢言豢盜若此地方官所司何事惟時鎌已於四月二十九日痛聞嚴親大故具報丁艱尚未交卸然此案一發即志在必獲正盜以除民害悉心體訪懸賞嚴緝旋於閏五月十（初）八日晚據鄉總屈士義密稟云趙啟賢被刼之夜士義借宿伊家被盜毆傷見有紅衣明火出入者是張家大面目手持鐵尺大言嚇逼者是馬祥聲音更有直入卧內捆縛事主妻母者據事主之子趙文龍看出王麻子一人等語查張家大即張紅（紅）貴王麻子即王宏義馬祥係監利人在大路開舖當即嚴加詰訊云該盜面目聲音既經爾與趙文龍識認具報時即應供明以供使立拏何遲至數月日始來密稟顯有串揑別情供云士義與事主保正俱曾私講賞因鄉民畏禍鑒李家之覆轍患大案之貽累是以戒勿妄言再三窮詰矢口不移士義聲淚交迸鎌蒿涼苦次不覺涕零漏下已二鼓矣一面令屈士義出結一面急商李游戎親往查拏然恐事洩不能成功因聲言趙家報盜未確欲覆勘乃於初九日辰刻與李游戎率領該汛把總李萬雄各帶兵役同行查一塊石地方離州城一百三十里山徑崎嶇一日不能即達行至中途見有鼓樂前導輿馬迎親者即張玉堂也時張紅順在途探知文武官疑趙家盜案未確之信揚揚而去當即密查該犯娶婦在沙灘地方至次日晚始回是日與李游戎同宿平穆地方初十日徑往趙啟賢家覆勘以實其言

因即細詢趙文龍識認王麻子之語與居士義合並據
趙啟賢供稱失單內母親送老紅布單衣一件係二年前
妻子手縫因右袖反縫責備妻子曾經口角一場尚未改
縫等語十一日黎明密諭兵役取道小嶺約四十里徑至
三塊石張家查該犯住居小坳其地有大石三塊此地名
之所由來也張紅貴張玉堂聞文武官至假託斯文衣冠
出接即命隨至伊家瓦屋三間正值親鄰滿座酒肉羅列
詰其娶婦財禮暨媒妁謝儀共五十二兩弃喚其送親主
婚之楊全張高魁等訊明來歷此外未及他語而張紅貴
張玉堂遽云去歲李家挾仇誣陷幸蒙大人審釋今日趙
家又來冤害可將屋內一一搜查有無贓物等語看其兄
弟二人大言無忌而神情閃爍天已奪其魄矣是時把總
彈壓門外兵役分巡四路止喚州役周全陳綱二名脫去
衣衫襪履命張紅貴兄弟看視明白並無夾帶鏢與李游
戎先進右房則見牀上一人絮被蒙頭汗流滿面即張紅
順也房內有暗閣盜母姜氏自上而下將銀三十五兩作
一包裹手攜潛遁即命役接取閣上衣物總貯一桶俱令
取出次進左房亦有暗閣閣上貼牆夾板內藏匿紅布衣
褲二件屋內上下搜查已畢喚事主將衣物銀兩在堂屋
中一一點驗認出右袖反縫紅布衣束腰方錠銀重四兩
四錢白布包袱三幅中有一補空青絹包頭長四尺其餘
紅布褲藍布小單袍青布褲等物均與失單符合其木桶
內另有舊紅單衣紅紬單衣驗有泥污墨迹即其上盜時
所穿者也再至張紅順新移之草屋內搜出舊紅紬夾衣
桃紅夾紗衣亦有墨迹泥污適符四人所穿之數又至張
楚寶璧新移之草屋搜出白布纏袋大連刀藍布裙均經
事主驗明與原贓相合錫壺內炭灰一包則係塗臉之具
維時張楚璧已逃竄矣張紅貴張玉堂張紅順俯首無詞
其張紅貴身上隨帶銀一兩有零供云此非趙家之銀則
其餘可知矣張玉堂新娶之婦因誤為盜妻怨憤求去玉
堂檢出紬衣二件以為遺贈亦云此非趙家之衣則其餘
又可知矣盜犯之母叩首悲啼求為其子寬罪並詬罵其子

情景若此贓真盜確尚何疑哉時已過午嚴飭兵役鎖械三盜分押啟行仍密留幹練兵役協同地方潛伺逸盜張楚璧消息行至三十里借宿民家派撥人夫巡警無懈十二日回州因屆酷暑往返四日越溪陟嶺人困馬疲命兵役等各自休息將盜犯三名於署中隔別看守茶湯飯食一一具給十三十四兩日悉心研訊起意糾夥行刼分贓盜情悉得十五日盜夥馬祥自巫山拏回十六日盜夥袁維四亦獲一一質訊供情俱合此案盜犯七人惟張楚璧王宏義尚在嚴拏而十七日署牧宋君到任鏻已交卸矣馬祥供內有張楚璧同（因）李作棋案漏網得志贏了官司諒趙啟賢斷做不起事來語從此虛衷根究張紅貴弟兄將前案直認不諱並供出同夥毛元暉毛應道搬往四川奉節居住袁維四亦在場周德耀確已死其李作棋案上盜情形一一如繪當將新案具詳舊案另稟此鏻任內辦理兩案之始末也再張楚璧張玉堂馬祥三人學習封刀掩鎗等符法起出糾結合同二紙符書九本鐵尺二把令牌一塊法鍾一個究出教法符師毛懷山經宋署牧拏獲毛元暉毛應道亦經署牧關回部覆前案軍徒罪明（犯）詳明停遺遺待質先後案情了然明白天道昭昭亟宜據實平反以快人心而伸國法乃鏻自奉調來省會審定案迂延半載辦理無期忍哀留滯奔喪何日而歸州九月中大盜豐起其姚一榜家被搶刼一案事主腳脛俱被割斷民怨沸騰咸謂逸盜張楚璧聚黨肆橫將不可制斯言可不畏哉至盜犯張紅順之妻吳氏於十月中誘引鄰舍曹大女共一姦夫謀殺女父曹維良於命案中供出伊夫為盜確證豈非天乎此而尚可故縱人心何在國法何在鏻於丁艱卸事之時慎密辦公據實詳稟對君父而無慙質士民而不愧嚴寒歲暮棘人愁緒迫切難安謹誌之以待司讞者之論定云爾

毓鈞案此為禮堂公於平反前自叙盜案始末以待司讞者之論定其後迭奉諭旨欽派大員赴鄂平反提京定讞而案情大白歿公於乾隆二十七年壬午正月者

親假滿赴鄂三月之任歸州宿廟告神四月二十九日丁外艱在任候代五月十六日夜州境倉坪鄉趙啟賢家被劫至閏五月十一在三塊石獲盜張紅貴張玉堂張紅順等閏五月十七日交卸六月朔祭神歸里當公起行之日有童子十二人在輿前歌曰戴我秦公秉道直方為政三月兮緝盜安良讀禮歸去兮遺愛甘棠攀轅難留兮永世不忘又歌曰良司牧何去速太盜除萬民福半年官恩膏足又歸州士民上十六字匾額云捕盜得盜祈雨得雨愷悌君子君之父母又歸州士民頌云公治伊何禱雨濟旱公政伊何暴强自歛盜恶貫盈拔茅去根甘霖下沛萬民遂生惟冀孫子祿福祿天成又歸州曲二闋其一云心清行廉著芳規幾月盜緝民全閭閻遭强賊公膽與回天多一載雖無緣怎去我良賢挽難延謳思政治淚自漣漣　真教父老蹁躚更何時再慶雨濟桑田棠花千樹裏常繞萬家煙端指日祝鶯遷盛世顯名宣但此際華轅載道莫禁歸鞭其二云半年熊軾隨甘雨喜清風會遇安民緝盜仁周草木名傳江渚　鬧動歸鞭離楚境攀轅留不住瞻依孔邇長江一帶棠花千樹

毓鈞又案獄情大白後公奉旨服闋後以知府補用沈作朋處斬周琬愛必達斬監候秋後處決並先後奉旨高誠著在內務府當差効力贖罪亢保著革任錫占擬發往伊犁充當苦差宜昌府知府張文檮會審前案之孝感縣馮浩會轉前案之署武昌府知府談羽豐署漢陽府知府王正功均照溺職例革職天門縣知縣胡翼降三級調用所有臬司沈作朋幕友徐掌絲伊弟徐登三即在總督愛必達署內伊妹夫盧培元即在巡撫湯聘署內遞解回籍嗣因徐掌絲在葉世度署內葉因同鄉不行押解舉發後徐掌絲徐登三盧培元俱發遣烏魯木齊交辦事大臣分別安插會同縣知縣葉世度發往烏魯木齊効力贖罪周琬愛必達加恩發往伊犁効力贖罪其迭次關於此案之諭旨俱從東華中彙列如左

一諭旨乾隆二十八年五月廿六乙丑日奉

上諭前刑部奏湖北歸州盜犯張紅順等於前案業經開釋而後發盜案張洪舜字音相同該督並未報部事屬可疑因命阿永阿葉存仁馳驛前往會勘並諭該督撫先行奏覆乃愛必達宋邦綏奏到惟以前後文移往返游移之詞種種支飾而於兩案情節關鍵並無一言剔白此則復成何語督撫於盜犯重案不問有司詳稟翻覆止知按例批飭已屬不成事體況即如所奏批飭往復塵案已極紛繁而何獨先靳於報部之一牘是其情固不問可知且使張洪舜果非真盜從前既負奇冤又備嘗苦累豈有甫經昭雪旋甘自陷於大辟為誣蟣者實其言此三尺童子不可欺誑之事而因循不誤悟一至於此甚且乃以後案自認確鑿之盜甫經錄報旋復翻供並以一囚待質一贓待搜坐使全案先渠稽戮至三四年之久推此以觀地方吏治尚可言耶國家將焉用此督撫為也至宋邦綏蒞任日淺前案尚未承辦受事之始既知案情矛盾又經趙泰交李作棋等具詞赴訴伊即據實奏聞朕自必深為嘉予又何憚而不為是其一味模稜不過瞻顧總督徇庇臬司耳殊不知朕教大臣以同寅協恭原期以奉公體民為重若似此私心附會置公事民命於不問顧可謂之和衷共濟乎且於同官不惜瞻顧徇庇而乃敢於朕前支詞蒙混則誠何心此案情罪輕重俟阿永阿等鞫訊明確後該督撫等自有應得之罪即此一摺之支離牽混已出情理之外斷不可不加以嚴懲愛必達宋邦綏即著交部嚴加議處看來伊等如此扶同捏飾非沈作朋從中力護前非慫播弄慫慂亦不至此況盜案枉縱司臬者本屬罪魁沈作朋即著革職拏問交與阿永阿等一併嚴審定擬具奏

欽此為大獄發軔之始公是時以丁憂人員留省會審幾蹈前知州趙泰交覆轍幸刑部以湖北歸州民婦張吳氏姦案所供伊夫及夫兄姓名與前此次趙州牧被參案內之釋犯字音相同種種未協具奏請旨奉派侍郎阿永阿會同河南巡撫葉存仁前往查辦

二諭旨乾隆二十八年五月廿五日（甲戌）奉
上諭高誠覆奏歸州張洪辦犯盜一摺錯謬已極前因該州先後兩案盜犯音字相同又事隔經年並不審訊報部形迹可疑經刑部參奏高誠雖非承辦但伊為臬司到任一載豈竟毫無見聞是以令其據實陳奏今高誠奏到不特種種掩飾支離大失司憲之體且委過於原任知州秦鏷用刑致斃夥盜為詞夫州縣官訊鞫重案即刑斃一二盜犯亦不得謂之枉濫設以此欲加秦鏷之罪豈伊等縱脫首犯轉藉口無過乎其意以不過以（此）案由刑部舉發該州秦鏷係尚書秦蕙田之姪妄疑通信內部故為此挾嫌砌陷殊不知事屬子虛如秦鏷以捕風捉影之談徇私誣揑潛通消息不獨秦鏷罪無可逭即秦蕙田朕必不稍為姑貸今此案寃良縱盜物議沸騰而通省督撫藩臬上下扶同一氣有心蒙混若此秦鏷即直揭部科亦所應得又安得以通信為嫌乎高誠乃謂愛必達署撫篆時每次照詳示批示並無廻護宋邦綏到任後聞攷委承審亦無牽制之處且謂趙泰交秦鏷辦理不善不得不加詳慎曲為督撫掩飾而歸過下僚其居心行事尚可聞（問）耶高誠著革職拏問武昌府知府錫占以承審之員觀望遲疑甚屬不堪亦著著革職拏問交與阿永阿等一併嚴訊此案沈作朋提訊批駁亦陳臬平反所常有但既偏執己見枉縱於前復巧飾彌縫力護前非於後小人情態畢露不得不加以重譴耳至愛必達歷任封疆辦理大案不應舛錯若此止以從前曾經參奏周琬遂始終意存廻護不知周琬之取戾由於高傲乖張其不附參佛保任特其劣蹟之一端又何必巧為文飾耶宋邦綏向來尚屬能事及用為巡撫頓不如前莅楚後既知案情矛盾又經趙泰交李作棋等控訴乃不奏不辦一味模棱瞻徇深負委任之意督撫錮蔽成風於吏治民生所關非小不便姑容貽誤愛必達宋邦綏俱著解任來京候旨湖廣總督員缺著李侍堯補授湖北巡撫員缺著輔德補授並將此通行曉諭知之各省曉諭知之

諭旨三　乾隆二十八年五月廿六乙亥日奉

上諭阿永阿等奏查湖北盜犯一案稱後案之張洪舜等即係李作棋案內縱脫之犯供證確鑿並無絲毫疑義乃沈作朋承辦時既偏執枉縱致成冤獄及至後案舉發復護前非暗中牽制經高誠勸令檢舉並不回答且在督撫前聲言兩案俱無影響以致承審之知府錫占承順迎合不行審辦遂使重案久懸良民冤累等語地方辦理大案批駁平反亦司讞之常即狃於一時意見偶爾舛錯原可據實詳奏及早救正以贖前愆乃沈作朋承辦重案不思懲暴安良俾冤抑得以早雪轉從中有意牽制力護前非錫占復迎合意旨冀欲淆亂黑白坐致奸良倒置沈作朋錫占實為此案罪魁業先後降旨革職拏問著阿永阿等將伊二人嚴加刑訊務得實情慎勿稍存瞻顧以紓楚人公憤至監犯張洪舜張洪貴展轉狡翻希圖漏網且已逭罰二年情罪甚屬可惡不必照尋常案犯辦理此旨到日著於該處即行正法俾奸暴知所懲儆看來此案由該州秦鏷親赴監犯家起贓歷歷指明詳報究屬首先舉發之員能事可嘉秦鏷俟服闋後著以知府升用督撫藩臬為朕倚任大員乃於地方命盜攸關之案輒敢上下聯為一氣扶同蒙混若此吏治尚可問也耶此而不嚴加整頓何以儆官方而清案獄宋邦綏甫經簡擢頓易前規初不料其猥瑣無能一至於此愛必達在總督中尚屬朕所信任乃因從前參奏周琬一節竟為沈作朋所愚弄挾制始終曲護實出情理之外愛必達宋邦綏俱著革職來京候旨以昭炯戒並將此通諭各督撫知之

諭旨四　乾隆二十八年五月廿七丙子日奉

上諭軍機大臣等前因沈作朋辦理盜犯張洪舜一案乖謬已極業經降旨革職拏問交與阿永阿葉存仁嚴審昨據高誠奏到知府錫占有意遲延是以將錫占革職拏問今據阿永阿葉存仁所奏則沈作朋錫占二人實為叔此案罪魁在錫占久經承審明知張洪舜贓證確鑿即應將前案一併平反而遲延時日久懸重案其瞻顧沈作朋處

分因為苟且了事之意顯然可見至沈作朋既經縱盜寃良肆行妄斷仍敢力護前非其意不過以愛必達曾於此案參劾周琬必不肯自行檢舉而隱以此為挾制總督之術是居心奸險更出情理之外著傳諭阿永阿葉存仁郎將沈作朋錫占嚴加刑訊務得掩護實情儻以其身任職官稍存顧惜顔面之見朕必親提鞫審恐阿永阿等亦不能亂辭其咎也

諭旨五 乾隆二十八年五月廿八日丁丑奉

上諭愛必達宋邦綏昨經降旨革職來京候旨但伊等辦理寃獄重案有心蒙混廻護僅予革職不足示懲俱不必來京愛必達著發往伊犁自備資斧效力贖罪宋邦綏著留於該省交該督查有應修隄工令其認修果能奮勉出力三年後再行奏聞請旨

諭旨六 乾隆二十八年五月乙卯日奉

上諭據阿永阿等查奏歸州趙啟賢家被盜一案經該州秦鏢稟明張洪貴兄弟即係李作棋案內釋放之犯彼時正湯聘身任巡撫屢次批詳乃扶同蒙混並未據實奏聞又不咨部顯有徇庇沈作朋情弊設以業經離任竟使脫然無事外何以飭官方而昭平允湯聘著革職交與阿永阿等一併嚴訊查辦

諭旨七 乾隆二十八年五月辛巳日奉

上諭阿永阿等奏到審訊委員單言揚等供出前後各情節藩司不肯檢舉督撫無意昭雪係湯聘任内之事其力持翻案逼役認贓係周琬任内之事等語可見此案縱盜寃良之首全係周琬沈作朋串通欺蔽則從前周琬之參趙泰交而不及佛保住者並非曲為徇庇實乃畏其退有後言漏洩真情耳愛必達始則為二人所愚弄其錯誤猶在懵懂繼乃墮其術中展轉自誤護遂成迷而不返之勢愛必達向必為朕所信任即前此歷任督撫時亦尚不蹈扶同瞻徇上和下睦之陋習初不料其辦理此案之錯謬前後竟若兩人實所不解其委員陳銓等供出當時各盜稱該役在該犯家起贓搜去自存銀兩一節嚴訊並無其

事而周琬沈作朋必要審出著落遂坐於已故之蘇鳳擬
從徒之宋明身上等語此事尤駭觀聽盜犯戕害尚須官
為辦雪今出自甦撫臬司逼役認贓幾致覆盆莫白周琬
等之罪其可逭乎至沈作朋錫占矇混枉縱人人共憤通
省以為臬司若肯檢舉便易辦易理而沈作朋漠不關心
有意欺詐錫占迎合延緩莫圖消弭二人實為此案罪魁
外省官方積弊歷經整頓漸次肅清即稍有舞智營私等
事無不立見敗露今上下扶同弊混肆無忌憚若此地
方尚有何事不可為乎此案縱盜冤良已屬法無可貸乃
敢朋比廻護非有心欺罔而何周琬先經贖罪閒退著即
鎖拏解部嚴審究擬湯聘宋邦綏前後承辦掩飾之處已
交阿永阿等訊明首先起意及力為把持者究自何人則
伊等情罪自見所有委審之畢言揚陳銓陳文樞等俱著
一併革職究審阿永阿等奉命前往勘審既知湯聘係案
內應行訊鞫之人前摺不即參奏已屬選懦今復請其明
白回奏尤為不知事理輕重並著傳旨申飭

八 諭旨 乾隆二十八年五月乙酉日奉
上諭據赫德舒奏將沈作朋等如何縱盜冤良之處查詢
已革知府佛保任供稱此案原審贓證確鑿兩次招解臬
司沈作朋並不追究正盜反將事主李作棋等嚴刑逼供
並稱聞得沈作朋與知州趙泰交係鄉親素有嫌隙是以
如此辦理等語沈作朋審理盜案初以其錯誤雖出無心
而始終廻護致奸良倒置情理已無可恕乃挾同鄉宿嫌
竟不顧變亂黑白構成寃獄藉以快其私憤小人無忌憚
之尤一至於此其罪尚可逭乎此案情節業已洞徹底裏
且盜犯俱經正法受屈之事主即予昭豁此後應須根究
之處全在沈作朋周琬及承審迎合各員見在周琬已令
拏交刑部阿永阿等亦不必留楚完案葉存仁著即回
任所有案內應行訊質各要犯及知州趙泰交等著阿永
阿等一併分別押帶回京交軍機大臣會同刑部嚴審究
擬佛保任著該部帶領引見

九 諭旨 乾隆二十八年六月己丑日奉 乙未

上諭據阿永阿等奏審明沈作明等縱盜冤良各供情一摺其上司之妄斷廻護屬員之觀望迎合種種有心欺飾皆不出朕所料至愛必達在滿洲世臣中尚屬可以倚信之人朕前降旨將伊革職發往伊犁效力贖罪尚以其不過為沈作朋所愚始終徇庇因姑示薄懲耳今閱阿永阿等所稱愛必達於接到秦鏷獲盜詳稟遂加批駁並飭臬司委員另審及沈作朋回任謁見時言及此案聞愛必達有就案辦案及此伊臬司之事伊不必管之語沈作朋遂堅心播弄希圖消弭前案而委員錫占等亦遂承順意旨扶同玩延是此案之釀成冤獄沈作朋錫占固屬罪魁而承審各員之觀望實愛必達有以啟之其蒙混欺罔在他人已屬罪無可逭今愛必達敢於為此尤出情理之外而非朕所能逆料者矣愛必達並著拏解來京一併審擬治罪所有承審此案之陳銓陳文樞扶同鍛鍊情罪較重亦著一併拏解來京與沈作朋錫占等質訊另辦其屢次承審之單言揚張文燽談羽豐王正功雖較錫占等稍屬有間但其觀望迎合亦有應得之罪著阿永阿等查明分別劾參亢保為滿洲世僕前在藩司任內揭參趙秦交附和會銜具詳亦難辭咎不可令其倖免著解任來京候旨趙秦交審理李作楨一案倒提年月尚非大過且被參以後屈抑經年著仍以知州用令其來京與佛保住一併帶領引見吏目夏念祖並著復還原官仍於應升處升用至秦鏷於張洪貴等犯案後即同遊擊李華把總李奇雄起獲原贓擒拏盜犯並將前後案犯確鑿緣出詳稟上司甚屬能事已降旨於服闋後以知府用（升）外遊擊著交李華著交部行文調取來京引見把總李奇雄著拔補千總以示鼓勵其奉委承審之知府傅顯是否審出實情及臨審告病之知縣胡翼如何託故規避之處亦著查明具奏朕於一切功罪務期允當在受誣冤抑者必急予昭雪而審斷乖謬及有心護非與夫模棱觀望者亦觀其情節之重輕分別懲治斷不肯稍有枉縱至上司下屬平時紀綱所在自不可越分干犯若大員辦理重案不能公正自持其中有

顛倒黑白之處屬員為其掣肘何妨直揭部科朕為必嘉其直幹此案承審各員是非曲直經朕徹底查辦絲毫不爽凡為屬員者亦可幡然省悟矣何憚而不秉公據實甘為唯阿遷就自取罪戾耶其案內盜犯袁維四著即行正法在逃之盜犯張楚楚璧王宏義主謀引綫法難姑貸著嚴飭地方官密速嚴拏務獲毋使聞風遠颺稍稽顯戮可將此通諭中外知之

十 諭旨乾隆二十八年六月丙申日奉

上諭亢保前在湖北布政使任內曾扶同附和揭參趙泰交並會銜濫行保舉陳銓陳文樞等亦有應得之咎著解任來京候旨所遺貴州布政使員缺著錢度補授

十一 諭旨乾隆二十八年六月丁酉日奉

上諭軍機大臣等昨阿永阿等奏俟湯聘到楚質訊後再行起程等語此案前後情節業已傳諭伊等在楚無應行查辦之處即湯聘到後亦無庸再行質訊至湯聘辦理後案瞻徇袒護其情節雖不至如愛必達之有心欺飾周琬沈作朋之朋比為奸然亦不能輕於宋邦綏著照宋邦綏之例交該督李侍堯於地方應辦工程在二三萬之數者令其認修俟工竣奏聞後再令回籍阿永阿奉到此旨即速起程將案內應行起解各犯押赴行在沿途加意防範毋稍疏虞葉存仁可遵前旨仍回豫撫之任並將此傳諭李侍堯知之

十二 諭旨乾隆二十八年六月丙午日奉

上諭據阿永阿等奏漢陽府知府傅顯承審張洪舜等盜案於去年十一月內奉委會審今年二月內曾經按察使高誠檄催始於三月內將後案審明實係贓實罪確取供詳報其前案仍未錄供等語傅顯將後案審明具報雖非錫占等有意迎合上司者可比但既經承審仍復遲滯數月設非聞欽差出京亦將與錫占等同出一轍耳且張紅順等於傅顯承審時業將行劫趙啟賢家情節供認不諱則李作楨家之行劫屬實不問可知何難一併詳稟改正從前之謬乃遲之又久仍未錄供詳報則其遲回觀望已

屬顯然著交與李侍堯將不能據入實審理之處詣請旨交部議處並有似此者一併查參各直省有司於承審案件往往揣合上司意旨不問案情之曲直展轉遷就遂致顛倒訛謬是非失實若不力為整頓何以清吏治而肅官常故朕於此案有心者特從重處分其觀望揣摩者亦不令其幸而漏網以為有意模稜不實心任事之戒該部即傳諭各省知之

諭旨 十三 乾隆二十八年七月壬戌日奉

上諭沈作朋等縱盜冤良一案經欽差阿永阿葉存仁等審明各情節具奏竟係湖北通省前後辦理之督撫藩臬上下聯為一氣終始扶同公行欺蔽坐致奸盜久稽顯戮良民冤累經年為通省人民所共憤而有司莫敢為之舉發昭雪者似此肆行罔上實為從來罕有之事是以命將沈作朋周琬愛必達等官犯提至熱河親加研鞫據愛必達供實係辦理錯誤若因後案發覺再將前案翻改惟恐有礙顏面所以未經推求此則復成何語朕初以李作棋家被盜一案愛必達必為屬員蒙混咎在懵懂是以僅予革職發往伊犁效力贖罪既經查出趙啟賢家盜案秦鏶原報詳文愛必達輒將詳內無關緊要之處逐層批駁則是有心迴護矣愛必達身為總督欲顧自己顏面竟致奸良不問見今審出實情身罹法網顏面更復何在愛必達為滿洲世臣乃負恩欺蔽至此其罪尚可逭乎周琬前為刑部司員頗稱強幹今於此等緊要盜案惟聽信沈作朋之言扶同徇庇既經親自提訊乃任盜犯狡翻轉將趙秦交參劾其朋比為奸情弊已屬顯然至其平日任性乖張亦幸而未與後案耳設令其仍在巡撫之任其堅護前非存心枉縱更不知何所底止親鞫之下周琬已俯首無辭至沈作朋縱盜冤良於前復播弄阻撓於後始終釀成冤滯實為此案罪魁且見供失入強盜關繫四命若失入事主罪止軍流夫宜誅之強盜四命何妨不宜罰之冤民一家已破設司臬者皆如此存心天下可以無盜但輕罰告盜者閭閻尚可安居乎錫占係知府大員專委承審重案

乃有意遷延致沈作朋寃積年未白陳銓陳文樞單言揚等逢迎鍛鍊均罪無可貸但究係受上司挾制覆覈其情罪與周琬沈作朋有間高誠明知前案寃抑乃辦理遷轉不即據實具奏實為庸懦無能但將後案實情定讞尚無有心欺飾以上各情節經朕親訊無不水落石出所有各官犯應得之罪著行在大學士九卿定擬速奏並將此通諭各督撫知之尋奏沈作朋等縱盜寃良朋比欺罔按律定擬沈作朋周琬愛必達應斬立決錫占應發伊犁當差單言揚陳銓陳文樞均應發巴里坤當差得旨沈作朋著即處斬周琬著從寬改為應斬監候秋後處決愛必達著從寬改為應絞監候秋後處決餘依議

諭旨十四　乾隆二十八年七月癸亥日奉

上諭湖北盜犯張洪舜等前後兩案承辦之上司屬員種種扶同欺蔽實為情理所不容歷來所罕見之事前後所降諭旨甚明朕之所以弗憚諄諄告誡者不特為楚省整綱飭紀亦正為直省各督撫提撕警覺耳國家立法弭盜所以安良乃沈作朋等輒將贓真盜確之犯立意翻案縱脫轉致寃累良民及後案復發仍展轉護非並欲消弭前案天下豈有甫經開釋之盜犯旋即夥劫敗露而仍疑前案之尚非真盜者此雖三尺童子亦知其斷無是理乃轉於此吹求駁詰是誠何心若論反坐常例未的決者原問官得減等定擬此在州縣微末之員承辦偶爾舛誤或可依例稍從末減若督撫藩臬為地方倚任大員案情由其覈定乃敢上下聯為一氣掩蔽欺蒙幾致覆盆莫白況事主李作棋等寃累經年一家已破豈得復藉決與未決為解免之詞伊等之縱盜寃良鉗制屬員朋比為奸天下所共知本不待更訊所以親加鞫訊者特示嚴懲以申國法而抒民憤且使天下司憲者知善良不可濫寃讞牘不容淆亂於明罰敕法之中寓懲一儆百之意昨訊沈作朋供强盜關繫四命事主罪止軍流此語尤為喪心狂病夫審理盜案亦止論贓盜之真確否耳既已贓真盜確既按律多誅數人亦法紀之所應得若無辜之百姓雖一笞一杖

亦不得妄加何得較量科罪之輕重概置黑白於不問朕於各省臬司陛見時每剴切訓諭及之初不料沈作朋等竟藉口於人命攸關轉以縱盜寃良為得計甚至趙啟賢家被刼盜深以前案事主坐罪為鑒不敢赴控若非秦鏷之立時獲盜起贓稟詳切實則强刼得以肆行無忌閭閻尚可安居乎且秦鏷及遊擊李華搜拏贓盜時當盜犯之家先令捕役脫衣搜檢以防他日栽誣地步正以愧前案枉縱之上司而伊等猶恬不知恥仍欲售其蒙混消弭之故智不畏功令不恤人言公行欺罔若似此而不為之整頓地方尚有何事不可為乎此案沈作朋實屬罪魁立即正法愛必達護非敢罔周琬明比為奸本均應正法但以案內尚未寃及人命故從寬改為監候此後各督撫藩臬等俱當觸目儆心共知鑒戒毋蹈覆轍著將此通諭中外知之

歸州宿廟文

秦鏷

乾隆二十七年歲次壬午三月朔甲午越五戊戌新授湖北宜昌府歸州知州秦鏷謹以到任前一日行齋宿之禮敢昭告於城隍之神曰惟神聰明正直式憑茲土善惡是非鑒觀不爽鏷忝任司牧來守是疆當政治之初興正民生之攸賴幽明一理誠則可通凡地方事宜最關利害者民間訟獄寃抑未白者孝弟節義善良未旌者一切奸猾盜賊竄伏逋逃詐偽百出者蠹胥猾吏欺官弄法滋害鄉民者仰冀神靈默相啟佑謹告

祭歸州城隍神文

秦鏷

乾隆二十七年歲次壬午六月朔壬辰原任湖北宜昌府歸州知州秦鏷會同文武官僚謹以羊一豕一敢昭告於城隍之神曰惟神聰明正直鑒觀不爽至誠則通有感斯應鏷忝茲職未及半載目覩地方情形詳察民間利病莅苻逞志雖安難安之邨犬縲絏含寃長泣囹圄之底祈安良以除暴曾宿廟以抒忱神貺式憑端倪斯露入山擒虎遂

縛三凶馳騎追狼旋牽二賊人心斯快天道聿彰正逢祈雨之期適荷甘霖之沛（士民作頌曰捕盗得盗祈雨得雨豈弟君子民之父母）鏶等牽羊執豕掛匾（用威靈顯赫四字享游戎聯銜上額）與書聯（聯云神鑒莫逃三尺法君恩自愧半年官）神貌聿新神衣丕煥肅將下忱仰荅鴻庥奈鏶守制奔喪奉文謝事惟餘黨之竄伏未知兎窟何方況疑獄之深沉尚令鼠牙有託伏冀神明幽贊盛德發揚庶幾民釋戴盆終解三年之旱法無漏網用昭三尺之條謹告

壬午新正省親假滿之任歸州作　　秦鏶

之官何以心鬱紆楚水吴山幾千里幾千里路亦非遥況復君恩政如此獻歲行程廻簡書天寒冰台風未已上堂結束拜嚴親好語春温容更喜汝從王事宜及時為國忘家至有至理兒情脈脈敢逡巡江上風帆疾如駛京國歸來記昨日七載瀟湘遊宦子嚴親白髮驚疲瘦顔代職晨昏仗吾姊吾婦相隨佐蘋蘩昨歲遣歸理甘旨大兒授室纔一月新婦殷勤進盤匜長女于歸嫁遠郡坦腹相攜羅媪婢念予嬉戲未幾時婚嫁眼前皆可指哀哉吾母（敏劬）勞心陟屺蒼涼數一紀出守蠻鄉憶雁行蜀嶺迢迢隔雙鯉壙荒送和本三人十年泉下嗟予季尋思大父及大母遺訓當年森在耳九十光陰去若馳回首風煙渺江汜兹乃重上黄鶴樓漢廣波連洞庭水秭歸遠出彝陵道疊嶂層巒抱城市明妃賫寂寞賫幽邨宋玉風騷弔遺址方今四海雀苻清犬烈亦足為民累（聞去年歸州有盗案）畏威楚俗語徒然聞之得宜良有以三載潭州理訟庭摘伏鋤奸事譎詭此

邦漫謂無雀角雖耻報復近尙爾（見邸報中有李作材挾仇栽贓誣張斐璧等弟兄為盜此係歸州近事）蔽芾他年要有成司牧今朝勵厥始斯意躊躇不可諠書慰春闈只如是

歸州紀事七古

秦鑅

歸州衙前筆架山歸州衙後將軍山背山面山衙發三峽之水聲潺潺五月六月江水漲人鮓溪邊性命關嗟余到此僅三月悲生風木涕淚潸官事羈身未及代萑苻忽起情兇頑地名三塊石淵藪窮谷深巖產稂莠習符煉法結匪徒鐵牛（該盜等習鐵牛符法避刑）護身破枷杻一門四惡稱巨魁水懦包容亦已久黑面紅衣掛長鬚昏夜招呼集羣醜明火持刀叩門戶老婦驚啼少婦走主翁就縛恣拷掠倒篋傾箱始脫手除暴安良國法清茲事驚聞那可宥翁媼長吁意慘傷誓不鳴官徒卧牀去歲東村被刼掠放盜歸山勢獗猖囹圄長羈待遠戍官法倒置理無常桎梏吞聲死萬里不如默默守故鄉我聞此事心已惻況聞此語更太息墨良從政尚可為執法鋤奸是吾職筮師卜吉知盜蹤遺卒分拏限時刻盜藏跖得錢宰猪羊有肉如林懸屋梁娶婦入門羅酒漿賓朋雜座斟滿觴釵環在首身衣裳媒過聘皆盜贓哭來州牧偕總戎選壯傳丁擒虎狼一盜知死魂飛揚絮被蒙頭氣不揚二盜伏地悄無語倉皇泣拜惟老娘鐵索縶頸牽就道觀者羣呼天理彰是時亢暘雨遂沛甘霖足慰蒼生望酬神獎賚畢乃役州牧謝事歡聲長良司牧何去速採童謠聽民曲半載官聲在一朝歸入愛我真不薄世道人心不可忘自古與人有詛祝

守臨清日記

山東臨清州知州臣秦震鈞記

乾隆三十九年秋八月，臣震鈞以臨清州判權知州事。適逆匪王倫滋事來犯州城，臣偕文武官僚嬰城固守，自九月初七日始，至月之二十三日，凡守城十七晝夜。會大兵合勦，賊衆就殲。震鈞猥以微勞，仰叨恩遇，爰綜始末，按日編次，錄為一卷，以誌梗概，以示子孫云爾。

八月二十八日，壽張縣教匪王倫作亂，殺知縣沈齊義。其黨王經隆起於堂邑以應之。二十九日，堂邑民劉會等奔臨清告變，臣震鈞會同臨清副將葉信調兵勦賊。九月初一日，獲賊匪王經舉等二十一人於堂邑。

前知州王溥於六月赴京引見，臣署知州事。八月二十九日午刻，堂邑張四孤莊民劉會、劉四水、劉自方等稟云：王聖如於二十八日初更率領多人，手持凶器，放火殺人，身等連夜向北逃走到此。又供：聖如行邪教，殺我們不歸教的，即向南行投老師父去了。不言老師父何人，蓋逆匪匿其名，故稱以下如震鈞即遣親隨張榮及馬牌一名飛查虛實。亥刻回稟云：堂邑張四孤莊離州城六十里，莊民逃散，殺傷數十人，燒燬民房數十間，並不見行兇人。於是飛稟巡撫，飛移堂邑及東昌本營，即點壯役三十名，會同葉副將帶本協兵百名，星夜出南門，親往查拏。出臨清境，難民逃奔者絡繹。是月小。九月初一日黎明，至張四孤莊，圍王聖如家，門禁閉，命兵役毀垣入。震鈞與副將搜捕各賊，擒獲王經舉等十九人及女犯二人，查燒民房四十餘間，燒斃及殺傷男婦大小二十餘口。據王經舉供云：王聖如於二十八日夜半率衆歸壽張去的。適堂邑知縣陳枚、把總楊兆相亦至，震鈞即以獲犯二十一人交陳令收鞫，並撥兵役護送。時日已午，尚未食行三四里得薄餅稍充饑而聊城都司至突有飛騎來報都司云壽張昨夜有賊匪入城殺官劫庫都司不及言即上馬去始知壽張之陷壽張毗連州境慮有賊人竄入即同副將馳回本州為防禦計日已暮夜行苦無燭每數里見火光疑有賊伏隱處命兵役向前探問則村民迎接官兵者口呼太爺救命如是者數處一路撫慰之亥刻至城副將有足疾回署暫息震鈞入城見稟中聞巡撫赴

三日有壽張歸教營兵閻逢源自賊巢逃出以賊情稟巡撫始知賊首王倫壽張黨家莊人自乾隆十六年從陽穀縣張既成習白蓮邪教傳授咒語并運氣之法在堂邑學習拳棍又假治病為名往來壽張堂邑陽穀三縣廣收徒衆其黨稱王倫為教主三十六年有黍子十八人轉相指引愚民為其煽惑甚至縣役營兵紛紛歸教遂起意謀逆結奸僧梵偉及孟燦王經隆閻吉仁為心腹又以年老

之媚妓為無生老母二十九七月與其黨王經隆壽上閻吉偕閻吉瑞同謀欲於劫庫八月五日遣歸太進京探聽動靜壽張知縣沈齊義聞有邪教將按捕之書吏與盤沽壯役王士爵劉煥等皆已歸教洩其謀王倫宣言自八月至九月有三十餘日大劫數凡我者得免此王倫誘人入黨之言亦即其自滅之讖也二十五日密遣右撫至王經隆家傳起事王經隆者土人亦義士也

堂邑張四孤莊人一名王聖如二十七日王倫在黨家莊聚衆五六十人王聖如在北門外許丁貞衆七八百人於二十八日夜半逆黨梵偉閻吉仁李旺等率賊衆攻城會於城南之南臺寺有歸教之壯役劉煥領賊二十餘人黑夜爬城而入與城內王維全開南門引衆賊入城先至游擊署即焚兩庫軍器房署壽張游擊趕福急呼兵拏賊竟無一人應者乃匹馬馳兗州求援賊入縣署書吏

吳盟佑請出知縣令其降知縣沈齊義方出署呼衆救火遇賊大罵壯役劉煥及賊黨馬成龍手刃之王倫義子李士傑說他是好官將讀子包好埋在衙門裏遂劫庫劫獄訓導李昂與妻戚氏相對縊昂繩絕而蘇戚氏縊死以上皆壽張營兵劉逢源所稟

按逆匪王倫陷壽張於二十八日起事後賊衆進攻臨清震鈞日夜防守則於九月初七日始至月之二十三日止而詳其事之緣起則自八月二十八日始

九八月始初二日巡撫徐績以壽張賊匪謀叛事與具奏是日臣震鈞送副將葉信奉調勦賊

副將忍疾奉巡撫調帶本協兵二百名赴壽張一路勦捕震鈞至副將營問疾且問軍需幾何副將曰二百兵糧草需五百金可矣即召庫吏支庫項吏有難色以署事官員倉卒未經交代震鈞叱之曰軍國大事倘有遲悞當以軍法從事吏震恐即如命呈上立辦兵糧馬料火藥大礮彈等物夜送副將扶病出關

初三日賊入陽穀殺典史方光祀縣丞劉希燾把總楊兆立署壽張遊擊赫福以兗州兵赴援戰死於南門

賊踞壽張三日僞立官爵有元帥將軍軍師參謀宣行總兵校尉等官僞封梵偉為軍師孟燦王經隆為正副元帥李國貞為參謀歸太閻吉仁吳清林李忠為將軍楊傅楊壘林哲張百祿為四路總兵李旺為宣行悉以紅藍綢及白布裹頭為上下之別掠民間車馬各載眷屬入城脅從者亦取其家口為質又置辦旂幟盔甲弓箭鎗礮等物至是日探知臨清副將葉信提兵將至遂棄壽張北走至陽穀攻城有內應遂入城知縣不在署賊殺其眷屬將劫獄典史方光祀守獄門呼把總楊兆立同捍賊皆被殺典史之姪亦死不知其名巡撫曰布〃到知〃〃〃遂名之曰義時縣丞劉希燾

分駐河城相去四十里聞賊赴離城六十里游
擊提福自二十八日赴兗州求總兵惟一出師援
壽張及兵於聞壽張已陷賊思入陽穀遂同惟一
赴陽穀勦賊領兵七八十人賊開南門迎戰提福
殺敗之賊退走提福追賊殺死數十人馬蹤賊攢
刀殺之惟一退至張秋河民聞啟之曰黑局如雲
覆糧屋於外勝大聚山谷振臂一呼壽張破橫刀
躍馬入陽穀游擊死綱兵出兩人同陣下同心惜
哉誰救提將僅是日尊副將十三日比至閣氏
兵一一日賊北走乃往北路探聽追勦日暮落秦
巡撫檄知陽穀縣陷賊寇沿大運糧河北行之
濟南營兵星夜馳赴會同河間城立德兩路合勦
急調副將往東昌大營洪守府城葉信遂領兵馳
赴東昌

初四日臣率鈞出城安民

按臨清有兩城其一為土城即臨清之外城跨運
河周四十餘里河周四繞其內城環其外但傾圮
已久城中土岡斷續地勢紆曲徑路百出斷不可
守自外城折而東數里又折而北為磚城二臨
清大關在焉又其北數里是為舊城即今所謂二
閘口內門外有副將署又其內十之六兵
民居稠密百貨聚焉聞賊旦夕將至人情恐懼紛
撫尉二公百姓逃避婦孺丁壯於內城多
備撫軍馬一路打聽消息時副將出勦臨清無兵
乃請兵於巡撫

是日賊陷堂邑殺知縣陳枚及其弟武舉人陳元梁
訓導吳環把總楊兆相皆不屈死

賊由陽穀闖入堂邑督居民香燭跪迎署知縣陳
枚已交印聞變懷慨守城城中僅有汛兵十八名
堂邑故賊東中壽張陷賊日暮城破陳令方
巡城賊執之於北城上縛至教場脅使降陳罵賊
不屈打一百棍齊而殺之初王經隆之焚掠張四

孤莊也陳枚將震鈞所獲賊黨二十一人押送入
城用酷刑嚴訊之并禁王氏等妻子於獄賊故銜
之刺骨死時備極慘酷陳令之弟元梁有胆識與
把總楊兆相奮身巷戰殺數十人力盡被執不屈
死吳訓導與其姪吳文秀及僕王忠俱駡賊不屈
乃縱獄囚取其妻子而去

初五日賊踞堂邑之柳林莊臨清戒嚴

賊既破堂邑欲往攻東昌聞臨清副將葉信守東
昌備禦甚嚴不敢犯又偵知臨清州城完整爲南
北水陸要衝思佔踞以爲窟穴然後分兵四出侵
掠遂進踞柳林莊距臨清州城四十餘里州人大
恐震鈞諳磚板閘令閘官何士錫斷閘橋板去各
口渡船移臨清關税銀置城內以供軍需廣積米
穀薪芻火藥火繩鉛彈等物團民勇八百餘人與
署都司張鉉守備孟大勇學正孟學燦訓導姜世
璐吏目范國樑及諸生王化晉許宏緯馮鳴瑭等
分堞嚴守前知州王溥之子露議以土塞東西北
三門以防內姦從之鄧友雲錦吳友懷玉晝夜登
陴偵察情勢來往文移則屬前任幕友成拙庵唐
青岩及華友飛主其事

初六日臨清副將葉信歸守州城

副將奉巡撫調守東昌聞賊近臨清即帶本營兵
二百名撫標兵五十名馳歸保州城辰刻至震鈞
單騎出迎郊外官民咸踴躍副將云賊尾吾兵來
矣急宜整懸門登城固守遂振旅而入於是城中
知有兵副將即與震鈞商議曰此間土城稍壞不
可守內城完固宜併力保守乃進守內城

是日巡撫調兖州兵圍賊於柳林莊

賊於柳林莊四面劫掠官兵拒之殺傷我兵甚衆
勢日横兖州總兵惟一奉調出師爲川沿城浸見
即赴柳林莊圍賊先是初五夜有守城外濠傳氏
以尚未死命一名幾隋命至是送總兵出城即查

被傷民勇尚未死命畱棄其傷召外委打青之某
頓首謝罪由是武弁肅然兵民一心
初七日德州叅將烏大經率兵一百四十名來州協
守日中賊至焚馬市街攻西門南門
烏叅將於初四日接奉巡撫調赴壽張勦賊初六
日至博平聞賊有三鼓赴臨清之信計曰賊已離
壽張往無益今臨清急而不救非義也又計日旦
而往誤矣中夜蹶然起有怠惰者申以軍法遂拔
星夜走辰刻至州檢閱臨清營兵馬實婁提書廿
廿七以民[illegible] 長城干刻賊前隊百餘人以木筏編
橋渡河至西南兩門往來衝擊城上鎗箭齊發西
門斃賊二十餘人南門斃賊千餘人民勇同本協
兵分布四門防禦撫標兵協守南門德州兵獨守
西南隅以當其衝酉刻賊大隊至約數千人先於
馬市街放火衝至西門繼則併力專攻南門燒圻
城民[illegible]知[illegible]城樓有[illegible]

手揺素扇口喃喃有聲又有僧數人仗劍執幡以
手指揮而至我兵殺狗灑血令婦人披髮解襟坐
女牆以厭之連放大砲賊不敢近戌刻賊併死前
進推草燒城門並掘壕作地洞勢甚急震鈞大呼
曰下城殺賊者厚賞民勇劉茂生偕李克勝盧繼
周等十餘人即應聲縋城而下隱門檻下以鐮刀
鈎傷賊足擭穴城賊穆建甫李現二名城上箭如
雨下劈山砲子母砲過山鳥絡繹不絕外委紀雲
瑞轟藥燒賊盾不爲動兵役咸至死力凡斃二百
餘人賊勢不支亥刻乃退以殺賊情形報巡撫請
留德州兵及撫標兵且請益兵
撫按賊匪攻臨清州城於是日始震鈞率守城將
士兵民日夜防禦至二十三日大兵會集賊勢稍
衰始不復攻城震鈞衣不解帶者十七晝夜此守
臨清之第一晝夜也
初八日賊炮攻西門

辰刻賊以牛車載炮趨西門爲忝將令放過山爲虁其目賊衆散去遂縋德州兵百餘人下城殺其牛奪其炮及車內火藥鉛彈器械搬入城炮位有壽張守禄命鄉出昨日所獲穆建甫李現二賊訊明一路情逆詳錄供單呈巡撫奉向批凌遲處死

穆建甫供　小的年二十二堂邑穆家莊人領帥張明堂邑張家莊人小的們坐功是清水教嚇以口氣燕了第二口氣往頂上第三口氣自燕喉下運至大腹少腹及命門環繞到背脊骨內直至天頂復自上而下貫入口中如是者三次還有咒語千手當萬手遮蓋世英雄就是咱青龍白虎朱雀元武等神齊招在我身求天天就助拜地地靈小的聽得他們說得了臨清還要上清手去昨日自柳莊起身來到這裏正要放火被鎗刀鈎倒拿獲的

李現供　小的年三十五堂邑楊林莊人總頭領引龍候王明堂邑林家莊人手執雙刀是殺人不眨眼的魔君他的家小與王聖如家小都被秦震鈞擒獲所以他們要攻臨清殺這秦震鈞報仇昨日柳林莊起身到這新城裏王聖如領咱攻南門那芽黄馬褂的就是他他手下有二千多人還有老師父在終南山上他法力廣大是我們軍師梵偉和尚的師父現在山中鍊迷魂陣法將來還要下山挐我們的昨夜小的要放火被鳥鎗打傷右肩拿獲的

初九日賊火攻西門

巳刻賊匿元帝廟攻城廟在西門外離城不及一箭地賊藏於此以避官兵鎗箭賊却於門內放暗箭酉刻開而出人頂秫稭一束至城下堆積放大烈焰冲天延燒民居三四里城外火光射門隙如雷震鈞急以重賞募兵夫數百人縋城救火賊衆蜂擁而上力砍我兵把總仙鶴齡陳象坤本協兵

喬令功齊躍下城奮勇衝擊殺死賊五六十人我兵乃得遏水滅火稍滅城內男婦抱土填城洞又折月城中廟宇磚土塞內城是時城中號哭之聲震天賴將弁兵民多方防護亥盡火滅賊乃退

初十日大雨餉軍諸生助餉

議給餉民夫每名日給米一升麥二升錢二十文其家日給穀一斗兵日三飯諸生馬毓嵩郭義治武生于劍光姬元隆監生李珍各輸米麥以供軍士是日大雨將士冒雨守城衣盡濕

是日午刻守城參將烏大經赴兗州總兵營請援西剿賊以礮攻南門

賊用大礮來擊飛彈入城聲如鐵鴉人人惴恐幸新製魚皮牘盾極堅固令衆兵各攜一盾排列城上放鎗砲諸將戴皮冠穿庫甲以禦之萬弩齊發復斃賊百餘人三更乃退以牛豕犒兵人益用命是日我兵擊傷僞元帥孟燦王經隆王倫復以吳清林李忠爲元帥日夜攻城弗退震鈞又募人縋城焚西門外元帝廟民勇劉茂生首縋下城卒衆繼之自是賊失避藏之所矣

十一日軍需匱飛書告急於巡撫

是時臨清以孤城當賊鋒南北隔絕城中守禦需用之物俱盡裂舊布衣爲大繩收民間錫器爲鉛彈以油燈代蠟燭勢甚窘迫蓋緣城內居民寥寥舖戶亦少城外又盡爲賊所踞故困守數日便有羅雀掘鼠景象乃飛書告急省城並移檄鄰封清平高唐武城等處協濟申刻烏參將帶領茌縣守備陳某率兵百名來州協守

按逆匪王倫自初七日進攻臨清之後賊衆遂竊踞外城其眷屬輜重皆渡河分占馬市街鈔關大街及寺前民舍皆居之前隊占副將署號先鋒營逆首王倫占大寺僧號御營王倫紫衣長髯佩燕翎劍正中南嚮坐義子李士傑執大刀侍側用牛

馬大車數百輛圍環禁護前後連營十數里鎗刀旗幟排列嚴密旂竿上揭起大纛夜則懸大燈光照遠近軍容甚盛有必破臨清之勢凡居民壯健者脅降之擄掠婦女搶刧舖户民間爲之一空惟回民團守一隅無恙

十二日兖州鎮總兵惟一會德州防禦尉格圖肯率兵來援與賊戰於北門外敗退奔東昌賊砲攻南門二將奉巡撫調各領馬步兵五百名來救臨清應初十日烏參將之請也辰刻至州屯於城東北之三里莊申刻賊衆自西南迎上直趨北門外接戰匿精銳以少兵嘗我我兵易其少張兩翼裹之先鎗後馬紛紛輕進有頃賊賊突出銳師分三隊冒鎗殺入横衝我兵爲兩截彼此不相顧惟一轉旗回馬退走東昌格圖肯走夏津賊呼聲動天官兵無一迎敵者賊勢由是益猖獗薄暮沿村放火夜半用圜圓大破攻打南門其破砲高六尺長仍有三尺用硝黃鉛彈三倍較劈山砲力更勁勢更猛火藥轟起聲震山谷砲子飛入衙署擊斷碑石之首守陴者皆股慄是夜城幾陷韋將弁兵民人人致死多方抵禦達旦始退明晨州民喬玉佩張士奇奪賊所製圍圓砲一位來獻厚賞之

十三日犒兵再告急於巡撫

自初七日守城起兵民防禦已七晝夜矣九月夜寒兵丁衣單以棉衣六百餘領大錢三百串犒賞之其民夫則日給米外又日給饅饅餅粥等物衆各感奮是日巡撫以賊勢猖獗官兵難以抵敵情形與河督會銜具奏

十四日賊復攻西門

賊造雲梯車衝車高與城齊將以攻城命敢死之士用長鎗鈎鐮鎗來爬西城都司張鉉守備孟大勇奮力擊退之賊又於南門外觀音嘴等處焚民舍刧典庫奪糧艘排於河爲浮橋又離城二三里

賊衆往來邀遮斷我音耗酉刻奉巡撫檄得
廷寄命大學士舒乂額駙拉參贊大臣阿統領火器營健鋭營兵一千滄州天津兵四百綠營滿兵八百來州會勦頒到印示分貼以安民心又奉
廷寄該州守城可嘉已蒙記名一等軍功於事竣日引
見葉副將爲參將亦蒙記名

十四五日布政司解軍需至
藩司國泰發到火藥火繩鉛彈（應十一日飛書告急之請也）是日兗州府知府福森布往壽張發掘王倫祖父塚其父塋已五年棺上熱氣薰蒸斵棺出屍面如生以斧椎破其頭腦髓流溢地師云此穴名爲猛虎伏山穴乃龍脈之極旺而熱氣最重者於是戮其尸焚其棺以糞泥填塞之立永禁碑於其上

十六日賊踞民樓射城
辰刻飛矢着爲參將幕賓鈞與衆辨識曰矢自下而上當斜不當平今矢平嵌幕上（參將於高墩上張幕以便觀望）其幕最高必賊亦在高處射也查西南隅城外有質庫已爲賊踞庫有樓高與城等賊伏其中可以放箭且可窺城中虛實宜急除之遂命劉茂生同兵役縋城燬其樓殺賊數十人奪軍器無算賞之以示勵自是賊無窺探之所矣

十七日青州參將文壇率兵來援
參將奉巡撫調領李標馬兵五十名步兵三百名來州協守兵民氣益振又取典舖鐵器民間鐵鋤改造鴨舌鎗二百桿分給兵夫是日賊不攻城逮夜月明如晝賓鈞在烏大經幕議軍務忽有賊自空中躍下持利刃直刺時喬令功與親隨張榮俱在側奮勇抵敵參將烏大經文壇協力擒之梟其首尸之城上衆將士益儆夜嚴守不少懈

十八日糧多蓋州民助餉
監生尹士珠慕其姻賀如杜捐麥八十石穀一百六十石草二萬餘斤率親丁運入城汪友虞升卒

丁壯縋城刈葦以飼馬又館陶縣生員趙之枚武
生王廷基張灝率鄉勇於州境近城處殺賊以助
官兵聲勢事
聞各賞給敘諭千總銜
十九日伐樹爲薪賊復攻城
賊用回匪吳兆隆鳳凰雙展翅之計以大車三輛
各貯轟藥覆以秫稭前護木板六人伏車底推挽
以行戌刻來轟南城震鈞呼曰此不可使近城近
則城危矣急命擲磚石城上磚石如雨下須臾積
尺許輪碍不得進欲燒其車而無火箭令以棉裹
火藥拔帽緯來之箭頭引以線香千總王廷佐外
委紀雲瑞吳兆麒監生尹士珠引弓射賊車再發
中其後車二輛轟藥沖天車毀賊棄車走其前車
近城不可焚命兵役縋城撤其稭以水潑藥殺其
車底六人賊乃退是日南鄉石楷莊武舉楊廷鷹
糾鄉勇護村堡賊有過其地者輒殺之

二十日新復盡毀屋材供軍爨
是日奉巡撫檄知河南巡撫何煟調河北鎮總兵
黃模南陽鎮總兵許時中各領兵二千來州會剿
直隸總督周元理調中軍副將瑪爾清阿來州防
河西調布政司楊景素于西岸防浮橋
按本省巡撫於十四日始得
廷寄知大學士七額駙已領兵出京然尚未抵臨清也至
是日直隸總督河南巡撫始奉
上命各於交界處督兵堵截瑪副將楊藩司始分兵防守
至二十日萬總兵截殺於清河二十三日張都司
截殺於三岔河賊由是爲籠中之鳥束手待斃矣
此四路把截之上策也
二十一日賊分隊出拒官兵
賊分數隊渡河西北行一隊出水東門南行迎拒
兩路官軍其賊首及大衆仍踞鈔關大寺盛陳兵
衛入夜賊於燈下火熒熒坐頭於堅城之外迄無

無變訐午刻奉巡撫檄署知州臣秦震鈞奉
旨陞授臨清州知州臣震鈞釋戈北向謝
恩是日又奉巡撫札令專管守城要務大兵至不必供應
預備識路兵役至期前來引路
按臣震鈞守臨清自初七日起至是已歷十五晝
夜又二日大兵始集此以上記賊匪攻城將士防
禦之事此以下記諸將會勦分兵殺賊之事
二十二日直隷正定鎮總兵萬朝興領兵來會勦未
刻敗賊於清河之北桑園戍刻追賊至河西斬數百
人
未刻賊至清河之油坊與萬總兵（溷總兵）戒弁士勿動待
賊近分兵圍裏之鎗箭齊發斃賊甚衆良久有騎
馬（賊）執紅旗招賊衆復合我兵連用大砲轟擊鎗斃
馬上賊目一人生擒三人賊退走萬總兵追賊至
河西與瑪副將前後邀擊之是夜僞元帥吴清林
李忠來擊副將營瑪爾清阿擊敗之殺僞總兵楊
壘官兵乘勝奮擊復斃賊數百人餘衆遁回臨清
是日臣震鈞遣向道兵喬令功親隨張榮赴大營
令功係本協兵用長槍善戰十二日賊攻城殺賊
目劉龍侯王明及爲大兵向道殺賊無算每戰槍
柄血染而不言功張榮有勇力善射自賊起即往
堂邑查反狀又隨臣圍張四孤莊親擒王經舉等
後守城射賊屢有功
二十三日直隸布政司楊景素斷浮橋
藩司奉總督調防浮橋丑刻會副將瑪爾清河鎮
兵六百人力攻浮橋賊死守連放大砲擊官兵楊
景素親督將士奮擊鎗中賊目棄船遁楊景素令
健卒攀維躍入舟中斬其索索斷舟横官兵縱火
焚之賊投河及中鎗箭者浮尸蔽河沿河船隻盡
挽至河西
寅刻忠順營都司張世富領兵勦賊於三岔河斬二
百餘人獲二十七人

賊以三千人聚河内有大舟三十隔岸棹小舟至大舟來迎拒官兵楊布政調張都司領馬兵槍手及囘兵白虎回民洪印洪全等截戰於三岔河口以大砲擊破其舟斬獲之賊中鎗砲死溺水死者無算

巳刻大兵會集

都御史河恩哈巡撫徐績率兵剿賊於土城之東南隅賊一二千人拒戰於東水門外官兵擊之斬數十人賊退入土城侍衛伊琳都統伍什布沖入巷戰大學士七額駙結營於東南隅遣翼長保倫等部領滿兵撲入與侍衛都統合戰賊大敗有妖婦號五勝老母衣黃衣舞雙刀甚驍勇淌作妖法于馬上持咒語則人昏迷刀鎗不能擊至是中箭殞餘賊逃入銅三官廟官兵縱火焚之其西北别隊侍衛音濟圖巴圖保帶兵與偽帥歸太遇於塔灣戰少却退至土岡復戰侍衛春寧領弓箭健卒卒五十人馳至引弓殪其隊長賊以叉擊音濟圖春寧復以一矢斃之於是勁弓齊彀死者數百人生擒百餘人徐往東南與大營會總兵黃模亦領兵至堵截兩門時城内文參將張都司率兵三百出城焚大寺欲生擒王倫不獲是夜賊分東西兩路遁皆爲鎗砲擊回官兵及鄉勇回民絡繹擒獲賊匪千餘人大學士奏

聞於帳前斬之

二十四日大霧巨雷朝啟南門納難民

時難民數千逃至城下婦襁其子老挈其幼繞城號呼求救哭聲震野諸將慮有奸民不敢納寔鈞曰此皆吾良民也余不忍置之死有不測吾身任之遂開門納之然懼奸民之混入也分兵士兩行盤詰壯者不納婦女老弱令之入撒置各寺廟空所給以衣食令紳士分主之

巳刻大營奏

首斬失機總兵惟一防禦尉格圖肯于軍前其十二日封北門之敗也
時將士氣恐懦〻〻戰守城生員閔青峰〻〻姚
以〻〻十五〻縋城擒賊于三里莊獲男女二十二
人獻巡撫營清平縣武舉徐震川聚鄉勇截殺逃
賊獲賊目及賊衆數百人獻大營是夜賊焚西門
南隅民居火光燭天前任臨清協鎮薩靈阿陞雲
南總兵其眷屬仍居土城賊入其室薩妻戴氏罵
賊被殺子廣寧尚幼賊刃之鄰人劉文學認為已
子乃免震鈞厚撫之

二十五日大兵攻鍋市焚其巷車
賊拒戰如故官兵鎗箭並擊賊入民居死守又以
車塞巷官兵焚其車前後擊之殺死無算是日工
部委員解軍需至又夏津縣外委范某獲逃匪二
十餘人解送大營
按賊所居土城與百姓雜處短街曲巷縱橫分岐
賊於其中出沒無定急之又恐玉石不分故難以
施力其城外如鍋市等處又街巷逼窄牆屋完固
難於攻擊然是時滿兵漢兵四面環攻賊已無所
遁矣

二十六日守城把總仙鶴齡生擒王倫於汪灝宅尋
劫去
鶴齡長八尺膂力過人善射少時與王倫有一面
倫潰〻之〻又詢知王倫伏故巡撫汪灝宅遂與侍衛
音濟圖先鋒綳阿爾圖外委郁廣業併帶健卒楊
勇等踰垣入室闔與語誘之降鶴齡突前捉其髮
甫拽出戶倫大呼賊衆捨命來劫兵刃交下刀砍
鶴齡肩背數十處一賊剌之斷其足遂劫王倫去
時鶴齡昏於地音濟圖等俱受重傷楊勇負鶴齡
音濟圖與綳阿爾圖郁廣業共翼之且戰且走力
殺數十人始得脫我兵圍汪宅數重賊登屋擲瓦
飛石以旂指揮作拒戰狀喬今功挺長槍奮擊斬
王倫之弟王真有兩賊衣短衣自高牆躍下持刀

劒亂砍前後衝突殺死我兵數十人令功射之再
發盡殪一甓朴刀元帥鬮剌先一號飛劍仙爲三
娘老母也即無生自午至亥巷戰甚酣無一人竄出者又
同民數十人獲僞將俞鬍子斛大營
二十七日搜民户捕逆黨
將士率同民逐户搜捕獲逆黨百餘人逆首犄㳳
匿汪宅死士衛之我兵不敢前梵偉嘆曰若早從
吾言逆至

上東巡時以輕騎入襲京城天下事大定矣何至有今日
衆皆默默不語三更賊欲突圍走鎗砲擊回武生
焦人傑擒送逆賊張在立等二十五人以獻
二十八日守城副將患足疾巡撫慰勞之
時葉信足疾劇甚巡撫遣醫療之信力疾㢱起口
不言病諸將皆歎服是日大雨鎗砲盡濕我兵靜
守一日僞師王貴陳學深僞先鋒解滔率其屬三
百人來降大帥厚賞之

二十九日焚汪宅捕逆春春王倫自焚
前知州王溥以事詿誤引見呈請軍前効力時我兵逼汪宅宅有園多花妖木怪每
夜聞空中磚石騰擲及鬼嘯哭泣聲王倫坐臥不
得寧與王經隆等避居宅中之小樓閉守數日兵
少食盡夜夢禔福排闥入挺槍大呼梟其首去覺
而惡之知不免入暮燒小樓與李士傑俱焚死王
經隆墜樓下生擒之孟燦梵偉閻吉仁等亦俱被
擒大學士親至樓上查驗王倫與李士傑屍得王
倫手鐲佩劒沒衣錦一片僞玉璽金珠等物獲逆
犯并逆春共數八教匪平
三十日大學士班師歸臣寔鈞埋骸收清流皆
時大師命班師綠營兵及健銳營兵俱拔寨起程
三軍唱凱歌而還解送逆犯僞王王樸僞帥歸大
孟燦閻吉仁王經隆吳清林李忠僞軍師梵偉満
宣行李旺於京師及賊衆妻拏百餘口守臨清事

跋

按内城民稱為舊城築於始今分州之時大學士以其完固而謂之新城外城民稱為新城在州城西南築於既有之州城之後大學士以其傾圮而謂之舊城若守外城則內城無兵而外城則四面皆土城與無城等其勢必不能守若守內城則臨清兵少不能兼守兩城不若併力聚於一處且依傍完固之城池支持以待大兵之至耳震鈞與葉副將有守土之責與城為存亡分也大學士以不守外城為副將罪請革職拏問以震鈞調補把城縣越明年

上東巡親覽臨清形勢念副將功復其官以臣震鈞即補授平度州知州寶缺感激

聖恩不忍本州將士兵民之協力効忠而名湮沒也故又記四門防守之人如左

東城防守

經治外委　許致中

額外外委　陳象泰

二人晝夜督兵防守不懈

生員　王兆晉

逆匪入境主號召百姓守城初七日辦水缸三十餘注水備火捐蠟燭三十五斤火把五十七根

生員　許宏緯

逆匪入境生號召百姓守城募隆順典捐錢二十五千文散給守城百姓

監生　葉志仁

捐錢十千文散給守城百姓

監法　不　準　二　津

渴率百姓守城始終不倦

武生　于劒光

捐錢二十千文散給守城百姓自初七日至十二日捐米以供守城百姓

武生　于溥
招集百姓守城禦
南城防守
武城把總　王培進
自初七日至十二日箭射鎗擊殺賊無數
存城千總　王廷佐
自初七日至十二日賊燒城廷佐冒火沖烟救護
十九日賊轟城廷佐火箭燒賊車
撫標外委　紀雲瑞
冒火殺賊鬚眉皆焚
額外外委　吳兆麒
禦賊晝夜不懈
監生　尹士珠
事實另單　按單失而生守城事見於日記中者
募民賀以杜捐麥八十石又又火箭射賊轟城車
生員　李咸安

號召百姓登城守禦晝夜巡視
武生　尹伊懷
募范李二姓捐麥五十石以供軍士號召百姓登
城守禦多方勸勉
武生　姬元隆
每夜供軍民熱水
存城兵丁　馬濱　劉玉　李仕　秦鎮
郭德瑞　單宏德　崔文平　蕭得功
以上八人皆冒火殺賊身帶重傷
民勇　陳義　王三
兵丁　吳秉　王基　連倫　趙連
徐環　洪見明　馬永清　楊永春
張興臣
以上十一人皆縋城殺賊
西城防守
河汛把總　仙鶴齡

逆匪大攻西城鶴齡箭不虛發賊懼之大兵到即
出城擒王倫倫已獲賊衆刼奪身帶重傷幾不得
脱

把總　陳象坤

自初七日以後賊連次攻城象坤極力督守

經注外委　王培泳

率民晝夜督守不懈

生員　馬鳴琯

聞賊將犯境生首倡同人各街號召百姓登城守
禦初七日賊攻西門作妖法生召婦女登城罵賊
取穢物破其妖法十四日聞賊又作法攻城生同
汪友虞并又喚婦人五十四名防守自九月初五
至十月初二晝夜在城時刻不離

生員　馬毓嵩

賊犯境生號召百姓開門登城守堞晝夜二次點
視自初六日至初九日捐募米穀煮飯供軍馬乏
草料生捐葦子一坑養馬

監生　張輝銓

自初六日至十月初二在城督率百姓守禦風雨
不避初十十一連日渫雨生具傘數十柄席數百
斤遮蓋鎗砲又同馬生催辦水缸水桶數十打水
救火

民勇　劉茂生

初七日縋城砍賊獲賊初十日縋城燬廟燒賊十
六日縋城燬樓殺賊奪器械

李得勝　盧繼周

二人同劉茂生縋城殺賊

北城防守

夏津把總　仙瑞齡

額外外委　郭　鑽

晝夜督守不懈

監生　李　珍

晝夜督率百姓守城不懈勸捐錢米為嚴守計

生員 郭義治

兩次捐錢二十千散給守城百姓捐米十餘石煮飯供北城百姓

生員 馬起祥

號召百姓登城守禦勸捐錢米晝夜巡視不懈

生員 周 書

晝夜在城照應百姓廿四日縋城擒賊於三里莊男賊七人女賊十五人獻巡撫營

民勇 姚 燦 張 振

晝夜防守廿四日隨周書縋城擒賊

以上所記五十三人皆當日之將士兵民在城晝夜守禦者震鈞若非得衆人之併膽同心始終協助豈能獨力支持其功不可沒則其人不可忘也爰詳誌之俾後之閲是編者亦得仰其名而想慕云

乾隆四十年夏五月朔旦山東平度州知州秦震鈞謹記

毓鈞案此公自著守城日記當為召對垂詢之作公於乾隆三十九年甲午以臨清州判權知州事王倫難作力守十七日奉旨即真京兵至立平疑公不能辦治善後事奏請以知州銜管肥城縣事遂移任肥城明年四月赴部引見蒙召對垂詢臨清防禦顛末得旨以知州題補又明年純廟東巡至臨清嘉公功着遇缺即用旋補平度州知州同時范吏目龍亦在圍城其幕客山陰俞蛟著臨清寇畧於城守事有微詞而是記論功亦不及范龍何也後邵陽魏氏聖武記亦以不扼運河東岸致賊得據舊城為言蓋當時羣疑衆謗有如此公作此記於若守新城不得已情形言之綦詳殆非不知舊城宜守也特兵單餉絀使以兼顧而新城不保賊勢之猖獗可逆覩耶因附錄俞邵二記於後以

資參攷

臨清寇略　山陰俞蛟青源著

臨清為山左水陸之衝，距京師八百里而近，商賈輻輳，市廛林列，乃嘯聚陽穀、壽張、堂邑三縣之亡命，蟻屯蜂集，雖三旬撲滅，而干戈烽火，村市為墟。狂寇跳梁，用紀顛末，顧軍需旁午，執簡操觚，終虞舛漏，且叙無倫次，不賢識小，聊存其略云爾。

甲午之秋，余客臨清吏目范龍山，與有葭莩誼，投轄下鍵，館於衙齋。時逆匪王倫以清水邪教煽聚亡命至數千人，陰布其黨於東昌、兗州二郡。八月二十八日子夜陷壽張，縣令沈齊義朝服坐堂皇罵賊，賊支解之。臨清之南鄉張四姑莊亦同時被賊殺掠一空，莊去州僅二十五里，閭閻洶洶。協鎮葉信，江右人，耄且病，部下兵不滿三百。州牧王溥赴京未返，攝篆者別駕秦震鈞束手無策。龍山謂余曰：「寇至奈何？」余曰：「昇平盛世，此等幺麽直菆耳，火滅亡可立待，何慮為？雖然，不可無備，宜先諭四鄉運積聚入城，無為賊掠。西南二門外民舍與城毗連者毀之，責賊入藉足且縱火也。派城內居民列名造冊，上城分守垛口。其四門敵樓則以兵守之。令紳士分任段落，為兵民造飯供應毋缺。禦賊器物，自弓矢火藥鉛丸外，更多備石灰石。蓋遠憑鎗炮，近宜矢石，仰面攀登者揚灰可眯其目，此其大略也。至隨機應變，不可枚舉矣。」龍山曰：「賊之來與否未可知，先運積聚、毀民舍，余以吏目微員，敢張皇滋事乎？」後賊專攻西南，藉民舍為障蔽，致城上鎗炮不能擊；四鄉積聚悉其搶掠；所備灰石復不多，拆女牆用之。龍山初未嘗不笑余為書生談兵也。

先是五月間，四鄉忽起訛言：清水教主招聚訓練，擇八月二十八日起事矣。或問起事云何，曰：殺官、劫庫藏祭之。每村果有賊目數人教習鎗棒，聲言飲水一甌可四十九日不食，因名其教為清水云。時猶未知渠魁為王倫也。倫，陽穀人，貌魁岸，性狡譎，多力有拳勇，嘗為縣役，因事責斥，無以為生，遂抄撮方書為人治癰瘍，頗驗，擇受病男婦之精悍者不受值均感其惠願為義兒義女以報德又詭稱遇異人授符籙能召鬼神諸邪法以惑愚民積十餘年而姦黨徧諸各邑壽張與陽穀連界況明府於齊義於八月始廉知其事方擬移文陽穀協捕丙胥役實賊黨有偽我元帥將軍之目者遂作先發事八九舉於二十八日伺候在衙門前演戲推牛釃飲至更餘聚賊數千人呼嘯而入況明府出諭禍福而偽帥李旺轉率羣賊脅降李旺者早役也況知事不可為遂朝服升堂罵賊李旺抽刀而前曰小人今日犯上矣遂遇害夫縣令職司民社貴能勞來撫字而尤貴摘姦發伏乃姦民煽亂於天下不能察甚至胥役舞弄肘腋閒亦夢夢而無覺及風聞已確復不能急為消弭撲滅方且鄰邑行文機事不密身殉而民社隨之邑宰如此

朝廷亦安賴哉

兗州鎮惟一滿洲人素以勇略自誇聞變率所部三百人疾馳而至軍法以鳥鎗利於殺賊為前鋒而鳥鎗每桿必以長刀或長矛一人護之蓋鳥鎗一發之後加藥丸引火綆須片刻俄延則全賴護之者從旁抵禦而鎗火復發方保無虞兗鎮覷視賊為烏合倉猝而往又衆寡不敵遂為所敗騎兵被創而奔步兵無生還者

九月二日賊陷陽穀陽穀為賊數胥役皆黨羽故陷之倍易縣丞劉希燾典史方光禮俱被害報至人情益皇遽是日城上畫角烏烏城門已晝閉數日而州衙大門亦閉往來者進出即闔夜二鼓廨內外人聲如沸余數眠數起不能寐少選龍山倉皇呼曰此何時猶酣睡耶余詢賊氛若何曰頃又報堂邑陷署篆陳枚訓導吳標俱殉難餘被害者無從考賊距城二十里矣余急起見龍山率役丁餘人各持械而出俄頃詣南門探之聲息寂然惟聞各衙叫鳴鉦援桴呼民兵上城時陰雲慘合涼飆颯颯迭襟袂登陴上無燈火惟城下繫馬二十餘騎而已天曙龍山返謂已得確耗賊大隊踞柳林距城四十里枝黨踞茶庵有同學生王某以妹進王倫為偽后群賊慶賀優人方演劇也目

向午兗鎮惟一卒部下馬步八百八城中遇賊北走人心
稍定
陳枚者浙人以孝廉截取發山左試用堂邑宰湯桂討偕
入都同攜其家而是日湯適返陳已交印綬脫然事外矣
會賊至分守西城城垣頹敗又乏守兵無可捍禦賊因驅
馬直入陳軀肥重其僕牽馬至四五人扶掖不能上挾之
而趨賊尾至文廟前僕皆散去遂就擒至演武場先是賊
師歸太以貨私鹽爲業數月前被陳擒治荷校當途其黨
劫之去陳不知也今欲洩憤枚以百數且割其勢置口中
而後臠割之歸太凶逆之罪可擢髮數乎歸太本名國太
因與藩司同名姓當事忌避之而山左國音爲歸遂呼爲
歸太後賊黨擒解入都
皇上親鞫得歸太戕陳狀
上震怒嚴諭大將軍舒公赫德及陶必生致歸太於是就被擒
諸賊逐名質訊均以不知對乃鞫其妻劉氏云歸太於九
月二十四日戰敗相向泣下探懷中鷄卵八枚付劉氏曰
若等自爲計余不復相顧矣提鎗跨白馬解鯉頭黑布易
以氈帽而出從此不復見方王倫造逆時四鄉村鎮皆立
義堡賊至鳴鼓聚衆作捍禦或須擁土坎遇形迹可疑者
即生埋之事定後撫軍撈歸太狀貌服飾檄東昌司馬龔
孫枝遍查俱云有其人及捐而驗之皆非則歸太或漏網
脫逃未嬰斧鑕也
初五日傍晚撫軍徐公績檄兗鎮并河督姚公立德於五
鼓合兵赴柳林剿賊兗鎮留步卒二百人助守而率騎兵
六百人往是日軍民胥慶謂以撫鎮大員剿烏合之草寇
直摧枯拉朽耳咸引領盼捷音而余亦與諸同人酌衙齋
爲歡孰料捷音未奏而賊反於初六日巳刻臨城下矣賊
將至人無知者龍山猶奉監司札往閘河撤渡至西城外
離市市人告曰君毋往賊前鋒已渡河宜急返馳回而
城門已闔城上武弁閉不納一時紳士及兵民皆譁謂吏
目雖微亦朝廷官焉有因公出外棄之以張賊勢者門啟
而入賊即踵至

賊之初至也過附河河濶數十丈聯有一二舟楫而賊徒頗繁因拆居民廬舍浮木板葦席於河或曳馬尾遞運而渡倘以數百人伏河岸乘其半渡賊衆可殲惜當事無遠略僅知撤濾而計不及此至之日聽偽國師范偉之謀收人心不殺掠一切食物均易之以價有一賊食人梨而少與值立斬之而倍以償於是無知細民咸謂賊無所害而稍有知識者亦圖苟安不思遠避三日後賊狀畢露掠財物擄婦女四鄉要路均守之無一人得竄逸者遂逐戶編名以老弱執役少壯者每人給藥一丸令吞之又給黑布一幅裹額上刀一口俾相隨攻殺不從則殺之相傳食其藥即心迷能殺人余同里人李允恭者為臨關椽吏被虜給藥偽含於口藏齒頰間俟賊去吐之得無恙然其母若妻拘賊營半月事平獲返其不死於賊不死於官兵者幸也其他不受賊脅不為賊污甘蹈白刃而不顧且有闔門殉節者人固有賢不肖之不同烏可同日語哉

賊之攻城也皆黑布纏頭衣履墨色望之若鬼魅間有服偃佝彩服者器械多劫諸營汎或以廚刀桿斧縛桿上跳上跳躍呼號兼挾邪術城上以礟山礟併鉛桄過山鳥齊發擊之鉛子每丸重二兩其勢推山倒壁當之者宜無不靡爛乃自午至酉賊徒無一中傷益跳躍呼號謂礟不過火守城兵民咸皇迫竊竊私語謂此何妖術乃爾也賊中有服黃綾馬褂者係王倫之弟偽稱四王爺右手執刀左手執小旗坐對南城僅數百步口中默念不知何詞衆炮叢集擬之鉛丸將及其身一二尺許即墜地當事諸君俱惴惴無可措手忽一老弁急呼妓女上城解其褻衣以陰對之而令燃炮群見鉛丸已墜地忽躍而起中其腹一時兵民歡聲雷動賊爲之奪氣群知其術可破且令老弱妓女裸而憑城兼以雞犬血糞汁縛帚灑之由是炮無不發發無不中賊碎首糜軀洞胸貫脇屍枕藉城下以千計自此白晝潛踪每至夜分東泰稍堆城下如草莢之煙皷障天日敵樓燬隳者五次賴將士用命以水沃救得無恙一夕以大車四乘載火藥駕牛而至城上發礟斃其牛車不

得賊動投火焚之燄沖霄漢民舍咸燼脫令近城則敵樓必燬而城不可保矣時有武孝廉吳名倫者爲賊主謀以牛馬駕車不能避矢礮因去其輪兩旁設木板約寬三四尺名曰大鵬雙展翅令有力者七八人伏其下背負而行冀至城下發火焚敵樓城上急投磚石一時堆車上若牟負者力不勝而扑仆鏇兵士下城盡殺之

南城外有小樓高數丈係質庫中每夜巡更擊柝之所賊踞之俯瞰城中虛實間施鎗箭當事患之募有能焚之者得十餘人束芻於背縋城而下踰垣越屋至其樓前先微從窗外覷之見賊多酣睡獨有兩人坐胡牀而飲盃盤狼藉火發賊皆呼嘯而出有三婦年約三十餘均以黑縑裹頭短小精捍結束整齊揮刀縱馬追之城下城上急發火礮三婦均以左手向城上揮搖自南而西飛馳而去云賓王倫義婦義女也

兗鎮惟一自九月五日赴柳林後杳不知其所之會城音耗隔絕文檄不通者八日臨清孤城捍賊所恃民心固結兵士用民命至十四日得登州兵三百名助守始知初六六日柳林三路合勦之師皆不利賊衆所以卽於是日來勝圍臨清也十五日兗之參將鎮復收合師徒千餘人抵城下結寨西南之衝兗之參將烏大經守南門躬詣營延之入城共守兗鎮曰我爲若等犄角於此城無可虞往者壽張之役事起倉卒柳林之敗咎有攸歸茲來努力建功一洗前恥區區賊奴烏足當我前鋒哉邀之再三終不入時識者竊憂之蓋賊雖烏合實皆亡命且合脅從而計已不下萬人彼衆我寡形勢懸殊兵法固有以少擊衆者兗鎮豈其倫歟越三日賊果率二千人劫戰離北門僅里許可望而見守城者咸作壁上觀吶喊助勢不敢施鎗礮以我兵與賊混鬬恐致誤傷也俄而賊衆麕至兗鎮力不能支率數十騎策馬馳去計敗陣三次欲妄爲非戰之罪蓋亦難已後衛大將軍至臨清奉
上命正法軍前

自十五後各郡助守兵陸續而至兵民益奮擬夜半縋城

掩賊不備而協鎮葉信不可謂行師當臨事而懼好謀而成祇宜堅守待　王師之至倘有不利則人心餒而賊勢張柳林一敗臨清被圍非明證乎蓋葉信雖武夫無干城之略因前一夕賊人火攻敵樓幾焚適信退而休息聞報急馳一驚而腰爲之折遂不能乘馬每日坐籃輿兩卒舁之巡城上尚敢攖賊鋒而速其攻圍乎聞信頗知吟詠兼工擘窠書足徵毛錐與長鎗大劍兼擅爲難上馬殺賊下馬作露布若而人即古來亦豈多見哉

賊黨窺東昌時東昌城垣殘缺兵不滿五百戰守均不足恃賊於日暮見一人赤面修髯身高丈餘坐雉堞上火炬籠燈約數萬點賊大驚相謂曰誰云東昌乏守兵耶由是駭散東昌實山左要地故神物效靈爲一方保障

賊之來也多挈其妻孥老幼並載牛羊雞犬且有劫其賊族俱來者逞其邪說謂本鄉有黑風劫遺之者死亡相繼宜出門遠避經七七之期庶可免耳後賊之妻孥皆爲生或發甲披甲爲奴其餘釋歸鄉里然

朝廷雖下寬大之詔而閭閻之明大義者咸拔刀砍地曰吾鄉焉容此逆種再遺他日之害盡殺之雖孩提無得免者

賊擄婦女數千人置大寺大寺者城西古刹也室宇寬廣多隙地色美者王倫自取之次給賊目作戰勝之賞迨舒將軍至賊徒敗衄官兵圍寺將施火攻諸婦被擄者皆奔竄投閘河水爲之不流

范偉壽張人自幼獷悍無賴好博負多不能償爲其徒窘辱匿王倫家久之髡其頂名爲僧而無師傳所爲多不法濕其私智妄談天文讖緯以惑衆嘗語王倫曰予閱人多矣莫有如君者即若輩位至督撫衣錦食肉能生殺人亦徒擁虛名按其才與貌終出君下予爲君擘畫十年當爲君姓上加白字毋自棄也又嘗勸王倫糾黨千人潛入京師爲變因事遷延不果倫之造逆多出其謀後與官兵抗禦恒執紅旗指麾被擒凶解入京
上廷訊猶稱王倫爲新主其冥頑無知與明季文山賊劉

永明嵩刑稱寡人者均堪捧腹

孟燦兗州人勇鷙兇悍嘗因爭博以一掌斃其徒亡命至楚素與范偉善聞逆謀潛返王倫倚如左右手跬步不離破壽張陽穀堂邑得其力為多

王師壓壘賊勢窮蹙倫與其黨踞汪氏室侍衛英濟圖與把總仙鶴林率死士數百人挺身直入大呼王倫安在倫出應鶴林即前捽其辮濟圖扭其胸蓋欲生致之也羣賊盡力格鬬我兵稍御時鶴林頭上被砍深寸許濟圖亦徧體受傷然兩人猶與王倫卧地上扭結不可解孟燦挈短矛刺濟圖中其喉濟圖遂釋手幸援兵繼入劫兩人出俱受重傷而濟圖尤甚因以氈車護送入都未至而卒王倫亦從此不復見矣後燦擒解入都與范偉磔於柴市

顏六邑人面黑髯捲指甲如爪故賊中稱虎爪顏六家饒於貲招聚亡命居積私鹽荷筐入市莫敢誰何范偉招之入黨賊中稱勇健者推六為首後為大礮擊死

李三堂邑人年約三十許身長八尺而兩脚過身之半日荷擔衝前貨殺乳乾為業予嘗見之不謂即賊黨且賊之之先行也一日夜能行八百里王倫遣其入京偵探見舒將軍率師出得勝門三於次早即報知王倫作備禦云長脛者善走果不爽與擒置囚車索酒肉不與且謾罵猶自稱先行官云

楊累忘其里居王倫義兒也多力賊中妄稱萬人敵每跨白騾持白蠟幹鎗與直隸叅將某戰被圍數重自辰至酉不能出為流矢所中斬於陣

李旺者壽張人亦王倫義子桀黠善鬬以八月二十八日夜戕沈君犯上作亂已罪無可逭又相隨破陽穀堂邑闌臨清北門之戰兗鎮惟一失機敗走其部下馬兵張其面麻而黑力殺賊數十人不退賊無可如何旺步行潛出其後以矛刺之墮馬羣賊相慶謂官兵盡如此麻吾輩無噍類矣嘗與楊累同被圍旺獨免脫亂終被擒解京伏法

為三娘兗州人年二十許婀娜多姿而有膂力工技擊其夫某能為角觝戲俗所稱走馬賣械者也嘗與三娘挾技

走楚豫間以錮口而三娘技貿遷其夫嘗患病過王倫舍之而愈不受值且助以貲三娘感其惠願為義女夫卒遂依於其家王倫破壽張諸邑三娘皆從而更招致其留日同賫械者十餘人王倫皆呼為女而實與同卧起如妻妾王師困王倫於汪氏室三娘率諸女巷戰短兵相接諸女次第死三娘獨揮兩刃能捍蔽鋒鏑忽於馬上躍升屋自屋而樓即汪氏之三層樓也高十餘仞官軍圍三帀矢炮擬之若的三娘揚袖作舞狀終莫能傷日必將夕矣一軍皇駭蓋不慮其不死慮其遁走而莫可致也有老弁就賊屍割其勢置礮上一發而三娘墮地諸軍呼聲雷動鋒刃齊下立成肉糜

王王氏王倫姨也號五聖娘娘年六十餘白髮盈頭身高八尺跨馬揮雙刀巷戰被擒當事聞婦有妖術以鐵練貫項下骨擬次日解京一宿而斃

臨清被圍幾二旬幸大倉儲粟頗饒然食有餘而薪不足拆屋而炊鎔錫器作鉛丸以擊賊賊亦發大礮攻城鉛丸如雞卵者皆由敵樓飛越而過挽二石弓矢集城上如蝟毛均未嘗傷及一人一騎謂非神祐乎余易儒服隨守土諸君巡城上衣不解帶者旬有八日二十二日黎明南門外呼噪連天炮聲如貫珠纍纍不斷報徐撫軍兵至矣縱火焚鼓樓賊衆亂竄城上鄉兵縋城助戰運河北岸喊聲繼起望之人馬如豆往來馳驟塵土障天則直隸制軍師也賊踞蓮花庵穴牆施鎗礮日向午報大將軍舒公赫德統八旗勁旅至余急趨東門觀之干戈耀日旌旆翳雲軍容之盛實生當　盛世所不能常覯者大兵四集爰掃欃槍賊惶怖不敢出然猶踞市廛作負嵎勢兵不能驟進因四面縱火且攻且焚擊斬之外日生擒數百人於是王倫黨羽俱盡勢不可支且自知罪大惡極法所不宥因縱火自焚人競以不獲寸磔其屍為恨余謂焚驟肌骨而灼肺肝殆尤甚於寸磔歟計賊匪造逆至蕩平凡二十六日三邑一州良民罹殘害者不可勝計其間明大義知順逆不為賊脅潔身自高或罵賊以害自守土諸公外亦難更僕

皇上綸綍下頒酌
賜賚恤以慰忠魂而草野之流離失業者倍加
軫念開倉廩蠲賦稅給籽種不朞年而閭閻瘡痍斯平蓋
藏如舊復熙熙皞皞矣嗟乎我
朝自承平百數十年以來普天率土仁義膏漏洽凡在海
外靡不重譯來格間有不靖六師所向何堅不摧乃王倫
以山左細民妄逞跳梁之技致廑
睿算命將行師計日而著戎衣詰朝而殲狂寇疾風掃秋
葉何其神且速耶蝂躬臨壁壘目擊情形故敢就所見聞
略紀顛末爲奠禎狂徒妄弄潢池者戒

乾隆臨清靖賊記　邵陽魏源譔

國家歲漕東南數百萬由運河供億京師而臨清州綰轂
南北水陸咽喉有新舊二城皆瀕運河東岸舊城土垣周
三四十里市廛鱗次數萬家與新城等乾隆三十九年兖
州府壽張奸民王倫以清水邪教運氣治病教拳勇往來
山東號召無賴亡命徒黨日衆羨臨清之富庶又大兵方
征金川意嚮、輔兵備武虛倡言有四十大刼從之者得免
壽張知縣沈齊義捕之賊遂於八月二十有八日夜襲城
戕吏賊先言破城日當有風雨及期適應衆益信承平久
官民皆不習兵賊連陷堂邑陽穀皆刼掠棄城遁分趨臨
清東昌圖阻運道衆數千時上駐蹕熱河行在大學士舒
赫德奉命視河南決口未出都命佩欽差大臣關防由天
津馳赴山東督師命額駙那旺多爾濟左都御史阿思哈
率健鋭火器營兵千又簡吉林索倫善射手五十爲選鋒
詔直隸總督周元理以兵防廣平大名界而河道總督姚
立德防東昌時總兵惟一以兵三百擊賊堂邑復以兵八
百擊賊柳林皆不利賊圍巡撫徐績軍於臨清之梁家淺
惟一援之賊解圍趨運河官兵不扼運河東岸惟知閉城
守賊遂結筏渡據臨清舊城佯禁殺掠以車三百兩塞街
巷脅丁壯圖攻新城城上統礮擊之不能中乃裸婦女血又
雞犬血厭之復敗其大車十四日總兵惟一德州城守尉

格圖肯以兵千餘至不知休城中伺間出奇即倉卒戰城外既敗復不入城而走東昌詔斬以徇會各郡援兵漸集臨清兵民議夜半縋城擒賊不備副將葉信不可回空糧艘阻橋閘不得進賊反脅縴夫以攻城又東糧艘爲浮橋圖北渡時禁旅由德州攻其東東昌兵攻其南直隸兵由景州故城攻其北又以兵扼館陶防西竄直隸總兵萬朝興破賊二千於運河西岸燬浮橋及閘口之橋又遣兵扼下游三坌河敗其西渡之賊二十有三日舒赫德軍抵臨清賊千餘北出韋官兵而驍賊五六百陣舊城東門迎戰舒赫德遣侍衛音濟圖等以禁旅三百追賊北門外而自攻東門賊敗竄城內短兵巷戰官軍先後焚斬及赴水河死者千餘驅城東南之賊盡歸西北音濟圖既殲北竄千賊於塔灣亦還兵搜王倫於城中大宅毀牆入手擒之爲十餘賊所奪賊登火樓縱火死復殲巷戰女賊烏氏等數十生擒其弟王樸其黨樊偉孟燦王經隆等檻送京師誅其黨千餘舊城居民先後投首數千招回復業之戶七千口四萬餘凡一月賊平糧艘回空南下上責舒赫德於音濟圖手擒王倫時不多遣精卒致首逆未生俘又逮治副將葉信不守舊城之罪舒赫德奏言舊城土垣半圮且寥闊難守請宥之然守臨清者當守運河運河渡口舟雖撤而無守兵此賊所以得襲據舊城也且援兵已集宜從縋城擒賊之謀事平善後亦未聞改小舊城而繕固之何耶初給事中李漱芳奏言山東吏諱災不報反加徵激變非盡邪教及逆黨解京軍機大臣九卿科道鞫於廷命李漱芳自問賊皆無以災對者詔罪狀李漱芳與奏直隸荒歉之御史范宜賓皆謫之乾隆四十有一年春二月金川蕩平上東巡告成闕里四月回蹕舊城御製臨清歎臨清歌二詩勒石閘東憫民痌焉嗚呼王倫之事幺麼無足紀也然顧祖禹有言地利隨時勢異今日南北咽喉在於運河而山東扼其要要故能爲幽燕利害者必於山東則臨清之事可無紀乎

附臨清紀事詩　　秦震鈞

烽火飛來陷壽張中宵旗鼓竟登堂縣官能作常山舌猶有殘民爲國殤賊破壽張直入縣堂知縣沈齊義罵賊死

併力而謀仗鄧公翁一人獨留時幕友惟鄧桂孤危常在箭鋒中礮聲不絶心如碎十七晝夜礮聲不絶慷慨登陴敢望功

二僕相隨志不移張榮陸三本有膂力忠誠悃欵出謀奇忽然傳説么麽魔至糧盡兵單未易支

旁午軍書赤羽飛頻傳消息到京畿牙璋七萃風雷動幸得清源急解圍上命大學士舒公進勦

義莊建置記

事莫難於創始然而俟者述了也亦非易易往往有賢良父矣未必有賢子此所以父作子述輝映一時以先濟美自古爲難也吾宗贍族田之設托始於儼庵公坊嘗置義田贍近族之貧者既而族人欲以銀易米又求析田且指田索值公光應之無倦色不數十年而良佳莫考漸爲以盡是吾宗之一厄也乾隆辛未攀輿南巡文恭公蕙田扈蹕過錫偕湯隱公春田繼後及此擬倣吳郡范氏義田法置田千畝以贍族人事未及行而文恭公尋殁是又吾宗之一厄也渼隱公蹶然起曰是後死者之責義昌容辭莫命四子蓉莊公震鈞節儉庸儲置田百畝並告之從弟介菴公兆雷從姪世夏公泰鈞果亭公鏞巨峯公鉴秉衡公銓鼎臣公廷鉽玉斋公鼎壇量力輸捐集合三百六十畝以聯益之延世夏公典其事而鼎臣公佐之歲取所入以贍族衆並自爲文勒石諄諄以積成千畝爲望迨渼隱公配黄安人臨終遺命捐贍族田五十畝猶不足由蓉莊公續

捐四百九十畝以承先志並于師古河捐建莊屋一所舊
鄒鳳先橋後增拓東西餘、武構屋一區地近崇安橋即今
之新義莊是也奉溪隱公以下畀主於中并將釐訂規條（共計莊屋三十五楹置田）
呈請地方長吏咨于部勒諸石永垂不朽而于是族中之
貧乏者（一千畝零八分九厘九毫）孤寡者得以相生相養相扶持敦任卹之誼而循
宗法之窮信矣有是父而後有是子非蓉莊公之雄才大
略亦不能成溪隱公之志語曰惟其有之是以似之蓉莊
公之善繼善述媲美文正忠宣而永無愧色後之人繩之
繼之毋俾隤莊務守厥成規在事諸宗老之遺烈允足垂
貽謀于無窮矣謹將集捐細數及咨部之田號規條彙錄
於左

溪隱公春田捐田二百畝　果亭公鑣捐銀千兩（置田八十四畝）
如汶夏公泰鈞捐田二百畝　介菴公兆雷捐田三十畝
鼎臣公廷賦捐田十畝　玉齋公鼎雲捐銀二百兩（置田二十畝）
巨峯公鏊 捐田八畝　秉衡公銓 捐田八畝（譜於標森公下並田下注云捐時續捐田十五畝）
蓉莊公雲鈞 先於黃太夫人卒時捐田五十畝繼又增置田四百九十畝以成溪隱公千畝之志並建造義莊一所題部立案

春田 捐田一百畝　兆雷 捐田三十畝
鑣 捐銀一千兩（譜云置田八十四畝）　鏊 捐田八畝、
泰鈞 捐田二百畝　銓 捐田八畝、（譜於標森公並田下注云捐時續捐田十五畝）
廷賦 捐田十畝　鼎雲 捐銀二百兩（譜云二十畝）
雲鈞 承父志續捐田共一千畝建造義莊一所 題部立案

右據譜中草本

公學因革記

語曰有開必先信然哉公學之興肇於書塾塾屋捐自五世從祖蓉莊公襄釣在師古河義莊右旁計屋十餘楹塾田捐自族高叔祖小峴公瀛計田八十畝而族之貧苦子弟賴以讀書者恒數十人其事則掌之於省吾公兄弟皆嘉慶間事也至設塾之旨則蓉莊公嘗言之矣父兄之教不先子弟之率不謹余宗家法頗嚴今此風亦稍衰矣伯兄世萊先生命之曰教訓子弟必主有家塾塾者聚其家之子弟而教之之謂也吾力不逮他日者爾其勉旃宸拜受之不敢忘然則二公捐田捐屋之旨述世萊公當日旨也洎乎道光之季芝台公首將塾屋典出咸豐初由馥堂公贖回載經兵燹同治間族人公議以塾屋典于侯氏得價百四十千為修理義莊祖塋之用後由保仁堂迭加典價幾有積重難返之勢田則自省吾公兄弟官游日久徒法不能以自行論者至有人亡政息之歎此澹如公敏癸酉講時所由慨然以興復義學為先言也先祖訓導公愁焉憂之嘗以集款千緡重興書塾為職志告之族祖臨川公炳斗族伯魯卿公琪倡捐舉墜于光緒四年春訂立規程以量給修脯為入手辦法規定學生每名每節一千文非孤子極貧不得入濫春秋二季或年終會試一次酌給花紅以獎讀書勤惰由先叔來卿公族叔皖卿公董治其事時則德輿伯祖毓飛績卿叔祖亥昌閬風鏞起慨捐相助其一時樂捐書數而事後以他款撥補者有芝珊曾叔祖鳳翔澹如曾叔祖緗業優卿伯祖夔曦于是乎一蹶不振之書塾始有勃然中興之一日迨後光緒十二年臨士伯祖賡彤作故遺命捐錢五百千為書塾經費而書塾之規模廓乎以大歲科兩試前增設會課資助卷費所以激厲子姓讀書應試者為法甚備其後來卿四叔歿而牧卿五叔繼之皖卿族叔歿而鼎臣族兄繼之踵武前軌不懈益烈然其時塾屋猶出典他姓塾田猶掌之于捐置子孫世風變移西學浸淫橫海東來以灌輸我國蘇者嘗瀛海之衝邑人群以興學為亟牧卿五叔知非蹈常襲故所能作育新

民也高之鼎臣族兄提倡族學時則主莊事者爲岐臣族叔與有同志莊塾合力規復塾屋等辦秦氏公學延族弟阜夫主教務而族叔敦中族弟鼎新佐之以慕周弟爲校外庶務主贖屋事往返數四疲於奔命乃以光緒三十二年正月先借義莊上倉廳爲教室招生開課量收異族子姓八月始與何庚氏議贖歸定所莊塾積存餘款按照逐加典價共出銀六百八十圓莊任四百圓餘則取給于塾款中並乘時規復義莊下倉廳代子容族叔典保仁堂廂房四間妝屋兩間議定典價銀百五十圓修繕銀六十圓遷費銀四十圓由書塾貼銀百圓餘則義莊任之而子容叔家僊塾始行遷去義莊下倉廳亦復舊觀子容叔者馥堂公之孫曩有贖屋之勞者也乃召匠氏擇其牆壁之摧敗者繕之屋瓦之碎破者完之梁柱之朽蠹者更之房屋之不如式者改造之不四月而巍然煥然費金千僭有奇用觀厥成翌年正月遂移校其中嗣是鳳伯族祖寶驥子怡族叔圖埰晉華族叔瑞珩鼎臣族兄寶鐘等相繼集捐絡繹兼事

岐臣叔並設法將世恩堂經管之田僧族叔子遴檢單交付凡已遇書塾户者概交公學貢人寶祖爲金照字號田共五十五畝零二釐一毫原租五十四石六斗八升四合體先人設塾之志創一姓族學之基昔莪棫樸樂育宏多矣至塾屋之設置則肇始于光緒十三年步卿四叔經理塾務時購置北門外對吊橋市房六架計門面兩間其後牧卿五叔爲公學久遠計撥剔各處遺產以佐不逮則有北門外黄泥橋下泰山巷基址一塊祖建源慎繭棧及城中對大市橋古觀音殿旁屋一所後又由當事者價典寺後門市房一間採租取息以資學費要之計自設塾迄今時歷百年風會屢變區區一族學剏復錯迺一若輿之相終始者若厥稽田蓉莊公小峴公其數蓄也先祖訓導公以次集款承先重興書塾所謂惟其陳修者厥疆畎者擬繼自今成人有德小子有造牧卿五叔岐臣族叔鼎臣族兄等因時制宜改設公學體吾祖聚族而教之一語以嘉惠於幼子童孫則猶乎農夫服田力穡乃亦有秋矣務

其功皆自耕穫畬來也世萊公有知當亦稍慰于地下耳余小子謹敢覼縷陳之以告後之人先斯艱爲斯可矣其歷次集捐細數及田房各産詳書左方

書塾規條

一額定學生二十名每名每節給脩一千文非孤子與極貧不得濫入

一書塾既未贖回學生所居又遠近不同今酌定聽其就近從師司事人按季給脩

一學生入書塾者由本房開明支派及本人年歲住處與所從何師所讀何書應收入者另立一簿司事人一一登記

一學生束脩讀書過十六歲不能作文作文過二十歲者不給

一學生於春秋兩季或於年終請族中老成人察其功課其有讀書而書不熟作文而文不通者則加訓誡三次不改者則停脩不給其有認真用功不事遊嬉則酌給花紅以示獎勵

一經理及司事人均不支給薪水以歸節省銀錢出入隨時登記年終彙開細數黏貼　祠前以便播衆其有侵吞及賬目含糊者不得容情不究

一此次經費盡非出於力之有餘只欲玉成其事爲培養孫寒計也既爲公款即不當有私日後子孫或以爲祖宗所捐硬欲借用并非人所共舉硬欲經管即非今日創始之意甚有如此請責無貸族中於創始子孫徒之容情令則不然毋謂言之不早也

書塾捐款

鳳翔　月字號田九畝一分四厘八毛　租十石　丁亥田爲孫氏贖回改捐洋四十元

焕　錢一百千

炳斗　錢二百千

琪　錢六百千

緗業　錢一百千　此款未付每年付息拾弍千自戊寅至壬午共陸拾千

以上俱光緒三年

熊飛　錢五十千　光緒四年
克昌　洋四十五元　光緒四年
賡彤　錢五百千　光緒十二年
熙晙　錢三十千　光緒十一年
寶驥　洋五十元　光緒三十二年
圓瑋　洋一百元　光緒三十二年
寶鐘　洋一百元　光緒三十二年
瑞玠　洋五十元

以上各款至光緒三十三年開辦公學用罄，今已無存

公學産業

書塾房屋一所

北門外對吊橋市房兩半間　今租與村□鍾老店

泰山巷基址一塊　今租與源順蘭棧

寺後門典押王姓樓屋一間　今開棕屜店

為金深字號田五十五畝〇二厘一毫　原租五十四石二斗八升四合八勺　此田招慕老□租

公學校址

無錫市六箭河上

公學設立年月

丙午正月

公學校訓

誠勇　真實不欺曰誠　奮發有為曰勇

孝友

附題詞　惟海湯湯，錫嶺巍巍，仰惟孝友，傳家始基。數百年來，是訓是彝，勖哉小子，念茲在茲。

公學校歌　權頊詞

錫山支派，淮海家風，世澤綿無窮。師古河畔，金匱山東，吾校久稱雄。家訓孝友，校訓誠勇，崇卷星聖功。永先啓我大家宗風，責任在兒童。

公學十年來教育狀況

光緒三十二年丙午正月，校董秦枚卿、岐臣、鼎臣三先生經始創辦校務，聘由振鵬主任，執中叔鼎新弟佐之，慕周叔任校外庶務。暫借義莊倉廳為教室，附收異姓子弟二十五人。開學用單級教式，學科為修身、國文、歷

史地理算術體操八月書塾舊屋清理贖回開始修改
十二月二十日年假
光緒三十三年丁未正月書塾改建校舍落成推廣學額分甲乙兩教室兼收女生但以乙教室爲限延請子卿粟夔叔叔昀弟吳君錦如蔡君載苤爲教員二十二日開學增修圖畫樂歌理科二月初一日牧卿先生偕校長率同秦姓學生謁淮海祖祠嗣後每月例行六月校外庶務慕周弟逝世由麟祥叔繼任十二月二十日年假第一屆畢業計六人
光緒三十四年戊申正月二十日開學延請祥碁弟及沈君西苑爲教員鼎新弟退職增修手工科十二月十九日年假第二屆畢業計八人
宣統元年己酉正月二十日開學延請侯君秋華爲教員子卿叔翔碁弟退職試辦完全一年生一級增修英文科十月呈送南洋勸業會教育出品十二月二十日年假第三屆畢業計十二人
宣統二年庚戌正月二十一日開學鼎新弟再任校務蔡君載苤沈君西苑退職停辦完全等級裁英文科六月校董牧卿先生逝世教貴弟繼任十二月二十日年假第四屆畢業計十人校外庶務麟祥叔退職
宣統三年辛亥正月二十日開學延請許君光甫爲教員沈君西苑再任校務鼎新弟吳君錦如侯君秋華退職十二月三十日年假畢業計十二人[illegible]
民國元年壬子二月六日寒假抽籤退職由執中叔權主任校務（右據前校長記載止此）
是月卓夫姪退職仍任珠算及讀數科由權揆任校務鼎新姪退職延請李君康復任三四年級國文算術教科三月佩誠職員教育研究會按月一舉十二月二十九日年假第五屆畢業計十二人
民國二年癸丑正月就本校特贊及先代遺型議決用忠友二字爲校訓以示則效是月遵照部章裁去歷史地理理科三科李君康復退職請沈君西苑任三四年

國文教科許君光甫退職請叔均姪兼任全校算術圖畫教科又議決減收外姓學生學費全年六元減收五元七月議決於每學年終報告學生在校狀況併表弟退職請周君瑤清擔任一二年級國文教科蔡君味舍退職請沈君孟涵任全校體操教科八月十八日開學遵照部章改為秋季始業十二月三十一日年假第六屆畢業計十四人

民國三年甲寅正月周君瑤清沈君孟涵退職仍請李君康復任三四年級國文及全校體操教科三月二十六日始行春假七月十二日議決廢止學年考試注重平日訓育是月議決三四年級添課鄉土話一二年級添鄉土談話延請併表弟阜天姪分任之修身科不用課本預編德目注重實踐十二月三十一日年假第七屆畢業計十四人

民國四年乙卯七月請徐君志彬任全校體操教科李君康復專任三四年級國文及商業教科八月議決組織講演部新聞部販賣部匯藝部及閱書會由職員分任三四年級學生任之十二月三十一日年假第八屆畢業計十六人

民國五年丙辰二月徐君志彬退職聘高君敬一擔任教科六月十八日童子軍聯合會開始教練本校派隊員四人出席五月二十三日舉行童子軍第一次初級畢業式計三十六人就公園攝影以誌紀念十二月三十日年假第九屆畢業計十七人

民國六年丁巳二月十四日議決三四年級遵照部章修身每週增加公民須知一小時七月十六日暑假第十屆畢業計十九人

民國七年戊午二月李君康復辭去三四年主任任鄉土科二小時議決添開教室延請顧君德惠為春季始業一二年級主任教員錢君啓文為秋季始業一二年級主任教員七月十八日暑假第十一屆畢業計十九人

秦氏宅第考

先祖訓導公舊本　孫男毓鈞綴輯成篇謹識

吾家自瑞五公始居無錫秦郡至遯軒公彥和遷居城中玄文里即今師古河南岸宅也成趣公生修敬公始則屋數間耳至中齋公夔為布政使則輪煥式增乃有挺秀堂之築雙孝即詔旌其中後有滌凡亭河之北岸本為成侍御宅其子孫中落贖于我祖存赤公淮者虹洲公以金匱山有虹氣而生故號虹洲趣文橋公至舜峯公則又增式廓焉堂曰鴻緒為長洲文震孟書庭中樹石坊曰克勁精勤則玉音也堂之後為金匱山山止一簣耳旁多湖石有數百年何首烏藤絡之山根上疊一藥欄種牡丹數本再上為山房泉即在戶前大旱不竭惟以不見日光中有陰毒人無汲者

我家大第以玄文里後名青龔里師古河南岸今稱鳳光橋河尚書第為最先後分後鴻緒堂又為培元堂在鴻緒堂之東虹洲公新宅宰遠堂東河頭巷口程川公發祥地經畬堂在駁岸上為峙雲公進士第寶恩堂在中市橋巷為小晛先生蓉莊先生發軔之地旁有能史閣章慶堂在師古河上為程川公以下世居之宅名採花第敦慶堂在倉橋下為吳川公以下世居舊第內有微雲堂為讀書最勝處寶奎堂在章慶堂之西內有槩閣居宅之東南闈一宅甲第最驗又有香花廳牡丹書房為讀書處大雅堂在章慶堂之東在有魁星閣障雄墚為果尋公新第自寶奎堂分出寶仁堂在鳳光河近西為蓉莊公新第內藏三希堂帖及寄暢園帖為海內珍重世恩堂在虹橋下為小晛先生新第中有遜庵為讀書最勝處知樂堂在後西溪為酉山公新宅修儉堂小婁巷為我景儀府君新宅聞有新經畬堂者在鳳光河北岸第不甚大為瀾先生昆仲世居之第此外又有公安公後分出之第在虹橋灣新巖公之第在熙春街希韓公之第在映山河小有求石讀書勝地程九公雲萬從倉橋下分出之第在內黃泥橋近金匱邑治俱不知其堂名俟考

吾邑秦氏有四大書房曰金匱山房者文橋公虹洲公舜峯公讀書處曰能諳史閣者南沙公藥師公等所由發軔也曰微雲書屋者我祖吳川公取少游公詞山抹微雲句命名嘗延劉庭燕于其中以課子弟後為進之先生課讀處從學者皆一時名俊聯翩取科第去曰春星草堂者耐園公萬周公等所棲神習靜處也

甲金匱山房　山房在今師古河鴻緒堂大第本成御

史始終宅存赤公得之爰為秦氏世居之地金匱山舊為一邑鎮山王崇巖先生錫山景物畧云山在箭穴箭河居邑之中為最勝地今剷平之竟為闤闠中物亦可慨矣按山以金匱得名相傳郭景純曾埋黄金箬匱于山下時有紫氣騰空又名紫金山元時為豪家所占立致黄金一夕燬於火永樂中邑令盧克敏復之培土種松蔦姓頌之有丹陽王彬原為之記我家自存赤公始有此地子成公璟實生于此當公之生也鄉人夢秦氏一布政固數有前定其後山上虹氣屬天因自號虹洲至我文橋公篤生舜峯公為大中丞克殫精勤之綸音且樹坊於廳事前矣三傳閱太清公公蕃公至海翁公而二十四支繁衍發祥實於是乎在高忠憲公之言曰吾每見太清公居其室兄弟夫婦父子祖孫之間愉愉如藹藹如不以細務忽大倫不以近圖妨遠計張文貞公曰梁溪秦海翁先生以孝友篤行為東南人倫楷模嚴秋水先生云秦氏承世孝之後家法雍睦與他族殊而海翁先生尤夙有至性父母大父母咸以孝稱之嗟乎數公皆海内名人當非妄言者秦氏之昌熾豈偶然哉

乙能事史閣　閣在寶恩堂大第東隅地高爽上有老木數章蔭之冬煥夏凉登之令人心曠留仙公常肄業其中故蒼峴山人詩集中有能史閣觀沈石田所畫碧山吟社圖五律一首後南沙公道然藥師公靖然兩太史俱發迹其地余於道光三十年游歷其上時已為錢姓假館矣

丙微雲書屋　六世祖吴川公大第在盛巷橋下堂曰敕慶子孫讀書地曰微雲書屋取先祖少游公詞山抹微雲句意也吴川公之督子弟也嚴嘗延邑之名師劉珌燕名玉執於其中修脯不計多少先生家所需一切多取給焉不使先生有内顧憂子弟非朔望謁祖祠不出年終賀節亦不過給假三日餘皆課業時也聞之先人云書屋所從入處作一矮門書籍食物等從門上進出

廁踰虎子第從門下出入內有僮僕不得出外之僮僕
亦不得入除朔望及年節先生不出子弟亦不敢出師
若弟趨起居服食其間耳無他聽目無他視惟浸淫典籍
而已此蓋先生夙約如此故當時子弟造就速而發迹
也早後有進之先生雲翼者爲吴川公孫設帳於內四
方負笈相從者甚衆同邑孫春臺中丞昆弟尤佩璉大
令雷南吉廣文家映軒升鴻漪閣泉瑞崖潮小峴瀛可亭
大受樗香大先諸先生皆出門下一時聯翩取科第等去者稱
極盛焉進士之先生歲貢生官訓導兄弟五人友于異常
撫孤姪大樽先生朝釪成進士所選正雅集清真雅正
海內習帖括者至今猶奉爲圭臬當時蓋可知矣其課
子弟仍遵劉先生夙約雖不盡拘而尚師其遺意一時
元臣公雲會中取公甸俱從之肄業焉後之子姓繁而
地窄遂爲雨蒼先生霖承分地族弟碩夫嘗讀書其內
因得屢至其地只屋三間矣當時應不止此後軒牆間嵌一玲
瓏太湖石苔蘚盈階前爲廣庭幽篁修竹吟風節月倚

然出塵表旁有老木數株蒼藤縈帶頗有古意坐其中
清談煮茗直令人忘其地在闤闠間也

丁春星草堂　地本前明徐中山王達別墅石山聳秀
喬柯交蔭耐圃公瑞熙得之一經點綴彷彿王摩詰之
輞川也暇時課僮僕雜樹花藥嘗慕先世碧山十老之
會集王吏部麓舟蔣學正拙存杜太史雲川華徵君劍
光顧司成復初浦教授二田華中翰貴友布衣周東溪
太學汪舊雨爲詩文書畫之會杜太史贈詩有日觴味
合佳會裘履羅名賢蓋紀實也吴大年先生云公善丹
青不多作作輒工善規撫雲林其所繪人物花鳥生動
有逸致山水尤超詣然非真鑒不輕示陸農部題公所
寫雲川圖有曰春星落筆絕世無黃癡妙墨兼倪迂十
年索畫不可得一朝肯寫雲川圖蓋寶矜重難致云

味外閣本宮諭公松齡藏書之地藏書頗富乾隆間漸經
數散佚其玄孫小峴山人瀛有句云回憶吾家味外閣牙籤
玉軸秋雲委山人復有味外閣古梅詩云讀書木古梅下髩

鬑記先時復此齋中宿梅花開幾枝先人不可作逝者竟如斯我亦驚衰老花前鬢已絲

歲寒亭本燈巖公松岱所居地小峴山人集中有長吉五弟貽余惲南田贈先燈巖公歲寒亭夜話圖扇面感賦二首詩云歲寒居士歲寒亭一百年來迹已非剩有高秋問鶴語夜深涼月上松揩彷彿高人話夜闌南田妙墨寫檀欒此間風月無錢買一片蕭騷畫裏看詩(僧)中山人並自注云燈巖公嘗自號歲寒居士歲寒亭今不及(可)考意即今之恒齋恒齋今為從弟所居余擬購之而無貲將來恐屬他氏矣

耆英里以乾隆間御駕南巡秦氏諸老伏謁山園御製詩(有)寄暢園九老之目而涑子公與石溪(經)公居聯里閈故名即今巾市橋下東出之巷也為小峴山人世居地故山人詩集有都轉叔父自家鄉涖浙江新任賦呈云一紙除書日下傳耆英故里拜恩編南來愛看滄江雪而望還攜華嶽烟關右糧儲(允)舊賦潮中鹽鐵入新編追隨賤子慚尤劇不見公顏已八年時蓋蓉莊先生自陝西督糧道告歸後升任浙江運使也家多壽耆

味經窩在今大婁巷僅一間耳為經味先生未達時講學之地雍正壬寅給諫南沙公道然以藩邸事(蟹似)先生早夜呼籲誓以一身紓父難賦詩曰棲息知無地晨昏覘有身讀者為之流涕當時以給諫公故遺產一椽一瓦皆經他售惟此斗室曰味經窩者每朔望集同人為說經會各以疑難相質証時則顧復初棟高吳易堂鼎蔡宸錫德晉諸名人切劘其中迨乾隆元年先生成進士第三人授編修草奏陳情願以身代疏上蒙恩出獄給諫公又獲優游林下者十數年壽九十卒先生服官三十年以廉俸節省之餘次第恢復尚書第輪奐式增味經窩亦非復前地其實味經窩舊廬(僅)斗室耳後先生官至刑部尚書領西曹最久退則閉戸著書所輯五禮通考凡二百六十二卷竟崑山徐尚書乾學未成之編(緒)蒐輯補綴歷數十年始成刻以聞(問)世人皆服其精覈而不知其得力於未遇之斗室者多也江

陰揚文定公以經學薦豈無以哉

也軒世萊公所居地亦小峴山人之舊宅也故山人集云徐二璣先生寓居吾家也軒世恩堂宅虹橋下小峴先生宅也故鄒氏屋以四千金購之向為薛氏所葺成落時演劇延客時小峴先生甫八齡耳隨其先曾王父訒菴公實熙字涑子南沙公胞弟往觀焉詎知兩易主後此大第即為向日八齡小兒所購乎事有前定信然記其聽事有一聯云四世並躋極品兩朝累陟崇班蓋記實也

秦氏題名錄拾遺

先祖訓導公著

邵吟泉作錫金游庠錄自明萬曆三十年壬寅科案始此下惟缺數案前此有未考者則以學中永樂甲辰碑文隆慶壬申碑文萬曆戊子碑文及癸丑碑文及丙辰碑文天啟癸亥碑文康熙三十三年甲戌碑文所載諸生名補之可為詳矣霖士兄猶嫌未傳作游庠錄攷始舉邑中名人後舉族中某某一二皆據家乘亦幾于傳矣然以予所聞猶有秦勵秦用中秦孚秦夔秦惠孚秦偉秦鎰秦銳秦鐘秦銓秦金秦坤秦湘秦汶秦淮秦涵秦滂秦漳秦汴秦桓秦榛秦釆秦禾秦楠秦梁秦滐秦木秦柱秦煙秦燦秦焯秦熠秦燿秦焯秦焜秦煉秦炤秦延焘秦達穀秦瑛秦璜秦爾封秦爾雋秦圻秦重秦泰祖寧秦鑑秦鐵錄秦敎鈁秦仲鈖秦叔鎔秦鎮秦鐘璟秦寅秦世鍾秦永清秦漢秦日新秦輅即游庠錄之洛箴秦泉芳秦澧秦浦秦沅秦宗衍秦源寬秦彌堅秦學源秦汝沅秦流慶秦遠志秦祖堯秦允中秦胄

獲秦維霖秦維藩秦王春秦郁蘭秦本榮秦惟杏秦文起
秦晬秦始然秦上鼎秦臨秦雲錦秦元釗秦雨金皆郡邑
庠生按之譜乘斷無可疑者
又有以他籍而入泮者如秦湘靖江秦璜長洲秦可久蘇
郡秦坦浙江平湖秦爾載吳縣秦暹蘇郡秦嵘秦重稷秦
重輪悉吳縣秦重槃蘇郡秦重采長洲秦鎮秦可行亦長
洲秦世欽蘇郡秦鉅芳秦華鍾吳縣秦慶鍾長洲秦鑑吳
縣而改本籍秦鋹蘇郡秦鉽秦鏷秦欽翼俱籍長洲秦齡
錫崑山秦德涯吳縣秦去垢河南光州秦鉽秦銶秦松泳
長洲秦鄆治吳縣秦濼秦德沪秦德淇吳縣秦保寅蘇郡
秦泓吳縣秦錫嘏太倉秦學洙秦煜俱吳縣秦學湖吳江
秦奴馨常熟秦仁紀揚州府秦龍光吳縣秦朱千亦吳縣
秦騏廣東番禺縣秦含英蘇郡秦人錫廣東番禺秦永年
以蘇郡而改本籍
余既作錫山秦氏題名錄其有未收入者非本支也然既
為一姓亦何忍聽其泯沒不彰歟因爲臚舉其名自明及

國朝又計得若干人如秦中行秦果秦惇秦恩恭秦桱秦
鍾楨秦樹勲秦秉貞秦致舜秦務實秦化龍秦之珍秦三
華秦璪秦本寶秦鎔本姓瀛秦應科秦仲譔秦瑞禎秦欽虞
秦瑞秦世鏐秦掄元本姓袁瀛秦闇然本姓浦秦邁千本姓美秦
秦濱本姓華秦本姓華秦本姓顧秦本姓瑞秦本姓戴耀秦本姓秦
洵本姓秦本姓秦軫即題名錄之洛咸秦治本姓龔秦禎秦樹芳秦淑
一名洲秦引本姓周秦階秦松永秦汝濟秦華昌秦汝沅秦天
植秦繩曾本姓王後秦繼汴秦玉椿秦梅鼎秦文銑秦忠秦爾
行秦果行本姓華秦萱秦鈞義秦龍鼎秦斌秦金聲秦鸞聲
本支譜有鸞昇秦景惠秦鴻秦樂鈞秦之鴻同姓同名有二秦鶴同姓同名有二
俱見游庠錄秦鑒秦文炳秦湧秦燮亦有二秦渭秦鎮秦金鑑秦
元標等
吾族兄弟同案者先祖省齋公與伯祖用霖公外又有秦
泉秦潮俱以乾隆庚辰歲案其後俱以乙卯舉于鄉泉順天舉
人潮欽賜舉人由南巡召試一等
吾族有九十代游庠者秦鐘秦瀚秦滐秦燮秦坊秦己錫秦

源寛秦龍光秦翬(景)熹秦受均是也又源寛而下合秦伯龍秦鴻升數之則九代也其秦鎧秦瀚秦翊秦夔(燮)秦爾戴秦鏞秦潢秦巽權秦麗中則亦九代又有八代游庠者秦鎧秦瀚秦滐秦爂秦玡秦己錫秦源功秦應龍是也其有七代者如秦鎧秦瀚秦棨秦昭秦圻秦欽翼秦沂要之祺以樂易公爲始知花吐鮮穠娛老況一夢不徒爲目擊子孫等登科預兆已也又如秦金秦泝秦楷秦延勳秦重泰秦鍾璟秦廣之亦七代也至如六代游庠則秦柱秦延蒸秦重豐秦鉅儒秦流慶秦棐彝是也其秦楷秦延默秦重采秦鉽秦汝泌秦秉忠亦六代而秦夔秦銳秦汶秦榛秦秋秦起璧與我真齋公毅然約齋公東田秦鑠秦泉秦豐林秦炳衡均六代相承一脉書香不斷若我海翁公(德棐)吳川公松如合秦憲然秦雲會秦廷釪秦霖秦格數之則七代焉至自海翁公起合秦松齡秦道然秦蕙田秦泰鈞秦湼秦樹棠秦鴻遠(彥)亦爲八代其間自留仙公松齡起至時夏公泰鈞止父子孫曾四代詞翰尤爲僅事惟文恭公蕙田時夏公泰鈞雖詞林而以監生中式芳洲公湼亦太學生吳川公雖知縣而實太學生云

秦氏獻徵錄

丁集（上）

秦氏獻徵錄

丁集

錫山秦氏名人家傳

復初望皋兩先生刊輯秦氏詩鈔甄錄二百四十三人人各輯其行事以為小傳其無可詳者則僅記其世次及事實　先祖訓導公約之得一百六十四人大抵皆有行事可詳者也復即生平所欽仰者補輯六先生傳鈞於紹聞衣德之下以、訓導公約取之本為綱並取詩鈔中之無行事可詳者依世次房支匯附於下其　訓導公所輯秦氏制義甄錄一百三人有為詩鈔所未及者四十五人迨余小子所選秦氏文鈔甄錄百有四人其中有為二選所未及者三十六人悉以附焉自覘樵先生以次凡若而人不揣謭陋易為立傳各以其本支子姓附焉亦猶　訓導公補輯六先生傳傳意也

少游公觀 弟覯、子湛、
物初公樸
東皋公璠
豫齋公用中
行義公錫
中齋公燮
務本公仲孚
逸休公侃 弟仲
藕塘公鎰
樂易公鍾 子淳、從木、六世孫人映、九世孫邦鐵
守默公坤 弟恒、駿
從川公瀚
慎菴公瀹
次山公汴
虹州公渠
汝蔭公樫

瑞五公惟禎
修敬公旭
一誠公勵 從曾孫崇、
卑牧公霖
恒軒公孚
養恬公永孚
騋齋公偉 兄儀、從弟傑、孫岩、從孫寅
端敏公金
韋軒公鋭 曾孫琳
止庵公銓
存赤公淮
振菴公滂
小山公泮
問詹公涵
文橋公禾
邦塘公柄

濟源公鳳梧
汝立公柱
存橋公廷勲 從弟熙照
元峯公焜
亭山公廷烝 弟延赤
太階公馨
濬緣公重泰
儼海公垌 子年鵬
儼庵公坊 曾孫應龍、
竹儀公秉采
公藩公仲錫 從弟鍇、
大音公鏞 孫慧犧
季時公鎡
補念公鉞
維屏公鋭 從孫五、曾孫心、七世從孫亮、
大冶公宏鑄 兄二丰

繼詹公叔豹
濟虹公植
舜華公熼 兄炳
上生公燮
善先公孝維
太清公埈
水庵公爾載
喜廷公廷珪
雪屺公詔 從兄登奏、從子龍標、從孫
公宏公伯欽
真齋公鐄 從弟鐮、
亮甫公鈛 弟鏷、從子春、曾孫夏彝
元發公華鍾
克備公寅 弟錸、
脯雲公鉅倫 弟錦、族子清度、達志、
吉生公沂

書隱公世綸
拙存公漢
蒼華公廣之
若柯公泉芳
樂天公保寅 弟原
映軒公日新 子豫公門、從姪油然、五世從孫撰龍、許
八軒公鄒洺 弟尚渭、尚烈、從子果誠、
留仙公松齡
滌園公松期
位西公松華
元宮公謹
蝦門公俶龍 弟龍光
山公公躍龍
常惺公之本 從兄之樞、從孫錦璇、
南沙公道然
陶菴公靖然

以巽公德滋 弟德淇、德溥、德滃、從孫汝熙、族孫曦、烈、楊烈、
海翁公德藻 兄德澄
湘侯公沅
紫廻公瀾 子樹猷
鄴仙公汝泌
邂逅公沚 曾孫玉庭、
岵雲公顧寬
燈岩公松岱
臥雲公松喬
吳川公松如
吟拙公枝桂 從兄惟杏
薪岩公仁 子元駱
半村公樹穀 弟樹績、樹瑚、
企蓮公蘭夢 子若鴻、孫瑶、玄孫芝清、從子若暘、從孫珩、
慕廬公考然、 子鶴田、鳳、孫麟、
訒菴公實然、

真齋公敬然、 兄靈然、弟恬然、從孫錫恩、
三緘公希然 兄梧然、從曾孫錦、四世從孫同植、
蓉溪公壽然、 兄小然、
甘泉公堆褒 子在東
心伽公雄飛
雲溪公琦
容齋公鶴序
東溪公雲錦
儼亭公義均
叔庵公甸
溪濱公春田
咸齋公大呂
柱川公勇均
介庵公兆雷
肯堂公藴 姪仁溥
若舫公鈞儀 從孫義和

二南公軒然、 子琥、曾孫溪、從子盈田、從孫二鴻、從曾孫忠清、四世從孫杞、
素村公紫然、 從弟修然、玄孫寅、
耐圃公瑞熙
岵瞻公雄文 弟變、子玉堂、
勉菴公景熹
匪迂公鳴雷 從孫燽
映軒公鳴升
補堂公鶴
約齋公東田
待軒公華田 孫宗海、潑、潢、
樸齋公圭田
進之公雲翼 兄星田、雲會、
寄園公芝田
文蓀公蕙田
滌澳公琳 子彥同
禮堂公鑅

果亭公鑛 曾孫永烈
靜軒公泰鈞 子洪、曾孫鳴遠
巨峯公鏊 弟欽、鋭、子殿、
硯齋公文鼎 承書 鉀
玉齋公鼎瑩 子澄萬
屺齋公鄭軒 子[illegible]
平泉公廷爵 子寀
益恭公鼎銘 弟新銘、子景洪、從子景濬
彦威公世鑑 弟巨鑛、鼎、從子[illegible]、從孫河濈
世英公鴻鈞
蓉莊公震鈞
雲浒公智鈇 兄禮鈇、從孫廉之
澥園公泉 子豐枚、[illegible]、
瑞崖公鼎 子用[illegible]、曾孫光圻
小峴公瀛
易齋公濂 孫昌煜、昌焯、斌
省齋公鴻甲
酉山公湘
雲溪公恩霑
心谿公大受
春帆公雄濤 弟宗濂、從子廷標、
雲樵公大雯 兄大敬
亮工公澳 從子雷
擇香公大光
小泗公沆
錫嘏公永年
味山公江 弟深、沅、從弟[illegible]、從孫[illegible]
峚仙公學海 子殿楹、殿棟、殿模、
一誠公汝霖 [illegible]
楚蒓公大中 從子[illegible]
芷台公承霈 [illegible]
古香公標 兄[illegible]、子文燾

省吾公緗武
時齋公鳳梁
竺輿公同松
復初公折 兄[illegible]
緯辰先生大治
湘蘂先生闓
千之先生格
朗山先生文楷
丙吉先生文彪
誼亭先生炳文
硯樵公樹 孫堃
澹如公緗業
芝珊公鳳翔 曾孫寶鑑
韋軒公昌煜 弟昌焯、從子璇
臨士公賡彤
縵卿公堯曦 孫樹鍠
笠亭公煥 子楚培、復培、謙培、
擷芬公祖永情
蓮風公臻
姚臣公賓璣

少游公諱觀

公字太虛一字少游學者稱淮海先生高郵人少舉進士不中盛氣好奇讀兵家書見蘇軾於徐為黃樓賦軾以為有屈宋才勉以應舉為親養登元豐八年進士除蔡州教授元祐初軾以賢良方正薦除太學博士校正秘書省籍遷以正字擢國史編修官上日有硯墨器幣之賜紹聖初坐黨籍出為杭州通判以增損日錄道貶監處州酒稅使者承風旨伺過失以謁告寫佛經為罪削秩徙郴州旋編管橫

少游公現

州又徙雷州元符三年公年五十三復宣德郎放還至藤州而卒軾聞之嘆曰少游不幸死道路哀哉世豈復有斯人哉既歸葬高郵政和中子湛通判常州遷葬公於無錫惠山建炎四年追贈龍圖閣直學士公所游之地後人往往立祠祀之藤州則有五八賢堂雷州則有十賢堂高郵則有三賢堂明正德中邵文莊公寶先祀公於十賢堂後督學御史張會鏊山檄建專祠於無錫惠山第六箭河上有司春秋致祭國朝康熙元年崇祠祀處州名宦祠著有淮海

集聞反集見宋史本傳公季弟觀字少章元祐六年進士工詩官臨安主簿子湛字處度通判常州亦以文名著有西菩山寺記呂好問田天錫注

少游公現

少游公

先祖訓導公曰少章公登進士調仁和主簿少游公作詩送之即我宗本江南一首也其警句有云少來輕別離老去重牵隅念汝行役遠惘惘意不懌想見當時友于景况又公有寄少儀弟詩云一隅啼塵月屢遷忽收來問涕潸然棲遲冊府吾如昨流落江部汝可憐夢裏漫成池草句愁來空誦棣華篇卑飛暫爾無多恨會有高風送上天至若月圓新破淪花覺飲罷呼兒課楚詞風定小軒無落葉青蟲相對吐秋絲此少游公課處度公時也滿城車馬没深泥院裡安閒總不知兒輩未來鈎箔望長春花上雨如絲此少游公送處度公就試時也語妙不外一真字而流動中自不掩清新本色

曳杖來追柳外凉畫橋南畔倚胡床月明船笛參差起風定池蓮自在香少游公納凉句也刻淮海集亦刻放翁劍南集天風吹月入欄干烏鵲無聲子夜闌織女明星來枕上了知身不在人間一詩見淮海集亦刻入東坡集不知何故少游公有游水南庵詩亦然詩曰竹柏蕭森溪水南道人為作小圓菴市區收罷豚魚稅來與彌陀同一龕此身分付一蒲團靜對蕭蕭竿數竿偶為老僧煎茗粥自攜修綆汲清寒二絕句並刻入東坡集不知何故

少游公世系

先祖訓導公曰吾家秦氏自少游公以前不可考已案譜
少游公名觀字太虛改字少游別號邗溝居士學者稱為
淮海先生公先世居江南中徙維揚為高郵州武寧鄉左
廂里人大父承議公諱某名無考父元化公諱某名亦無考師事
胡安定先生瑗有聲太學母戚氏又先生文集書王氏齋壁
云皇祐元年余先大父赴官南康道出九江余實生焉是
公實生于九江也又哲宗元祐六年先生弟少章先生登

少游世系

馬涓榜進士第調仁和主簿先生作詩送之曰我家本江
南為將門列戟中葉徙淮海不仕但潛德先祖實起家先
君始逢掖議郎為名士余亦忝詞客風流以及汝三通桂
堂籍又云終從大夫議稅駕邗溝側追蹤漢二疏父子老
阡陌據此則家本江南中徙維揚可知也故端敏公族譜
序有云吾宗先望會稽後徙淮海中間世系顯晦之詳落蕪
經兵燹莫可考據其見於圖書由宋贈直龍圖閣觀始

少游公名號所自始

先祖訓導公云公案年譜至和元年甲午先生年六歲始入
小學元化公游太學歸具其言太學人物之盛類稱海陵王
君觀高才力學遂以其名名先生是先生之名觀所自始
又元豐八年乙丑先生年三十七登焦蹈榜進士嘗慕馬
少游之為人是年改字少游陳無己師道為作字序是先
生之號所自始

少游名號所自始

少游公叔父定

先祖訓導公云公案年譜云熙寧三年庚戌先生年二十二叔父定登葉祖洽榜進士第授會稽尉（之夫）（改音）先生鏞云高郵譜稱定先生叔父仕至端明殿學士卒葬江都西山秦家莊有秦端明墓又元豐二年己未先生年三十一省大父承議公及叔父定于會稽意承議公是時必迎養在署耳迨四年辛酉叔父定自會稽得替便道取疾入京改官先生侍大父承議公還高郵又安厝亡嬸于揚州大音先生

少游公叔父定

鏞云會稽尉至是歲始得代疑屬遷調並非進士初官

少游公二弟

先祖訓導公云公弟名覯字少章季弟名覿字少儀案年譜稱元豐四年先生年三十三入京與弟覯覿兩先生習制科之文秋應省試題名尋答蘇黃州書又少章先生覯客京師游張文潛黃魯直之門家構小室魯直以寄寂名其齋贈之以詩先生亦作詩寄覯覿二先生時元祐二年也又案山谷集是年有晁張和答秦覯五言次韻詩三年復有次韻秦少章晁適道贈答詩及次韻答秦少章聞

少游公二弟

雁聽雞二首又元祐四年山谷贈少儀云淮南許休文馬磨自衣食但聞郡功曹滿世名藉藉渠命有顯晦非人作通塞秦氏多英俊少游眉最白頗聞鴻雁行筆皆萬人敵吾早知有覯而不知有覿少儀袖詩來剖蚌珠的礫乃能持一鏃與我箭鋒直吾自得此詩三日卧向壁挽之不能寸推去輒數尺才難不其然有亦未易識王直方詩話云少儀好為詩初亦不甚工既以所業就山谷山谷作此詩贈之當時交游聞皆以其言為過然少儀緣此詩悉大發

又山谷遺少章從翰林蘇公餘杭云東南淮海維揚州國士無雙秦少游欲攀天關守九虎但有筆力迴萬牛文學縱横乃如此故應當家有季子時來誰能力作難鴻雁行飛行入道山斑衣兒啼真自樂從師學道也不惡但使新年勝故年即如常在郎罷前山谷又題秦少章詩卷云少章别來文字疊疊日新不惟助秦氏父兄懽喜予與晁張諸公亦喜交游間當復得一國士然力行所聞是此物之根本冀少章深根固蒂令此枝葉暢茂也又元祐五年少

少游公二弟

元祐五年少章先生在别杭蘇公而歸蘇公作太息一篇以贈之後一年為元元祐六年辛未少游先生在京師少章先生登馬涓榜進士第調仁和主簿張文潛有送秦少章赴臨安主簿序又又王直方詩話云杭有西湖而潁亦有西湖皆為游賞之勝而東坡連守二州其初得潁也有潁人在坐云内翰只道遊湖中便可了郡事言其訟簡也秦少章因作一絶以獻云十里荷花菡萏初我公所至有西湖欲將公事湖中了見説官閑事亦無後東坡到潁

之誤

有謝執政啟云入参兩禁每玷北扉之榮出典二邦輒為西湖之長又云少章初登第成親後和余夜坐云幃幔無深夜漏長顛倒詩酒傲冰霜燭火漸暗入初睡金獸無煙卻有香

少游公二弟

少游公夫人徐氏

先祖訓導公案年譜治平四年丁未先生年十九徐氏名文美潭州寧鄉縣主簿徐成甫長女又淮海集慶禪師塔銘嗚呼始師出世某之外舅潭州寧鄉縣主簿徐君廣實為禮越之據此則徐成甫名廣而徐君主簿行狀云成甫初娶張氏繼娶蔡氏子五人文通文仲文剛文饒文昌女三人文美文英文柔先生之配蓋徐氏長女為成甫元配張所生也

少游公夫人徐氏

少游公侍兒邊朝華

先祖訓導公案年譜稱先生元祐中納侍兒邊朝華年十九先生賦詩云天風吹月入欄杆烏鵲無聲子夜闌織女明星來枕上了知身不在人間後三年先生欲修真斷世緣遣朝華歸作詩曰月霧茫茫曉柝悲玉人揮手斷腸時不須重向燈前泣百歲終當一別離朝華既去不顧嫁乃復取歸明年先生出倅錢塘至淮上因與道友數流光迅速乃謂朝華曰汝不去吾不得修真矣復作詩遣之曰玉

少游公侍兒邊朝華

人前去卻重來此度分攜更不迴腸斷龜山離別處夕陽孤塔自崔嵬時為紹聖元年五月十一日先生嘗手書記此事未幾遂南竄按此則所載三詩考今集惟存天風吹月入欄杆一首而[illegible]又刻入蘇集矣

少游公二兒

先祖訓導公案淮海集書輞川圖後云元祐丁卯余爲汝南郡學官夏得腸癖之疾卧直舍中所善高符仲攜摩詰輞川圖視余曰閲此可以愈疾余本江海人得圖喜甚即使二兒從旁引之閲于枕上據此則先生當有兩兒而集中所見只處度公一人豈未成而殤耶抑無所表見而殁耶然祭洞庭神文則又言令男湛謀侍老母南來不言及他兒何耶

少游公二兒

少游公二壻

先祖訓導公曰少游公有二壻一范元實一葛張仲蓋范祖禹子元實先生壻也性凝重寡言笑有一伎戲問曰公亦解詞曲乎曰我山抹微雲君女壻也蘇公與少游公書示諭二范之賢不惟喜公得壻小范且以慶吾友夢得之有子爲不死也少游之卒於藤有范承務來會其喪殮手足于光化亭意元實爲祖禹仲子而承務疑即元實之兄又先生曾作宣德郎葛舉墓誌銘舉江陰人與先生叔父定同年而其子張仲亦先生壻也

少游公二壻

少游公父姑之夫

先祖訓導公案年譜云元祐三年蘇公軾孫公覺同知貢舉少章觀與李方叔廌並落第而殿試榜首李常寧先生父姑之夫也元祐六年辛詔賜錢恤其家而先生為作李常寧暨秦夫先人合葬墓誌銘

少游公父姑之夫

少游公受業曾子固又游蘇長門之門

先祖訓導公案年譜云元豐六年癸亥先生年三十五作曾子固哀詞亂曰天不慭遺一老兮國縉紳之所傷矧不肖以薄技兮早獲進乎門牆先生與南豐交始末未詳攄哀詞則其所從游舊矣又熙寧元年甲寅先生年二十六聞眉山蘇公為時文宗欲往游其門未果會蘇公自杭倅徙知密州道經維揚先生預作公筆語題于一寺公見之大驚及晤孫莘老出先生詩詞數百篇讀之乃嘆曰向書

少游公受業曾子固又游蘇長公之門

壁者必此郎也遂結神交後三年丁巳為熙寧十年先生年二十九蘇公自密州徙知徐州乃始往候公于彭城贈之以詩有人生異趣各有求繫風捕影祇懷憂我獨不願萬戶侯惟願一識蘇徐州徐州英偉非人力世有高名擅區域珠樹三枝詎可攀玉海千尋真莫測之句末攄龜食蛤暫相從請結後期游汗漫竟成異日詩讖後公與蘇公會于海康亦云奇矣

蘇公心折少游先生

先祖訓導公案年譜[redacted]元豐七年甲子先生年三十六正月蘇公量移汝州七月過金陵謁王荆公既別去復致書曰向屢言高郵進士秦觀太虛公亦粗知其人今得其詩文數十首拜呈詞格高下固無以逃於左右獨其行義脩飭才敏過人有志於忠義者某請以身任之此外博綜史傳通覽佛書講習醫藥明練法律若此類未易以一二數也才難之歎古今共之如觀等輩實不易得願公少借齒

蘇公心折少游先生

牙使增重於世其他無所望也荆公答書曰得書知尚盤桓江北俯仰逾月不勝感悵示及秦君書適葉致遠至一見亦謂清新嫵麗鮑謝似之公奇秦君口之而不置我得其詩手之而不釋又聞秦君嘗學至言妙道無乃笑我與公嗜好過乎餘卷正昳眩未暇細讀嘗鼎一臠旨可知也愈遠自愛不知大音先生鏞云先生所居高郵與江寗止一江之隔非若徐黃之數千里也先生不以近相取而以遠相求其趣操可覩矣世乃以先生為文章之士何哉然而蘇公且惓惓若此者自是道義氣誼在世局之外者先生蘇公兩得之矣

蘇公心折少游先生

少游先生多方外交

先祖訓導公案年譜云熙寧九年丙辰先生年二十八孫莘老參寥子訪漳南道人於歷陽之惠濟院洛陽泉游龍洞山謁項羽祠極山水之勝十年丁已漳南道人自湯泉來會於高郵道叙去年登臨之美作游湯泉記

元豐二年己未先生年三十一將如越省大父承議公會蘇公自徐徙知湖州遂與偕行過無錫游惠山和三唐人韵三首蘇公及參寥子同賦七月乃復自吴興過杭中秋

後一日同參寥子月夜杖策渡風篁嶺謁辨才法師於潮音堂作龍井題名記　庚申年三十二四月為杭州法惠院言師作雪齋記黄直魯為寫龍井雪齋兩記字畫精美先生即寓書參寥子寄錢塘僧勒石焉　壬戌年三十四過廬山訪大覺璉公南游玉笥而歸秋九月作圓通禪師行狀圓通賢達觀穎禪師之法嗣也　甲子年三十六蘇公跋先生廬山題名云某與大覺禪師别十九年矣禪師脱屣當世雲棲海上謂不復見記乃爾拳拳耶撫卷太息欲一見之恐不可復得與參寥師自廬山之陽並出而東所至皆禪師舊迹山人中多能言之者乃復書與太虛辨才題名之後以遺參寥太虛今年三十六參寥四十二某四十九辨才七十四禪師七十六矣此五人者當復見從乎生者可以一笑死者可以一歎也元豐七年五月十九日慧日院大雨中書

元祐五年庚申先生年四十二有重過興國浴室院次韵詩自序云元祐三年余被召至京師從翰林蘇先生過興

國浴室院始識汶師後二年復來閲諸公詩因次韻聊移小榻就風廊卧久衣襟帶香白髮道人還省記前年別去病賢良又是歲公有建隆慶塔銘作慶和尚贊大音先生鏞云慶禪師係黄龍南法嗣又禪師高郵乾明諸開堂疏皆先生作語多透宗蓋先生所交禪衲如參寥辨才無擇輩皆以詩文相契而其參究宗乘則得諸慶禪師為多蘇公嘗稱先生通曉佛理殆不誣矣

紹聖二年乙亥先生年四十七在處州頗以游詠自適嘗

游水南養作詩二絶云竹柏蕭森溜水南道人為作小圓庵市區收罷魚豚稅來與彌陀共一龕此身分付一蒲團靜坐蕭蕭至數年偶為老僧煎茗粥自攜修綆汲清水泉踰年又嘗修懺於法海寺書絶句於住僧房壁云寒食山川百鳥喧春風花雨暗川原因循移病依香火寫得彌陀七萬言先生使者承望風旨候伺過失竟無所得至是遂以謁告寫佛書為罪削秩徙郴州

少游先生多方外交

淮海公文集

先祖訓導公案欽定四庫全書提要淮海集四十卷後集六卷長短句三卷又年譜稱元豐七年甲子先生年三十六冬十月先生與蘇公會于金山時先生將赴京師裒文稿删其可存者得古體書一百十二首雜文四十九篇從游之詩附見者五十有六合二百一十七篇次為十卷號淮海閒居集而大音先生鏞云崇寧二年癸未詔州縣立黨人碑詔毀范祖禹唐鑑蘇軾黃庭堅秦觀文集時在徽

淮海公文集

宗距先生沒已三年矣今先生文集其見于自序者止閒居集十卷策論五十篇然此皆元祐以前作據宋史淮海集四十卷詩餘一卷今行世者卷帙雖不加少疑非當日之全書意當日所必有不盡于是者　裔大音先生鏞時有儀真本山東本鄂州本及仁和本而錢陳羣跋味經公家藏淮海先生宋板文集有云淮海集雕本先後凡四家儀真黃中丞刻于山東高郵張綖刻于鄂州胡君民表刻于高郵尋燬于火最後李君之藻會萃諸本編次成書至

今流傳坊間而卷帙互異篇數多不詮整此本為先生手訂出自叙云十卷本傳云四十卷今分為四十六卷蓋非宋官本即雪洲黄氏所稱監本最善惜歲久漫漶者也是書墨痕紙色晶瑩敚目其為初榻無疑明萬曆時張綎刻淮海集豈即所謂張叔
歟

案先生著作此外有蠶書有精騎集又有法帖通解

先生法帖通解自叙　太宗皇帝時遣使購摹前代法書集為十卷摹刻于板藏于禁中大臣初登二府詔以一本賜之世號官帖盛行好事者又往往自為别本皆官帖之苗裔也頃為正字時見諸帖墨迹有藏于秘府者字皆華潤有肉神氣動人非如刻本之枯槁也蓋雖官帖亦其糟粕耳又當時奉詔集帖之人苟于書成不復更加研考頗有偽蹟濫廁其間至於標題次序并錯逾甚士大夫以字畫小技莫有論次之者投荒索居無以解日輒以其灼然可考者疏記之云　淮海后文集

先生精騎集序　予少時讀書一見輒能誦暗疏之亦不甚失然負此自放喜從滑稽飲酒者游旬朔之間把卷無幾日故雖有强記之力而常廢於不勤比數年來頗發憤自懲艾悔前所為而聰明衰耗殆不如曩時十一二每閲一事必尋繹數終掩卷茫然輒復不省故雖有勤苦之勞而常費於善忘嗟夫敗吾業者常此二物也比讀齊史見孫搴荅邢詞曰我精騎三千足敵君羸卒數萬心善其説因取經傳子史之可為文用者得若干條勒為若干卷題曰精騎集云噫少而不勤無如之何矣長而善忘庶幾以此補之　淮海后文集

先生蠶書緣起　予閒居婦善蠶從婦論蠶作蠶書攷之禹貢揚梁幽雍不貢繭物兖篚織文徐篚玄纖縞荆篚玄纁璣組豫篚纖纊青篚檿絲皆繭物也而桑土既蠶獨言於兖州然則九州蠶事兖為最乎予游濟河之間見蠶者豫事時作一婦不蠶比屋詈之故知兖人可為蠶師今予所書有與吳中蠶家不同者皆得之兖人也

瑞五公 諱惟禎

公字國祥號翹山行名瑞五淮海先生十世孫世家武進新塘鄉秦村少失怙恃艱阻備嘗游錫邑鴻積盤溪王野舟先生見而賞之遂妻以女公念始祖淮海先生墓在錫因占籍焉性嗜松竹梅故以名其三子曰松溪竹溪梅溪庶宗之秀不求聞達無積德於人所不見處卒葬錫山為錫山秦氏始遷祖清乾隆丙午奉憲檄行配享淮海祖祠著有魁橋吟為世傳誦

瑞五公惟禎

瑞五公

瑞五公惟禎

先祖訓導公曰公少失怙恃與兄惟善相依極友愛壻于無錫湖埭王野舟家野舟先生無子撫之如子而友于之誼不衰嘗自題松間挺立圖云命遭坎坷怨途窮故土飄零風雨中迴首秦郊同異域館甥胡埭星飛逢長松掩映欣蕃衍香草融和待鬱葱未得雁行翩聚首銜杯一作之主人翁胡埭去秦郊並無數十里之遥而以思念之切遂覺近者亦遠讀末二句覺長枕大被之情斂抑謙冲之度溢于行以聞公有魁橋吟為世傳誦今散佚不可得而見矣惟有此詩墨跡一首裔孫震鈞得于武林官廨者爰錄之以冠詩鈔之首

公弟又有所謂瑞八公者繫馬蹟山耿氏名諱不可考詳夫椒諸蓉莊公命舟過蕃始以瑞八公祔祭曾四公墓為夫椒始遷祖今以續纂以首數行以告後之所既略云

物初公諱撲

撲字物初瑞五公曾孫長身古貌博學有文章嘗與同邑瞿厚諸人作真率會衣冠文物表于鄉里著有抱拙生集崇祀鄉賢祠配享惟海祖祠行載郡邑志

邵文莊寶云先生之時呈運方隆貞元之氣醇而未漓故其所作典實修雅雖詞采聲調略而未講而直之所存有餘味焉

張愷云先生詩質而不華實而不俚渾渾乎噩噩乎太古統純龐之音也

物初公撲

物初公

先祖訓導公曰物初公樸生元至正庚子壽九十一著有抱拙生集大約不以詞采聲調爲主而專尚性情云

物初公樸

修敬公 諱旭

公字景暘號五公玄孫有隱德工詩晚値廬惠山之麓與
邑中耆舊爲詩會名曰碧山吟社會凡十人衣冠俊偉望
若神仙詩卷畫圖流傳海內以子夔貴封武昌守退然謙
仍九韋布莊重寡言舉止有度里中有爲不善者相戒勿
令壽翁知年八十五友人私謚曰貞靖先生著有修敬集
崇祀御賜祠惠山尊賢祠配饗淮海祀祠行載郡邑志
錄史號[illegible]又畢漢雅子云惠山僧怡雲妻學詩

修敬公旭

詞多蓄古器一日見一老叟一黃冠談勝松廣之下
怡雲見其高致兼進茗延入精舍二人見其布置精雅
抽閱几上法書連呼佳茗僧採山藥進之欣然一飽老
叟見筆墨精良拂壁塵而書古詩山中何所有嶺上多
白雲只可自怡悅不堪持贈君後書天全翁三字徐有貞字
怡雲見字畫精妙贊美不已而未知天全爲何人老叟倘
茶一器臥一兩日暮而去明日秦修敬至始知爲徐武功
筆一黃冠乃華山道士也惟少矣又常州府志云旭無

能人博學多聞詩數篇秋翁性莊重寡言笑見嚴惲於
里中以此夔貴愈欽退
趙桂野云先生詩因事成言遇景命賦直吐胸臆風骨
自存
程克勤云公詩醲郁峻整諸體咸備
李賓之云公詩得肯綮能作驚人語
倪謙云先生詩思致幽深沈著痛快誠吟壇之詩伯
周南林云景暘究心學問爲詩敷腴雄健氣格絕類放翁

修敬公旭

明詩綜詩話景暘五峯之父五峯於天順間通籍景暘
詩名著於鄉郡久矣成化壬寅結吟社於惠山之麓於
者十人爲竹石陸翁懋成梅巷高翁惟清遯庵陳翁天
澤杏軒黃翁公祿聽玉楊翁叔理絅菴李翁舜明玉溪
陳翁行之北野施翁彥清玉林潘翁繼芳其一則修敬
秦翁景暘也時舜明名庶年八十九景暘名旭八十五
天澤名應八十三懋成名勉八十二惟清名直七十九
公祿名祿七十三叔理名理七十二行之名懋六十九

彥清名廉六十一惟繼芳名偦年未五十諸公強之入
社甚以享年八十保是時常熟馬紹榮宗勉標其門長
洲李應正貞伯扁其堂盱江左贊時翊名其亭同郡賓
國賢為之記長洲沈周啟南為之圖江左傳為佳話

修敬公旭

修敬公

先祖訓導公曰我家秦氏封翁多矣而年高德邵五福咸
備者獨推貞靜先生先生生永樂八年庚寅宣德八年癸
丑公年二十四長子夔生正統元年丙辰公年二十七次
子永孚生五年庚申季子仲孚生公年三十一矣年五十
為天順三年己卯中齋公夔舉于鄉明年庚辰聯捷登王
一夔榜進士任兵部主事陞職方司員外郎武庫司郎中
成化壬辰擢湖廣武昌府知府時公年六十三矣成化十

修敬公旭

四年戊戌公年六十九歲而淑恭人卒中齋公解任守制
庚子起復授江西建昌府知府陞福建右參政轉江西右
布政十八年壬寅公年七十三結吟社于惠山之麓與者
十人時則中齋公任於外以祿養養[illegible]公務本公侍于家
以善養而中齋公循聲卓著歷中外者二十有六年亦
可云以善養甲辰就養盱江有留別吟社詩老詩迨二十
一年乙巳公年七十六子夔以江西右布政引疾歸侍公
年有夔兜謝政歸病臥龍山草堂以詩問之七律一首

嗣有武昌選里登觀鶯亭在洛社開利寺中夫身為封君優游泉石非不席豐履厚而承歡者耆膝下無人往往有天祿之養而無天倫之樂及子[illegible]而棄養輒嗟風木泣臯魚矣翹首于墓木之拱漉泣松楸公則自中齋公解組歸兄弟侍吟壇隨杖履承色笑於二泉惠麓間者又十年公之福備矣公之卒壽以甲寅壽八十五為年

明詩綜詩話景暘五峯之父五峯於天順間通籍景暘詩名著於鄉鄙久矣成化壬寅結吟社於惠山之麓與者十

修敬公旭

人為竹石陸翁懋成名勉年八十二梅菴高公惟清名直年七十九遯菴陳公天澤名履八十三玉溪陳翁行之名懋年六十九非野施翁彥清名廉六十一　玉林潘翁繼芳名緒年未及五十後享年八十餘杏軒黃翁公祿名祿七十三聽玉楊翁叔理名理七十二　絅菴李翁舜明名庶年八十九其一則修敬秦翁景暘也是時常熟馬紹榮宗勉榜其門長洲李應正貞伯扁其堂盱江左贊時明名其亭同邑邵寶國賢為之記長洲沈周啟南為之圖江左傳為佳話又黃印識小錄云成化壬寅修敬秦翁結吟社于惠麓有堂名十老藁為八景一曰撚鬚亭二曰流馨亭三曰借山亭四曰濯纓亭五曰涵碧池六曰芙蓉徑七曰古木坡八曰龍縫泉社中諸人李庶八十六秦旭八十五陳履八十三陸勉八十二高直七十九黃祿七十三楊理六十二陳懋六十九施廉六十一潘緒年最少未六十後亦八十餘按二說者十人之年亙有不同考

修敬公旭

譜家乘我修敬公在結社時為成化十八年壬寅寶年七十三其後享年八十五而此俱云八十五似以享年為主不專主壬寅結社時矣至潘玉林時年最少一云年未五十一云年未六十似又專主壬寅而說廻溪為邑人載諸詩綜之說當的然所云修敬年八十五亦未敢信也修敬公生於永樂八年庚寅八月十六日至成化十八年壬寅實七十三並非八十五也

東皐公諱璠

公字景美瑞五公玄孫工詩著有東皐集見毘陵人品記公有壽瑞素兄七十一首其首聯曰仲子將看朝日下小孫齊解讀燈前讀之彌見真切按瑞素公瑾為從節公長子壽八十一其仲子勵即一誠公也時蓋以貢當至京謁選故云仲子將看朝日下也諸孫如陵菴公儀鍊齋公偉帳山公伸後皆有聲庠序鍊齋公且舉于鄉官應天通判當時[illegible]俱幼公為篝燈課讀特泛讀過未經領會則不知耳

東皐公璠

東皐公

先祖訓導公曰風雅一道貴乎不脫不粘而以真切為上東皐公字景美工詩見毘陵人品記著有東皐集陸子泉一首云陸子自能耽此水二泉吾得濯其清切而老矣然猶未若壽瑞素兄七十一首之真也詩曰辛勤食力七十載歲暮長歌蟋蟀篇仲子將看重朝日下小孫齊解讀燈前東膺寒旭雞鳴樹西瀼秋風穀滿田華髮蕭蕭身未老盤盂聊可樂餘年按瑞素公名瑾為吾祖遜軒公孫壽八十一其仲子勵即一誠公也一誠公有孝行以貢將之京謁選故云仲子將看朝重日下也時諸孫如澳菴公儀鍊齋公偉帳山公伸後皆有聲庠序鍊齋公為舉于鄉任應天通判而當時爾俱幼公為篝燈課讀也特泛泛讀過未經領會則不知耳

東皐公璠

一誠公諱勵　從曾孫棻

公字邦哲，瑞丘公五世孫，以諸生貢太學，謁選，丁外艱，遂不復出選，授徐州別駕，不就，築室于墓旁居之，曰永思居，時公年蓋四十六矣。歲旱水涸，忽有泉湧出，衆皆賴之，名曰孝子泉。年六十，作覺非亭于南園，吟曰：余年六十，始覺前非；又曰：覺非之後，毋蹈前非。年八十四，作知足自樂詩，有曰：年登八十四，體健出塵俗，子孫復曾孫，繞膝芝蘭馥。以子偉封應天府通判，著有一誠集，見邑志孝友傳。虬亭

一誠公勵

淮海祖祠，從曾孫棻字望源，爲公兄守拙公之後

端敏公全云：公生平以司馬溫公爲法，未嘗妄言。所居枕山面湖，境與意會，創覺非亭於南園，賦則逍遙世間，散步吟咏，以適其志，豁然也。時焚香靜坐，調氣養神，鶴髮癯癯，有超然物表之意。

一誠公

先祖訓導公曰：一誠公勵，有至性，以貢赴京謁選，忽心動，遂束裝歸，歸而父景輝公瑾已厭世矣。按端素公瑾沒於成化十七年辛丑，壽八十，公以正統丙辰生，時公年蓋四十六矣。以終天爲恨，廬墓四十年，墓在白龍山，舊苦無水，泉忽自中流出，遠近數百家賴之，咸謂純孝所感。墓旁作永思居，年六十，作覺非亭，吟曰：余年六十始覺前非；又曰：覺非之後，毋蹈前非。年八十四，作知足自樂詩，畧曰：三代受皇恩，全家食天祿，年登八十四，體健

一誠公勵

出塵俗；又曰：子孫復曾孫，繞膝芝蘭馥。常存忠孝心，自然天錫福。望隴詞一篇，更見至性，云：我先塋在何處，白龍山足是高松樹，貞魂今何知，昔日游仙去，我心戀望悲盈，睇涕淚迸出，如泉流，白雲天際何悠悠，嗟哉罔極恩難報，無使所行改其道。

豫斋公讳用中

公字擇之號豫斋景美先生璠子以貢授浙江泰順教諭待士有教澤後具泰順縣志負才名工詩全稿散佚僅存浙游集豫斋集郡志列文學傳

豫斋廿用中

卑牧公諱霖

公字潤孚號卑牧瑞五公五世孫物初先生積孫以儒業教授鄉里手一編傍白不釋學既該洽尤精于史善為詩有唐人風致為文長于敘劉往往為人傳誦修清修昔郎正于終身年七十七以子金貴思贈太子太保南京工部尚書著有卑牧集崇祀鄉賢祠配享淮海祖祠見邑志碩傳

卑牧廿霖

楊廷和云先生诗词攷尔雅不瑣瑣以為威不詭詭以為高不拘拘求合于古人而亦自不遠於程度豉齋敞暢而約者矣

卑牧公

先祖訓導公曰公生宣德二年丁未□□□丁亥九月十一子端敏公繼妻王氏所出後金生時為成化三年又公年四十五年而王氏卒二十年丙午端敏公以儒士中式公年六十矣又七年癸丑端敏公成進士又十年癸亥年七十七卒為弘治十六年時端敏公僅以主事陞員外郎耳官猶未甚顯達也然公知足之心矣口即見有述懷云羈棲魂夢原多幻俊蕊先陰不用愁便欲買山三十畝蒔松栽竹卜菟裘向上四句云□志

卑牧公家

願今祖事女嫁男婚事事休華公和先謙德滿于眉宇人髮任渠添種種流年憑我樂悠悠有犯之者輙置不校一時耳目稱長者年壯時貧甚有年斗室詩之金難買地結屋僅容身簾破能通燕簷低欲礙巾曲肱時肆志胞膝屢凝神莫笑規模窄中藏萬斛春末句所謂一室斗大寸心天寬也

端敏公之公車非上也公作詩送之有瓜州夜泊一首怕風維短棹近水更聽殘更不作鄉關夢多談骨肉情江寒知雨久人語覺潮生明發青雲路吾兒鳳駕行癸丑春闈金兒禮闈試捷乃詩以志喜云其一橋門辭講叩天關黃甲新參進士班金殿傳臚聽鳳詔玉階各杖覲龍顏已將姓氏字聞天下好立功名在世間猿鶴也知榮辜事春晴隨我看青山其二云泥金飛帖寄平安老眼摩挲帶笑看祖澤有流源不盡君恩無限報尤難立身本要師前哲酬世先期作好官撫部賣詩錢一索急沽春酒速賓歡細玩三詩慈愛之誠義方之教亦謂至矣而端敏公他時功名漸炳史冊可為不負所期望惜公不及見之耳

卑牧公家

行義公 諱錫

公字惠晉，瑞五公五世孫，邑諸生，與從弟信之廷韶並負雋聲。初任江西廣信府稅課大使，以政拆之節，刑罰至以一詩囊自隨。舉鄉飲賓，年六十六卒於家。

信之先生云：公除廣信稅課大使，公暇手不釋卷，私居無倦容，惟吟咏自適。南昌張東白器重之，邀與評品古今人物，賡和必三致乃已。以自嚴州歸，與族中子弟結竹林會，每月少長咸集，備無朋外觴咏唱酬，備出物外。

行義公錫

刺史恒軒公 諱孚

公原名信，孚字信之，號恒軒，瑞五公五世孫。天順己卯舉人，任雲南嵩明州同知。嵩俗嚚頑，無葬祭之禮，公梓市三禮，別法其俗，乃草擬且興議遷州民。不樂從，公呈上不報，謹實封奏，劄下部議，移檄遮止，民德之。鎮沅祿谷寨酋應襲搆興兵，暴齒都督沐公延公往宣朝廷威福，反覆之大義，眾即羅拜往下，願偃戈，各舁金珠為壽，一無所取而還。著有恒軒詩文集若干卷，藏于家。

恒軒公孚

公與從兄惠孚錫、從弟廷韶雯並負雋聲。天順三年己卯舉于鄉，雯同榜，亦發解。邑中儒林能文之士作聯芳詩以為贈，成御史佟特賦聯芳詩序以張其行。越四十五年，為弘治十七年甲子，孫鍠陞又以同榜舉于鄉，公喜甚，既作雙鳳呈祥詩序以寵之矣，復有送鍠陞二孫會試詩一首，中有句云：「龍鍾癡叔情無限，力疾衡扶送遠行。」蓋其時公年七十七矣，以一年正德丙寅卒。其實當時我惠易緣母氏張病中止，並未赴會試也。

恒軒公

先祖訓導公曰公與從兄惠孚錫從弟廷韶夔並負雋聲
天順三年己卯舉人時年三十一趨四十五年爲宏治十七年
甲子姪鏜銓同榜舉于鄉喜甚明年有送鏜銓二姪會試
詩云軾轍文章儲國器郊祁科第振家聲龍鍾癡叔情無
限力疾銜杯送遠行蓋時年已七十七矣後一年正德丙
寅卒其實當時我槃易公並未赴會試緣母氏張病中止

恒軒公手

方伯公夔

公字廷韶號中齋貞靖公長子天順庚辰進士授南京兵
部主事歷郎中出守武昌主均徭法監司下其規約于諸
郡嘗行江干見一婦人傳而去之少中未殊死救而問為
田妻槐人柳氏從夫貿江上遇盜將見污不從以故此公
即日蹤跡得盜寘之法而歸婦人於其家再守建昌民有
將訟其令於上者令疑所仇何某者為之陰令人首何他
事逸文致其罪置極典公疑為枉鞫首者得其情而釋之

方伯公夔

他郡有疑獄待決于公累遷江右布政使以父老引疾歸
居官四十年家僅有田二頃行載郡邑志湖廣通志崇祀
鄉賢祠武昌名宦祠配饗惟海祖祠著有立峯遺稿
府志云于武昌日興學課農緩刑均役郡縣奉以為法後行為湖
南第一官布政所至惠澤及人沒去皆立祠祀焉父殁年
八十五矣而夔已六十二哀毀骨立後一年亦卒壽六十
三

倪岳云公為文章下筆累數百言滔滔無滯詩清麗有

唐人風書法趙松雪景仰先哲所至考求遺蹟修葺廣陵如新張乖崖詠文忠公祠葺黄鶴樓復李春伯曾南豐祠皆措置有法及致政歸作五峯草堂於九龍山下日與二弟亘庵奉父修敬先生遊衍于其間修敬先生喜談詩好登山臨水為樂公洸奉杖履以從如是者蓋數十年云

邵文莊寶云廷韶詩如馳驚中唐久之得其風格既而晉杜復參之蘇黄以下故所就如此

方伯公撰

倪謙云廷韶善吟咏大篇巨著格律精作清逸翛然名著南畿士大夫愛其所作咸以得其詩為榮

程克勤云公詩清麗豐蔚不名一家

中齋公

先祖訓導公曰公詩根柢理要頗如陳白沙薛敬軒一流人若其有關倫類尤足頑廉懦立有白香山新樂府五十篇餘韻公有壽東隱兄詩一首按東隱公名孝孚以字行為約軒公景孫與公同祖遜軒公者其詩云與兄生同日俱五月初三日生甲子我差後東隱公壬子生公癸丑生為歡曾幾何相顧各皓首東隱壽七十一公壽六十三憶昔與兄年少時紅顔騎竹街頭嬉萬人場中觀傀儡俊扶不異并州兒中年愧我作官去二年

中齋公撰

十六舉于鄉二十七聯捷成進士任主事游升至江西右布政年五十三致仕歸兄獨辛勤守門戶胸中豪氣輕萬人入手黄金棄如土興來躍馬不受呼去向長安尋俠徒貂裘狐帽光照路馬上直唾燕城妹逢人一笑傾肝膽老去風情猶未減歸來花月自年年世上閒愁無半點繁華過眼心輕灰草堂晚築成東隈大兒為官小鮮事東隱公子四大者名鑾字國用號海涯譜云晴江陰陽學生此云為官當非小者名鑾字國貞號月江適意時時樽酒開年來造物漸欺我行步艱難已偏左前年解官江右歸時公年五十四矣問慰勞兄一相過寶忠堂

上春日膗圍闔笑語生春溫殷勤晨夕禮叔父時(修敬公尚健)時
呼窈窕開金尊佳辰正近端陽節海榴花開飄絳雪一杯
壽酒祝長生和氣氤氳溢門閭吾兄吾兄白髮新且將一
醉酬佳辰古來積善天所祐為看坐享三千春流(眞)情流露
跌宕排奡(足)見其一班又有東皋公者諱璠工吟咏好游
一日東歸公有送東皋叔詩二首風流蘊藉一時傳誦云
新詩句句流傳徧頓覺都城紙價高漫又(有)清(才)驅俗駕獨
看高致繼風騷江湖滿城(地)歸心遠風雨連宵客夢勞想到

中齋公夔

故園春正好草堂花月伴揮毫其二匆匆別我東歸去
握手臨岐意惘然綠酒相親纔幾日白頭重見定何年梅
花路途多逢雪桃葉波平好放船欲采江蘺贈行色春風
愁思滿吳天

復游公

先祖訓導公,曰公工詩老而吟興益篤有惠山懷古詩歷
山舊院純塵埃今之大佛殿即昔之湛長史草堂也避暑尋幽偶一來曲水
已非留客地蘇舜卿曲水齋向在金蓮池上疏泉猶繞讀書臺惠山故有唐相李紳讀書臺
石床剝落難尋檜惠山寺內石床有聽松庵二篆字聽松庵內今為唐陽寺冰華舊有檜蔭其上今易其處矣
冰洞清涼半是苔洞為僧入如冰所闢今在二泉亭上滿眼不
勝今昔感品茶且自酌瓊杯又雨花臺七律亦可誦袖拂
青霞一上臺金陵王氣自東來天邊細雨空花落江口浮

復臨公

雲疊嶂迴石臥荒亭蒼蘚地酒傾仙梵白蓮杯千秋龍虎
相蟠踞大抵鴻圖自(聖)重開

雙孝

府志云秦永孚仲孚旭子也永孚忠厚沉默寡言而孝仲孚更直諒多才藝居家侍養四十餘年曲盡孝敬父患心痛醫謂胃血可療之子競以胃出血和酒以進父疾竟愈母偶傷臍劇潰競以舌舐之亦尋愈監司以聞旌曰雙孝永孚子醴謹飭行如永孚母張病瘓且瘖不能言醴以意揣其欲而調護之便溺坐起躬自抱持積十九年如一日鑑嘗舉於鄉以母病竟廢南宮試如仲孚子銈字觀亭亦稱雙孝云

雙孝

按雙孝祖徙于成化十二年丙申時修敬公年六十七殷恭人年六十四中嵩公年四十三任湖廣武昌府知府養恬公生于正統元年丙辰八月十七時年四十一瑞本公生于正統五年庚申八月廿六時年三十七矣以其處下而約詔諸孝子何榮幸如之此則攜製性成亦何能如此惜越二年戊戌六月殷恭人竟棄養嵩春暉未永愛日無多曷勝慈母三春之感食嘗嗽其身然何必以弘治元年戊申授冠帶而殷恭人厭世已十年矣惟修敬公猶優游七年而卒蓋自擊於廬者二十年耆年碩德高朗令修五福咸備可知也同治四年七月十四世孫煥識于河南驛傳鹽法道署

養恬公諱昱字永孚（以字行）貞靖公仲子見中嵩公仕於朝與弟瑞本公家居侍養四十餘年孰疾不遺餘力愈而後已憲宗成化十三年旌其門曰雙孝完修改之給冠帶卒年八十八崇祀忠孝祠配享淮海祖祠請聯達雙孝事

雙孝

祠御錫孝友傳家額行載明史及江南通志

瑞本公諱爽字仲孚以字行貞靖公叔子也兄永孚同舉孝行為雙孝工詩畫嘗作溪山清興堂清遠閣侍亭於代圃顏曰瀟碧亭稿見明史及江南通志

趙元默云昔人評詩謂有詩中畫有畫中詩瀟碧亭稿中如杖藜穿溪橋步看畫湖南十里山則詩中畫也微風輕颺茶煙起知有人家在水西則畫中詩也

元爽先生云公直諒多才藝工于詩生平吟咏甚多多

不留稿所留今所存僅什之一

明詩綜詩話仲孚為修敬封公季子封公墓中心痛仲孚與兄永孚爭刺血於胸和酒進之母殷恭人臊傷吮之而愈郡縣上其事詔旌其門曰孝子泰陵即作賜以冠帶嘗作溪山清興堂清遠閣佳亭於此園顏曰滌煩九日詩云抱病忽聞佳節至獨携藜杖强登臨黃花笑我容還瘦綠酒盈樽手自斟處處鄰巢知社燕家家悲杵[illegible]秋音不堪覽鏡頭如雪折得花枝懶去簪次日得疾不起其詩輕父兄别裁體格頗有清疎之氣

養恬公

先祖訓導公曰詔旌孝子養恬公諱旦字永孚平生最善陶詩詩不多作作輒似之有春日言志一首云今日一何好園林競芳菲好風從東來飄飄吹我衣持此一壺酒對景斟酌之所圖非所願所願常如茲願且為樂沒後非所知悠悠柴桑翁千載同襟期吟玩尋繹再三涵泳其聲調色澤真淵明詩也淡而志清而腴其文古順摹谷有題良能松崖圖詩云有松矯矯金石真有崖峭峭天斲成孤根深蟠山石老鐵鎖迸裂苔花青若人心本塵塵俗托迹茲山結茅屋歲寒遲我卜鄰居先寄新詩慰幽獨良按良能字松崖亦宗人也博雅好古家貧授徒為業能文章詩畫尤勝松石得過聽秋之傳世家巨族爭奉為弟子師士林如李絅菴鹿諸名家則結詩社會酒酣放歌酒韓頊刻數楮輒遍年將耆曰吾老矣人生天地幾何拘拘一隅非者也盍謀達觀乎其友久亦恤公乃作江湖勝游卷吝賦詩為别東山李程為之序此詩獲見于俞東躍太史家一

時名流如莫止華息鄒謙錢信之輩皆有題詠

公既是良爲松崖圖爲奠宗與別支宗人交通之始至公七世孫有諱用者字吉生去仲宗人齋觀公手題此卷而紀其事員恩忠仲祖相儀主松崖公孝子伯仲華氣如初落紙既贈中松宗兄宗弟敦族好叙譜系云

養恬公旦

務本公

先祖訓導公曰務本公與我十四世祖養恬公同詔旌孝子于成化十二年丙申工詩善畫著有滌煩亭稿當止菴公銓與從兄樂易公鉞同舉宏治甲子也時我十三世祖樂易公年四十九止菴公年四十四是年冬將赴試春闈務本公詩以示之曰別酒含愁勸征帆帶雨開息息看汝去數數寄書回進德惟交友愚鄉莫上臺明年二三月發軔有春雷望子之情切矣然于其報罷也則又未嘗不達觀有喜銓兕北歸詩以慰之曰白綸蒙首雪無垂倚向闌干嘆落暉七十餘年彈指過二三千里喜兒歸今宵且共團圞樂壯志休嗟事業違杖履追隨吾尚健春風聊且著萊衣甲子公年六十五時蓋己第三四次春闈報罷矣

務本公爽

脩敬公有對溪草堂在孟里中齋公有五峯草堂在龍山下務本公有新安別墅又有湖南草堂俱見之歌詠圖畫者我養恬公獨無然有無題一首云荒垌老柳夕陽間清淡依稀不見山幾日溪頭行逕少野齋秋色白鷗閒疑亦有別墅

今不可考矣

直齋鍾府公諱偉 兄儀、從弟樸、孫宏、從孫寅、
公字國曜一斌先生仲子成化丙午舉人任應天府通判乞
養歸所居地濱湖築台植柳每遇風日晴煦吟玩自得積
詩盈帙人稱曰四柳先生集壽七十八兄儀字國表號慎
菴授七品冠帶壽八十三兄弟俱躋上壽時以爲難從弟
樸字國彥號宜勤爲壽拙公三子亦工詩有送姬孫宏之
荆溪獻壽試一首宏印公之孫也字伯度號柳汀官山東
蒲臺縣縣丞壽七十四著有柳汀吟稿宏弟寅字伯明號
鍾府公偉
梅巖爲坦菴公之孫世居沙頭地有湖山之美勤耕讀暇
則吟詠自適壽六十四

鍊齋公

先祖訓導公曰：公所居地濱湖，致仕歸，築臺植柳，每遇風日晴煦，吟玩自得，著有四柳先集生。嘗念父一誠先生春秋高，故早年即解組乞養，有述懷詩云：遊興闌珊鬢早黃，秋風吹上釣魚航。年過七十真成夢，酒飲三分不放狂。落落閒身逢世總營營，終日看人忙。乾坤浩大能容我，回首長松色正蒼。時鳳山公歷官諸部，後拜大司空，公有遙寄鳳山弟二絕句云：路河南注水拖銀，洗盞看君身九陌塵。忠

鍊齋公傳

赤已常懸日月，事功堪付少年人。長安東下故邯鄲見子馳驅已艱，番此去黃梁繫欲熟，蚤歸湖上看青山。蓋公宦情素淡云。

梅巖公

先祖訓導公曰：公字伯明，一誠先生爲曽孫，祖儀字國表，號淡菴，七品散官，父坦字準夫，號景山，世居沙頭地方，有湖山之美，勤耕讀，暇則吟咏自適。嘗有郊居自遣云：濩落人間世，空山此寄身。舊縱橫驅犢後，酒買聽鶯辰。報社衣冠集，祈年笑語親。逍遙聊自適，何必厭洗淪。五十即事云：五十無聞老坎坷，松關盡掩少人過。日長短榻客高卧，月滿空山獨放歌。一架殘書看不厭，百年衰景去應多。過東役

梅巖公

學逃名客，震澤新添一釣蓑。壽六十四而卒。

逸休公 諱侃 弟伸

公字文和一字國毅一誠先生三子讀書勵節振嘗於行
旅中有郄色事精岐黄術抄錄秘方書施藥不倦年五十
一卒著有逸休吟稿季弟伸字國昰號帳山邑庠生年十
三即能詩有題多春館一集（絕）為時傳誦早歲游庠屢蹶塲
屋處之泰然所傳有丙午下第一首不甚不尤得性情之
正按君生于成化庚寅計是時年才十七耳而詩之卓卓
可傳如此惜年僅三十二而卒一門風雅士論重之

趙斌云君（逸休）讀書能文不干仕進於世味淡如也常整
衣獨坐焚香鼓琴以自適得意處偶發為詩歌今稿狀
佚

帳山公

先祖訓導公曰一誠公勵一門風雅有四子儀偉侃仲均
工詩侃字文和一字國毅號逸休讀書能文不干仕進于
世味泊如也趙斌云[illegible]嘗整衣獨坐焚香鼓琴以自適得
意處偶發為詩歌不多作故所存者僅有送國聲是弟應
試一首云得忝鄉書薦秋風入棘闈雁行搏欲上鳳翼抱
能飛饒席生（輝）懸吟鞭掛落暉來衣綵（頭）一點消息早傳歸
國是即帳山公也公年十三即能詩有題多春館一絕云
多春館裏梅花發香意忘寒雪色齊半着春光半含臘天
心此處吐端倪一時傳誦稱為風慧早歲游庠然屢蹶塲
屋處之泰然其丙午下第云斜日丹陽舴艋舟片帆乘月
下崙牛一身似葉隨風脫萬事如雲過眼浮荊璞棄來[illegible]
[illegible]得性情是豈可為源庠和平應有玷桂花開後豈
無秋龍山獨少炎涼態依舊迎人翠欲流按公生成化庚
寅六年計丙午廿二年年才十七耳而詩之卓卓可傳如
此惜年僅三十九[illegible]字國春號澹庵撰[illegible]

宮保尚書端敏公 諱金

公字國聲號鳳山卑牧先生子宏治六年進士初由戶部郎中遷河南參政旋由山東布政使巡撫湖廣破流賊于界擒盜賀璋廖琪於仁討猺奮於郴桂平叛苗于香爐峯諸王府侵擄山場湖蕩皆奏還官入爲戶部侍郎世宗時勘皇莊穀外侵佔者歸其主而盡徹管莊人進南京禮部尚書上書有政不可一日不在朝廷權不可一日移於左右等語就改兵部召爲戶部尚書改任起改南京兵部引年乞歸公爲人樂易居官一以廉正自持歷三朝終始一節有古大臣風年七十八贈少保謚端敏所著鳳山詩集凡十卷事載明史本傳崇祀鄉賢祠河南封邱縣生祠配饗淮海祖祠

黃邛云邑西鄉張舍秦氏世居之端敏公祖也近宅有古銀杏樹不知其年代每遇九月九日夜滿樹皆現紅燈始以爲怪後以爲常且誇爲勝觀矣康熙中猶常見之今樹已枯死燈亦不復現

郡志云公爲河南參政時行部至封邱流賊奄至逆破之於陳橋巡撫湖廣前後上便宜十八事擒斬賀璋廖琪討平郴桂及香爐山諸苗時中官崇黃魚稅督責嚴峻公疏言不可事遂寢值正德南征權幸橫索金公抗辭直奏以一身當之民賴不擾嘉靖初陞戶部尚書興獻太后上尊號曰重聖吏部侍郎何孟春等爭之上閤倡者爲誰孟春言臣與尚書秦金等仰戴高深欲效涓埃之報既而册文頒示金與孟春俱不赴行禮上切責金仍自陳詔聽其歸已而起南京戶部尚書尋改工部未幾以引年再疏得請著有鳳山集

識小錄云公未第時夢家堂神語曰公大貴人也出入必頰我起居不如易置之爲安公覺依神言易置一處後尚書第無家堂焉又公幼時懶進書室時僻匿人家有病者得其來即愈

又云俗謂黃昏雞鳴不祥而嘉蓮燕語獨云宅昏雞啼福祿將臻邑西閘秦氏遇黃昏雞鳴必大吉一鳴而端

敏登科再鳴而登第端敏公冢孫津曾孫延壽延蒸元
孫重泰相繼登科延蒸登甲鶴皆再鳴而孫炳曾孫延
默明經應貢亦一鳴

端敏公造諭塋時工匠多不滿意墓前有二龜工匠詛
云本家要發須待石龜翻身萬曆庚子大風猛烈倒碑碑
跌石龜亦翻身轉是秋端敏曾孫延壽及其姪重泰皆
中式

楊廷儀云先生詩不激不詭發乎性止乎理若不經意
而蒼蒼茫茫率莫能及

李廷相云公詩意興所到肆筆而成體裁弗一格力高
邁五七言古詩沖澹簡潔興逸語真在陶韋之間歌行
雜體春容流麗一唱三嘆可以匹儔王孟至五七言律
詩興調幽悠遠意象汪涵直步杜工部相上下

端敏公

先祖訓導公曰公生成化三年丁亥九月十一日與年二
十與族兄偉俱由儒士中成化二十二年丙午應天鄉試
又七年癸丑為宏治六年成進士乙卯授戶部主事游升
至北戶部尚書丁亥為嘉靖六年年六十一致仕馳驛歸
優游者三載越嘉靖十年辛卯又起為南京戶部尚書壬
辰改北工致仕歸部甲午加太子少保南京兵部尚書丙申為嘉
靖十五年公以七十引年致仕明年丁酉晉階光祿大夫
太子太保又七年為嘉靖二十三年甲辰正月二十七卒
壽七十八加贈少保謚端敏著有鳳山奏稿撫湖政要鳳
山詩集安楚錄通惠河志事具明史本傳

吾家宗譜一識公嘗纂創于家未卒業而公嘗植成之編紀
秦之先自淮海遷晉陵由晉陵遷無錫其見於圖者自宋
贈五龍園閣觀始為公又有贈雲間秦信卿云一笑相看
是懷舊百年同姓古爵敘詩歌淮海風流遠書出無聞
世系[illegible]丈夫[illegible]宗姓[illegible]也

鳳山公諱金字國聲其先五世梅隱公叔謙樂善公彥起
敎初公樸怡晚公景薰卑牧公霖食貧爲善孜孜以口舌
成人之善不避嫌怨里人化之而卒遂篤生季鳳山公以甲第起
家其勳業載在國史邑志不具載舊第志在東帶河所謂西
關秦是也門聯云九轉三朝太保兩京五部尚書故俗又
稱尚書第其宅屢燬于火邑人最忌黃昏鷄鳴惟我尚書
第中每于黃昏時鷄一鳴則發一人歷歷不爽一鳴而端
敏登科再鳴而登第其後冢子泮曾孫廷嘉廷烝元孫重
泰相繼登科廷烝登甲雖皆再鳴而孫柄曾孫廷熙明經
應貢亦皆一鳴

長史藕塘公諱鎰

（岸吉星峯字之祉樓章軒公有遺吉峯先敵之心詩）

公字國重號古岸別號藕塘宏治壬子舉人授溧州學正
陞瑞安縣知縣邑濱大海山島錯雜公嚴設戒備盜不敢
犯瀕已愛民頗著惠政歷官南京員外郎周府左長史加
授中憲大夫年七十八崇祀瑞安名宦祠行載邑志
華堂云公初令溫之瑞安識羅峯張文忠於未達時未
幾文忠大拜將極力援進而公卒辭之平生雅重文士
如空同先生輩書問絡繹投贈盈卷軸

藕塘公

先祖訓導公曰公之令瑞安也有惠政識張文忠於未達時後文忠大拜辭其餽引生平雅好文士如李空同輩投贈盈卷軸暇則好吟咏一室警句云花氣蟲絲引晴光鳥背浮語妙未經人道盡若云遠然醒蝶夢一經午颭黃衣上蒼煙染爐中丹火分斟泉疏細石伐竹帶來雲閒啜清長暑山禽隅隅聞江郭即景最佳數家茅舍傍江頭長夏涼生暑氣收波氣遠連郭樹好濤聲近繞竹林幽野橋晨見驅耕犢曲岸宵看繫釣舟寂寞閒踪超世外身隨鷗鷺共沈浮

都下韋軒公律銳 曾孫炑

公由國學議事軒中應先生慶子以太學謁選授浙江布政使都事不赴性慷慨喜爲義舉念始祖淮海先生生長宦游之地皆有崇奉而錫山爲葬所顧獨未建專祠正德丁丑通監察御史安成張君汝立以提學至縣盡毀尼女冠之居所謂善智寺者君見其近且塏爽乃請于提學君歸直于官即其地建祠同邑邵文莊寶作記特以真君子目之既殁高忠憲公爲之傳著有悠然堂稿配享淮海祠曾孫炑字文成號復游邑庠生年老賜冠帶舉鄉飲賓工詩至老而吟興益篤

蔡參之茂才云先生終歲杜門掃軌不妄交游日坐擁圖書手不輟校讐口不輟吟誦或臨池揮翰或拈韻賦詩悠然自適其詩學陶韋諸家不作深峭語

韋軒公

先祖訓導公曰葉森之茂才云(松)公著紫薇堂稿其中詩學陶韋(韋)諸家不作深峭語殆指其五言古也而七言古則頗似李昌谷有江南春一篇云夕陽亭亭鼓聲急隔江露冷瓊花濕相思欲歸歸不及叢(楚)天如醉波搖碧莫上高樓望鄉邑十二闌干人至(玉)立西湖鷗首轉流萍日暮歸來抱劍嘗按此當是隨任武昌時作 時父中齋公為武昌府知府 置諸古錦囊中幾不能辨

藕塘公謚號古峯偶檢紫微堂稿[illegible]也(集)中有送古峯兒之任詩云八月錢塘湧碧波天風清曉片帆道(過)鶴林行處灘聲急雁巖看時瑞氣多涿士叨(舊)嘗沾教化甌民今見樂弦頭(歌)別來欲慰荊花夢早捧徵書侍紫(禁)闈 按藕塘公初任涿州學正後陞浙江溫州之瑞安知縣故五六句及之

不如意事常八九可與人言無二三私竊嘆之及讀韋(韋)軒公詩乃知有先我言之者題云向德(往)留都衙寒履險驚苦萬狀及抵家該兒又抱疾未痊百朋弟遺書問近況詩以答之無端冒雪建康游狼狽歸來類楚囚撥盡爐灰眠未得聽殘漏點淚初收感君眷眷垂青眼愧我煢煢欲白頭何日兒曹盡強健一樽相對洗多愁

樂易公諱鏜 子漳、孫木，六世孫人功，九世孫邦徵

公字國和，養恬公子。弘治甲子舉人，性恒易，遇義激發。母張病痿且瞽，公能攜所欲而調護之，坐卧躬自扶持，積十九年不懈。自母病，不赴禮部試。比母喪服除，而公年已老，選授南京都察院都事，與孫本先生子銓（公止菴，亦稱雙孝）崇祀鄉賢祠（配享惠山祖祠），行載江南通志。著有權林類稿，見欽定四庫全書目録。孫木（子木，字承泉，太學生，漳子），字子仁，號虹濱，為徽泉公漳子，以太學生任南京孝陵衛經歷，陞陝西太僕苑馬寺武安監監正。有碧窗詩首傳誦人口。虹濱公又世孫諱邦徵，字千里（玄孫人功，字宗京，邑庠生，為文山府君起，別有卦經又），號梅溪，有梅癖，繞屋樹梅，工繪事，嘗有自題畫梅一絕云：筆底梅花綴老枝，案頭呼酒付新詩，東風解得山人意，帶雪和香入硯池。讀之可見雅人深致。

唐文襄公順之云：公為人倜儻無表襮之飾，然重節概，廉隅不妄交游，不輕謁于有司，嘗蓄古書數櫃，閉戶翻閱，徧而復始，時文精絕。古文詞動輒稱老泉、東坡、李太白，間為之，多似其語，然以為末務，不足為之，亦多不輯，所存特權林類稿。此傳修秦氏世譜而已。公既以詩書行誼守為家法，子孫化之，讀文安禮，耻為世俗一切之態。衛衛之間，襃衣矩步，不聞知為公家子弟。倪瓚云：樂易詩大篇短章，矢口而成，尤長於歌行，命意鍊句，雄健敷腴，絕類其祖。

西神叢語載公自述云：不求利達不憂貧，不求神仙學養真。留得一區方寸地，儘堪康濟百年身。嘉靖丙申，公年七十一矣（公以成化二年生），是歲清和二十二夜夢得詩一聯云：欲壯鮮標怡老況，天留張健報清貞。至庚子季子涵、次孫禾秋闈並擧，癸卯秋孫琛復與鄉薦，明年甲辰公卒，年七十九。

存赤公惟有勉之兒（禾知府）、三兒（琛廩生）詩，用意悱惻動人。一序尤為悱惻，云：吾見吾大父事吾曾大父，吾父事吾大父，皆能竭盡孝道，吾不及事吾曾大父，而吾以吾事吾大父，暨吾父徒有是心，而多困于力之不及，常切恨焉。今也之不及，猶吾而知盡情於母，倘安則必能

推而致之於所不及事者吾願兒子侍吾大父及吾父
之吾亦願兒子之生兒子常如兒子也詩曰父母所從
兒子做爲兒須盡事親心人言廣水從高滴先世塋前
滴本深

按修敬公以宏治甲寅卒而存赤公生於宏治戊申
修敬公之卒也樹存公時才七歲耳存赤公母龔卒于
嘉靖乙酉公年已三十八而並之不及事者勉八兒
三兒時母已去世也故云

樂易公

先祖訓導公曰公生成化二年丙戌六月初七日宏治甲
子舉於鄉年已三十九矣母張爲張都轉東洛愷之姊時
病痿且瘖親朋勸公車北上辭不行積十九年輒揣所欲
而調護之坐卧躬自抱持久而不懈越嘉靖元年壬午公
年五十七母疾稍愈復有勸公赴禮部試者公作歲云暮
矣二章詩以卻之越明年癸未二月廿五丁父養恬公艱
終鮮兄弟公一切必誠必信三年服除公六十矣是年爲
嘉靖四年乙酉仲冬十有一日爲母張太孺人生辰爰繪
爲寶萱圖母舅張東洛爲首唱一時題咏徧江左閏十二
月初五又丁内艱及服闋而公年已老矣與務本先生子
銓亦稱雙孝

十五世祖修敬公有薱溪草堂蓋前明人于四（田）多處每立
一莊以便收租即于隙地雜蒔花木作一亭一詔（沼）而別墅
名焉不必廣開園囿多築樓臺也温公洛中獨樂園地不
甚廣而名滿海内抛以人傳耳我祖之有薱溪別墅亦然

故樂易公有秋暮道(過)田莊詩曰十里蓉湖漫紫烟對溪來渡夕陽船江邨蒼蒼初寒候楊柳昏黄欲暮天白鳥有情迎我慣好懷無句悵秋圻少陵此與今何在一段風情寄八篇按對溪即孟里舊為孟氏世居之地今則過孫氏矣名又石塘灣灣上(內)關帝廟中有灌花草堂扁額諸勝出廟北行里許前有小溪即對溪也溪四面縈帶邨居內有對溪書院予嘗以咸豐丁巳戊午假館其地因得畧志其槩云對溪草堂圖為虞山石谷王翚筆藝林珍重族弟擷芬寶藏之

公恬淡寡欲為其所(當)為不為其所不(當)為故生平所為惟孝友二字而於不義之富貴視如浮雲咏褱(懷)一首(即不求利達首)既畧見一斑矣而長夜頭(歌)長短句尤見𢡟(遣懷)解云日苦短夜苦長落月皎皎橫屋梁清宵不能寐攬衣起徬徨感激千古事感感橫中腸宣聖老於行孟軻徒棲皇跖盜而富且多壽回賢而貧更夭亡忠良眼見罹刀鋸奸回𣣔然登廟廊世事有如此吾將叩彼蒼九天冥冥何渺茫便見銀河掛碧落而風瑟瑟飛清霜恍如夢寐間有神語我旁為言造化有偶爾善惡施報還為常君不見叔敖殺蛇為楚令尹于公獄平昌大其門彼奸回者乘時訩訩自謂得計片時之寵千載唾罵或為冀塚回視賢聖與忠良一時忽忽遭不祥至今青史有耿光孰短孰長請君較量吾聞其說有如此乃知人間何事(非)天理賢聖與忠良雖死猶不死剔燈起囑管城子為我歷歷書短紙書成咏作長短(歌)歌留為身心常琢磨

通叅止菴公諱鏜
公字國衡號李先生爽子宏治甲子舉人任廣東市舶司
提舉署香山連山二縣事陞浙江台州府通判著有嶺谷
贊讀史閒評春明筆夾嶺海壯游等集見邑志配饗淮
海祖祠
黄炳云先生詩言有餘旨歌有餘音嚼有餘味識於道乎
㨗矣

止菴公

先祖訓導公曰公以孝廉任廣東市舶司提舉署香山連
山二縣事陞浙江台州府通判著有嶺海壯游等集黄炳
云先生詩言有餘旨頭（歌）有餘音嚼有餘味識於道乎㨗矣
止菴五律一首更見心地光明斗室虚生白躬行慎自始
一心歸東地萬理統宗時碧漢雲俱淨方塘水不漪箇中
無底事長誦紆熙詩淡而彌真耐人尋味者又游大通寺
云流水碧潺潺空門晝日閒過橋雙矮樹登高幾青山茗
熟逢僧話詩成倩客删不知歸路晚江月滿座（歌）裏渡瀟湘
峽云大山小山青接尾水落前灘石齒齒漁頭何處兩三
聲聲在瀟湘水雲裏亦幽絕

守默公 諱坤 弟侯賢

公字靜夫一誠先生孫由太學生任浙江紹興府經歷署常山縣事有善政居三月民為立生祠祀之弟培字植夫號慕山為悟山公仲子堅字介夫號眷崇為逸休公侃子皆工詩一誠祖孫父子一門風雅不使王謝專美於前可謂盛矣

沈赩云公慷慨好義不妄與人交喜詠吟初若不甚經思而語甚奇

守默公

先祖訓道公曰公字靜夫一誠先生孫錬齋公偉之子也由雲南蒙自衛經歷政浙之紹興署常山縣事有善政居三月民尸祝之為立生祠祀之沈赩云公慷慨好義不妄與人交喜吟咏初若不甚經思而語自奇述懷云細竹軒前落日暉越吴山色翠痕微苦生舊經因春長燕作新巢認主飛海角塵污行足塞江天潮落過帆違昨宵明月還家夢笠澤扁舟觚自肥子宏字伯度號柳汀官山東蒲臺縣縣丞壽七十四著有柳汀吟稿叔堅字介夫有送伯度姪北上詩云手持一杯酒聊仲我情騷騷動行色濁酒和愁傾我有一長劍贈君清風生行重他重湯斗斗騰金精五雲亦咫尺笑指燕山青醞化既洽穆皇風亦幾庚萬里今扶搖祖鞭期先登堅弟培亦工詩憶母篇頗真切猶憶牽裾日臨岐引酒卮只今明月夜覩是倚門時空負當歸寄饒勞焦飯遺先秋霜集鬢白重髮然然典雅中頗見性靈一誠公一門風雅祖孫父子不使王謝專美於前可

謂盛矣

存赤公偉濬

公字伯川樂易公子性至孝父有疾促應試乃陽治裝而潛留。省侍父疾卒以貢授辰溪知縣勤恤民隱而飾之以正毁淫祠除奸弊招撫流移捐修學校以老致仕卒年八十一崇祀鄉賢祠辰溪名宦祠予見邑志及湖廣通志

存赤公

先祖訓導公曰十二世祖諱淮字伯川樂易公子樂易公盡孝于養恬公而公亦能盡孝於樂易公以會父病父從應之試乃陽治裝而潛留竊侍父奉以貢授辰溪知縣有循吏風以老致仕卒年八十一嘗有書勉二兒禾三兒棠詩一序尤為悱惻云吾見吾大父養恬公事吾曾大父脩齋見吾父樂易公事吾大父養恬公皆盡竭盡孝道吾不及吾曾大父脩齋公卒時[illegible]與吾母時[illegible]吾事大父暨吾父徒有是心而多困于力之不及常切恨焉今汝之不及猶吾而知盡情于母[illegible]則必能推而致之于其所不及事者吾願兒子體吾大父及吾父之心吾亦願兒子之生兒子常如兒子也詩曰父母原從兒子做為兒須盡事親心人言簷水從高滴先世堂前滴本深一序一詩可以見世孝相承秦氏之昌熾有由矣

從川公 諱瀚

公字叔度存赤公弟邑庠生以子梁貴封通政司參議公為姑後于吳後復姓往來客有侍其身無間嘗修復碧山吟社故事同邑顧洞陽華補菴諸名流觴詠其中著有從川詩集年七十四崇祀鄉賢祠見邑志考友傳

俞憲云先生詩比類合義繞肯會和調協響在文從字順

姚撰咨云先生詩天機遍發頃刻盈紙不拘拘追蹤少陵而少陵閫域莫之或踰

梁溪詩鈔顧惠岩復碧山吟社記云秦封君從川思惟其曾大父修敬之肇舉吟社也乃銳志恢復謀之王侍御石沙義倡鄉達公釀贖復構工載葺為行廚茶具為紹修堂為濯纓軒為丁香亭流響室為吟台、凡椅壺觴棋局之數凡有資於燕游者纖悉俱備諸公之功偉矣時各有賡和預會者郡伯喻心遠宜之僉憲莫廷泉叙吉余四弟憲副洞陽與新學諭徐西岩顯夫正郎華補菴從龍大尹錢心齋國章封君秦從川叔度太僕侯企竹純武司諫張靜思舜峯宮贊浦后岩道徵少尹施武陵子羽大尹高杏江文明侍御王石沙汝玉學士華鴻山子潛僉憲王仲山子裕京兆尤西村懋宗副郎馮補齋子占僉憲安膠峯子靜共若干人

從川公

先祖訓導公曰公嘗修復貞靖公碧山吟社始謀之王侍御石沙義倡鄉達公醵貲復構工裁葺爲紹修堂爲濯纓軒爲十老亭爲流馨室爲吟臺一切行厨茶具几杖壺觴凡有資于燕游者無不備具時各有賡和預會者都伯喻心遠宜之僉憲莫迂泉僉吉憲副顧洞陽與新學諭徐西巖顧夫正郎華補菴從龍大尹錢心齋國章封君秦從川叔度大僕侯金竹繩武司諫張靜思舜舉宮贊浦后巖道徵少尹施武陵子羽大尹高杏江文明侍御王石沙汝玉學士華鴻山子潛僉憲王仲山子裕京兆尤西村懋宗副郎馮補齋子占僉憲安膠峯子静共十八人暇則公與諸名流觴咏其中邑人顧惠巖爲之記著有從川詩集並岩棲集壽七十四生宏治癸丑卒嘉靖丙寅

手澤挽書午夢長書爲引贈媒決矣故古人以書爲黄嫻而公小窓自遣詩曰郤睐一披書夫同一書也而一爲引睡一爲郤睐此何以故無他一用心一不用心也

振菴公瑋濟

公字伯雨稚本先生孫以恩貢選授四川劍州判官陞江西布政使理問

元爽先生云公少嘗讓廩于師越二十年始自食廩且閏月而應貢選適當其師序貢時同人咸以為異

王鑑云公少俊爽不凡為文援筆立就不假思索以遷固昌黎為宗司成姜鳳阿王荆石諸公咸稱為未易才大司馬劉安峯亦稱之如出一口今人中雖邵尤迴溪善傳其遺文

振庵公

先祖訓導公曰公字伯雨少俊爽不凡為文援筆立就不經思索人皆稱為未易才與尤廻溪交相善詩不多作惟挽鴻臚後山顧君古風一首刻入錫山秦氏詩鈔

慎庵公諱濶

公字季新號本先生邑諸生博通典籍纂修宗譜著有春秋數編戰國人材言行録見欽定四庫全書目録標題

小山公諱泮

公字思魯號敏公子正德己卯舉人任南京後軍都督府經歷少負奇氣究心諸史百家為士林魏贊卒年四十一著有小山吟稿讀史百詠

林庚頤云公詩意不翻深言根理道感遇興衰流動性情色態機軸一出自然其旨趣溫厚和平而音律鏗鏘合乎節奏宛乎風人之遺音殆無一毫刻畫彫琢於其間

黄希憲云先生詩佃儷駢雅祖法漢魏體裁雖異隽永則同要其旨歸罔非抒吐奇瑰以竟其忠君愛民未嘗之旨春洵非苟為吟咏者

太守次山公諱忭

公字思宗，由太學生上京兆，未試，九華楊公賞其文，已在選中，病不獲終試。以父端敏公廕，授南京後府都事，遷左府經歷。時嚴嵩柄政，其子世蕃怙勢求賂，有故寧ㄋ官中書當遷，例晉四品秩，世蕃責賂倍加，服傳公於廣座中，徵切無忌，復所而讓之。姚安府缺，世蕃欲用其私人，尚書既甯李公持之，竟以處公，世蕃益怒。會京朝官大察，世蕃中以誹謗，奪公一級，謫任。公初至姚安，有大猾高某恃勢肆虐於鄉，前守咸畏避，公逮置之獄，一郡稱快，相戒無犯太守法。及去，姚人惜之。公自是絕意仕進，構小樓，名曰萬卷，惡圖籍其中，日手校讎，誦讀不輟，嘗言得一萬戶侯不如得萬卷書。年七十三，著有懷李齋集，已亡。

劉光濟云：公生平恥為嫪阿脂韋之態，於要官長者不少屈，年家子據要津者延見稍遲，竟絕之，故於世多所牴牾，而識者益重公操行。所著三才通攷、詩文、銘讚俱藏於家，可以窺公所養矣。

次山公

先祖訓導公曰：公以廕授官，游歷至姚安太守，治尚嚴，郡人相戒無犯太守法。及去，姚人惜之。公亦心未嘗一日忘姚也。致仕十四年，嘗有春夜夢游姚安七律一首曰：一別南姚十四年，甲花龍馬望中懸。東山有屋祀諸葛，太石開淵灌甫田。郊外野花紅映日，苑邊高柳翠含烟。春宵萬里游偏壯，飛夢凌空香下棟川。解組後絕意仕進，構一小樓，聚圖籍其中，名曰萬卷，日事誦讀，如為諸生時。自言得一萬戶侯不如得萬卷書之樂也。平生恥干進，於要官長者不少屈，故于世雖多齟齬，而識者益重公操行。嘗作田舍感懷詩四首以見志，曰：釋重身始輕，居閒心自樂。又曰：幸逃曠官責，得返故園居。橐中無私金，架上多古書。又曰：燕坐消為憂，尚論酒豊觴。又曰：抱痾昧先幾，冒進貽眾訕。歸耕亦不恧，何必羈遠宦。蓋公脫屣富貴，送老烟霞，已豐形嘅，亦自懷兩累終焉。此倘得賽以自言其樂也。

問詹公諱涵

公字季宏為悟公孫嘉靖庚子舉人初任温州府推官有捕魚人百餘入海犯法當死請諸當府得減等倭寇至當事[illegible]懦公義形於色整陣前驅為士卒倡城恃以安明年寇復至勢益猖獗計惟閉城守郊外之人號哭求入公歎曰是獨非吾民耶令啟門張旗幟為疑兵以俟其入全活者萬計陞寧波府通判著有古今要語讀史百詠藏于家讀十山憶日云公居常淡泊無他好日談古經書凡有益於心身者即手錄之觸景詠歌雅得天趣卒之前數日猶書歸去來絶句二十首蓋絶筆也

問詹公

先祖訓導公曰公字季宏樂易公鐘子樂易公男子四長即存赤公字伯川次漳字仲匯號淑泉次瀚字叔度號從川公其季也以庠生中嘉靖庚子舉人任温州府推官陞寧波府通判致仕卒於錢塘著有古今要語讀史百詠辨思錄官温州府時倭訌甚公整陣前驅城特以安明年寇至益衆度力不能禦乃城守城外難民號哭求入公令啟門張旗幟為疑兵以俟其入全活者萬計讀小山憶曰公居常淡泊無他好惟日談古經書凡有益于身心者即手錄之觸景詠歌雅得天趣卒之前數日猶書歸去來絶句二十首蓋絶筆也

（也）樂易公書（藏）數樞（術）書日閱之周而復始公復如是讀書外無外好有閒居自遣詩云花徑風清芳簾徐雨窗小几坐攤書陰晴不定吾何問一任浮雲自卷舒又云野情久與白鷗親懶向紅塵問屈伸有酒一樽詩百首不妨高卧老江濱

方伯虹洲公梁

公字子成養恬公曾孫所居金匱山一日虹氣屬天因自號虹洲嘉靖丁未進士初除南昌推官有盜平十二者負險出劫公察尉某某盜通出不意以危言詰之尉股栗持穎請命乃曰爾能離其黨而以首來當貸汝命尉如言縛至磔於市拜吏科給事中京師築外城特命董役劾罷官官奸工事者進通政司參議南太僕少卿懸鴻臚寺卿右通政時嚴世蕃以工事久器之使謂曰一歲再遷示知所自乎公對曰不知也將無以久次耶出爲浙江參議山東副使尋攝學政會鄉試期近閏五月而歷十一郡時中式者九十有五而公所首拔士居五十有六遷江西右布政使年六十四崇祀南昌名宦祠著有紹修堂集及邑志

黃邛云虹洲邑志人嘖有煩言然于人物志但識其濫無識其濫者又列傳不多而于科甲表內每加註數字以不沒人之長此法最善如此則傳可省而有美必彰且見輕重大小之別嚴秋水志傳增於前而不及傳者反多雲沒亦自然之勢也

黃洪憲云公致政十有三年多家居跡不入公府時携朋侶賦詩有香山吟社之風

黃迴溪酌泉錄云督學浙江最寬青衿居間可以夤取繼之者爲屠　石英持法嚴竿牘俱絕時有夤進屠出之謠

公之始生也里人夢秦氏舉一布政使其定數早有在耶

王元美云公致政歸好自遊適所居多佳山水選要劇墅曲盡其勝林葉茂長姚源皆畢相於邀遊歌呼不倦獲三四過公輒留飲投全耳朗誦所爲詩若文不竟不已江以南無不以慎重長者稱之

許令典云先生詩沖然粹然本乎性情物理無非忠孝友于之所觸發

虹洲公

先祖訓導公曰公以正德十年乙亥十月鄰人夢秦氏舉二布政而公生後果如所夢所居金匱山一日虹氣屬天因自號虹洲以邑廩生中嘉靖癸卯舉人時年二十九丁未年三十三成進士任江西南昌府推官辛亥年三十七擢吏科給事中壽陞通政司右參議轉左參議戊午年四十四改南京太僕寺少卿嘉靖四十年辛酉年四十七遷南京鴻臚寺卿再遷南京通政司副使出爲浙江布政司右參議壬戌年四十八調山東按察使副使甲子年五十政浙江提學副使陞本省參政乙丑年五十一擢湖廣按察使司丙寅年五十二爲嘉靖四十五年陞江西右布政使丁外艱遂不仕優游林下者十三年萬曆六年戊寅卒壽六十四著有紹修堂詩集無錫縣志王元美曰公致政歸好自游適所居多佳山水選要創墅曲承其勝與葉茂長桃舜咨華相與遨游歌呼不倦護三四過從公輒留飲捉筆耳朗誦其所爲詩稿傳文不竟而已江以南無不以慎重長者稱之黄洪憲云公致政十有三年多巖居迹不

入公府時攜朋侶賦詩有香山洛吟社之風許令典云先生詩粹然本乎性理無非忠孝友子之所觸發如賞白蓮云意淡人俱靜容閑俗避妍游寶界云竹暗泉飛度松高雲自留青蓮庵云機忘己覺超三乘心淨將看絕萬緣其胸次解脫超曠從可想見白蓮太華詩分韻送閩至升蓮瑞華獻普香僑漆溪出清溪況達陽白社觴咏賓云名山苔蘚情況新秋湖竟瘋花影落草齒春此瀟湘擬追君續舊游

振養公滂字伯雨以恩貢生任四川寶寧府劍州判官於其行也公有振養叔氏赴任劍州長送别七古一首云吾家叔氏隆中人偃蹇久臥梁溪濱雲姿風骨不易舉造化豈得長沉淪囊中有策未見用虎觀談經名已重到處爭看綵筆傳才高何待青錢中方春日下謁重明瞳奏對朝堂氣獨雄擬使池頭鳳毛失遂令冀北馬羣空銓曹鉅公方薦士能向儒林推叔氏一官拜出劍州行萬里軺車同刺史劍州之域古梁州劍閣南横隴水流旌旄遠拂銅梁霧鐃吹遥喧石鏡秋西川形勝稱奇絶此都自古多豪傑定鼎曾聞煕烈皇開城尚想公孫述誰知吾叔能爲郡牛刀小

試休言用相如琴臺莫浪登揚子元高堪試問只今明金
重賢才四海文章蓮益開當為變俗翻新政重見文翁化
俗來尊前阮咸動離色詩中小謝遣相憶錦江犀浦路蒼
茫蔚洪酒美同誰吸叔兮去兮余寂寥小山之隱未可招
鯨鯢始見激西海鳳鳥方晝游赤霄吾家奕世高其門叔
氏尤為族所尊願卻黃金示清白長懷白璧報君恩長篇
馳騁汪洋恣肆才力得之大蘇（公與伯雨公同祖脩敬公）
柳汀公宏字伯度棄官歸隱祖餘高公手植四柳久之合
抱吟咏其下人稱四柳先生著有四柳先生集地濱湖公
取自號柳汀也公有春日懷柳汀兄詩云汀邊四柳斜知
是隱君家山寂惟聞鳥林幽不待花機心塵外息詩與望
中賒出處從來幻樓遲莫自嗟（公與柳汀公同祖遜軒公）
寄暢園之名自我十世祖舜峯公始前此則或稱鳳谷行
窩或稱鳳谷山莊而已公於嘉靖四十五年丙寅歸里後
率山居之日為多隆萬間與友朋贈荅皆在此而或碧山
吟社亦間有之山居贈荅云卜築翠微裏惟聞山磬敲白

知泉湛瀉青是薜蘿交池淨鷗常下林深鶴自巢元言余
未草不鮮子雲嘲和施晨曹登風谷行窩橫衣高云松磴
搖空影秋風日夜來晝閒頻掃葉寒近怕登臺我欲林泉
卧君將風雅開蕭疏明月下應倩謫仙陪鳳谷次少岳韻
云鳳谷投閒後龍阜覽勝時孤峯曾杖策流水淨襟期寺
暝鐘初度林深鳥競棲暫淹詞客駕樽酒得相追秋日山
居書事云一辭軒冕累野興在山家香谷秋常雨平林晚
亦花閒生還粟里賈傅出長沙寂寞傷時事孤吟老歲華
山齋賞玉蘭云庭前雙玉樹絕勝碧琅玕（玉蘭在竹叢中故云）素豔
浮晴雪清芬散夜寒月華堪細照風色莫輕殘只恐春光
暮時時醉倚闌夢洲揭酌山莊云鳳谷幽棲地揭觴及早
秋到門雙鶴迓坐石片雲留徑竹陰常合潭花影自幽況
君羊仲侶乘興擬重游七月五日偶至鳳谷山莊云朝來
畏煩暑鳳谷恣幽尋紅晝愁蓮老青鋪任草侵高吟蟬
隱葉閒舞鶴棲林獨酌無同調松風澄素襟吟社云（次華少岳）
韻白社杜高車滄江返棹初論心驚歲晏選勝入詩腴十

老風猶在麈公望不虛郤慙叨侍從猶未薦相如
公以乙亥生萬曆二年甲戌爲六十初度之年（時）只一孫爾
侄才二歲公常撫弄之以爲樂故有甲戌初度詩云故人
辭我丟花發未開前頭白羞稱老身閒喜弄孫年華新甲
子風雨舊柴門特掃羊求逢（逞）詩成欲細論
楊龜山先生之游于洛而歸也程夫子目送之曰吾道南
矣蓋自是止于錫邑者十八年今其講學地在城東隅即
東林道南祠故址也舊名龜山書院公有詩曰龜山講學
郭門東野蔓荒烟五畝宫嘉靖時倭亂築城後龜山書院便在城內東隅此詩當作于未築城時郤怪空門崇異教祇今吾輩想高風濂溪水淨蓮花
栽伊洛春生雪色融興復斯文在今日精廬先輩樾林中
舊書院在城東郭外自王少月邑侯禦倭築城而書院乃
在城中矣後顧端文高忠憲即其地建道南祠而東林書
院在其旁公蓋預知斯文之將興復矣按公歿于萬曆六年戊寅而顧高諸
公之講學興復斯文重建道南祠自萬曆三十八年庚戌
始蓋距公之歿已三十三年矣謂公無前知可乎
皐民臺在無錫縣治後踞地高曠九龍延翠二泉水藁（綮）流
登其上則錦屏九疊如供几席縣治在水中央前後有二
溪夾之前爲之（玉）帶河後爲駐驄橋河外又有三河抱之臺
正在河上河之北有隱秀墩堪輿家謂墩木茂盛則邑侯
陞遷隨之故後來官斯地者必培土築亭其上廣栽樹木
禁樵牧焉公有皐民臺詩贈邑侯曰弓河如帶繞層臺臺
下絃頭（歌）萬戶開隔堞湖光搖筆起捲簾山翠拂杯來訟稀
芳草當庭長春靄桃花滿縣栽早晚即看趨瑣闥知君獨
有侍臣才

太守文楊公諱禾

公字子實號赤公子嘉靖癸丑進士初知武康縣邑故役法偏頗富民賂以貸免劇爲十段踞虎法吏民無所容其作會倭躝浙西被擄築城甚急公曰築城民益驚擾豈敵至也持不可而募勇壯柵要害以守之湳民冠案今在無恐及賊已逼有數妖僧冥入市上公勞以酒肉食陽約響應賞明日悉械送軍門賊聞遂不敢窺武康司維揚閩督府議權小關以分利公昆不欲曰吾爭大關寬小關自廣矣然平關稅并停行無一出小關者久之遂徹去遷南京戶部郎中出守金華調永昌卒於官以子燿贈太常寺少卿崇祀鄉賢祠武康永昌名宦祠俱載邑志及金華府志

明詩綜詩話先生令武康慕孟東野之為人攜訪得本宦東野集十卷購之索評其集曰茲昔沈柳王經徐庾之流麗雄贍少異非杜陵之體裁詩家品評則自有說非淺學所知是書言東野者也及內粹退朝行李蕭然無長物惟載東野集一簏愧四方賓客而已其所作歌文閒吟亦深得東野讚嘆之致如稱梅云西湖分句水孤峰坳得疏枝觀棋云解圍正藉兵集孤眼生憎黑子單皆佳句也書法歐陽率更少小日臨醴泉銘一過輒就小楷皆歆馬平原麻姑壇記

生正德丁丑四月廿三卒嘉靖丙寅九月十二配曾氏廣西布政使念陽恒女

文橋公

先祖訓導公曰十一世祖諱禾字子實生正德十二年丁丑嘉靖庚子應天鄉試與胞叔涵中同榜舉人時年二十四閩詹公時年三十九又十三年癸丑登陳謹榜進士年三十七矣任浙江武康縣知縣陞南京工部主事進本部員外郎中擢浙江金華府知府以從兄裸督學浙江迴避時為嘉靖四十三年甲子公年四十八改雲南永昌府知府越三年丙寅卒於官年僅五十一

明詩詩話先生令武康慕孟東野之為人搜訪宋本東野集十卷鐫之嘗評其集曰愁苦沉抑乏徐庾之流麗規鉢少異非杜陵之體裁詩家丑詆評別自有說非淺學所知是善言東野者也及內轉還朝行李蕭然無長物惟載孟東野集一麓餽四方賓客而已其所作叢可聞吟亦深得東野復以鬱鬱致如瓶梅云西湖分勻水孤嶼得疎枝觀棋云解圍正藉懸兵集破眼生增點子單皆佳句也書法歐陽率更少小日臨醴泉銘一道偲欲小楷學顏平原麻

姑壇記

性海竹茶爐失而復得由中齋公草疏之張裕題詩處晦而復顯由談恩永勒石復之公有詩美之云曲徑捫蘿上誰嫌步步蘚遲空山猶太古小洞立多時舊竹青仍在新芬綠更滋談公老好事鐫石詩記唐詩

太守沈蔭公 諱樫

公字企鳳，以祖端敏公蔭，歷任廣西廣遠府知府。當平獞猺都蔑之難，計擒韋啟邦，有大功，廣人誦之。著有懸廬閣記、一舫畫齋、顧怡情稿、文集、尺牘，藏于家。卒年五十九歲。士和銘其墓。

郯壕公 諱枘

公字汝模，端敏公孫。以歲貢應順天鄉試，屢不售。大吏重其名，有欲援而進之者，公拒之，遂辭不赴。歸，鍵戶讀書，人罕識其面。著有郯壕詩文集若干卷，藏于家。

欽端文公嘗似之。少而聰穎，十歲賦雪詩，有奇句。長老目為英物。十五補博士，讀書精悍，務究立言之旨。辨析經傳，直黜世儒支離見解，而獨抒秘臆，聞者以次。淨掌於歷代所紀成敗得失，此成敗失廟朝無所當世便宜之迹，尤加蒐討。對策譬諭，上下歷歷指掌。所尊古文辭，必曰西京，不屑依五詩，如黃初近于開闡元間，枕尚彭澤君蓋汲汲於不懈矣。吳中行云：公詩宗陶韋，多自得語，雅不欲炫人，或至焚其草。蓋公好修，闇然不自暴，類如此。

滌溟公諱鳳樓

公字子嵩矜本先生曾孫少穎異為博士第五應鄉試兩擬諸生卒不售家故貧又早喪偶獨處清修不肯請謁年七十九卒有晚香詩稾

劉玉孫云先生於學無所不窺其胸中閎深博大如海濶天高莫窺涯涘吐為詩歌擬金擊玉佶倔瑰麗而調則假響大唐家益貧學益攻苦而詩益峭拔沉雄江陰邱念先偏摟先生吟本得吟今體百餘首於其姪雍梓以傳

繼廬公諱叔駒

公原名彬蒼恬公曾孫少受博士家言性喜書畫善為詩工唐人近體而尤宗杜於遺先世廣故廬一區以見無馭勢香下篇一室蕭然

王丙谷樵登曰秦氏譜祀若鄧林其能修布衣隱士之操挹白駒空谷之響者獨繼廬云

顧冶五先生雅負恬退不結納獵聲譽居恒閉閣擁書四壁遍懸古今名畫日烹泉啜茗為樂其為詩精五言

不滅公備

中書世主公諱桂

公為諸生時，以書法選授中書舍人。與大學士高拱雅故。拱得罪，倉皇去京師，官校方四出偵視，諸門下皆走匿。公追送百里外。欸，謂偵者曰：告而主，我秦中書也。吳中行疏諫張居正奪情，被杖下詔獄。公挾醫往視，湯藥。居正積前慊，遷公魯府審理。公以老罷歸。公端敏公孫，明史附端敏公傳後。

中書公

先祖訓導公曰：公詩不多作，作亦不存，存者惟黃金臺一首云：孟叟辭百鎰，魯連卻千金。招賢乃頭以金餌，毋乃尚有貨取心。磁石引針珀拾芥，應求理必因謀介。黃金不寶寶惟賢，此意能令遠人屆。我觀樂毅鄒衍與劇辛，皆不磊落之奇人。一聞燕王有新築，委質願從惟恐後。是為雙南動歆羨，知君愛士心獨真。陵谷推遷閱古今，寂臺歷室皆塵土。只因人慕好賢風，遺蹟千秋作亭補。過客徘徊想霸圖，游人眺憑思英主。後之帝者豈乏黃金，雖寂藥藏嬌之屋，不築招賢臺。此雖吉光片羽，然議論激昂，有古烈士風，亦可見其一斑矣。

濟灶公諱植

公字子場，原名鳳竹，號木菴先生曾孫，與先濟源同以詩名當世。晉藩請安王之招，涉黃河，觀嵩少，與王中丞、吳方伯諸公賡詠數二千篇。年六十七卒。江陰郎任賢得其詩，擊節賞歎，爲梓二秦先生詩，并傳數十首。别有清湖先生集藏於家。

劉王孫云：公爲人清癯雅淡，有山澤之標，習古文詞，好用奇字，詩則高華秀朗，在晉唐之間。余實與仰余先論二秦先生詩，余先曰：大秦奇偉，二秦雅麗，當相伯仲。

在楊公諱延勳 從弟延熙

公字允丈，元諒公曾孫，好古博雅，未冠即聲滿黌序。北試有司衡者欲有私於公，公拂然歸，放棄舉子業，于稗史漢國策、古文通鑑，不停丹鉛。後以孝爲善本，每遇春秋佳日，與從弟亭山命權扶，卯歌呼擊節，融融也。年七十許，令典館其墓。從弟延熙，爲邦塘公柄子，字允明，號繹山，太學生，以善書名，亦工詩，思家一首，最見至性，惜年僅五十一而卒。

繹山公

先祖訓導公曰公字允明端敏公曾孫善書太學生工詩思家一首最見至性云夏日見苦長夏夜何悠悠豈伊時序乖客子心多愁當窗明月光恍若曙影流披衣出中庭星斗懸屋角頭言念高堂親深居在層樓忽望陰雲生思子尚北游公又有江上送族兄君陽入都云雪後寒暉黯不明朔風江上咽潮聲相逢雁侶方連袂無那驪頭忽送行別思只黯然燕市月鄉書難到建康城知君此去還家夢亦有池塘春草情按君陽即君揚諱蝍虹洲先生子官中書舍人

中丞舜峯公 諱燿 見炳

公字道明文橋公子隆慶辛未進士選庶吉士歷兵刑吏三科給事中公會試出張居正門居正枋國頗操切諸官僚獨才公公於時政多所陳奏居正反戒之曰持論何過峻耶公對曰當言則言耳進太常少卿移光祿擢僉都御使史巡撫南贛贛參閩賊李佩者李文彪遺孽王守仁城淛時所未平也蟊結三世矣公入境甫三日出不意傾其巢南雄妖僧圓朗以白蓮符誘衆會聚閩粵虔山間公設計殲其渠而散解其衆先後事聞皆賜金進級公歛然不居革寺仁柳柳堂石刻懸廳事核士之秀者餼于濂溪祠而勸課之晉撫全楚大旱疫撫輯盡心殺活數十萬人居無何忌者忘者以江陵故相波及因解職屬吏衡州府同知沈鈇摯而善訐上官皆憚之莫敢問他日在座中極詆郎撫公訶之迨公去楚日夜伺其短不得會代撫楚者又素與公有隙乃嗾使鈇摭公交際濫費官錢劾奏竟得罪公歲戍相國張文端公上疏議時政言公寃枉與文公大綸等偏年

史亦載鉄誣公事鉄既以糾參大賢吏員剛直名擢九江知府冢宰孫恭毅丕揚拂然曰是固好許上以小臣擠中丞者耶卒以貪穢職後坐誉冠殺人抵法其父畏罪自經代公者亦歿公年六十一卒於家著有天垣疏稿全楚奏議四藩奏議寄暢園詩集崇祀鄉賢祠配饗雙孝祠見江南通志汪琬明史擬稿見炳字直亮號康泉以孫華鍾貤贈文林郎富川縣知縣王穉登云中丞擁旄秉鉞為國家禦侮戡亂僅取贖鍰為公費何物小子欲快其私憤言不待三村且投矣公歸屏跡公府有園在惠山之麓名曰寄暢得泉石池台之勝每集名流佳客觴詠其中然每念其先端敏公書樞楚平彬桂叛苗以功名終而已不幸為屏吏所誣感懷鬱伊竟以是卒嘖嘖青蠅點而白璧汚貝錦興而賢人厄忠臣孝子擯斥放流聲名俱隕者何限讒人之禍園極矣

舜峯公

先祖訓導公曰公生嘉靖二十三年甲辰正月三十日以附太學生中應天鄉試時嘉靖四十三年甲子也公年二十一矣隆慶五年辛未登張元忭榜進士時公年二十八改翰林院庶吉士授刑科給事中轉兵科右陞禮科左奉使冊封衡藩萬曆四年丙子公年三十三丁母昝恭人之艱己卯服闋補刑科左給事中陞吏科都給事中庚辰年三十七充會試同考官壬午年三十九陞太常寺少卿提督四夷館癸未年四十陞太僕寺卿乙酉年四十二轉光祿寺卿丙戌年四十三陞都察院右僉都御史巡撫南贛以平岑岡賊李佩妖僧李圓朗功陞右副都御史巡撫湖廣辛卯年四十八時萬曆十九年為忌者所訐被誣解職歸築寄暢園本鳳谷行窩也中有二十景自此優游林下者十有三年以萬曆三十二年甲辰五月十五卒壽六十一

先端敏公有園居在惠麓曰鳳谷行窩既毀矣公得之變

雞荒穢改築之曰寄暢雅得泉石池臺之勝釐爲二十景曰嘉樹堂曰清響齋曰錦匯漪曰清籞曰知魚檻曰清川華薄曰涵碧齋曰懸淙澗曰卧雲堂曰鄰梵閣曰大石山房曰丹邱小隱曰環翠樓曰先月榭曰鶴步灘曰含貞齋曰爽臺曰飛泉曰凌虛閣曰棲玄堂公俱按景題詩一首計五絕共二十首已另見寄暢園述略中不贅及此外復有園居五律三首小園即事二首亦見前卷

元峯公 諱煜

公字君揚虹洲先生子官制勅房中書舍人兼翰林院典籍以才能見稱於時實錄成嘗拜白金文綺之賜卒於官薛敷政云公初名熿入武英吏名煥章入史館更今名嘗自中書歸謝絕塵事手一編咿唔校讎客集則角奕命觴刻燭賦詩每花晨月夕五湖扁舟九龍 巖有香山洛社遺風復如昭上自金焦北固下至支硎洞庭三竺淨慈諸勝靡不涉歷五色筆花因而繽紛翩翩乎仙矣

隆萬間邑中文社最盛其尤著為惜陰社公為二十四人之一二十四人者劉陞、秦煜、楊復元、沈學、浦湛如、張明卿、鄒鳳光、孫繼皐、尤鍾、錢萬善、朱元仲、朱萬春、周子文、楊玄文、朱萬齡、吳文炳、楊拱翼、侯先春、顧龍楨、尤錮、顧憲成、陳繼登、莫仁勳、萬象春是也

上生公律勷

公一名廣寄字日上號混塵菴惛公元孫邑庠生少穎異（敏）絕人日誦數千言文始六朝以上於書靡（所）不窺貴爲詩歌倚馬可待頃刻累數萬言江東目爲吳中才士號數奇不售中歲即謝棄儒冠杜門不出以子娴贈福甯州知州著有上生集載兩朝實錄邱園才傳

陳眉公繼儒云公預卜化期沐浴作偈正與少游出光化亭爲客道夢中作長短句自作挽詞畧同（相似）何其祖孫

之合轍歟

黄克云先生詩格聲而顧蒼節和而致洽雅雜諸漢唐

名人集中亦難置辨

上生公

先祖訓導公曰公讀儒書亦旁參禪悅故所至多有解悟語游華藏寺云客行秋山初選向叢林駐屐峯一雨涼殿角歸雲度周覽愜余游庶與道者遇諸象吐毫光靈（波）藾生中簾老僧持貝多字字叅緣悟松門太湖闊萬頃晴波注晃鷺點烟青世界恒沙聚何爲般若舟念此招提路空巖滌禪心龕扳雜花佈言歸迸下方斜暉掛祇樹其二云山僧靜修地僻在南山岑細餐伊蒲塞洗鉢寒澗得藏經一萬卷閒（觀）心皆忘心時掃石龕卧袈裟掛藤陰嗟余慕方外遠（處）爲塵俗侵秋風生虛壑落日鐘磬深花散靈巖雨僧唱梵天音何（當）尚叅慧業頃刻消煩襟從來文公輩元度得追尋保安寺云金風薦新涼偶散林臯履同人意俱閒苦徑穿偏仄窄樹木翳荒郵給孤餘舊迹傳燈留宿緣劫灰幾變易山僧起相迎簡淡禮數畢蒲團坐片時落語亦真率香爐除（檀）悃秋花深丈室自來白雲心不忘持苦律嗟余慕元宗經年豈彼彼浮生泡影如空門萬境辟但使得皈依

瓶鉢隨晨夕歸途暝景催渺焉人天隔公詩所云了無俗諦
戚心出家也公又有詩云生計老來皈實行得機每用偈
為吟又云老入禪門生計是撚鬚拈取學禪吟公固自言
之矣

刑曹廷山公　諱廷蔡烝　弟廷赤

公字允孝號敬公曾孫萬曆癸丑進士任江西永豐縣知
縣清惜有声歷官兵部職方司主事崇祀永豐名宦祠在
永豐時曾題詩于官舍有空庭有鶴能相伴性命無魚自
取羞之句茶煙半榻官舍蕭然可想見其風致性好游嘗
由浙之閩過嚴子陵祠晚桐溪之勝徐君太和以詩詒之
公次韻作答諸詩頗膾炙人口弟永華公廷赤邑庠生嘗
題畫牛詩有谷口花三月江南雨一犁之句時以為工其
題畫景詩云清愛禪林靜愛山秋溪竹樹亂峰間茅亭曲
繞流泉處若箇橋西扶杖還殆真王摩詰所謂畫中詩也
惜年僅三十五而卒

亭山公

先祖訓導公曰公字允孝端敏公曾孫萬曆癸丑進士知永豐縣清格有聲在官日題詩于官舍云孤城草律枕江流簡牘清閒遇一休廬岳雲消諸嶂出鄱湖月上晚波秋庭室有鶴能相伴性介足魚自取羞官舍蕭然無一事茶烟半榻足勾留性好游嘗由浙之閩過嚴子陵祠覽桐溪之勝徐君太和以詩貽之公次韻荅之曰疊嶂重巒兩岸開輕帆片片鏡中來溪從轉處還疑絕境到天成不費裁一線微綸嚴子瀨千年蔓草漢時臺桐君未許吾曹貴題咏憑君逸世才桉桐溪有異人問其姓指桐以示因名又有題嚴子陵先生祠云風波滿眼古臺端獨似當年把釣看顧取貞心扶漢鼎卻將高韻把漁竿徵輪不轉鴻冥志共榻聊酬魚水歡回首桐廬江畔路不堪憑檻暮潮寒公柱長子官至兵部職方司主事

允華公

先祖訓導公曰公爲端敏公曾孫有題畫牛詩曰芳草綠平隄行行笠子低野橋通遠近山色映東西谷口花三月江南雨一犁有頭誰與和清韻入前溪又有毗陵道中飲月絕句云秋空萬里淨無烟樺燭韜光月滿天飲罷扁舟每聞笛老蛟還起舞樽前畫景云清愛禪林靜愛山秋深竹樹亂峯間芳草亭曲繞流泉處若箇橋西扶杖還此卽真畫中詩也公邑庠生中書公柱次子生萬曆辛巳卒萬曆乙卯年僅三十五子重益號六皆孫鉅倫字數五號牖雲康熙甲辰進士官宜君縣知縣

養先公諱耆維

公原名暹以改今名養恬公之孫蘇郡庠生授經養親親殁廬墓三年遷居斗山與龔廷祥高明玿友善見邑志孝友傳

太贈公諱壁

公字聖通養恬公五世孫歲貢生廷試授冠帶以子華鐘贈廣西富川縣知縣公少負才望十一上北京書名稱其曹慷慨多義舉從父中丞公中讒語被逮公單車走京邸多方扶持之年七十三著有北游記西暘遺稿董文敏題楣之

生嘉靖乙未卒崇禎辛未年七十三

太清公諱坡

公字懋純，舜峯公子，太學生，承鄉飲賓。性愷悌，言動不苟。賓游子弟皆敬憚之，爲德於鄉，尤汲汲不倦。年八十一。配鄒，雙孝祠見邑志耆碩傳。

高忠憲公攀龍曰：吾每見太清公居其室，兄弟夫婦父子祖孫之間，愉愉如，藹藹如，不以細務爲失倫，不以近圖妨遠計，明於輕重之等而不失其和，是其生而得于道者也。

馬文肅公世奇曰：余之知太清秦翁也，自公與兄弟甲辰執經嵩君門下，而余兄弟亦以通家猶子。了翁距今滄桑幾一變矣。每父子兄弟庭詒私語，謂若翁者差不愧吾金蘭，得內乘車戴笠之盟，蓋時中心藏之。因余翁生平涉歷盛衰，亦如滄桑。當中丞公撫海內、衡柄海內望，景星慶雲以及於翁，精詣咳唾如涉龍門，而翁向之田禾將軍子自如也。已而中丞公墓菲齋，志以老憂讒畏譏，身支晝鍋，挺而不爲飛鳥依人態，故知翁胸中無人

閒涼熱。公理統仲長所云有良田廣宅，背山臨水，場圃築前，果園樹後者，翁有之；樂天白居易所云有水有竹，有粟廩，有琴亭者，翁又有之。翁第于露夕花晨，繹仲長、樂天之論，賡香山池上之篇，風雲詠歸，飄飄自適。至翁傾身赴人阨，困慳而餐寒，而繁以百千計矣。翁黽勉以進之，由宗鄰遠至支好，由支好遠至鄉閭，而湛沫於江湖，翁可無多寡焉也。僡僡之翁，生于世百年，則取世百年之樂，而世有翁百年，而食翁百年之德。翁之爲壽，不亦大哉！壽言節畧

太清公

先祖訓導公曰公詩不多作僅得一首題云先大夫舜峯公撫湖廣時為屬吏衡州府同知沈鐵(扶)誣劾獲譴抑鬱以卒鐵(扶)旋以貪穢職坐養寇殺人抵法嗚呼天有顯道詎不華矣(奕)詩云邪正雖兩途報應必無失奸人一朝衆轉瞬禍百出君子固有窮霧散見明日以此悟天理胡為亂心術先君勳業高遭讒竟削秩上帝亦震怒彰癉見定律榮辱本無常正道貴自率千載有公論青史垂直筆此詩在他人則為幸災樂禍而在公則無非一片忠孝之心

澹緣公諱重春

公字庸博號梧岩先生子萬曆庚子舉人初官山東鄆城教諭榜一聯於庠右曰禄薄而君恩甚厚毋自薄以負其厚位卑而師道宜尊毋自卑以褻其尊居四年士子愛戴憲司交薦遷福建長樂令俗故多睚(扶)眦忿服毒草圖命若公令鑿毒草以為集其風遂息黜奸胥懲豪棍禁斂公費平反疑獄公暇常偕諸生講學民立生祠尸祝之以忤上官束裝歸敦懷詩酒徜徉林壑者九年年六十五卒(崇祀長樂)崇祀東林道南祠長樂名宦祠見邑志

水庵公諱爾載

公字彥熙一字伯厚更名二宜虹洲先生果孫吳縣庠生予以母誤生以吳文畫其識吳嗜芡吳沒終身不食芡兄弟有善必身先之和氣溢於家衖堂將高忠憲門為東林書院都講卒年僅三十五以子鏞贈江西清江縣知縣晉河南監察道御史崇祀東林道南祠見邑志考及傳

高忠憲公 攀龍曰近世名家子吾得一人曰秦彥熙其所延於家北面戚子者為吾師澄泉殷先生子同年葉茶之吾友歸季思吳子佳懷四君子凜凜法度他子弟窺影避匿者彥熙獨山岳崇崇芝蘭馥馥季思子佳懷至余水居彥熙亦時來靜坐以萬曆之丁未十一月卒嗚呼若彥熙者可人也今歸矣又何憾哉

户部儆海公諱垌 子年夙

公字君新號儆海養恬公五世孫卜生先生子天啟壬戌進士知澤州父喪歸補福寧州輸賦令民自封投邑解輸竟達藩司決獄閑喻得情不以恫喝入為户部員外郎管京糧廳宦官張彝憲以督理户工二部至傲然脩視諸曹郎金鉉抗疏論劾馮元飆索馬徑去而公及何楷咸講分庭之禮璫意大忤公亦遂歸晚居東皐探道以古心師高忠憲之學而未嘗自附於東林著有靜遠堂集崇祀鄉賢祠見邑志宦望傳子年錫字甲先號任甫邑庠生著有東皐唱和集

王永積曰公寄跡東皐怡情詩酒鍵關著述上下古今鞭笞經史靜遠堂集勒成一家之詩高世泰亦稱之曰公制藝精堅醇暢讀者知為敦愿之言端人之作詩古文俱成一家清而闊麗而則張有譽云先生詩與則風雅直追古人雖短章雜韻無不根本性情惆悵世道其仁心靜氣遠度和風猶當與人眉宇

儼海公

先祖訓導公曰公生于萬曆十五年丁亥矣以萬曆四十三年乙卯中式年二十九矣又七年以壬戌登天啟文震孟榜進士年三十六任山西澤州知州癸亥年三十七丁父上生公艱乙丑服闋為天啟五年年四十補福建福寧州知州陞戶部員外郎請告回籍甲申陞本部郎中而明亡矣時年五十八卒于順治五年戊子壽六十二意園居在田藉之後鼎革之際生當易代匿跡空林園曰棲隱其志亦可悲矣考栖隱園本隆慶間賈觀察應璧舊園又名古華山莊在寺塘涇北賈觀察應璧有園在寶善橋上左岸前為溪山第一樓公得之重加潤色釐為十景曰溪山樓曰香雪林曰皆春堂曰嘉樹軒曰深樾堂曰珠翻館曰青未了閣曰澗室曰綺望臺曰蒲碧廊景各繫以五絶一首云

喜延公諱廷瑾

公字喜延陽五公十世孫歲貢生福王時除長沙縣丞改府督教授江南七唐王稱號福州督師何騰蛟檄令署善化縣事順治四年長沙破湖湘悉平先生與其二女屏居閒山沖赴水死僕鄒義為衣冠殯之長子饒方自江南重趼走省既至撫棺慟哭亦卒逾年幼子銳聞難至長沙御公櫬以歸見邑志忠節傳崇祀忠孝祠配饗儼海祖祠

喜延公

先祖訓導公曰：公之以丞改府學教授也，目擊時艱，已有必死之志，題詩數章于署壁。殉節後，署壁剝落，僅存一首。公幼子銑領柩歸錄歸，有曰：洞羅江上孤魂游，我憑吊號雲横秋。歸休歸休號樂哉，新邱。然則公之死也決矣。先是未題長沙時，嘗謁張中丞廟，有詩云：漁陽動地喧鼙鼓，百萬蒼黎飼豺虎。淮江保障有睢陽，未許胡塵汙南土。殺姬饗士勵三軍，食盡孤城更羅鼠。當時壯氣貫長虹，欲為狂瀾作砥柱。豈知鄰封無救兵，一旦投身赴刀斧。捐生誓與令獨敵，殉難甘為許遠伍。生作忠臣原素志，死為勵鬼有餘怒。中原幾閱諸侯王，移時臺榭埋荒土。張公廟貌獨依然，忠貞勇烈超今古。迄今入廟貌，仰鬚眉，英氣猶如抗強虜。通首有寄氣，望而知為忠義之士。生作忠臣原素志，死為勵鬼有餘怒，公早自言之矣。孔曰成仁，孟曰取義，而今而後，殆庶幾無愧歟。按公生萬曆九年辛巳八月初一日，字君錫，號喜延。崇禎十七年除長沙縣丞，時年已六十四矣，而忠義勃發，出于性生。閱四年而赴水死，知事不可為也，壽六十七。長子鏡自江南重趼走省，值父殉，撫棺慟哭卒。亦婦華氏守節逾年。幼子銑聞難至長沙，御公櫬以歸。先是，僕鄒義聞變求尸未得，為衣冠殯之，至是方得公棺以歸。忠孝節義萃于一門，亦奇矣。

儀塵公 諱坊 曾孫應龍

公字表行號儀塵亦號璞陽樵儀邦海先生弟康貢生授光祿寺監丞郡縣鄉飲賓操履醇正第有範身範家集見四庫全書目錄標題邑志列書碩傳曾孫應龍字興時兼悟公八世孫自樂易公而下至兩時八代書香綿綿相繼

雪亭公 諱詔 從子金奏、從孫龍標、復泰

公字寧侯一誠先生五世孫邑諸生潛心理學嘗纂先儒性理為明心錄採古今格言為省心錄暇則多摘秘方有怪症危疾良醫束手者公投以刀圭即愈遇凶札貧廣給棺殮不倦年七十六龔雲西廷尉為之傳見邑志孝友傳從子金奏字九成為公季弟宜士公璋之後郡庠生金奏子龍標字天馭邑庠生龍標從弟復泰字景山為公仲弟祇園公璿孫郡庠生年七十三三人均工制藝以精括著見秦氏制藝叢

幼儀公 諱重采

公諱敏公元孫長洲縣學庠生居親喪哀毀盡禮家告火迫母柩遇椎哀號火及靈而返子見裡如父母舉鄉飲大賓以子鉞贈長蘆都轉鹽運使見邑志孝友傳

鉞字尚業公四路鉞公係一大支有子三人長克偕公鉞以會元媺探花及第京職都階後嗣繁昌次克備公寅諸生任稚不振後裔如蔚為公仁棠德公琳琇璆俱武克克前人降及近世有老月修兩罍公肇煌耽有以宦債倩情茶之尊居公餘亦諸生以能文著稱後嗣寥寥伯仲洲迹遂逝矣

公安公 諱伯欽

公字公安太學生鄉飲賓太清公子少偕仲弟公蕃並受業於辛崇教授封翁馬公希尹之門與文肅公世奇友善立朝砥礪工制舉業性孝友因弟公蕃多病遂不能專心場屋仰俸父意了無鉅細悉以一身任之謀人之謀急人之急不以疏間親不以利先義其一生操踐具見華亭誠德墨堂壽言中雅好法書名畫於韻語不多作作亦抒寫性靈而已

公蕃公諱仲錫 從弟鋹

公字公蕃，太學生，公安公弟，少工制舉業，以病棄去，性蕭灑，每誦少陵力食免内愧之句，以為士君子立志當如是。好法書名畫，不惜鬻金購賞，作古佛閣懸家詩百首為詞章家傳誦，公旋處之，其平生韜晦皆類此。既殁，馬文肅誌其墓，見娛溪詩鈔。從弟鋹，字汝器，為太寧公埏子，蘇郡庠生，工詩畫，有自題山水一絶傳誦人口。

馬文肅公曰：君夙負逸才，於古人文字率多闇解，其掃翁于襄甫擷徐庾之雋，所輯漢魏六朝諸集，纖束華麗，珍於鴻寶，君假鈔寫，日盈數十紙，無何遂盡枕中之秘。所為詩清麗絶倫，有閒情五十絶，讀者擬之比紅百首之流，余於虎侯曾叙而傳之。余兄弟早歲即與君偏人外交，三十年来，衡舉儀飛翻，變萬端，而寒不渝色，炎不加附，客世家子弟，有脱然於聲馬声色者，惟君兄弟於人而已。古詩云：良無盤石固，虚名復何益。君之真不必人之廣，而於人之廣者愈思君之真，君又不獨以五十絶傳也。

真齋公諱鏷 從弟鑣

公字子韜，虹洲先生曾孫，太學生，嘗剞劂板九經，訂正無訛，點畫不苟。王詒上謂與倪雁園家宋刻本方幅正同，而秦本較勝，見鄒曉屏午風堂叢談。從弟鑣，字馭甫，號丹陛，崇禎丙子舉人，官和州學正，旋中順治乙未進士，任浙江溫州府推官，工制義，詞氣飄蕭，議論純潔，有輕風細柳淡月梅花之致。

弱水先生諱鏞 孫異權

公字大音虹洲先生曾孫水庵先生子崇禎丁丑進士知清江縣邑僉富民為馬户富民竄入胥吏累貧民公以胥吏僉而給其值劉當嘯聚以計擒斬之築梅家畲建義倉救民饑福王時擢監察御史屢上封事不報尋歸猶居城東弓河之上自題曰千休館與弟子講求静之學閉門讀易謝絶人事疾革或請還家公曰經經者志可移耶遂卒崇祀清江名宦祠配饗惟從祖祠著有參同閣集見邑志儒林傳赤仙公就撰傳命之學 孫異權字行之號默齋康熙癸酉舉人官滁州學正

黄印識小録秦御史之為清江知縣也一日撫軍郭都賢過境屢報而秦不出迎及郭已過後慎吏白及大驚倉皇追謁及于前途相見畢亦自陳謝郭問故曰主臣偶為一文實未省旌節之早至也郭笑曰文今安在遽出懷袖中郭竟讀乃大稱賞歡嘆而别 按御史于易代時亦嘗欲投繯自盡為家人所 而未果然雖不死屏居千仕館足不輕出其學問清操邑士咸信之即今秦氏子弟亦曰吾宗惟弱水先生為真君子

毘陵譜牒於武進支祖東耕先生道欣為曆問付梓印行攜以來錫為公所見鈔録成帙始知錫譜南省一代傳次不同及思郭上海徵证之異以其精核也

弱水公

先祖訓導公曰公生萬歷二十五年丁酉八月十九歲貢生中崇禎三年庚午順天鄉試年三十四丁丑年四十一登劉同升榜進士年四十一知清江縣江西咸惠有聲甲申國變年四十八福王時擢監察御史屢上封事不報尋歸獨居城東弓河之上自題千休館與弟子講主靜之學閉門讀易謝絶人事順治十八年辛丑年六十五疾革或請歸公曰硜硜者志可移耶遂以閏七月十一日卒崇祀清江名宦祠東林道南祠門人祀之千休館今稱秦御史祠私謚文孝著有泰同閣集易序圖説周子通書半解皇極内篇小衍先儒四編講錄淮海先生年譜清江縣志順治庚子年六十四續修宗譜

袁甫公 諱鈺 弟鉄、孫王春、曾孫夏鼎、

公字中寶邑諸生少能文章與兄大音先生名在復社姓氏錄又明季聽社十七子無錫共十五人公與弟小匡先生皆與焉見梁溪詩鈔詩鈔小匡先生諱鉄亦工文一時有秦氏三君子之目孫王春字咸熙曾孫夏鼎字禹貢俱邑庠生有制義行世見秦氏制義

按明季社事盛行吾邑聽社十七子名籍甚東南與復社後社遥相應和有十七子社稿行世十七子者黄時亨亨仲通 秦鈺中寶 黄家舒漢臣 王□□錫卿 侯楫先雅揚 顧煜羽丸 王玉汝人玉 唐德亮采臣 秦徵宸修遠 黄傳祖心甫 秦鉄小匡 王□□孔時 吳雕時漢九 馬瑞尔采 呂陽虞望 錢陸燦湘靈常熟人 許□□孝酌長洲人是也

香時公諱繇

公字元爽太階先生子吳縣庠生改本學嘗蒐輯先人詩文集彙爲一帙名家集未刻後初先生得之又廣爲采輯成錫山秦氏詩鈔而謹奉先生刻之

元表公諱華鍾

公字元表太階先生子順治四年以歲貢廷試授廣西富川縣知縣席有兵了三年乃莅任撫教歸僞民漸復業無何滇寇李定國兵變至被執賊勸之降公大罵不屈尋就縊守者覺而救之乃扶以行方渡江中流伺間又投水死了聞卹贈按察使僉了照恭祭葬蔭子比爲户部主了以曾孫雄飛貤贈湖北按察使崇祀忠孝祠富川名宦祠配饗惟[illegible]祖祠了載邑志忠義節傳

蒞實祖云公少穎異讀書過目成誦長而能文章工詩詞爲人重節義居家以孝友聞于戚友窮乏寒饑必周恤之有古君子風凡五入場屋不售以順治戊子明經入都對大廷是時西徼未靖定藩奉命出師朝廷授公爲富川縣知縣隨軍征進愛符從甲冑紫云敦不了家人生産廿口贅之無擔石儲不顧也行李一肩蒼頭二三輩慷慨就道蓋已有以身許國矣辛卯抵富川任邑故多猺獞性好鬬了劉猺公寺用撫綏省刑息訟興文

諭勢縱蹈耗輕猺此百姓休息猺民化之皆輸誠服馬守
弁安其以清查烟火激變九圍洞猺羣起應之者兵會
剿叛民退而走險公單騎入其巢穴諭以法即釋兵解
散邑賴以安李定國之變者城陷奉定藩命文武官
俱調赴蒼梧勢甚猖獗梧城不守遂下廣州駐扎勢已
粵西復入版圖公仍遺府未官俗至平樂郡城而李兵
猝至為所執郡民有識公者曰此富川令清廉好官也
妻因欲降之公以死自誓誘以官不從威以刃不屈完
國師潰歸滇挾公與俱公於渡江躍入中流急撈救已
絕命矣賊歎為忠而葬之

接先生被執時而子渭洞俱看留察院内之東廡先生
于八月初九日書就遺囑從容就縊賊守易忝將聞渭
洞哭泣聲覺而救之賊以撤兵渡江先生躍入灘流頭
命易忝將令渭洞送葬畢遂挈以行收月餘渭自柳州
逃回將遺囑付長兄瀾旋即病故次年春洞亦從交趾
王司逃回與兄瀾相依一載復病故時平樂諸僕久已
被難星散瀾煢煢隻影悽慘異狀多上臺憫酌委平
樂經歷後因大兵會剿玉波土逆暫權招撫著有勞績
後改補平樂令至己亥九月始扶先生柩暨渭洞兩櫬
塋於庚子十二月抵家始得承歛明禁葬之典焉

元發公

先祖訓導公吾家以身殉國者有二人焉一曰喜廷公廷註一曰元發公華鍾 元發公之殉于滇也爲李定國所執勸之降不從大罵不乃就縊有救之者後又挾以渡江伺間投水死公少能文章工詩詞爲人重節義居家以孝友聞於戚友窮之患難必周卹之五入場屋不售以哺治戊子明經入對大廷授富川令旋里家無擔石儲廿口嗷嗷不顧也行李一肩蒼頭二三輩慷慨就道屬有兵事隨軍征進辛卯方蒞任撫叛歸俘民漸復業無何滇寇李定國兵至乃以及于難子涓洞送葬華有易參將挈以行月餘涓自柳州逃回尋見其兄瀾旋即病歿次年春洞亦從交趾土司逃回與瀾相依一載又病没瀾煢煢隻影悽慘萬狀奉委著有勞績以上臺保奏補平樂令己亥九月始扶公柩暨涓洞兩櫬得歸葬始承欽賜卹贈焉公之將就縊也於八月初九日書就遺囑從容付兩兒涓洞又繫以詩曰我是天朝吏今朝萬死輕臨民恩未洽報國義求精雙孝承先德孤忠守至誠綱常吾輩事植翹首暮雲横公之志決矣一戕頗有雲 秦嶺之概先是有題韓昌黎潮陽遷謫詩君刻後云潮陽謫去八千里一疏今傳德萬年自分餘生甘瘴癘不知方外有神仙青天鵰鶚恩霄擊碧海蛟龍自蛇蜒筆走風霆詞日月未妨高擬嶧山賢詩言志歌永言古今詩歌不出此二句信乎言者心之聲也公之忠義勃發矢死無他固足以貫秋霜而挽薄俗矣

虞訪補念公 諱鉞

公字克繩號補念諱鉞公五世孫順治乙未會試第一廷對第三人召見南海子賜袍服如第一人授國史院編修充戊戌會試同考官合肥大學士李公天馥其所取士也後為大學士出為廣東參議分守雷處州遷杭嚴兵備副使嘗有無為邪教者公問知此曹戒食肉飲酒遂集堂下偏與酒肉令食訖即散之性沉默而決獄立定片詞亦終不可移遷補林參政所轄神木雜地遍豪右也良遇市小不平輒鬭公時曉喻曲直皆感悅傒其出爭獻醴酪及按察江西進賢縣有叛人江德八者久未獲而所司得江國八嚴牒逼服之以聞公鑒其非冤釋之未幾果得德八其慎于刑政類如此後以坐失出降補長蘆運使遷湖廣糧儲道參政會裁缺歸壽六十七崇祀鄉賢祠邑志宦蹟傳著有補念詩稿

汪鈍翁琬云公生平不藻飾無聲色之好晚築室數間雜植花竹于庭往往獨處其中書卷縱橫凝塵滿几暮則一燈熒然如老儒生然歲時伏臘偶親故會飲相與披豁情愫欣欣如也讀書過目不忘為古文詞典雅詩尤婉麗數經御試必居高等而謙約不欲以文章自名故既卒而其孫供者多矣其孫樵村先生稱公有名流賦詩長而險韻不假經營而自然清華學生皆庚借于余不及見也

王尚書池北偶談云本朝一邑科第之盛無錫壬辰狀元鄒忠倚乙未探花秦鉞長洲彭會元也已亥榜眼華亦祥 榜姓鄒 甲辰探花周弘 榜姓秦

黃過溪云乙未南宮題為詩可以興之句秦補念鉞本房以為平而棄之矣世祖作此題文主試者擇知被題為詩教有之急欲崇之股括者以堂元編修名得于落卷中得秦君文正之股遂定元及進呈世祖大稱賞朱筆濃圈擊節不置臚唱日一甲至二名不及秦世祖色變至第三名為秦鉞世祖大悅拍案曰吾意此人必鼎甲也賜袍服時比第一人一時以為異數

補念公

先祖訓導公曰公父幼儀先生至孝篤生公於天啟元年辛酉三月七日公字克繩崇禎丁丑年十七母華氏卒于閏四月初八日長洲縣庠生年二十八戊子爲順治五年江南鄉試中式乙未年三十五會元殿試一甲三名登史大成榜進士及第奉旨特賜袍服如第一人授内翰林國史院編修充戊戌年三十八會試同考官得士合肥李天馥[illegible]陞廣東布政使司參議分守海北南道庚子年四十遷浙江按察使副使整飭杭嚴道辛丑年四十一陞陝西布政司參政整飭延綏東路道甲辰爲康熙三年年四十四陞江西按察使以失出降一級戊申年四十八丁父幼儀公艱庚戌八月服闋丙辰年五十六補長蘆都轉鹽運使癸亥年六十三調湖廣布政司參政湖南糧儲道以康熙二十六年丁卯六月十七卒壽六十七汪鈍翁云公居平不蓄媵侍無聲之色好官糧儲道會以裁缺歸葺室數間雜植花竹於庭往往獨處其中書卷縱橫淤塵滿席暮則一燈熒然如老書生歲時伏臘偕親故念飲相與披豁情愫欣欣如也讀書過目不忘爲古文詞典雅詩尤婉麗數經御試必居高第而謙約不欲以文章自名其族孫對巖先生稱公與名流賦詩長篇險韻不假經營而自然清華舉座皆廢惜乎余不及見也著有補念詩稿

公年長於留仙公十六歲順治十七年庚子公年四十自杭嚴道陞任陝西延綏道以七月初一日至家而留仙公以初之三日北行時年二十四留仙公年十九登乙未進士改授翰林院庶吉士丁酉年二十一授檢討公有詩送之曰玉堂詞客方趨闕瘴海遁臣始到家萬里幾回看月色一宵猶喜共燈花西湖烟水官情冷北向雲山客路賒莫惜青尊屢傾倒明朝分手即天涯

公之分守廣東也年三十八出都有雜詠云三年冰署官微情親忽報除書下闕新侍從久嫌虛薄祿馳驅曾敢愛酬身經綸疏略慚明詔行李艱難累故人京官清况大抵如所極目南天風景別迴瞻北斗一傷神　公之詩雍容揄揚高華典貴的是金華入殿中人語讀其館課詩有上駐蹕南苑閱武行蒐禮召詞臣同廷臣四品以下從觀恭紀

云萬國瞻垂拱宸謨念四征舞干方耀德伏鉞復觀兵舊
駐長楊苑新成細柳營良家來六郡壯士集龍城暖日明
驍騎飛花拂旆旌雲開羽葆疾風入鐵衣輕分合隨鉦響
馳驅聽角鳴戒嚴如有敵令肅欲無聲古禮春蒐盛空原
野望平鐃吹朝颯沓劍氣晝崢嶸射虎將軍事非熊雲主
情千官齊扈從萬乘倏前行珠勒親調馬琱弓自逐麖秉
虛驕脾睨掩草兔縱橫頓轡烟巒淨彀弓玉珮清指麾誇
將校如舊笑公卿投芳方和具烹鮮又進羹大官供鼎食
內賜出金莖餅似色紅錦豐擬貯水晶君恩雨露渥天語
日星明當宁揚神武班聯勉俊英盈朝還濟濟之夙夜竭忤
忤共作龍門客誰標麟閣名十年猶説賦慙愧一書生館
閣休裁和聲鳴盛無以過此其他警句如當道寒豹虎清
班塊鳳麟又云草閣惟有歸補牘更無人又云空山藏碧
血白市見青燐館課恭讀御製表忠錄紀事句淵潮先穰皆卓然可傳而送施
尚白督學山左七律一首最為壓卷高秋曙色擁文旌砥
柱狂瀾定此行相馬期收天下士登龍喜動魯諸生星躔
東壁瞻征旌雁羽與西風促去程好西靈光更揮筆才名舊
己重宣城長洲汪琬稱其稿散佚公蓋雅不欲以詩名故
棄擲亦不甚愛惜耳非後人之不能讀父書也

克備公 諱寅 弟録

公字克備號小維摩瑞敏公五世孫補全先生弟邑庠生篤于孝友以孫仁贈蒙自知縣著有津游前代草竹蔭山房稿弟録字尊尼長洲縣庠生為文雪淨冰融秀逸高致渾有雅人深致

劉子廸云克備詩蹈爾散朗興之所致矢口而成似王百穀稚登唐子寅畏寅一流人亦其性情與之相合未嘗拘拘焉傚此六家也

克備公

先祖訓導公曰公集有侍郎澂楊基詩注云時六兄赴京候補七弟已故詩云柳色含青露濕苔輕舟西渡浪紋迴一春病酒湖山洗半世傷心節序催有客天涯應夢到無人地下約同來松杉影裏繁花繞景物年年不盡哀念橋公延熙子二先之公重甲邑庠生幼儀公重采長洲縣庠生孫八去玷字勿桀河南先州庠生鈺生字勿郡庠生鑛生字勿私邑庠生去非字勿饰號衣亨歲貢生任吴江縣訓導歷金華府經歷舉鄉飲賓鏸生字勿為鉞字克繩探花官終糧儲道寅字克備邑庠生録字尊尼長洲縣庠生當時以從兄弟排次故克繩公行六尊尼公行八然則公行七也幼儀公卒于康熙戊申五月六日壽六十六葬侍郎澂尊尼公卒於甲寅時克繩公官江西按察使以失出降一級赴京候補當在乙卯年越二年丙辰始得補長蘆都轉鹽運使以時考之公詩之作其在乙卯康熙十四年乎公生崇禎戊辰三月廿八至是年四十八矣俗以百年為一世故曰半世也

維屏公諱鋭 孫種五、曾孫心、七世從孫亮、

公喜延先生幼子喜延先生殉難長少長子鋭撫棺慟卒
康熙三年公間關往訪始得御父兄櫬以歸事見邑志孝
友傳孫韓臣 公種五性通脱好吟咏布衣不獲酬而風骨
凌凜然有除夕述古一首讀之可以見其節概曾孫心字
東宿號芥舟好吟咏有女適拔貢生顧敬恂身後稿散佚
詩鈔僅存其秋日謁高祖喜延公墓一首芥舟公從孫亮
字寰錞號大謬為喜延先生之八世孫公之仲兄諱鑽之
幾亦嫻吟咏 有寄呈遠溪叔祖詩一首奕葉風雅士林艷
之

浦雲公諱延倫 弟錦、族子流慶、遠志、

公字敷五諸敏公五世孫父六皆先生課之嚴延名師不惜
修脯公為仲子能如父志刻苦成康熙甲辰進士 詩鈔云甲戌而
對岩先生六皆公傳云甲辰 任陝西宜君縣知縣弟錦字大千號炯菴康
熙壬子副貢工制義為文超神入聖有考卷行世族子流
慶字審若號敬亭為廷山公延孫曾孫邑庠生亦工詩敬
亭公從弟遠志字百川邑庠生以帖括著見秦氏制義

大治公諱宏鑄 元二十

公字大治號白石老人諧鈗公五世孫歲貢生著有果存
集兄果溪詩鈔兄二冊字禹和邑庠生工制義清安俊拔
之慶外有孝卷行世兄秦氏制義
南沙先生曰先生非文章經世之才為士林祭酒時命
不猶僅以明經貢禮部近歲屏跡村莊鮮入城市惟山
水之興老而益壯所為詩亦華妙清新略無衰颯之態
由先生精心學道能外形骸齊物我故年躋大耋而吐
屬之妙如此

兵部吉生公諱沂

公虹洲先生元孫父君勸公為高忠憲之壻砥詩敦閒於
性命義理之微崇禎己卯與父同舉於鄉又四年癸未成
進士授兵部職方司主事國変後屏居驪山吟社五十年
鍵關著書有書經纂注杜詩注自問編問己什壽八十三

吉生公

先祖訓導公曰公生萬曆癸丑以邑廩生中崇禎己卯應天鄉試與父君鄰先生欽翼同年中式但君鄰公中順天耳一南一北公父年四十五公年二十七一時傳為佳話癸未登楊廷鑑榜進士年三十一明年甲申而明亡君鄰公年五十公年三十二家有碧山吟社毀矣從川公復之明亡後公屏居其中五十年鍵關著書壽八十三而卒

書隱公諱世綸

公原名德涯字來啟諸敏公五世孫吳縣庠生馬文肅公弟子當鼎革之秋避亂困窮不因人熱事繼母極孝母患風痺甚危篤公中夜膝行禱于天乃復甦性闊達銜杯賦詩有隱求集

以巽公諱德滋 弟德淇、德沙、德盼，從孫敬熙，族孫縱熙、揚熙、

公原名渙，舜華公曾孫，公安公子，崇禎癸酉副貢生。工詩，與同邑華淑、黃傳祖輩結涯臻詩社。尤善楷書，似歐陽率更。嘗彙刻前代名人法書，曰《巽溪秦氏帖》，甚精妙。兄弟五人：仲弟德淇，字小武；叔弟德沙，字以謙，號人在，俱吳縣庠生，多列涯臻詩社。季弟德汾，字小令，號竹安，邑庠生。德淇孫敬熙，字景文，號蓟園，以制舉文著，歲貢生，官江浦訓導。從孫縱熙，字元功，工詩，有《望湖絕句》。揚熙，字雲谷，著有《閒吟草》。

俱公五弟德衍之後

按涯臻詩社與聽社同時，曉社、文社，此列詩社也。社共九人：華淑聞修、邑自誠咸識之、孫潢廣、秦德滋以巽、秦德沙人在、秦德淇小武、黃傳祖心甫、黃芝梅甫、錢星岩

拙存公諱渙

公字斐君，元臻先生子，邑庠生，師事馬文甫公，文甫詞雜以不復求試，專肆力於古文詞，年八十披閱史漢八家丹黃不輟，於諸弟子論古今文原委得失，及大河貫輪間決江河而下，作制義古節古音，時下訝而卻避

海翁公諱德藻 兄德潛

公字以新，乃拳公曾孫，恩貢生。父殁時祖父母俱暨，伯父公安公注血廬墓如喪父母。子松齡以族姑訛寄通權落職，或請自申雪，公命勿辯，曰：孺姑子幼，辯之必株連。寡遂有命，不如安之。公齒德並尊，諸子通顯，孫曾繁昌。公年二十四，文仁廟南巡，年寄暢園，公與安迎謁，溫旨存問，尤極榮遇。壽八十五。以子松齡貤贈翰林院庶吉士，以曾孫蕙田貤贈刑部尚書。配樂，贈孝祠。兄德潛，字以時，邑庠生，積學早卒，無子，公以長子松齡及第，以雪公子松岱為之後。

張文貞公云：吳溪秦海翁先生以孝友篤行，為東南人倫物模楷。其性和易，不與人忤，平生坦夷刻儉十萬。張孫川為道義性命之友，從論經史，觴詠不輟，一時推為耆英。

嚴秋水 備紀曰：海翁先生風采秀整，偷然塵壒之外，望之若神仙中人。秦氏承世孝之以家法，雍睦與他族殊，而海翁先生尤風有至性，父母、大父母咸以孝稱之。年未四十，以子官諭貴，遂絕意仕進，樓居者垂五十餘年。

於佳勝之地必有精舍，而要皆恢復前業。每風和日煦，寄暢花開，先生訪興所至，則諸子從之，猶曩者貞請之於吟社也。貞請先生孝於其親，而其子中翰[illegible]，本贊以孝聞著；先生孝於其親，而宮諭先生年未艾，即方伯致政之年，正同貞請先生受貤封，享大年。宗尝以貴倨驕人，吟社皆布衣之交，其於醜洽具，方伯兄弟先志以辯先生。先生平未嘗一言致傷人，一子致先人。每從游者無慮十數，皆親戚故舊，宮諭兄弟隨所至而肴核具陳，歡洽竟日不倦。先生今年已，貞請先生年八十五於辛丙，先生適如之相符，豈昔人所云數世之後子孫必有一人似其先祖者耶？昔吟社盛時，卿大夫過錫必訪子其家，若王文簡、湯文正宛尤相愛慕，即三原王端毅時在撫院，亦聞而顧見，至今傳為盛事。若今海翁先生之寄暢園，則翠華三巡江南，四經臨幸，御書賜額，溫問再三，其為林泉光寵，固非昔日之所敢比，而聖天子引見高年依札者，俊顯以為三代以來[illegible]不負遇矣。

海翁公

先祖訓導公曰公生萬曆四十五年丁巳二月初四日公生時父公蕃公年已三十矣年十八與兄以雪公德澄同游于庠後旋丁父公蕃公艱時祖父母太清公年六十九祖母年亦六十九俱存深懼以毀瘠傷大父母心而涕泗常漬枕席順治三年丙戌大父太清公埈卒壽八十一公與伯父公安公伯欽泣血廬墓如喪父時宗黨咸稱其孝戊子年三十二子松齡年十二入泮大母施太僕寺卿棻女旋以是年卒壽八十三甲午年三十八子松齡年十八江南鄉試中式乙未年十九聯捷登史大成榜進士改授翰林院庶吉士時公年只三十九耳丁酉松齡授檢討尋以通糧案罷歸實族姑詭寄糧也或請自申雪公命勿辨曰孀姑子幼辨之恐株連窮達有命不如安之人以是服公之識與器量之寬洪子松期於是年游庠辛丑公年四十五丁母于艱為母金壇鄅陽兵備道文熙孫女哀毀廬墓如前癸丑公年五十七長孫道然年十六游庠甲寅子松期以賢能薦湖廣軍前効用戊午以博學鴻儒薦己未公年六十三召試一等還原官纂修明史對巖公時年四十四孫靖然年十八游庠孝然年十八憲然年十八同案入泮辛酉松齡江西鄉試正考官陞中允兼修撰孫寶然年十七游庠壬戌孫敬然年十六游庠甲子公年六十八子松齡陞諭德充順天鄉試正考官己巳公年七十三孫恬然年十二游庠辛未孫軒然年十九游庠丁丑公年八十一孫靖然拔貢己卯孫存然年十七游庠庚辰孫易然年十七入泮辛巳五月初七卒為康熙四十年壽八十五公齒德俱尊諸子通顯孫曾繁衍分二十四支

公子六松齡松期松喬松如松虬慧旋　松齡嗣公長兄德澄後慧旋側出生而好佛不茹葷受業師倪其愛之而育之既長不願婚娶從釋　松齡乙未翰林官宮諭松期廩貢生官訓導改授翰林院孔目松喬增生松如官吳川縣知縣　孫二十四人道然孝然靖然文然憲然寶然舜然始然敬然恬然軒然祖然存然易然榮然起然明然景然壽然紀然瑞然竹然處然　道然己丑翰林官給事中

孝然邑庠生　靖然拔貢生壬辰翰林官編修　憲然附
太學生　寶然增貢生　舜燕邑庠生　始然附貢生
潑然邑庠生　恬然邑庠生　軒然增貢生　存然附貢
生　易然郡庠生　壽然邑庠生丁丑欽賜翰林　修然
歲貢生　瑞熙附貢生　明然官州判　曾孫五十道然
子三芝田乙酉舉人官知縣　惠疇郡庠生　蕙田丙辰探花官尚書　祖然子二
瑤田邑庠生　恩田　明然子一周田天文生　壽然子三卿田　杏
田　藝田冠帶生　寶然子一春田　舜燕（然）子二中威　纖官縣丞
始然子四藍田　二田　天田　鵬程　軒然子三琬
寶（宏）郡庠生　錫（錦）麟　存然子一圭田　起然子一時　瑞熙子一兆雷
孝然子七玉田　鶴田　在田　鳳田官吏目　雨田天文生　文然
南田　落（荷）田　靖然子三力田　研田癸卯副榜　餘田　潑
子二莘田甲辰副榜丙午舉人癸丑進士官知縣　憲然子二雲會壬子舉人　雲萬
然子二昆田官主事　東田郡增生　恬然子五畢田郡庠生　甸丙午舉人丁未進士
雲翼歲貢生官訓導　雲衢　槃然子二鳳翼戊午舉人官知縣　蓀田
景田子一益堅　純然子二禹田　份田善隸書並工畫　修然子一

見田　竹然子一福田　處然子二經畬　經畯　元孫百
六人芝田子一應鈞　惠疇子二體鈞　鳴鈞　瑤田子一容鈞
蕙田子三泰鈞甲戌翰林官編修　鼎鈞　上鈞　周田子四宏鈞
天鈞　秉鈞　萬鈞　卿田子一度鈞廪貢生官訓導　杏田子四贊鈞
輅鈞　樂鈞郡庠生　預鈞　藝田子五彥鈞　碩鈞　卓鈞
朝鈞　翰鈞　春田子六鴻鈞附生　龍鈞　廣鈞　震鈞由州
判官至山東臨泰武道　豫鈞官巡檢　鳳鈞　中威子一鈁　纖子一鈇　鈊
官知州　藍田子四大鈞　和鈞　調鈞邑庠生　之鴻邑庠生　二田子
二泰初　重鈞典史　天田子禹鈞　鵬程子二陶鈞　樹錦　琬
子三雲錦　文錦庠生有孝行工書畫　書錦從九　宏子一士錦郡庠生　錦麟子一
廷鋐　圭田子二鏊　銓　時疇子二鋭銑庠生工畫　鈗　錦庠生　兆雷子六
仁鋐　禮鉄　智鉄廪貢生官訓導　信鉄　敏鉄庠生　惠鉄　玉田
子銶歲貢生　鶴田子一裔鑾　在田子一堇鑾　鳳田子二仙鑾
殿鑾　丙田子二鑾昇邑庠生　和鑾　南田子四祥鑾廪生　鳴鈞
調鑾　星鑾　力田子二應鐘　廷鐘　研田子三宏鐘　璜
鐘庠生　萬鐘　餘田子一鼎鐘　莘田子二鑄　鑀　荷田子二鐵

庠生鍔 庠生憲會子朝釪二 丁卯舉人戊辰進士官知府 廷釪 庠生雲萬子四 紫釪
汝釪 文釪 武釪 昆田子銘二 思 邑庠生 鍾瑞 東田
子三 鏷 庠生丁卯舉人官至湖北按察使 鑽 拔貢生辛酉舉人乙丑翰林官運使 鍠 星田子
元 文釗 生 增貢 旬子五 文釗 世鑑 巨鎮 祖釗 雄鎮 雲
翼子二 鼎銘 新銘 雲衢子三 藩 邑庠生 鎔 士 士鉉 鳳翼
子朝鑑 藻田子四 復初 籌初 裕初 昇初 益墅子一
思初 禹田子一 雄鏕 份田子一 良鏕
公後子輩中翰林一 松齡 孫輩中翰林三 道然
靖然 壽然 曾孫輩中探花一 蕙田 進士二 芊
田 由 舉人三 芝田 雲會 鳳翼 元孫中翰林
二 泰鈞 鑽 進士一 朝釪 舉人一 鏷 五世
孫中翰林二 泉 潮 舉人七 瀛 潤 鴻甲 雄
濤 湘 濂 大先 六世孫中舉人一 國楠 七世
孫中翰林一 賡彤 舉人四 文彪 炳章 炳文
臻 燦光八世孫中舉人二 瀛 琦 寅 汎 燕 第以科第而論可謂盛矣莫非自孝德基之後之人
可以知所興矣

蒼華公諱廣之
公字廣瑞敏公六世孫順治乙未進士積學敦行補念先
生送公南歸詩有白雪文章四海見青雲声價九秋高之
句可以想其風標矣蒼公廣真稿

蒼華公

先祖訓導公曰公生天啟壬戌郡庠生中順治丁酉江南鄉試年三十六辛丑會試中式年四十己未殿試登歸允肅榜進士年五十八(侯)卒癸酉壽七十二端敏公六世孫

湘侯公諱沅

虹洲先生玄孫郡庠生工書法閉戶讀書不妄交交必極一時之選與顧祖禹稱莫逆顧著方輿紀要公助裁之力爲多著有詩經多識春秋綱見邑志

若柯公諱泉芳

公字天乳虹洲先生玄孫邑庠生工詩與從弟樂天先生並著名見梁溪詩鈔六世孫蘭枝字常慶號香谷邑庠生小峴先生云先生留心學問勤於考核於先澤尤惓惓嘗輯淮海先生墓考藏於家所為詩清蕭疏遠自是雅音

紫廻公諱潤 子樹獻

公字紫廻元孝先生仲子邑庠生隨父任富川父殉西逆李定國之難檄署平樂知縣公孝性過人篤于友者既殁貧甚遺一妾諸守節撫孤早夜紡績自給康熙中旌于朝孫雄飛官江西右布政使贈夫人人謂忠孝節義萃一門云見梁溪詩鈔子樹獻字麟公邑庠生工詩亦見梁溪詩鈔子樹獻字麟

箬溪公諱保寅 第原

公字樂天號石農虹洲先生元孫真壺公子蘇州府學生家富藏書喜賓客蕭山毛奇齡亡命時嘗主其家盡取其書而讀之尤善慈谿姜西溟家共相為倡和中歲棄舉業託醫隱為人處方輒效嚴中允繩孫修邑志公助裁之力為多云詳見邑志弟原字景天亦工詩見鵝溪詩鈔

梁溪詩鈔云樂天又號石漆山農著有石農詩稿陳朝謀贈公詩有歲寒冰雪惟吾友儒雅風流是我師五字建安猶選的七言長慶讓新詩之句

葉文敏方藹云樂天為人藹藹穆穆與處廣言俱盡

顧宸修云保寅家本饒富藏書數卷與嚴繩孫蔣遵路輩結詩社為諸子之冠後脩山水以終其身

顧響泉先生云公在交游間退然惟恐先人雖衆坐呼笑靜若獨處或時發言輒多微中讀書兼綜條貫所為詩能刊落一切獨標清冷

鄒仙公諱汝泌

公補念先生子歲貢生安徽虹園縣教諭能詩書兼米趙又書作服議一篇可補陳氏禮書附見邑志補念先生傳五世從孫爾章原名濬字補菖河南信陽州楊家塘巡檢工詩詞著有微雲樓詩稿見常州詞選

映碧公 諱日新 玄孫金門、從孫龍許、五世從孫油然、

公字映碧，舜華公曾孫，歲貢生，少與錢肅潤、張夏輩友善。官旌德教諭。詩具唐人格律，宣城施閏章雲與唱和，著有白鹿堂詩稿，見邑志。玄孫金門，字定觀，號酌卿，邑庠生，亦能詩。從孫龍許，字銘常，增太學生，為公從弟諱瀠之後，見文鈔。龍許曾孫油然，字霖甫，號月泉，精于疊扇工鐫字，有刻扇呈王人月師二絕句，見鈔詩鈔。

湖船公 諱沚 曾孫玉庭

公字樾岳，元黄先生三子，以父殉難蔭授直隸河間知縣，改補福建侯官知縣，陞戶部陝西司主事。曾孫玉庭，字慎行，號情田，客游皖贛秦三省，行蹤所至，輒寄以詩，著有慎行詩草。

父軒公諱鄭洺（弟尚渭、尚烈，子果誠）

公字大來瑞旦公十二世孫康熙甲午舉人著有父軒草仲弟尚渭字田來叔弟尚烈字岐賓亦工詩著有水渠草（著有桑志園記）杜雲川太史為之序兄弟三人隱居邑之水渠築樂志園短籬曲几竹木清疏讀書其中吟咏自適公少工制舉業游其門者皆漸次取科第去而公竟以老孝康終小峴先生亟稱之尚烈子果誠字閑存亦以文著

父軒公

先祖訓導公曰公為遜軒公十世孫兄弟三人長公次尚渭次尚烈舜埜遷居水渠之上短籬曲几竹木清疏三面皆水公讀書其中吟咏自得水渠村莊（云）買得村莊事事忙儒冠急改老農裝四圍積水牽漁艇三面看山上小岡鎮日呼童教種果經年駈犢學栽秧晚來月上應當卧又有仙人不睡方盡公所居購之只十金前為白担山虞山翕山後為璜山下臨積水實一勝區也水閣窗開螺層聳翠相對怡情惜後人不能繩武而岐賓公（融）尚後僅富于資善理生計育梅修者為邑諸生云梅修名芝清為岐賓公五世孫

政賓公

先祖訓導公日大來先生季弟邑庠生工詩著有渠草杜雲川太史為之序而刻之垂釣云花落游魚吹細浪風開輕燕點浮漚閒居云小院深深似洞天茶餘琴罷枕書眠祇緣碌碌人多事誤道閒閒我似是仙性曠逸年六十有自遣詩云手植亭亭繞屋梅幾經花謝幾經開老羞未了兒殘棊局兜戲翩為壽酒杯粳稻半收諸事畢繩床新補待朋來鄰翁謂我身猶健約訪終南走一回

鉞按紫公為儉節公後一大支遷居水渠至文心公而始大賢富能訓書香不絕致儉節公有子三人長子端嘉公瑾生二子孟乃奇馳公勉次為一誠公勵一誠公支盛于明代公乃守拙公後裔稱公支盛于清代皆為溯一誠公支而代昔者兄弟三人自以頭遷居水渠而香之裔為尤盛云

岵雲公諱源寬

公字未能恭恬公六世孫康熙癸未進士考授中書幼孤性至孝母胡守節撫孤公晨夕不離膝下甫通籍告歸侍養母歿請旌如制建祠東山寺左别構一閣額曰永思用以申追慕之意工制義詩不多作見邑志孝友傳及渠溪詩鈔

鉞按渠公好學驗居上之賦經畬堂為從川公後之一大支公与長子伯毅相繼成進士季子翱先廣李秀之後相繼所公先弟四人公一以舉人任知縣有政績一以川由樗選公發用知縣亦以任而平世如湧然言山左卒著政声六世孫霖仕壽州知州以伉直羅言除入民國著深植武執不絕于仕版

秦氏獻徵録 丁集（下）

宫諭留仙公諱松齡

公號對巖，别號蒼峴山人，海翁先生子。生十二年而游庠，順治乙未進士，改庶常，才十八耳。授檢討，以逋糧案罣誤削籍。康熙十八年舉鴻博，復原官，歷左諭德、左春坊，纂修明史，再典鄉試，又以磨勘落職。通籍六十年，立朝僅九載，餘率家居讀書之日為多。官京師時，大學士某公欲招致公，屬人道意，卒不得。嘗以薦從軍荆襄，㕘征西鎮榮，請於軍中講學，公乃陳說忠孝大義，介胄之士無不悚聽。其學在變化氣質，收斂切實。平生於書無不窺，講學則友睢州湯文正公，詩則友新城王漁洋尚書漁洋，古文詞則友長洲汪鈍翁、慈谿姜西溟，而尤邃於詩。著毛詩日箋、蒼峴山人詩文集，見一統志、江南通志儒林傳。崇祀鄉賢祠，配享惠山效者祠。以孫蕙田贈刑部尚書。

顧震滄棟高先生曰：宫諭初入翰林，世祖章皇帝嘗召試白鶴詩，有「高鳴常向月，善舞不迎人」句，上指示閣臣曰：「此人必有品。」置第一。王尚書漁洋山人贈詩句云「秦子清

真亞字詩蓋在此也家有園在惠山之麓擅林泉之勝
顏曰依緑戶外園諸書幽致人遠老相倡和其中為澳
洋山人為同年友善嘗織詩一編題曰寄阮集
黃印云宮論嗣母王氏名朗字仲瑛金壇王彥弘女也
彥泓為名諸生工為艷體詩所謂疑雨集者為傳世園
文媄所刻傳誦滿江左朗有夙慧擅家學於詩小詞及
畫水梅花並稱三絕其山園眼淘沙詞云我日病淹煎
昨夜遶眠強移心緒鏡台前懶整凌烟低髻滑也自生
憐不貼翠花鈿懶易衣鮮碧油衫子襯經　為怯遊人
如儀擁故櫳陰天著有靡提閣集
朱孝廉旂對岩先生門人也家素封一日勘荒泊舟毛
道橋以遇雨斷避一農家故朱佃也于案上得一敗紙古
文稿未就玩之異甚問為誰作佃曰先生孫子客間修
脯白六金而止而陸鐵莊已問此果君所作否曰然欣
有了未完在途已得半篇必少緩即遮當書出之書畢
朱君蓋款賓別數日朱君具舟造楣之廬觀錢二千千
米二石登堂拜其母與宜交延之歸袖其文見對岩詭
云已作曰子安能至此無欺我詢得其實即具柬往謁
鐵莊邀至對岩家海內求對岩文日不暇給對巖嘗為
代草為歲得潤筆資百餘金而名滿邑中矣即此可見
宮論之具慧眼能物色人而虛心禮下也

對巖公

先祖訓導公曰公字留仙別號蒼峴山人海翁先生子年十八中式順治甲午江南鄉試舉人年十九登順治乙未史大成榜進士改庶常丁酉授檢討旋以道糧案罷歸時年二十一耳康熙十三年甲寅公年三十七歲以賢能赴湖廣軍前効力十八年己未年四十八舉博學鴻詞召試一等還原官纂修明史辛酉充日講官起居注江南鄉試正考官陞右春坊右中允兼翰林院修撰甲子陞左春坊左諭德後充順天鄉試正考官中蜚語罷歸是時公年五十三耳家有園在惠山之麓罷官後奉太公與故人遺老倡和其中癸未年七十二蒙恩賞還原官甲午年七十八而卒公通籍幾六十年而先後立朝祗九載以孫蕙田贈刑部尚書少與弟松岱同受業於弱水先生鏞故能變化氣質收斂切實平生於書無所不窺講學則交湯文正斌詩則交王漁洋士禎古文辭則交汪鈍翁琬姜西溟宸英而尤邃於詩

燈岩公 諱松岱

公字喬仙舜峯公玄孫公幼有志於學師了族祖大音先生識解益進時武進惲日初餘姚黃宗羲皆前朝遺老以講學相友和公馳書質証往復累數千言家貧而菲衣糲食治家一守古禮尤邃于易著易學測微見一統志以曾孫蕙畇贈兩浙江南都轉鹽運使崇祀東林道南祠

漆園公諱松期

公字邳仙對巖先生弟以貢授棠城縣訓導不就改翰林院孔目舉鄉飲大賓贈中憲大夫公家居養親内行濟至質才識不（及施）用閒施之鄉里臨事難蔵以非邑有公事公恒尸之急難排解或以是叢謗弗恤（悔）也康熙甲午續修宗譜獨任刊刻見邑志行義傳配享惠山雙孝祠

汪武曹云君學識足以知當世之利弊品行足以動當世之諮諏才畧足以定恤災救弊之條次於是罷沿湖石閘之役息難圖雇役之爭主育嬰會（司）粥藥局新學舍擴道南書院復貞節祠建望亭龍涯橋為邑門戶修南禪寺妙光播塔為邑文筆峯少師事堵禾齋先生後堵氏衰微年請於官奉堵先生入鄉賢祠好讀書潛心學易旁通太乙六壬卒年七十六

周振宜云公少負穎譽年十八補博士弟子員旋入貢籙以貢入大廷前輩葉文敏公宋文恪公交稱之家有園在惠山之麓麓公奉太公疏泉壘石極園林之勝遠伯兄罷職歸里季弟亦仙亦解組吳川時兄弟皆六十餘太公年踰大耋每春秋佳日隨杖履偕二三賓從徜徉泉石閒皆龐眉皓髮望若列仙歲癸未上南巡幸園公隨伯兄接駕賜克食上親問子姪中學問好者公以道然對己丑壬寅道然請然相繼入館選敘公手書勉以立朝大節仲子軒然應京兆試幾得復失公恬然不色愠嘗延邑耆宿劉君言潔教諸子劉君負文學喜節義退訓諸子汝輩不獨師其文當師其人可以觀公之自處矣

昆季並承歡亦可想見天倫之樂矣

漆園公

先祖訓導公曰公字邳仙以貢官翰林院孔目家居養親內行滴至貢才識不及施用簡施之鄉里邑有公事恒尸之罷沿湖石閘之役息難圖雇役之爭主育嬰會司粥藥局新學舍擴道南書院復貞節祠建望亭龍漚橋爲邑門戶修南禪寺妙光墖爲邑文華峯師事堵禾齋先生十八補博士弟子員旋食餼以貢入大廷前輩葉文敏公宋文恪公交稱之授蒙城訓導不赴好讀書潛以學易旁通太乙六壬卒年七十六嘗延邑耆宿劉君言潔教諸子訓之曰汝不讀師其文尚師其人蓋以劉君免文學喜節義故也家有園在惠山之麓公奉太公疏泉疊石極園林之勝逮伯君留仙罷職歸里季弟亦仙亦解組吴川時兄弟皆六十餘太公年踰大耋每春秋佳日隨杖履偕二三賓從徜徉泉石間皆龐眉鮐背望若列仙有新秋寄暢園侍家大人偕伯兄同作詩云蒼華涵空碧波光入畫欄鳥鳴山自靜人語閣初寒杖履親顏喜園林子舍安百年欣聚首

卧雲公諱松喬

公字鳧仙增生以子靖然封庶吉士舉鄉飲大賓公生長世（對巖先生弟增監生）家而修慎若素性樂善有叩必應天真爛然雖童豎亦愛而親之群呼曰三老老佛子壽八十二配饗雙孝祠見邑志

劉夲擬云先生自處任真安分澹於名利其自題小像有云生平澹泊無他嗜只愛東坡曳杖聲故兄弟皆通顯爲世用而先生獨俯仰諸生中視一切進切泊如也

卧雲公

先祖訓導公曰公字鳧仙兄弟四人長對巖公次潻園公次即公也季爲六世祖吳川公伯仲季皆爲世用而先生獨俯仰諸生中視一切進取事泊無所動以仲子陶菴貴爲封君而自視仍欲然也生長世家而修慎若素性樂善童豎亦愛而親之群呼曰三老佛子其自題小像云生平澹泊無他嗜只愛東坡曳杖聲可以想見其爲人矣

位西公諱松華

公字瀛仙舜峯公元孫歲貢生授江浦教諭擢四川筠連知縣既蒞境有里長挾貲以迎具言歷任縣官日用所需取給於此公亟揮之去比視事里長固請公堅拒之時蜀遭獻賊之亂瘡痍未復公勸民耕作多所開墾復集多士於官舍親為講畫人以嚮學卒於官喪歸士民多素衣冠泣涉江送之崇祀筠連名宦祀祠以孫勇均贈山西平陽知府見邑志

吳川公諱松如

公字亦仙海翁先生第四子官廣東吳川縣知縣粵自軍興民散餉急而逋益急積公議新集不任帶徵條上利害請蠲之大拂時指罷官歸後十年乃如所請民立祠祀之事具廣東通志崇祀吳川名宦祠配享雙孝祠贈中議大夫

黃儀部天球云公師事堵禾齋先生學有根柢讀書不屑屑于章句性明決長於料事康熙庚申以明經謁選令粵東之吳川吳川遭三逆之亂瘡痍未復城西距大海海寇倚為巢穴時乘間出沒往來鬬掠為民害公下車矜其凋敝而綏輯之民困獲稍蘇海中賊渠洗大鼻高涼失人後也公遣間招之弗應念弗治且滋蔓請合兵會勦自募鄉勇數百人厚廪食精訓練為守禦計辛酉三月數郡兵集躬率鄉勇駐營海口與容軍合且勦且撫數月海寇畧盡民賴以安邑多盜一日獲盜陳奇鞫公一見知其人可用貰其罪署為練總使詰盜奇鞫

涕泣受命盜發輒獲多遠徙避去地生銀礦有紳士懷礦中銀銀質來謁勸公發之公曰某地礦某地人取之泯然耳今發之必請於上臺不爲地方累耶後土人發之亦竟無幾學舍圮於兵公首爲修葺士子逋賦舊令輒加朴責公嚴諭而加之以禮貌邑去省千餘里士罕就闈試力爲勸駕量資道費士習爲之一變吳川自被兵後民多轉徙逃亡歲積逋賦爲官累慨然曰此非請蠲不可請之非大吏意也然今日不請後將有欲請之不得者於是移會鄰邑被寇者偕請果不從公竟以前逋罣誤罷官後十餘年積逋卒無征大吏始據公所請之案具題奉俞旨蠲免士民乃相與建祠立碑以志其去思兩粵制府留村吳公與公有舊愛公才詒書滇督蔡公仁菴援滇南例爲捐復公念太公春秋高絕意進取偕兄弟侍養極歡幾二十年竟太公世不復出而公亦已老矣兄弟五人同母者四伯兄宮諭對巖先生以耆宿居里爲四方學者宗仰仲兄孔目漆園先生勇于任事邑利弊悉倚爲興革公與叔兄今封庶吉士臥雲先生則閉戶蕭閒擁書自樂退然如老衲四人志行不同友愛無間商邱宋中丞牧仲撫吳與公雅游相見惟品題書畫清談永日未嘗干以私中丞嘗語人曰吾過秦君如對芝蘭無一毫塵俗

吳川公

先祖訓導公曰公字亦仙諱松如海翁先生第四子官吳川知縣多惠政以拂大吏旨罷歸民立祠祀之公少師事堵禾齋先生學有根柢性明決長於料事康熙庚申以明經謁選令粵東之吳川吳川遭三逆之亂瘡痍未復公下車矜其凋敝而綏輯之民因獲蘇殲强寇靖盜藪修學舍寬逋賦撫流亡故既去民思以太公春秋高絕意仕進取偕兄弟侍養極歡幾二十年竟太公世不復出而公亦已老矣商邱宋大中丞牧仲撫吳日與公雅游相見惟品題詩畫清談永日未嘗干以私中丞嘗語人曰吾遇秦君如對芝蘭也兄弟五人同母者四伯兄宮諭對巖先生以耆宿居里爲四方學者宗仰仲兄孔目滄園先生勇于任事邑利弊率倚爲興革公與叔兄封庶吉士臥雲先生則閉戶蕭閒擁書自樂退然如老衲四人志行不同友愛無間黄儀部天球誌其墓

元宮公諱望

公中齋先生八世孫邑庠生性豪放喜游山水讀書善悟神於醫每試輒效著有醫源醫鑑九宮數扁鵲倉公傳註思通集隨意吟

四庫全書標題云元宮無錫人思通集皆雜論義理自自太極陰陽天地鬼神飛潛動植之類凡有會悟隨筆記之隨意吟乃所作雜書詩皆五言古體亦多涉理路

吟秋公諱枝桂 從兄惟杏

公字燕庭端敏公七世孫嘗自館塾歸適有從弟婦殁罄
教授所得為治後事從弟殁復殯斂之卒歲家徒壁立蕭
然自得嘗纂輯秦氏金石集六十卷見邑志孝友傳從兄
惟杏字綺雲邑庠生以制舉文著參見秦氏制義

蛟門公諱伯龍 弟龍光

公字春山赤能先生子雍正甲辰進士官山東濰縣知縣
與弟龍光並以孝行著平生工制舉文於學無所不窺尤
精於醫試輒效著有痘疹辨疑大全六卷見行世見邑志
孝友傳龍 仲弟雲龍字又元邑庠生著有息山亦思問記季弟 龍光字季逸一名宫璧吴縣庠生亦以制舉文
著見秦氏 春尚集 制義甚卒也年僅二十有六祖母胡篤疾累歲值
父服勞昕夕罔懈殁踰祖母之迎僅八旬再同哥哭嗟聞於
天更有孝秀之哀

薪巖公 諱仁 子元驌

公字體國瑞敏公七世孫雍正丙午順天副榜己酉舉茂異科初令滇之蒙自治獷猓有法會普思不靖嚴戍備邑境怡然後移守東河權守福甯皆有殊政宦游所至輒好吟咏見邑志及梁溪詩鈔子元驌字應文候選州同知好吟咏傳作不作多

家乘云公家貧力學設帳舊家毋恒疾朝往暮歸所經處有殊色姝嘗候門挑之公即紆途入館及令東河醝商以关申免賠課感饋兼金三万卻之辛酉分闈得首魁為[illegible]诸城劉相國墉感服其卓識壬申告病回籍歸祖塋之祔侵者十二世子雲錦著有秦氏先識考

公少孤力學至性過人惟以館穀養母之積勞成疾垂危公無策籲曰此只人蔘可療時價昂撥力不能得公竟得之母疾乃瘳

薪巖公

先祖訓導公曰公以雍正丙午順天副榜時年三十九生康熙戊辰己酉詔舉材能年四十二應薦以知縣用授雲南蒙自知縣乾隆丙辰大計卓異年四十九以親老告近知東阿縣年五十七太夫人壽七十九行取候陞主事年五十辛酉充山東鄉試文武同考官年五十四壬戌陞兗州府同知年五十五甲子署登州府知府年五十七太夫人壽七十九丙寅服闋年五十九補福寧府知府年六十五告病回籍乙亥卒壽六十八去解組時僅三年耳

山公公諱躍龍

公未能先生第三子歲貢生少以制義稱嘗游粤東爲山長多士受業者至今猶奉其栗主於家著有粤游鶴峯等草見梁溪詩鈔

半村公諱樹穀 弟樹績、樹瑚、

公字藝公元發先生孫太學生考授主簿幼孤力學嘗游淮海陽間爲名流引重歲必歸省束脩之入具甘旨以奉母親黨待舉火者常數十家以子雄飛贈江西布政使從弟樹績字峻公爲元發先生季子蓼勤公滑子康熙己卯舉人官宿州學正樹瑚字文松號克華恩賜八品冠帶壽八十六

味經先生云公年三十一喪妻不再娶鄗其故居蒔花木弄禽魚時時作小詩嘗畫半村小隱圖以見志當事雖造其門弗見也

逢辰公

先祖訓導公曰端敏公七世孫生有宿慧年七齡即能作送春詩云年年送春歸不見春來路但見小窗前零落花無數亦新警亦自然脫口而出不費經營純乎天籟惜年未滿三十而卒生康熙壬午卒雍正丁未僅二十六歲

常惺公諱之本從兄之樞、從孫錦城

公字逢源端敏公七世孫少善病廢舉業彈琴詠風門無雜賓終歲不少城市著有忘憂草見梁溪詩鈔從兄之樞字逢辰為　公濬子生有宿慧七齡作送春詩脫口而出純乎自然惜年未滿三十而卒逢辰公孫錦城字劍川亦能詩著有耕餘小草

企蓮公諱夢蘭　子若鴻、孫琨、玄孫芝清　從子若暘、從孫玠、

公字文心岐賓先生子考授主簿廸贈登仕郎貌朴野而性情誠篤樂施與寡交游人皆目爲長者乾隆乙巳煮粥賑貧邑中賴以全活者不少憲給匾額獎勵恩賜八品頂帶舉鄉飲介賓壽八十且公既耕亦讀暇時輒抒寫性情爲五七言句不求工亦不欲人知也子若鴻字羽豐號振溪少承家學工詩著有偷閒草性好施與嘗捐淮海祠後楹田三畝以助蒸嘗乾隆甲辰與修宗譜嘉慶甲戌邑大飢輸助賑銀一千兩恩給主簿銜卒年七十有一孫琨字揚珍號丹麓國子生議叙布政使理問著有快閑詩草玄孫芝清字梅修邑庠生著有蘆中草見高氏錫金書目志若鴻從兄若暘字旭升號逸溪亦工詩著有偷閒草若暘子玠字建封號半佁亦嫺吟詠著有自娛草

振溪公

先祖訓導公曰公字羽豐號振溪與逸溪同祖岐賓公尚烈父夢蘭能詩公少承家學又性好施樂嘉慶十九年甲戌邑大飢輸助賑銀一千兩恩給主簿銜年七十有一卒著有偷閒草公生乾隆十六年辛未捐淮海祠後楹田三畝零父企蓮公于乾隆五十年乙巳煮粥賑貧邑中賴以全活者不少憲給匾額獎勵恩賜八品冠帶舉鄉飲介賓乾隆四十九年甲辰與修宗譜生康熙乙未壽八十

逸溪公

先祖訓導公曰公字旭昇號逸溪岐賓先生高烈孫所居
水渠疏籬曲榭三面皆水吼山一角枉　螺溪門對白担
山蕭然物外春秋佳日時引名流觴咏其中家有樂志園
性喜覓句公生乾隆六年辛酉壽七十卒于嘉慶十五年
庚午居邑之東鄉古梅里平匯也在兩山之間家人笑語
雲烟往來之中著有消閑草

給諫南沙公諱道然

公字雒生自號泉南山人對岩先生長子少時資頗鈍發
憤誦讀遂能融貫經義辛卯名家康熙乙丑成進士改庶
吉士年已五十有二矣尋改禮科給事中綎薦郎了左園
居十四年著困知私記明儒讀要觀孟充祝聽益精明昔
益仍韓乾隆初以子蕙田及第上書求代得釋又侍將十
餘年卒年九十贈刑部尚書見邑志儒林傳
楨家偕先生云先生去官十年和高子吞聲詩累千篇
紆徐澄澹蜿出風露直以神肖且玩心高明探微元始
高子所謂終日怡怡觀大化之流行者於先生詩見之
王叡撰繩曹云先生詩宗少陵卅年遞進如登太行陟
巉坂諸作權深峭拔渾灝流轉不減南山北征諸作後
乃漸歸簡澹格近陶韋晚年和高子詩一卷則純見性
地光瑩一塵不染其公之志氣歸宿處歟書法出入平
原北海間尤工漢隸四方求者得之如獲拱璧

南沙公

先祖訓導公曰公以順治十五年戊戌七月十一生康熙
十二年癸丑游庠年十六康熙四十四年乙酉與子芝田
同(科歲)中式舉人公順天子江南公年四十八子年三十又五
年己丑登趙熊詔榜進士改翰林院庶吉士授編修年五
十五丁酉年六十充日講官起居注江西鄉試副考官庚子
年六十三爲康熙五十九年改授禮科給事中掌登聞院事雍正改元
歲在癸卯時年六十六結藩邸事在園扉十四年著困知私記
明儒語要聽益充視聽益精明學益純粹乾(隆)丙辰以
子蕙田第三人及第上書求代得釋公年七十九蕙田年三十五也又
優游十二年而卒壽九十

慕廬公諱孝然 子鶴田、鳳、孫稣、

公字石經海翁先生孫貢生者年碩德壽至九十六乾隆
十六年翠華南幸駐驛寄暢園公率兄弟子姪年六十以
上者九人於園門迎駕御製詩有近族九人年六百耆英
高會勝香山之句公等皆恭和進呈御覽及回鑾復幸山
園[illegible]賜五言律(一章有)云吏詩傳佳話遮留詩債償尤極榮
遇九人者首公次諱寅然敬然鑒然壽然瑞熙芝田東田
華田也見邑志及梁溪詩鈔仲子鶴田字耕九季子鳳字
耕石號硯齋考授州吏目舉鄉飲賓俱有恭和家大人寄
暢園寄紀恩詩以誌賡颺之盛孫稣字聲雞歲貢生為耕
煙公長子公之嫡長孫也時亦有恭和大父寄暢園紀恩
詩之作里人以公所居於謁巷公實延同里閈因額其
地曰耆英里浦起龍為之記
王穀塍緗曾云讀秦貞靖先生詩有昭曠有方富慶以
歉虛無競自能前之句舅氏石經先生克紹祖訓欽述
山林乃年登耄耋扶杖迎鑾親承顧問並蒙賜詩不求

名而名自致二語君合符節且自慙非分竟欲歸美先
人孺慕之誠可歌而又可泣也

編修陶菴公律諸述

公字藥師海翁先生孫為諸生時以帖括名於吳門汪份張
大受交善其文出入金陳諸家康熙五十一年成進士改
庶吉士授編修尋告歸屏居讀書人服其恬素行載邑志

訒庵公諱實然

公字涑子增貢生御製詩中九老第二人南沙先生弟出後叔氏赤仙先生雍正初南沙先生以事繫獄罰鍰數萬公矢以身殉共之臺憲不可公固請臺憲曰若且出胡為於此株不及孥若且出嗣對曰出嗣者分同生者身不株者國恩不移者天性兄存與存兄亡與亡耳聲淚交迸盈廷動邑稱嘆出私錢代償罰鍰家以貧困公才高識洽人有疑難多以就質急義問不內顧贏絀年八十九卒里黨聞之皆哭泣失聲見邑志

真齋公諱紡然 弟怡然、兄富然、孫銘恩

公字學伊爭峯公五世孫也邑庠生乾隆辛未迎蹕寄暢園御製詩中九老第三人也檢身持家咸有矩度教子弟尤嚴鄉里以為模楷以孫鑕贈中憲大夫見邑志及梁溪詩鈔弟怡然字儉齋與公俱以能持家稱壽七十七見邑志兄富然字學圃邑庠生壽七十九兄弟三人俱享高年而以壽躋九十尤以為難孫銘恩字建章邑諸生

真齋公

先祖訓導公曰公以康熙六年生二十一年壬戌歲案入泮時取文生十五名有加生一百五十一名而公以十五名游庠宗師趙崙丁卯年二十一歲長子文畬公昆田生庚午年二十四次子約齋公東田生而我約齋公以乙未入泮時年二十六公年蓋四十九矣是年孫禮堂公鏻生建峯公銘思生丁酉年五十一我果亭公鑽生雍正癸丑公年六十七鏻入泮時年十九乾隆二年丁巳公年七十一我果亭公鑽入泮時年二十一乾隆五年庚申公年七十四我果亭公拔貢時年二十四先是己未長房孫銘思入泮時年二十五乾隆六年辛酉公年七十五我果亭公中式順天鄉試時年二十六乾隆十年乙丑公年七十九我果亭公登錢維城榜進士改翰林院庶吉士乾隆十二年丁卯公年八十一次孫鏻江南鄉試中式充咸安宮教習乾隆十三年戊辰公年八十二我果亭公授編修充日講官起居注乾隆十六年辛未公年八十五我果亭公充會試同考官明年壬申禮堂公以知縣分發湖南時年三十八是年我果亭公充浙江鄉試副考官教習庶吉士乾隆十八年癸酉公年八十七我果亭公授山西太原府知府後三年公卒

二南公 諱軒然 子瓏、曾孫灃、從子藍田、從孫文鴻、從曾孫忠清、栻

公字效夫濬園先生子譜貢生少受業于劉言潔先生博學能文金沙王虛舟吏部稱其能兼以韓蘇之筆達朱程之理館閩驛公無識與不識皆知公然阨於遇應京兆試幾得復失著有金匱山房詩鈔子瓏原名雷雲田字耕祈號茝章有感懷詩一首情詞排惻動人世者相承於此益後曾孫灃原名汲字用修號晴溪歷署湖北襄陽府通判著有晴溪詩稿爲公仲子諱宏之後瓏兄藍田字耕壁丹山公恬然長子亦能詩有雜興一首膾炙人口藍田子之鴻字廷卿孫忠清字念祖曾孫栻字春圃能世其業

華宏博希閔云余外弟二南胚胎前光學問俱有原本而又加之以深造自得故爲文根極理要而又通於當世之務觀其所作亦可識致此之有本也

三織公 諱存然 兄坊然、從孫錦、四世從孫國楨、

公字三省海翁先生孫康貢生少從劉言潔先生游浸淫典籍有文譽以省闈淫潦中濕旋風痺不復志進取性孝友父濬園先生析居諸子獨留故居侍養而於鄉里閭義舉恒主其事以爲倡也鄞西林才伯特旌廬以勸之長兄始然字元獻號丹山邑庠生有孝卷行世見秦氏制義從孫錦字翠書郡庠生爲公弟耕才公時之後錦孫國楨字春圃咸豐壬子副貢

素村公 諱榮然 從弟修然、玄孫棠、

公字希毅，學峯公五世孫，原太學生，原名崇，乾隆辛未迎鑾御改今名，御製詩九老第四人也，壽七十六，見梁溪詩鈔。從弟修然，字學歐，歲貢生，爲公叔龍仙公松虬子，見秦氏制義。玄孫棠，字竹舟，工醫，著有交辭玩占錄。

編修瑩溪公 諱壽然 兄易然

公字人鑑，海前先生孫，邑庠生，乾隆辛未聖駕南巡，迎鑾[illegible]，御製詩九老中第五人也。[illegible]

耐圃公諱端熙

公字五韓海翁先生孫貢生工畫不多作藏古人書畫精于鑒别家有寄暢園前經聖祖六巡駐蹕閱三十年臺榭就圮公承先志獨力新之乾隆十六年高宗南巡公迎鑾進畫册蒙賜貂皮特頒孝友傳家額御製詩九老中第七人也壽六十六配享雙孝祠見邑志及梁溪詩鈔

于相國敏中曰公性和醇容止閑暇工繪事山水法倪黄天機清妙有寒池蕉雪之致嘗慕先世聖碧山十老之吟社會集王吏部虞舟薛學正拙存杜太史雲川華徵君衡光顧司成復初浦教授二田華中翰貢布布衣周東溪太學汪蕉雨之盛集王虞舟等十餘人為詩文書畫之會杜太史贈詩有云臚詠合嘉會裙屐羅名賢蓋實録也

吳大年先生云先生所居春星草堂石山聳秀喬木古柯叉蔭課僮奴雜樹花藥時集諸名輩觴詠留連規橅人物花鳥生動有致逸山水尤超詣然非真鑒不輕示陸貫部題先生所寫雲川圖有曰春星落筆絶世無黄癡妙墨兼倪迂十年索畫不可得一朝肯寫雲川圖言矜重難致也

鴻臚甘泉公諱雄褒 子在東

公字淵雲别號甫義文穡公六世孫乾隆丁巳進士官鴻臚寺少卿官京師下直後輒閉戶讀易不交一人[illegible]自塞外歸年已七十餘矣詩書之好晚而彌篤見梁溪詩鈔子在東字湛園號藝蘭太學生官貴州順安府經歷有懷木石先生二首注云先生投老于家香庵有小樓曰[illegible]居其上自題額曰終吾生以徜徉二十三年足不下樓有巢由高臥義齊餓又看斜陽欲下山之句[illegible]

人公父甘泉公以文章[illegible]其風致矣孫依復然孫字輩於為宗為孫行孫依不知何人之子亦以同業與沈莘臣王彥見吳梁祺

清史綬安

甘泉公

先祖訓導公曰公生康熙己丑年二十八乾隆元年丙辰與族人雲衢鈞儀鈞義龍鼎同游于庠即于是年中恩科江南鄉試丁巳年二十九登于敏中榜進士授山西五寨縣知縣調榆次捐陞主事丙申年五十八補戶部主事轉禮部陞員外郎祠祭司郎中辛丑年六十三京察一等保送御史提督會同四譯館兼鴻臚寺少卿卒乾隆甲辰壽七十六子四在東在豐在新瑞環瑞環字如愚號瀛洲後寄籍順天家焉詩不多見僅從其壻王西園得塞上歸途作一首讀之可以知其概矣

呫曕公諱雄文 弟燮、子玉堂。

公字呫瞻中斋先生九世孫邑庠生善屬文不遇工詩好游著有東行草見梁溪詩鈔弟燮字東曕山東濟甯州增生子玉堂字蘭孫號佩芬嘗游齊魯間著有學製草

方伯心伽公諱雄飛

公字旦初號曉林元裳先生曾孫乾隆甲戌進士歷户部郎中轉浙江道監察御史典試山右晉省進士定數八名所拔捷者有六時服其藻鑑擢寧夏道陳臬湖北陞江西布政使壽六十八

心伽公

先祖訓導公日公生康熙戊戌二月初十乾隆癸亥年二十六游于庠癸酉年三十六順天中式甲戌年三十七聯捷登莊培因榜進士補户部四川司主事庚辰年四十三恩科充順天鄉試同考官癸未年四十六陞廣西司員外郎丁外艱乙酉年四十八服闋補山東司員外郎丙戌年四十九陞福建司郎中京察一等戊子年四十一擢浙江道監察御史充山西鄉試正考官擢甘肅寧夏兵備道癸巳年五十六卓異甲午年五十七調驛傳道乙未年五十八陞湖北按察使己亥年六十二陞江西布政使護理巡撫印務恩科鄉試監臨主武闈試事乙巳卒壽六十八

勉菴公諱景燾

公字振千，未能先生孫，乾隆壬申恩科舉人，甲戌成會試明通榜，揀選知縣。少勤學，寡言笑，為文湛深經術，其精心果力，同輩皆不及也。兼善堪輿術。見梁溪詩鈔

勉庵公

先祖訓導公曰：公祖未能先生，癸未進士；公父蛟門先生伯龍，甲辰進士；公幾成進士，而僅中乾隆甲戌會試明通榜。公之生也，康熙己亥，兄弟四人，鵬舉也，景燾也，鴻序也，鴻升也。鵬舉正楊出，公與鴻序、鴻升側顧出，公嗣蘊先後。蛟門先生課子嚴，延邑名家教子。公資稍鈍，師激之，公發憤登樓去梯，以卒業。一日，蛟門公從容謂先生曰：四子中誰最鈍？師以公對。公乃蓄書籍上樓，羞見師焉。乾隆丙寅，年二十八，始游於庠。宗師尹會一題志士仁人為法于天下至變之如何。又六年，壬申，中恩科江南鄉試，年三十四矣。甲戌，中明通榜，時年三十六。揀選知縣，未及任而卒。時乾隆三十四年己丑八月十六，年僅五十有一。

雲溪公諱琦

公字韓雲，公安公元孫，雍正己酉舉人。所居半園，即明施海鹽武陞陵莊舊址，巖壑幽秀，可亞寄暢，興之所至，輒繫以詩。

正廷公諱鳴雷 從子燽

公字宸宇，鋱瑞敏公八世孫，邑庠生。博通經史，尤深于詩，著詩測八卷，亦工古文詞，有寶石山房稿，藏於家。及門如少司農秋晴芬先生，其最著者也。從子燽，原名鳴鳳，字楠岡，邑增生。

正迂公

先祖訓導公曰：公生雍正癸丑，乾隆二十八年癸未入泮，宗師李培因題孰不為事一節，詩題清川帶長薄，時年三十一，卒嘉慶壬戌，壽七十。內行肫摯，經術湛深，為名師三十餘年，就造者甚衆。及門如少司農顧晴芬先生，尤其最著也。邑志附孝友傳，續志列文苑傳，輿論以為當入儒林傳。

高忠憲公舊第在邑南市橋之西，前為通衢，後即止水，西鄰即校場，吾邑之閱武場也，與黃斗南先生正色居相近。咸豐庚申辛酉間燬於賊。第中有公手植桂，震宇先生公有詩云：婆娑老桂南城闕，道植相傳自前哲。近通止水溢靈根，接東林播清馥。有明天運方晦冥，道繞沉淪暗如漆。先生笑起自東南，頓覺塵氣一朝豁。忠魂已逐沅湘流，巖桂猶霏香玉屑。想見山中讀易餘，天機逍自枝欲洩。辦香千載溯羲皇（忠憲公有水居在南橋溪塘山下，日坐卧可樓，玩易，著周易孔義），不同鼻觀參禪悦。回首元山刈衆芳，句萌燒薙根株拔。百餘年間喬木換，芳蘭蕭艾俱淪沒。鐘山松柏委荒烟（明太祖孝陵在鐘山下），十三陵樹餘殘碣（永樂以下十三陵在昌平）。惟以孤臣手澤存，澤淪元氣根苗結。來生有願不可忘，萬古青青香不滅（忠憲公遺表有云：君恩未報，願卜來生語）。一小題耳，而繫殿與衰，曾羅史事，亦復照映生情，是非才大心細不及。

惠山寺大佛殿，梁武帝大同年間造，故即曰大同殿。殿前有銀杏樹，離奇夭矯，如虬龍之欲舒爪攫雲者然，上有寄生枝，亦數百年物也。下有古石床，鐫聽松二字，相傳唐李陽冰所篆也。陽冰字少溫，為當塗令，自稱其書後千年無百代，高才尚氣，與李白交稱莫逆。白嘗著宫錦衣游泰石磯玩月，酒酣豪論，石床其手書也。皮日休有詩云：殿前日暮高風起，松子聲聲打石床。即此寺中有聽松菴，王良常先生澍篆額，因石命名。寺門前左有聽松坊（今值燬於庚申辛酉間），為鄭谷川篆八分，亦以此也。震宇公有詩云：喬柏百尺淩高秋，下有石榻蘊古邱。名公揭家來遠游，題名勒石巖阿留。當時在側凡幾人，親見落筆騰蛟虯。新泉汲回滿銀盎

兒童驚喜先盈眸急呼鑪鼎爇松子一甌花乳清香浮水
窓圖坐共矜賞寔曾拔宅登瀛洲昔賢往矣等鴻爪後世
實此如共球游人郤立不敢坐或恐鱗甲蟠巖幽惟有摹
仙醉中時道過此卧聽萬壑松風颼愧我未能別篆籀㙮撫
陳迹懷前修

容齋公諱鶴序

公字蘇青號鳴柯蛟門先生子太學生四川崇慶州吏目
著有容齋詩稿

李錫恭云錫山秦容齋先生風花異才負盛名於京洛試
輒不售得志于有司中年落宦成都號星吏議例佐託
身幕府籍以展其經濟才自歙西歷黔粤以至中州足
跡幾半天下凡其險阻辭塞之境山川朋酒之樂一以
寄之於詩歌卒以不遇費志而殁生平著作嘅嘗零落
殆盡惟留百秋吟一卷感時詠物言短意長亦足窺一
斑斑而見全豹矣

容齋公

先祖訓導公曰公父蛟門公伯龍與弟龍光並以孝行著雍正甲辰登鄭惪華榜進士任山東萊州府濰縣知縣生子四公與兄景熹弟鴻升同母景熹中乾隆壬申恩科江南鄉試甲戌會試明通榜揀選知縣鴻升中乾隆庚子鄉試乙卯大挑一等任河南滑縣知縣昆弟皆擢巍科而公獨好游足跡所至係之以詩

映軒公諱鴻升

公字霽峯蛟門先生子乾隆庚子舉人官河南滑縣知縣地瘠民刁盜賊藪處公治之以嚴民作歌曰秦公至惡人去秦公來夜户開許州賊匪猖獗流毒滑境賴公力得保安在滑三年兢兢以孝弟教民遇事推誠化導年七十五卒于家

眏軒公

先祖訓導公曰公生乾隆戊午十一月十三日卒嘉慶壬申十一月十日庚子(年七十五)年四十三舉于鄉乙卯大挑年五十八矣時為乾隆六十年(已得借補教職歷任三年歸)卒時為嘉慶十七年卒

東溪公諱雲錦

公原名元鶱字紹鶱晚號東溪老人薪岩先生仲子郡增生工帖括啚于遇居平敦內行嘗清釐先人墓著有秦氏先城集補

補堂公諱鶴

公字聲九一誠先生十世孫優貢生工擘窠書少苦學貧無紙輒以沙盤學字武人以饋紙則反覆多書無一隙以是卒底于成遂能名家壽八十九

聲九公

先祖訓導公曰公工擘窠書少時赤貧學書無紙以帚書大磚上隨滅隨書邑中匾額半出其手為一誠先生勵十世孫優貢生中歲移居師古河上之徐府莊俗傳中山王徐達故第[illegible]有竹木水石之勝暇日重簾焚香水閣城市而饒山林之趣間與鄧炳綱汪士侃等為詩酒會余少時猶及見之[illegible]蓋孫氏子弟書法趙松雪輒似我家書法學歐陽率更輒似蓋自文橋公未導源于先也公撫醴泉銘酷肖而與王虛舟澍蔣湘帆衡兩先生之間卓立天骨森開張也卒乾隆二十六年辛巳長月二十五曾高祖勍墅公庭邑庠生祖京三公後為郡庠生卒年六十有九子殿華公陛擔亦諸生書香一脈四代蟬聯時論稱之

儼亭公諱義均

公字敬資舜峯公六世孫嘗與同邑嚴元桂華紳曹朱志鉅杜紫仙鄧愷朱宗洛及家藝八公先生結詩社著有含煙閣集

約齋公諱東田

公字暘谷諸生舜峯公六世孫性謹慤家庭雍穆課子極嚴壽七十三以子鏷鏷封朝議大夫累贈通議大夫御製詩九老中第八人也見邑志及梁溪詩鈔

約齋公

先祖訓導公曰公生康熙二十九年庚午十一月初八日年二十六游於庠康熙五十四年乙未年二十六歲子鏻生五十六年公年二十八歲丁酉次子鑛生五十九年庚子年三十一歲三子鍠生乾隆五年庚申子鑛拔貢生時年二十四歲公年五十一歲越明年辛酉鑛中順天鄉試舉人又四年乙丑會試登錢維澄榜進士改翰林院庶吉士公年五十六耳又二年丁卯爲乾隆十二年子鏻中江南鄉試時年三十三歲公年五十八歲越明年戊辰鑛授編修充日講官起居注官時年三十二歲公年五十九歲又三年丁未辛未子鑛充會試同考官明年壬申子鏻以咸安宮教習分發湖南後歷任麻陽常任衡陽湘潭知縣陞湖北歸州知州舉發巨盜得實時大吏已定獄上特命大命鞫之大吏皆獲罪記名以知府陞用會丁外艱歸服闋陞貴州思州府知府庚寅湖南剿宜施道未到任陞湖北按察使康熙十七年壬申子鑛充浙江鄉試副考官時年三十六歲公年六十三歲康熙十八年癸酉鑛授山西太原府知府公配顧恭人辛卯封山東督糧道起佐之女也壽六十一公年蓋六十四時二月初二也又三年乙亥五月鑛服闋補四川寧遠府知府時年三十九歲公年六十六歲又七年壬午爲乾隆二十七年公卒旨

乾隆辛酉公年五十二歲長孫泉生乾隆二十七年壬午公年七十三歲孫泉以秋中江南鄉試副榜而公以三月廿六卒已不及見矣時泉二十二歲後中乙酉順天舉人己丑會試登陳初哲榜進士改翰林院庶吉士辛卯授編修充文淵閣校理癸卯充河南鄉試副考官辛亥改吏部考工司主事甲寅卒

乾隆癸亥公年五十四歲次孫潮生潮原名濂字赤臬號端崖邑庠生年二十三乙酉上南巡召試欽賜內閣中書丙戌年二十四會試登張書勳榜進士改翰林院庶吉士己丑年二十七授編修辛卯年二十九充河南鄉試正考官壬辰年三十充會試正考官癸巳年三十一任安徽學

政戊戌年三十六充會試同考官己亥年三十七陞國子
監司業充順天鄉試同考官順天武鄉試正考官庚子年
三十八五月二十二丁父禮堂公艱壬寅八月二十二服
闋補癸卯年四十一為乾隆四十八年充陝西鄉試正考
丙午年四十四充雲南鄉試正考官戊申年四十六充
順天鄉試同考官己酉年四十七再任安徽學政授奉政
大夫乙卯年五十三以母華淑人年高告終養回籍時淑
太年叢淑人為貤贈翰林編修亦夔女以康熙五十六年
丁酉三月廿一生至是年已七十九矣公承歡膝下
三年以戊午年兩淑人卒壽八十四卒時嘉慶庚申
三月初十日後公卒盡之年端虔先生高年只五十有
乾乾十六年辛未孫湘生時公年六十二歲後湘中乾隆
癸卯江南鄉試年二十一歲乙卯四十三歲大挑一等分
發四川親老告近改浙江歷署山陰會稽天台縣事己未
年四十七補永康縣知縣庚申丁内艱年四十八壬戌六
月服闋起原省歷署成都崇寧大竹縣事丁卯年五十五

補合江縣知縣時嘉慶十二年也戊辰充四川鄉試同考
乾隆二十年乙亥公年六十六歲孫洪生字錫蕃太學生
方略館議叙縣丞分發直隸借補延慶州吏目
乾隆六年辛酉公年五十二孫鴻霆生鴻霆字霖邑庠生
乾隆九年甲子公年五十五歲孫鴻甲生鴻甲字摩中號
省齋附太學生乾隆四十五年年三十七庚子中順天鄉
試四庫館謄錄議叙知縣生乾隆甲子十月二十卒嘉慶
丁丑十月初六壽七十四
有鴻輝鴻夏鴻思俱太學生 沅亦太學生

刑部毅庵公律句

公字中毅少爲諸生讀書有根柢雍正丁未進士授濰縣
知縣慈祥愷悌不施鞭扑民以老佛呼之入爲刑部主事
行橐惟山繭數匹而已行見邑志[redacted]
稱晴峯先生曰先生初謁選得寄東念有鄉民被殺兇
得主名先生閉閤靜思忽見飛鳥自東而西乃託近郡
閱户籍出西郭至一村與夫忿小鮭有婦人瞯于門者
及主田官至矣隨掩捕則殺人者與刀杖血衣俱在一
訊而服人謂公識若神無不感悅積年調濰縣中
丞岳公濬曰能吏者忍于所下而勤于奉上百姓何賴
焉不作聲色而百姓陰受其惠者其循吏乎秦令其人
也後以老乞歸壽六十九事載梁溪詩鈔

毅菴公

先祖訓導公曰公生康熙三十年辛未二月二十八日年
三十六以歲貢生中雍正丙午江南鄉試丁未聯捷登彭
啟豐榜進士雍正七年己酉年三十九充江西同考官辛
亥年四十一選授山東齊東縣知縣戊午年四十八充山
東文武鄉試同考官辛酉年四十一充山東鄉試同考官
壬戌年四十二兼齊河縣事癸亥年四十三攝歷城縣事
甲子年四十四充山東武鄉試同考官乙丑年四十五調
濰縣知縣丙寅丁外艱服闋補廣西懷集縣知縣兼賓州
知州甲戌年六十四爲乾隆十九年內陞刑部督捕司主
事二十四年己卯年六十九卒

侍軒公 諱肇由　孫宗海、濬、瀆

公字耕樂號肇公六世孫雍正癸丑進士官湖南益陽知縣歷充鄉試同考官調保靖縣有善政民立生祠祀之終養改補福建武平縣以老乞歸髙宗廵幸寄暢園御製詩九老中第九人也壽六十六行見邑志及梁溪詩鈔孫宗海字臨川號成川歲貢生官　縣訓導濬字巨川號天槎郡庠生瀆字補槎號洛川邑庠生俱見秦氏制義

侍軒公

先祖訓導公曰按宗譜公生康熙三十三年甲戌雍正二年甲辰公年三十一歲中式江南鄉試副榜又二年丙午年三十三歲江南鄉試中式舉人癸丑年四十登陳倓榜進士任湖南益陽縣知縣乾隆丙辰元年年四十三充湖南鄉試同考官戊午年四十五充湖南文武鄉試同考官調湖南保靖縣知縣乙丑丙寅間告請終養尋丁憂服闋為乾隆十三年戊辰八月年五十四補福建武平縣知縣癸酉為乾隆十八年年六十充福建文武鄉試同考官以原品告歸乾隆十六年辛未（公時）丁憂在籍迎蹕寄暢（園）御製詩中九老第八人時年五十（有八）乾隆二十四年己卯公年六十六十二月初十卒錫山秦氏譜鈔注為十（九）老第九人格當從宗譜

公有月下彈琴五古一首中有句云非（必）不知音賞柳（腳）鳴靜者心可以知所在矣而山游夜歸五律一首最完美渡口游人盡郁郁自掩扉山清雲氣上谷靜澗聲（緩）長嘯因風

澂春夜帶月歸幽人宿小院還恨實心違是夜持國宿山寺

溪隱公諱春田

公字耕和舜峯公六世孫國學生少時力學從學士鄒升恒教授王繩曾游學使者知其名才將以人材薦會丁母憂不果父年八十九卒公年已六十猶哀毀過人晚年倡捐義莊田族人德之年八十八卒以孫瀛贈榮祿大夫見邑志

樸齋公諱圭田

公字耕采，海翁先生曾孫，(太學生)少讀書，性淡榮利，而為善于鄉、甚力，奉遺命遷育嬰堂，方伯張公給額褒之。中歲喪妻不再娶，於所居西偏搆庸習齋，置法書名畫其中，疎簾棐几，日焚香靜坐，晚而好道，參究精微，壽六十五。

樸齋公

先祖訓導公曰：公少讀書，性淡榮利，而為善於鄉甚力，奉遺命遷育嬰堂，方伯張公給額褒之。中歲喪妻不再娶，于所居西偏搆庸習齋，置法書名畫其中，疎簾棐几，日焚香靜坐，晚而好道，參究精微，卒年六十七。有初春庸習齋讀書偶述詩：草木皆欣榮，春風自澹蕩。小齋花韵幽，鳥語弄清響。閑卷懷古人，雲影入簾幌。會悟本非遠，理愜成心賞。憶昔漢董子，三年園不窺。春華尚努力，不學將胡為。吾家世科第，青史重經濟。淵源孝友深，餘事擅文藝。而我偏不才，有忝名賢裔。中夜一念之，憤發思自勵。士也重操修，首立名教砥。枯榮固不論，所辨在義利。庸德兼庸言，識此名齋意。公父三緘公附貢生，壽七十六年，高德劭，公善承父志，捐贍族田十五畝，助漢隱公建立義莊。生康熙三十七年戊寅九月十日，卒乾隆二十九年甲申三月十五。詩鈔言卒年六十五，誤也。

咸齋公諱大呂

公字人俊舜峰公六世孫雍正壬戌進士授江寧府教授
嘗與訂顧棟高初春秋大事表

咸齋公

先祖訓導公曰公曾祖以雪公德湛郡庠生祖漢仙公松衡增太學生父律鷗公昌熙邑庠生伯父辰燕字警心號念修歲貢善屬文與從兄道然從弟靖然曾榮稱秦氏四子公少承家學長而發憤以太學生中雍正四年丙午江南鄉試乾隆七年壬戌會試登金甡榜進士授江寧府學教授生康熙三十七年戊寅卒乾隆甲戌壽五十七

進士公 諱雲翼 見星田、雲會

公字穉士，海莊先生曾孫。歲貢生，官歙縣訓導，因從孫潮
督學安徽，迴避，調高淳訓導。兄弟五人，友愛異常。極孫經
朝、舒咸進士。設帳於家，四方負笈相從者甚衆。同邑孫春
臺中丞昆弟，尤佩蘧大令，雷南吾廣文，映軒、濟園、端崖、小
峴、可亭、櫻香諸先生皆出門下，一時稱名師。壽八十二。長
見星田，字輝榆，郡庠生；仲見雲會，字元臣，號赴淵，雍正壬
子舉人，嗣長房學圃公為後。俱見秦氏制義

廉訪杜川公 諱勇均

公字健資，彝峯公六世孫。雍正甲辰舉人，考授內閣中書。
乾隆乙未成進士，殿試一甲第三人，授編修，出知九江府。
俗好訟，公遇之反覆開導，譬不施笞責，而事多寢息。移廣
信，就諸鼇湖書院與諸生講學。歲旱，未奉檄，先發粟平糶，
幾被譴。丁憂服除，起爲平陽知府。久之，擢陝西按察使，執法能
持其平。條奏刑律，輒報可。告歸，卒於寓州，年七十一。崇祀
廣信名宦祠。見廣信志名宦傳

吳漢詩鈔云：公長身修髯，坦中任真。未遇時，嘗依親串
署中，習刑名說，而會試落第，余費二白鏹者，操馬皮以
獻就，謂公彌其翮也。蓋公游幕時，嘗有馬姓頂兇而良姓
同謀者，公觴主人再鞫得實，而真犯服，爲馬洗冤，時界
代罕丁考之

素問云：公敭歷中外二十餘年，所至必葺橋梁、堂書
院，禁溺女，卹災祲，以故耆民、髦士咸迎拜車前。乙丑公
校會試，得李因培、張經、渠寧仕，皆公卿識拔，靈石、杜武

童何道深官貴州游擊王師征緬甸時死[illegible]滔之戰崇
祀昭忠祠人謂公能知人

桂川公

先祖訓導公曰公父曾榮字沂公恩貢生善作文前世家
素封以僑西公出仕傣康(濟)源家中所有蕃(贊)焉于外以(至)故沂
公公家道中落而公致不能自給出游幕于外公生于康
熙四十年辛巳十月二十九日年二十四以庠生中雍正
二年甲辰江南鄉試南宮六試不售乾隆二年丁巳年三
十七考授中書迎養母徐太恭人至京師時年已六(示)十(六)三
要四年己未公年三十九登莊有恭榜一甲三名賜進士
及第授翰林院編修纂修禮書稽察宗學乙丑年四十五
充會試同考官歷任江西九江廣信等府知府欽命督理
九江關事務十七年壬申年五十二丁母徐太恭人憂時
恭人壽七十有八卒于廣信府署八月初十事也甲戌公
年四十四十一月服闋補授山西平陽府知府二十四年
己卯公年五十充山西内監試及二十七年壬午公年六
十三陞陝西按察使三十六年辛卯公年七十一告病奉
旨回籍調理二月十三卒於商州旅次

口外入有集而無市居日以車為牆貿物用毳作裘余游
燕時猶及見之公新正初三日上遵化文星閣出南門游
龍山寺歸途見口外入來遵貿易即景吟成云聖化垂花通
殊俗商廛會遠方四圍車作堵百物毳為囊言語繙重譯
饔餮尚故鄉文明瞻上國新製好冠裳蓋紀實也
公年二十餘以家貧親老游幕北方治事公餘不廢讀書
有讀罷五律一首云讀罷南軒立秋風透袷衣近邊來雁
早遠水得魚稀蟬韻飄殘柳砧聲盡送落暉白雲頻遙退眼心
尚故園飛時蕃蓋丁位西而公憂而公母徐在故里也公兄弟六人前母王生秉鈞義均卒與公同母者五履均智均信均直均恕均也公行第六俱母徐氏所出
乾隆二年丁巳公年三十又六試南宮不售乃以是年考
授內閣中書有紀恩詩云六試南宮劇苦辛莘潛鱗何自躍
雲津玉堂未隔神仙籍徽省先陪館閣臣喜有鸞封邀錫
類是歲恭遇覃恩仍聞杏苑許尋春華緘遙指門閭慶感
我君恩慰我親
乾隆四年乙未公年三十九歲會試以一甲第三人有傳
臚恭紀詩云左掖移門侍直廬書生曾預賞蒸綸迴翔祕
閣棲鸞歸鵠時為中書舍人已三年矣蹀躞天街策馬新詠罷霓裳同載
舞賜來綾餅雜多珍紫薇花下情何限又沐瀛洲浩蕩春
其二云欣奉慈闈帝里居鸞章昨歲拜恩初以供職中書時恭遇覃恩故也趨朝訓勉勤王事退食丁寧讀父書此日歸來直舞綵
當年遠別幾牽裾承歡豈易邀君寵倍切葵心向玉除

寄園公芝田

公字耕青南沙先生長子康熙乙酉舉人官真直隸無極知縣因公罣誤罷職歸家居乾隆丁丑聖駕南巡迎鑾寄暢園恩復原職御製詩九老中第六人也壽八十三見邑志

寄園公

先祖訓導公曰案宗譜公生康熙丙辰十五年十一月十七卒乾隆戊寅二十三年十月十一壽八十三此詩句云八十二誤也中式時年已三十矣與父南沙公同年中式南沙公舉順天鄉試公舉江南鄉試南沙以順治戊戌生計此時年四十八

吾家父子同登者二前明君鄰公與子吉生公國朝南沙公與子寄園公也案欽巽年四十五中崇禎己卯順天舉人沂年二十七中崇禎己卯應天舉人一南一北

家園在惠麓之北端敏公時名鳳谷行窩至我舜峯公因王内史寄暢山水陰句改今名於是秦園名滿天下矣內有鶴步灘老木千章皆晉唐時物坐水閣看山當正缺處故寄園公有恭和御製寄暢園詩元韻云楊柳陰移碧玉灣和風扇物審情閒鑑雲搭影山色濃淡光處錫山正在對面而龍光塔踞其巔當窗掛穿澗泉流落鏡湯竹塢編成藏鶴徑林亭缺處見龍山架梁別起天章閣長在層巒疊嶂間

介菴公諱兆雷

公字豫吉耐圃先生子待（捐職知府）宗黨有恩誼於近支尤篤捐常稔田二百畝爲雙孝祠春秋祭饗及修葺山園之費見邑志

宮保尚書文恭公諱蕙田

公字樹峰號味經南沙先生子乾隆丙辰進士殿試第三人累官太子太保刑部尚書公少承家學以經術篤行爲江淮楊文定公名時所知父南沙先生以藩邸事久繫獄公既通籍伏闕陳情乞以身贖父罪情辭悱惻懇摯上感其誠降旨得釋官領西曹最久遇事沈毅果斷退則閉户著書所輯五禮通考凡二百六十二卷故崑山徐尚書乾學未成之書稿公蒐輯補綴歷數十年始成而刻之既卒賜謚文恭官翰林時月進劉子原本經術追官侍郎嘗舉仁和孫灝自代世服其知人學者稱味經先生著有味經書文數稿崇祀鄉賢祠配饗淮海祠雙孝兩祠國史有傳

公未遇時沉酣經籍至妻復食所居斗室顏曰味經窩志集同人爲説經會既通籍大宗伯楊文定公特以公經學薦父繪練諫公既出獄獲優游林園者十年公感念聖恩矢死以圖報終身不敢少懈云

蒲褐山房詩話 文恭博學多聞窮經之外凡河渠律歷

下至醫方術數靡不通曉故吳文恭莊公云幽豐如鷹
隼橫空飛而食肉又口若懸河辯才無礙其為同學畏
服如此
明季東林講學而我秦氏實私淑焉對岩公受業于高
水先生門下南河公受業于湯默庵齋之騎先生門下二
公皆前明遺老也得高子主靜之學文恭淵源家學又
少經喪故棲身無地老屋一間在委巷中朔望為說經
會時則有若碩儒初棟高吳易堂鼎蔡宸錫德晉諸先
生切劘辯斷問難質疑故所成就如此忠者根于性成
經綸由乎學術且禮通考一書典核精確貫穿百代其
能著作者得從邵子宗春堂集忠憲高子遺書並傳于
不朽
乾隆辛未詔舉經學將以為師儒之官令大臣集議論
至常熟陳進士祖范或以其所作掌錄少之文恭奮袂
曰若不得陳某則此舉為無光衆驚問故曰癸丑陳某成
進士因謁薛文肅公於邸舍文肅以好語慰之謂子有
盛名今登甲榜而我又在朝今歲大魁非君誰屬陳某
默然不應須之趨出語其僕曰速辦裝南下無令他日
以我為依附權門遂不與殿試風節若此豈可遺之奏
上遂與山西吳鶴璵頎棟高吳鼎暨鴻司業棟高世稱
人鼎金匱人亦佐文恭纂五禮者亦見蒲褐山房詩話
雍正壬寅公父綸謙公以舊邸事對簿繫獄先世遺產
一椽一瓦皆經他售公早夜呼籲誓以一身紓父難賦
詩曰棲息知無地晨昏靦有身讀者為之流涕
以父罣誤故先業皆經他售既服官三十年方得次第
勉力恢復又因舊祠規模未具於舊第之西營設家祠
奉三世祭祀蓋公尊祖敬宗躬行以為後嗣法用意深
矣

文恭公

先祖訓導公曰公生康熙四十一年壬午十月十九日嗣父易然卒于康熙壬午十月十七日嗣母顧卒于康熙癸未九月十三日公方二歲時父南沙公年四十五歲康熙四十四年乙酉南沙公與子芝田同中式而公四歲康熙四十八年己丑南沙公登趙熊詔榜進士時公年八歲南沙公改庶吉士康熙五十一年公年十一歲南沙公授編修丁酉充日講官起居注江西鄉試副考官康熙五十九年庚子改授禮科給事中掌登聞院時公年十九歲是踰年壬寅雍正元年癸卯父南沙公罣藩邸事下獄實壬時公年二十二歲寅年也公早夜呼籲誓以身紓父難賦詩曰糗泉知無地晨昏覥有身云這丟雍正十三年乙卯公父年七十八歲公年三十四歲中江南鄉試乾隆元年丙辰公年三十五聯捷登金德鍈瑛榜一甲第三名賜進士及第改翰林院編修入直南書房以本生父道然繫獄十四年南沙公年七十九蒙恩釋歸又十二年辛具疏陳請上立釋道然是年治本生母浦孺人喪又二年丁巳公年三十六服闋充順天鄉試同考官京察一等加一級六年辛酉公年四十充順天鄉試同考官武鄉試副考官七年壬戌公年四十一命在上書房行走充會試同考官八年癸亥公年四十二四月陞侍講六月陞右春坊右庶子掌坊事八月陞通政使右通政十一月陞內閣學士兼禮部侍郎十年乙丑公年四十四陞禮部右侍郎十二年丁卯公年四十六公父以三月二十五卒請假治本生父喪公父南沙公壽九十十三年戊辰公年四十七服闋補禮部左侍郎十五年庚午公年四十九十月調刑部右侍郎十七年壬申公年五十一轉刑部左侍郎十九年甲戌公年五十三協理算法館事務二十年乙亥公年五十四經筵講官二十一年丙子公年五十五署理樂部大臣二十二年丁丑公年五十六正月陞工部尚書四月署刑部尚書五月兼理樂部大臣二十三年戊寅公年五十七補刑部尚書二十四年己卯公年五十八京察加一級六月署理翰林院掌院學士二十五年庚辰公年五十九恩科充會試正總裁二十七年壬午公年六十一京察加一級

二十八年癸未公年六十二充會試正總裁十月加太子太保二十九年甲申公年六十三八月奏請告病恩旨准其回籍調理不必開缺九月初九日卒于滄州舟次諭祭葬謚文恭辛卯以子編修泰鈞䝉贈光祿大夫經筵講官太子太保刑部尚書兼理樂部大臣著有五禮通考二百六十二卷已刻圖另衆義日鈔味經窩詩文類稿未刻配侯氏承琛女封一品夫人子四泰鈞鼎鈞復鈞上鈞女二適刑部郎中嵇承豫州判金瑛

康熙壬寅公年十八二適遺父給練公之難先世遺產一椽一瓦皆經他售乃於奔走隨侍之餘僅於婁巷中開二小室即味經窩也朔望為說經之會集邑中顧棟高吳鼎吳鼐龔燦蔡德晋諸名人講貫其間時有句云棲息知無地晨昏醜有身讀者為之酸鼻

乾隆二十二年丁丑公年五十六寓京師宣武門外時與旦初公雄飛寓相近日相過從旦初公出其曾祖元發公遺墨索題故公集有敬題高叔祖僉憲公名華鍾以富川縣知縣死李定國之難邺贈按察司僉事遺命卷四言詩一首其序云高叔祖僉憲公者淮海公二十二世孫旌孝子養恬府君六世孫也以順治四年令富川時粵氛未靖從大兵行三年乃達任二年陷于寇自知必死作絕筆詞遺後人後四日從容就義天子憫之邺贈有加焉嗚呼臣子之分當如是矣不負君不忝祖先家乘而勵臣節吾族人其知所與也夫公之曾孫雄飛以進士官戸曹同寓京師宣武門外出遺墨俾識其後敬為而贊曰取義成仁前哲所守若子若臣厥性則有人生也直如響在谷胡牿而良為世大垢吾祖龍圖元祐籍首元祐碑自宰臣外祖名列在第一孤忠耿耿猶膾炙口俎豆梁溪武殿我後卓哉孝子至行無負療親和劑肯血可刲養恬公侍親疾醫云得肭血可療遂祈血以進疾乃瘳篤興我公繼志非偶曰丁時艱作令以走粵孽未息顛躓賊藪有如皎日忍負予后致命遂志從容揮手淚痕斑斑遺墨左右宗望攸歸國邺優受煌煌青史比金石壽豐碑崇隆示民孔脩詒謀翼翼宜天之厚小子肅觀長跽惟久庶幾子姓頑懦知醜盥手抽詞歲在丁丑

肯堂公諱壐　族孫仁溥

公字玉文，始遷祖瑞五公十五世孫。太學生，候選州同知。性孝友，游幕浙江。遇事詳審，暇則以詩自娛，著有《匯中遺草》。壽六十八。見《梁溪詩鈔》。族孫仁溥，字霖若，瑞五公十八世孫，邑諸生。見《秦氏詩鈔》。

案：譜于二公支派未詳。考[illegible]寄暢園小集葛秀英五詩，詞情不永年而沒。寄暢園公祖有姬人葛氏，曾作昇徽傳，啟一時和者，皆乾嘉名[illegible]。彤管成帙，手卷今存綱族兄處。肯堂公詩為右訓子琴鑒一首，言寄暢園公即公胤，疑肯堂公有書一為逸，肯堂皆書字東暘，即秀芳三公孝海詩者，詩鈔據以入選，知為無字無疑。

漆漁公諱琳　子蓬同

公字帝韓，榜名琦，後改今名。瑞敏公九世孫。嘉慶甲子順天舉人，官山東范縣知縣。工制舉文，妻為詩，著有《漆漁詩稿》。子蓬同，字佐卿，以從九品歷署甘肅西甯府署貴德照磨，甯夏府經歷，卒年僅四十五。

若舫公 諱鈞儀 從孫羲和

公字伯芳，號恬公，十一世孫。乾隆癸酉拔貢，善談論，掀髯抵掌，旁若無人。以制義稱，詩古文具有體裁。學使寧化雷鋐稱之。年六十餘，遊楚，歿於襄陽。見邑志。從孫羲和爲公從祖。梁溪公朱千之後，著有《郵律聞見錄》。梁溪詩鈔云：若舫少以時藝稱，著有若舫制義，詩有越行漫稿，俱雷翠亭學使鋐爲之序。又有相與（於）楚游草集。楚游詩最勝。若舫爲人倜儻豪邁，秦曉林方伯未遇時，客與同邑吳禹範、周龍華、振羽、秦湘雲、怙瞻合吾若舫，號蓉湖八俠，皆能文章，踔宕自喜。禹範以庚午舉京兆試，吾年方伯歷中外二十餘年，而諸君寥落不偶，鬱鬱以終，惟湘雲碩果僅存，獨敦古處云。

蒻舫公

先祖訓導公曰：先生髯而少許可，帖括外工詞。小峴先生詩集有奉題族伯若舫先生詞稿二絶云：五湖湖邊舊草堂，花間風調足清狂。重拈山抹微雲句，白石梅溪柱擅場。莫問黃金郭隗臺，悲歌燕市亦堪哀。祇應博得雙鬟笑，風雨旗亭（高）賭酒來。又有過蒻舫先生書齋詩，時先生年已六十矣，以詩留贈云：憶向金臺釣（鼎）望諸，三年曾上國門書。歸來事業窮愁裏，老去文章涕淚餘。豪氣漸消還說劍，名心已淡合揮鋤。傳家留得遺編在，頭白荒齋中守蠹魚。注云：先生于先世遺集藏弆最富，故及之。又有冬夜奉懷云：掀髯談笑却船（燕）罷，北阮清狂是我師。精騎文章仍白帽，徵雲風調只烏絲。嬾從柱下探周史，老向燈前證楚詞。應憶黃金臺畔客，打簾飛雪擁吟卮。

康訪禮堂公 諱鏶

公字廣和號峯公乂世孫乾隆丁卯舉人性沉毅由湘潭知縣遷歸州知州甫三月聞父訃時方捕巨盜張仁貴等獄既成讞臺司覆前讞堅持不可擊且鞫反坐公以書聞從敍尚書㫖徑先生尚書入告上命大臣鞫治之誅張仁貴等臺司皆獲罪公累遷至湖北按察使降長蘆鹽運使終刑部郎中子見邑志歸州立祠祀之

頤晴山先生云公幼人沉質少力學與弟果亭有二難之目初授湘潭令遷歸州牧擒捕巨盜去之日民爲之歌曰良司牧去何速大盜除萬民福半年官恩[illegible]足初公夢中嘗得句云樹影波平明月峽雞聲風度美人[illegible]明月峽昭君村俱在歸州越數日果除歸州亦前定也

按公以壬午任歸州知州丁外艱因舉發任盜案爲有含冤記名以知府升用甲申服闋補貴州思州府知府在任七年庚寅升湖北荊宜施道未到任擢湖北按察使在任三年陛見漢[illegible]癸巳右遷長蘆鹽運使又五年降補刑部湖廣司郎中八年主事致仕自癸巳而後淪落不已一再降官任工部[illegible]致慨於宦途坎壈也壬午爲公四十八歲迄癸巳左遷則公五十八歲又五年而致仕迄庚子公年已六十六矣

都轉果亭公 諱鑽

先祖訓導公曰公字密遠晚號侗軒禮堂先生弟禮堂性沉毅公性開明高朗下筆灑灑千言議論開張不甘局促爲轅下駒少見一時有二難之目乾隆乙丑進士改庶吉士授編修出爲太原甯遠二郡守擢兩廣鹽運使時族兄蓉莊先生承父志歡捐贍族田公慨助銀一千兩置田八十餘畝族中孤寡者咸戚溪隱公之倡始而亦未嘗不歎蓉莊先生及公之德也癸卯罷官後恩授五品翰林將抵京卒于良鄉行載梁溪詩鈔曾孫承烈字可勉邑增生卒年僅三十三

家貧事[illegible]

按公生于康熙五十六年丁酉四月初八乾隆二年丁巳年二十一科案入泮宗師張廷璐金匱題官籍所望至淵淵其淵次題仲尼新居之室府與第一庚申秋貢時年二十四宗師劉諱悅公名吳龍字緝周[illegible]年二十四丑中辛酉順天鄉試乙丑年二十九會試登錢維城榜進士改翰林院庶吉士戊辰年三十二授編修充日講起居注官辛未年三十五充會試同考官壬申年三十

大充浙江鄉試副考官報罷庶吉士癸酉年三十七援
山西太原府知府二月六日丁内艱乙亥五月服闋補
四川寧遠府知府丙午年四十六三月廿六丁外艱甲
申六月服闋年四十八再任寧遠府知府丁亥年五十
一陞廣東按察使[redacted]庚子高宗南巡[redacted]
代以供職[redacted]甲辰將抵京
感疾十月廿六日卒于良鄉壽六十八
公之任寧遠府也繪華冠蜀道圖自題七絕二首于
其上圖中劍閣棧道巴江注瀑行人驄馬偃僂纓于
縈行棧道間棧道上緣絕壁下臨無地掩映出没于萬
叢烟樹中而公于橋上作策馬狀一僮抱琴相隨煥常
于風日晴明時懸掛中堂數日即收藏珍弆如拱璧
後爲大兄鶴鳴取去惆悵者數年庚申之變邑中房屋
兵燹而大兄亦厭世此圖所在殆不可問矣噫聞又有
西園圖者亦公玉照也繪于運使署中久失所在煥未
之見也今手澤所存惟有公所書宋玉高唐賦而已冥

搜所在任談絕而風雲通猶記其蜀道圖一首云一鞭
鞚掌曉來驅行雲棧春流繞蜀城陟岵難兼惜影耳
中髮髣慎誨聲冠字云屋曾以繪百待詔畫院故名重
一時云
孤朗雲注寫院二卯之[illegible]丹麓付君之遊府居湖蒿亭陰有曰
我樣有出京從此解官政者[illegible]動止儉側目我樣有不顧身以
內大獄名則我受屋枉似積後一事路指孔堂公錢前一事不
知意處何人但先[illegible]但果事公錢爲右以承办争暢園南巡供
張筆絕流言四起落職犯虐之讒故高流將未敢深信今據以
丹麓付君之湖蒿佳成者皆即公欽改乾隆南巡過錫幸園凡
六次第一次爲十六年辛未則公方讀中秘書也第二次爲廿
二年丁丑公任四川寧遠知府第三次爲廿七年壬午公時丁
外艱第四次爲三十年乙酉公時再任寧遠知府第五次爲四
十五年庚子則公任廣東運司十五年矣南巡供張之說以足
京政者即此事不二年被參落職籍沒家產癸卯事白因擬五
品銜放道甲辰爲第六次南巡公以是年入京供職十月卒于
良鄉重日未詳而處職籍沒云丹麓付君生乾隆庚子后已国
積明故旧引以勸色相戒在海之[illegible]州如此

編修静軒公諱泰鈞 子灃 曾孫鴻遠

公字時夏味經先生長子乾隆甲戌進士改庶常授編修己卯浙江副考官丁卯艱遂不出割產之半二百畝以贍族卒年六十九著有閱晤草 子灃字芳洲太學生壽七十五著有自怡詞草 曾孫鴻遠字致甫號渭漁 生湖北金子纖些敍著有恒齋詩稿

巨峯公諱鏊 弟鉁、從弟銑、子灝、

公字巨峯海翁先生孫少攻舉業試不利遂棄去閉門讀書偷然自得族祖父耕和先生創立義莊捐田贊之乾隆甲辰與修宗譜嘗有遠宦寄橐於公者日惟秦君可信人勸質還笑不應數十年歸其主對如初壽七十二弟鉁字秉衡邑友愛無間行誼亦相似壽六十四從弟銑字南珍邑庠生性恬淡善畫為鄒曉屏宗伯一桂業師山水學文徵明花卉尤勝宗伯名重一時師弟二人得之互相印證者为多偶为宗伯摹繪事觀者莫能辨也壽八十餘卒見邑志 子灝字鳳洲號芸軒國子生舉鄉飲賓壽九十二著有秦氏宗傳錄四卷續修秦氏金石集二十卷閨懿集八卷外科秘要全書二卷經驗急救良方二卷

硯齋公諱文錦 弟畫錦

公字仲簡海翁先生玄孫邑庠生能文工書畫少孤兄弟四人仲出後叔氏公隨伯兄霽錦措柱家家事事母至老甘旨之奉不以貧缺兄没家益困公出游粵東積有贏金歸置田二百畝與其兄子及季弟畫錦均分之一無所私以子雄濤贈太湖縣訓導見邑志耆友傳畫錦字天衢工繪事有為聲雷姪寫畫詩一絕聲雷即雄濤也

玉齋公諱鼎雲 子曆萬

公字汾祥桂川先生子乾隆丁酉拔貢歷官宿松如皋教諭重立石表宋王學士明詩人邵潛夫墓孝子朱某封肝起母病格於例不得旌先生集諸生附祀黌宮忠孝祠嘗謁黄中丞淳詢以海疆事宜立對數百言甚悉中丞奇之遂膺薦辟未還官遽卒先生家富藏書所著慎戰慎守編三十六卷見聞隨筆錄十六卷子曆萬字仲淵號朗軒著有拳拙菴詩鈔

太守岵齋公 諱朝釪 子鴻儀

公字大樽，晚號蓉湖居士，乾隆戊辰進士，由禮部郎中出為楚雄府知府。公胸無芥蒂，呐于口而丰裁峻厲，不可干以私。官楚雄日，屬有兵事，公辦治井井，兵過而民不知。一日巡撫過境，公方讀書廨中，延終卷出，已不及趨謁，巡撫聞其賢，亦不怪也。繼以左遷歸。工於詩，著有岵齋詩存，見邑志。子鴻儀，字秋南，郡廩生，見詩鈔。

蔣太史士銓曰：岵齋由部曹出守大郡，宦成而退，其生平著作甚多。使滇、使粵、使晉皆有詩，詩不拘一格，出入唐宋杜蘇間，寫自即書，別開生面。蓋大江以南五百年無此作矣。晚將豫章主講，弟子從游者百餘人，岵高蹈之諱，明聖賢之學，學者仰如山斗。

岵齋公

先祖訓導公曰：先生自部郎出為楚雄守，去官後復以事至滇，放歸小峴先生集有得從叔岵齋先生武昌書五律二首云：叔氏拂衣早，書來祇論文。離愁漢江水，一夢點蒼山（滇中山名）。雲思與阿咸語，遠看重秋雁羣。武昌門外樹，涼葉已紛紛。老屋九峯下，閒雲（先生讀書處名閒雲屋，書屋因以名集）詩。青山餘舊業，白首少新知。冷落嵇康竈，淒涼有道碑（先生近作哭薛璞菴詩）。平生重風義，只與古人期。

平泉公諱廷舒 子霖

公字季和號平泉岵齋先生弟廩貢生永樂大典館議叙
授江西按察使司知事歷署瑞州府同知建昌廬信饒州
府通判著有平泉遊草子霖字雨蒼號藥夫郡庠生著有
傲雲謝書屋詩稿

丁杰云平泉先生博學雄文辭古人交外和而中介曩
遊京師以文行見重公卿間金壇于相國聞其名延至
第授經試期既通有願為先生寀地者先生婉辭之高
文遠俗屢試不第年近五十始得官間出其餘緒為詩
古文辭藏諸篋衍祕不示人杰偶於案頭見古近體詩
百十章如辛亥元朝詩云蓴鱸何日歸張翰婚嫁而今
了向平春容大雅真有德之言也

益恭公諱鼎銘 弟新銘、子景范、姪子景洛、

公字益恭號稼士先生長子太學生弱冠有文名同邑嵇敬
亭先生見而奇異之妻以女從兄岵齋官京師乃成均考充
國史館謄錄歿于京邸弟新銘字懋昭號荇洲稼士先
生次子太學生與兄益恭俱有文名尤工于詩書子景范字
傑文號蓮舫邑庠生工詩幕游江浙卒于松陽官舍著有
浙游草從子景洛字君實號秋崖為公叔父天門先生雲
翼之孫家貧幕游襄章兩浙詩文為名流器重兼工畫
著有學吟草

世萊公諱鴻鈞

公字心陶對岩先生子曾孫弱冠爲諸生積學砥行歷試皆高等後主沂州琅琊書院講席造就甚衆居平糠慷慨尚義邑有大姓女鬻於毘陵某氏公贖還嫁之與人交不設城府家無宿儲座容尚常滿以子瀛贈兵部侍郎見載邑志及梁溪詩鈔

彥威公諱世鐵 弟巨鎮、雄鎮 從兄元釗、從孫河懋

公中殿先生次子國學生工制藝丙子順天出王光禄鳴盛序擬南元數日以策末當主司意被黜士論惜之仲弟巨鎮字岳宗性磊落嗜詩於劉思若先生以蘇黄爲宗宗著有碧桐（梧）館吟稿季弟雄鎮字彥輔亦受業於劉思若先生性澹泊不務進取孫春堂中丞撫廣西招之遂歿于幕從兄元釗字長也增貢生爲中殿先生胞長兄皋衡公星田之後從孫河懋字常木爲岳宗公之後幼穎悟工吟咏嘗游浙閩間歿於海鹽年僅二十六

蓉莊公

先祖訓導公曰先生判臨清州甲午夏權臨清州知州八月二十九日哭聞王倫反部署甫定賊已至公嬰城固守徹夜聞礮聲不絕城竟得全小峴先生集有詩記事云慷慨登陴淳水隈稚牛饗士亦雄哉孤城莫道纔如斗不遣三更霹靂摧

鄒幹蓉莊四律 寶鈞

公字西經尉岩先生曾孫國學生乾隆三十九年授臨清州判逾年壽張逆匪王倫反公適權州事預為戒備而賊已至攖城守凡十七日賊每以大砲擊城砲如墨卵盡落絕城竟得全擢臨清州知州果遷浙江都轉鹽運使以病歸復出為濟東泰武臨道卒於官方賊攻臨清有婦女千人羅拜城下乞入城副將葉信持不可公曰是安有姦何忍棄之耶竟納之家居孝友好施與創立義莊克承父志以

贍族又修多世祖墓有被侵者歸之刻寄暢園帖中多祖宗真跡而先人之遺墨先壽金石惘族中子弟有以貧失學者特設義族塾延邑中名宿教之善舉甚多崇祀鄉賢祠配饗孝祠行載邑志著有景行錄臨清守城日記

子莫難于創始而成之也正非易之吾家義莊之倡始首者端於味經先生而溪隱公樂善好施於……

厚先捐贍族田一百畝嗣又鳩族人集捐三百六十畝其德配黃夫人又捐五十畝……

生而非常藩先生之雄才大略亦竟能感讓優游之志總之今有欲矣必從之特患未識其苗識矣畢公事稽山精衛未能填海夷以山海之大孰能以力增損之而卒可持可壞者識也潤澤之照識矣於戲善莊先生君之成而道義之仁先生節縮薪俸積捐五百四十畝而族中之貧乏者孤寡者皆以相生相養疾相扶死相葬聞任卹之風而廓胞與之量用是而知潤澤必之敦睦也識矣用是而知蓄莊先生之繼述也善矣

先生于族中有義莊田之設于邑中有同仁堂之建同時吾家有樸齋公者奉遺命（父諱叔然所十三房之祖）還育嬰堂而擴大之寡保貧而邑中棄孩有所養吾家之為善于鄉也多矣用能白識智術以至于今也

同仁堂之建也其經費半出于同仁棧其始施棺木卹窮之夏施痧藥冬施棉衣意至周也惠至溥也其後司事者不得其人假公濟私者有之而諸與事者直欲為利藪而無利濟之實矣此豈公所及計哉古今所以有治人無治法也有其人社會何以推之天下無其人周礼可以害乃青苗法

樂善好施外公尤酷好法書名畫于先澤尤拳拳云昔時遇有祖先名墨不惜擲重金以購之臨清州守城之役遺失者多矣嗣又隨見隨收于山東浙西所得者為多瑞五公所題松間挺立圖詩即公所得于武林宦舍者也今即寄暢園帖之刻知公之所蓄先人名墨多矣公真有心人哉

龔小樸先生云蓄莊之歌小峽之才傲時畧若知其不凡收畀皆能叙歷中外而獎紓蓄蓄一則宦都轉積而能散咸各得其當一則宦少司寇清慎有声晚年以功名終於而家之收亦昌也

雲漪公 諱智鉄 兄禮鉄、從孫蘭芝、

公字萬周舜峯公乂世孫以廩貢官蘇州府學訓導監理紫陽書院時院長錢辛楣大昕為東南鉅儒公率諸生講說經義相得甚懽再官通州通訓導善為詩與洪稚存亮吉趙味辛懷玉相唱酬著有黃梅精舍詩鈔以子承霈贈祁州知州配饗双孝祠兄禮鉄字會嘉號謹齋官河南禹州吏目亦工詩著有雲溪小隱吟草從孫蘭芝字梅溪邑庠生男嘉璧梓為公第叔公敏鈺孫著有米芝書屋詩稿二卷

萬周公

先祖訓導公曰先生以廩貢官蘇州府學訓導又移通州喜為詩小峴先生有送從叔萬周歸梁溪詩云京雒頻年任歸與及暮春賞花三月好鮭菜五湖新官比鄭虔給時需次義廣家安孟氏貧倚閭凝望眼況有白頭親公之官金山也小峴先生又賦五律贈行云此去由拳路郵籤已五背湖光吞雁鶩海氣雜魚龍神薄盤餐儉裝輕襆被重詩書吾道在咫尺況吳淞

編修漪園公諱泉 子璧林、孫炳衡、

公字繼賢禮堂先生長子乾隆己丑進士改庶常授編修癸卯充河南鄉試副考官時公弟瑞崖先生典試晉中棣蕚皇華同時銜命士林榮之公久官翰林方于文襄掌院奔走天下士輻湊其門公落落然不因以熱以資當保薦御史吾鄉嵇文恭公继文襄為院長又引嫌不與比官吏部主事人皆曰秦君國老詞官當不屑此而公奉職惟謹雖老吏不能欺甲寅七月隨駕熱河感疾卒壽五十四子璧林字啓堂號綺塍邑庠生嘗于清明日過金華有蜀越分飛燕荊叢涙夜猿之句蓋其時公在甌東仲弟在蜀而三弟已于去冬病歿沙市故云孫炳衡字淵如號鑑齋邑諸生卒年僅三十五

小峴先生云兄少嗜酒晚而好道工於詩高遠有唐人風格

公生乾隆辛酉至庚辰年二十歲與弟潮同游庠潮癸亥生時年十八至己丑年二十九成進士改庶常壬辰年三十二授編修癸卯年四十四充鄉試副考官辛亥改主事年五十二

司業端崖公諱潮 子用韶、曾孫光圻

公字步皋禮臺先生仲子少與兄聯圃齊名有郭圻軾轍之目乾隆乙酉南巡召試特賜舉人授內閣中書時年二十三 丙戌二年四十成進士授編修己丑年二十八 丙任安徽學政癸巳年三十八乙酉再任 清絶一塵能恬遵父命典試河南辛卯年二十九 秦中癸丑年四十二 滇南丙午年四十四 分校禮闈壬辰年三十 戊戌年三十六 皆稱得士終國子監司業己亥年三十七 平生以文字結主知益矢公慎不存畛域之見人翕然無間言卒年五十八著詩韻辨字晰竹外山房詩文集子用韶原名恒林字德培號養園廩貢生官清河教諭四年改布政司庫大使分發貴州權大藏州判官事年餘有惠政臨行時比戶業設紅氈香燭并置清水一盂銅鏡一面諸父老于雨中跪送爲歷任去官時所未有云曾孫光圻字鋒鋒號小園邑增生河南太康典史

端崖公

先祖訓導公曰小峴先生在京師日與端崖公爲癸亥同庚之會共十二人後陳臬浙中十二人中餘杭邵二雲石門陳達山天津張嘯厓皆沒而端厓公繼之故集中有哭從弟端厓司業詩云地下難兄付剎那謂游圃兄無端再亦抱沉疴家門消息風吹葉塵世功名水逝波有母尚留華髮在幾人先種白楊多平生同輩兼同齒淚灑江天問大羅蓋游圃先生以乾隆甲寅年五十四卒端厓先生亦終養回籍時適至嘉慶戊午年五十六卒距游圃先生之沒四年[illegible]時端崖先生[illegible]母華太淑人尚在後三年庚申三月卒壽八十四故小峴先生之言如此

少司寇小峴公　律灝

公字凌滄晚號邃庵對岩先生元孫乾隆甲午舉人丙申
上駕東巡獻賦召試一等賜内閣中書仕至刑部右侍郎
性耿直而仁恕勇於任事官所以覲參時最有政聲擢司
寇屢有平反雖皇識察其冤必白之獄無冤者其詩古文
皆力追古人而能有所自得少為奇語風召南杭堇浦世
駿所知從京師出實東皋先生之門於王惕甫曹山米以
文字相質論桐城姚姬傳尤為契合焉年七十九著有己
未詞科録小峴山人詩文集無錫金匱縣志儒修錫山秦
氏宗譜

王芑孫云公為人脩然自遠落落然不與世俗為取舍
平生以制舉文自負然一得于鄉試而已他試皆絀竟
以詞賦入官其於詩作之特多諸體靡不工得意附蕭
繆子有遺世之音

蒲褐山房詩話秦氏素以了功經術見稱至對岩學士
始擅詞章有蒼峴山人集故凌滄以小峴名集又維生
絲了而著泉南山人為蓋頗能接續紫桑以及襄陽摩
詰所著君為侄了再從孫五言古今体俱得其傳至七
言古詩華宗范陸具体而微蓋其家學所未曾有也在
武林讀數年益以文章山水自任招邀賢俊屢為詩酒
之會刻前賢遺詩又修復閉樓于湖上以供東坡先生
修試龍井寺覓源地建祠以祀少游先生而詩文日益進
然性情蕭淡雅勤于吏治而素無宦情遷湖南按察使
不及一載以病乞歸東南人士猶冀其復出也

顧晴芬殿撰曰錫山靈秀所鍾明代推邵泉齋華鴻山
王仲山而忠憲高公一出而超於其上直接東林秦氏
詩尤傑然者上宗修數也南沙也小峴也修數之學淘
而近于孟南沙之詩學淘而近于韋至小峴之詩青浦
王蘭泉司寇以為秦氏前此所未有余於小峴過從既
潤于其所作未嘗不傾倒也

乾隆丙申春迎鑾山左召試于泰安行在時賦題為東
方三大上召見大學士金壇于公問諸生中有知題未

歷者君子以公卷對遊入選公有紀恩詩云制科再世
沐承恩自注先高祖宮諭公以召試鴻博學鳴詞再入
翰林瀛復以召試授中書誠異數也
公虹橋西大罕向為薛氏所築存成時演劇延客時公
甫八歲隨其曾王父訥菴公往觀焉數一再易主由薛
氏轉為鄒氏而首年歷上客乃為今日室中主哉遂菴
卯莊其中高梧秀石宜雨宜月宜風宜秋插架書充棟默
坐焚香或時客來斟茗真有羽化出塵意金宅價亦可
千金耳
先生詩始宗盛唐繼汎濫于蘇陸諸家渾渾浩浩無所
不有而要歸于性情敦厚風格高迥其文出入韓歐大
約於震川為近而義法簡嚴則得之于望溪方氏先生
研窮經史學術純正而以仕宦數十年多歷繁劇事
立身行己之道課子圖治民之術俱見之于文湘陰周半
帆錫傳桐城胡維君虔曰先生一代大家之詩文也而
君並深于學世之讀先生詩文者當必以而君為知言

而欲求先生所以為文之本夫固不僅在詩文矣嘉慶
二十二年黃壹嶠程鳴階謹識于東林精舍
先生年七十有五始自編次目錄定為詩二十六卷古
文辭六卷續集二卷刻于城西草堂
從叔蓉莊先生築義塾十數楹于師古河義莊之西偏
而公又以廣儲置田八百十畝為經久費憫族中子弟之
失學也
草堂之西為遂菴政尤延之遂初之意也中蓄前人書
畫二百餘種書三萬餘卷
公以乾隆八年癸亥正月廿八生戊寅入泮原名沛時
年十六甲午中式年三十二丙申獻賦行在年三十四
矣以戊寅重游泮宮年七十六

小峴公

先祖訓導公曰先生于乾隆丙申春迎鑾山左召試于泰安行在上問大學士金壇于公諸生中知有東方三大賦題來歷否公以瀛對遂入選特授內閣中書先生之高祖官諭公以召試博學鴻詞再入翰林瀛復以授中書識異數也先生有詩紀恩云斷科再世涯承恩蓋紀實也

晶齋公 㷆灝 子昌煋、昌煇、烒、

公字士蓮小峴先生子乾隆庚子舉人考充方略館校錄議叙知縣聞父世業公訃號慟哭嘔血卒於京師性倜儻好奇文亦如之尤篤于友誼見吳學詩鈔孫昌煋字章軒廩貢生工古文辭候選訓導歷署碭山教諭泰州學正著有味外閣詩鈔昌煇字爾翼號雪樵著有織雲樓詩五卷烒字曉村邑廩生

省齋公諱鴻甲

公字肇中，杲亭先生次子。乾隆庚子舉人，四庫館謄録，議敘知縣。性温厚，人以非禮相干，輒置不較。家方隆盛時，無紈絝習氣。晚年中衰，亦不少貶其節。淡與榮利，人有勸其就官者，卒不應。宅旁有隙地，栽花藝竹，以詩自娱。壽七十四。

酉山公諱湘

公原名淦，字慶升，號酉山，又號蘭畹，禮堂先生第三子。乾隆癸卯舉人，初署成都大竹縣。時達縣叛兵侵擾，公嬰城固守，民得安堵。既補合江縣，設四鄉義學，捐田千餘畝，收穀貯倉以備荒。晚年解組歸，卒于家。

雲漢公諱思霑

公字彙登海翁先生五世孫惟性緘默生平稠人中或終日不發一言而與人嫗嫗雖見童子禮必恭有犯者輒容之不較

心孩公諱大受

公字可廷辟峰公八世孫邑增生工舉業尤邃於易詩不多作而自然清麗著有讀史遺編粤中吟草

春帆公 諱雄濤 弟宗濂、從子廷標

公字聲雷，海翁公五世孫，乾隆乙酉恩科舉人，官永明訓導，幼負文望，試列高等，師事顧響泉先生，積學勵行，孜孜不倦，司鐸二十年，循循以躬行訓後進，士氣日醇，年七十八卒於官署，著有五禮通考輯要。弟宗濂，字景元，號惕齋，歲貢生，官安東訓導，舉未之任而卒。宗濂子廷標，字準甫，號瑞屏，廩貢生，少有文譽。

雪雲棋公 諱大寔 從兄大霖

公字霆章，蘇峯公八世孫，嘉慶甲子舉人，通春秋，著有春秋人名考異。從兄大霖，字懋懋，號霧軒，歲貢生，以子鳳異贈雲南浪穹縣知縣。

亮工公諱澳（從兄雷）

公海翁先生五世孫郡庠生設帳課徒教令極嚴弟子皆敬憚之從兄雷原名震字震華邑諸生幼孤節母胡知書晝夜課讀得擅文譽

楞香公諱大光

公字麓中可莛先生弟少有文譽（出恬花先生門下）嘉慶戊午舉人丁丑大挑一等歷署河南陽武（秦武）知縣雎州知州著有楞香詩草

太守小泗公諱沆

公號筠谷小峴先生弟四庫館謄錄議敘縣丞歷任江西臨川縣知縣廉幹多善政江西鹽引鉄銷大吏以州縣緝私不力請援例將鉄銷分款按年開除公上書有平鹽價減引額緩以固藩籬豁銷以循舊例等語大吏歎服入奏竟得俞旨其他興教勸學鋤豪擊強扶植綱常遏絕浮靡之習凡有益于民者知無不為擢永平府知府未有臨川縣儒學革除陋規房吏整肅以病乞歸卒年七十蕭山湯尚書金釗誌其墓崇祀臨川名宦祠著有臨川縣志

錫椒公諱永年

公中馭先生孫廩貢生歷署吳縣奉賢金山訓導崇明金壇教諭在金山時見士子無肄業之所倡建書院而立規條又權金壇篆邑有貞節而無力請旌者甚衆先生核實請旌得五百餘人舉鄉飲大賓卒年七十六著有碧梧桐館詩集

峽山公 諱江 弟泳、沅、從弟鼎元、從孫汝燮

公字大川蓉莊先生長子太學生四庫館議敘分發湖北候補州同知董理義莊族人咸以長者目之以子廷杰封文林郎配饗雙考祖祠仲弟泳字赤游號芝臺附貢生叔弟沅字蘭沚由鹽大使改知縣歷署廣東龍泉樂昌鶴山茂名縣事從弟鼎元為建侯先生孫勛之子原名濂字賓濂號省三山西洋縣渾源州王家莊僉巡檢泳孫汝燮字昭度號協平以縣丞陞同知歷署廣州前山虎門雷州海安粵閩南澳同知

學仙公 諱玉海 子殿楹 殿棟 殿模

公字步三號峯公八世孫廩貢生少有文譽先輩碩晴少觀察王西園侍郎御史以大器期之然竟不遇性和易誘掖獎勸學者樂就教而丰裁峻絕卒不可犯以非禮卒年六十三著有學餘齋遺草子殿楹字望皋殿棟字雲浦殿模字春台邑庠生兄弟三人曾即復初公所選蓉門詩鈔續增仍選腴詩行世俞東瀍侍御跋語云五言古渾厚醇樸情溢乎詞是康樂述祖德茂先勵志篇嗣響也七言歌行寫景瀟洒體物瀏亮出之以沉鬱頓挫則得力於李杜諸長篇者爲多近體則雄壯秀麗兼而有之於中唐體格爲近

壹誠公諱汝霖 孫士燕

公字雨蒼海翁先生五世孫嘉慶戊午副貢弱冠名噪文壇擁皋比者二十年抠衣投贄者踵相接也孫士燕字子厚邑庠生著有六術森人牘八卷詩詞合刻八卷

蓉翁公諱大中 從子際初

公海翁先生五世孫郡庠生有文行而試輒不就售教授鄉里終其身壽七十二從子際初字翰青邑增生工詩以古學受知學使者屢列前茅卒年僅三十餘

太守蘭台公諱永霈 孫鼜豐

公號寅甫，夫萬周先生子，歷官直隸正定丞，使府任，歷密雲縣知縣，滿（涿州、邢州、冀州）升[illegible]天津府知府，著有莿園唱和詩草。

孫鼜豐，字健庭，邑庠生。

古香公諱棋 兄棟 子文熊

公字新甫，號（晚）少廬，涵翁先生六世孫，以歲貢肄業成均，例得訓導，未授官而歿。公幼失怙，隨外祖王涵齋舅氏西園學，早著文譽，頃蹇於遇，南北戩十數試不售，教授生徒，里黨爭相延致，近今鮮人師也。兄棟，字雲軒，有清明一絕，膾炙人口。子文熊，字逸園，邑庠生，見秦氏制義。

省吾公諱緗武

公字惺夫小峴先生長子少承家學尤工擘窠書官江西彭澤縣知縣有循聲事蹟詳彭澤縣志著有惺夫詩鈔後仲子臨士先生鋟板刊行題曰城西草堂詩集

時齋公諱鳳梁

公字琴山賽齋軒先生次子嘉慶甲子科經魁丁丑大挑一等分發雲南補浪穹縣知縣戊寅己卯辛巳三次充鄉試同考官得士最盛居家遇公事有肝膽年六十而卒

笠漁公諱國楠

公字內南一字鹿床小泗先生子道光辛巳舉人性寡欲一室置經史披覽不倦詩文雄厚書肖歐陽率更卒年僅三十三著有鹿床遺稿

復初公諱彬 兄榮桂

公海翁先生六世孫太學生為人渾厚篤實留心采輯先人詩集十餘年彙鈔成帙欲刻未果而卒年僅三十五著有三餘書屋詩鈔兄榮桂字麗南性循謹居母喪以哀毀卒年僅二十三

緯辰先生　緯大治

公字緯辰號吟齋幼有至性下學業嘉慶丁卯舉人道光
癸未進士主講邑之東林書院造就多人薛湘楊廷俊俱
出其門中直隸武強縣知縣有惠政于其歸也耆老脫鞾
以志不忘徵職少時負甚性恬爽不可干以私視非義
之物泊如也治家嚴而和子本仁孫炳台績世其業

緯辰公大治

原名永昌號甯齋道光癸未進士主講東林書院課士嚴
以此叢謗公以談笑處之及門經其指授聯翩取科第去潯
州守薛湘灘縣令楊廷俊其最著也性耿介不受陋規官
武強縣知縣有惠政以年老致仕優游數歲而卒

湘葵先生諱潤

公諱潤字湘葵號瀆菴公蕃公六世孫嘉慶丙子舉人專攻經學其發為文能入人意中出人意外邑人工帖業者無不受其指點然晚年益困性孤介落落寡交合平嘗誦廣絕交論以見志

千之先生諱格

公諱格海翁公六世孫邑庠生家庭篤于倫理性喜遊足迹半天下有詩古文詞稿存于家詩曰鳴我吟草見高氏錫山歷書目考

丙吉先生諱文彪

公諱文彪，新甫先生次子，道光壬午舉人，權于文官清河教諭、鎮江府教授，以病乞休，游大梁，主講陳留。性和易，教士有法，人樂就之，于其後邑多有突出聲者。

朗山先生諱文楷

公字立甫，號朗山，廩貢生。家庭雍睦，不肅而嚴，能以身教。代有藏書，暇則閉戶自精，世俗好利，不以義，公去之若浼。以故業益蒸蒸，守益堅。遇事慷慨，邑故有東林書院，為士子肄業地，將廢矣，請于縣令畢公籌款倡捐，以新之，又添設諸生膏火。邦中丞鍾泉實成之，然創始實公也。族有義莊田千畝，為匪人所侵蝕，子有名無實，公力為清釐，整頓之，而孤寡廢疾者皆得養焉，歲時常集族中子弟之秀者為文會，間以篤行勗之，人相興起，接人渾然一團和氣，鄉里欽之。以子堯曦貴，封如其官。

誼亭先生律炳文

公初名燡後改炳文雪舫先生孫少承家學道光庚子舉人工書畫滿天下官吳江縣教諭庚申辛酉閩粵匪竄東南去官爲航海之行游京師王公貴人求繪者日踵至公性喜交游馳逐于歌樓舞榭間者日不暇給晚年益蕭灑脫落凡境不減視遊海外諸國俱來求畫有西洋人以金數百來購公笑卻之卒于天津壽七十有一少喜吟咏弱冠時與宋漱書壽帽園兄弟唱和爲黄葉吟晚益老成脫口而出題畫諸作俱有别腸

誼亭公

先祖訓導公曰族兄誼亭炳文以名孝廉隱於畫名滿江湖嘗秉鐸吳江庚申賊陷吳中遂棄去一朝載妻子航海至天津就養官舍時吳令嗣其瑞方以知縣幫辦夷務壬戌挈其少子就試北闈余方秋獻藝相遇於都中彼此話夙昔事飲我于松筠菴醉後引看重壁間所刻楊椒山先生諫草猶憶年十六七時與先兄鶴鳴三人同讀寄暢園中至此對牀夜話輙不忘山中風雨相對剪燈時也生平耽吟咏古近體詩最多惜所見者皆其少作而中年巨冊未及見焉

右青

硯樵公諱樹　孫壁

公原名皋林字舜選號硯樵可廷公大受子邑庠生沈酣
古籍為王情耕入室弟子澹如先生亟稱之有叔叔文章
芙蓉騷人之譽舉鄉飲賓壽七十二著有留雲仙館詩集
十五卷孫壁字栩園光緒戊子舉人工古文詞[illegible]簡潔為
主為梁溪七子之一嘗慨禮教之衰欲與同志復從祖文
恭公讀經之會因事未果卒年僅三十五於家[illegible]禮教不
[illegible]言笑耽於經術精手不釋卷於家庭一[illegible]所願[illegible]中年游幕
山左[illegible]作[illegible]用[illegible]事[illegible]久[illegible]
和道情天不永年[illegible]不彰惜哉

澹如公諱緗業

公字澹如小峴先生季子道光丙午副貢以謄録議叙鹽
大使改浙江同知洊升候補道加鹽運使銜沖夷藻雅胸
次洒然提調杭垣書局有年纂輯平浙紀畧浙江忠義氛
諸書嘗兩署運使一署金衢嚴道所至務持大體不苟以
徇人少游京師與曾滌生梅伯言邵位西孫芝房朱伯韓
龍啓瑞輩相師友為文力宗方姚而上追熙甫詩取法陶
韋著有虹橋老屋遺稿孫琴西太僕嘗稱其詩在本朝諸
家不愧新城秀水文則鄉先正茗柯初月之流論者以為
知言

芝珊公諱鳳翔 曾孫寶鑑

公原名文權字芝珊父天拱先生弱冠後就幕西陲輾轉于烏魯木齊伊犁哈密一帶久游不歸公至性過人謀之父兄獨行出關萬里尋父跋涉三年遇于肅州旅舍迎奉以歸族人韋軒先生為作萬里尋親記以張其事後大吏據以入奏詔旌孝子晚居鄉族之為善盡心公益創建忠節祠集庚申殉難鄉人祀焉兄開傑咸豐庚申避難鄉間遇賊父子蓉燦俱及于難公以己孫壽昌為之後壽昌子寶鑑字懋明少入邑庠工詩著有劇霜龕吟稿年僅二十有四

芝珊公

先祖訓導公曰族叔芝珊父久游不歸就幕塞外去國八千里謀之伯兄獨行出關迎歸已皤然老矣三年而病歿設非迎回不幾而塞外白骨乎此則其至性之道人者庚申賊陷無錫偕伯兄避居鄉間適奉伯兄命送資給其親串而賊至其伯兄與其子俱死而公以出外免謂非有默相之者乎癸亥六月來豫勞瘁成疾緩兒留居署中八月雨洵旬屋漏夜不成寐有句云屋漏更遭來夜雨予為轉一語曰時來卻看晚秋花公為粲然

韋軒公 諱昌煋 弟昌焯 姪子璇

公字爾載號韋軒晶齋公濂孫省齋公緗文子廩貢生候選訓導歷署錫山教諭泰州學正工詩古文詞一鄉推為祭酒頊甫崖先生嘗称其嬰此述作抗希古之人著有味外閣詩鈔弟昌焯字雪樵生有足疾早年即棄舉子業而一意於詩著有微雲樓詩集四卷昌焯子璇字廸周增貢生歷執大府之聘介介不苟自奉甚約而積甚館穀以刊先人微雲樓詩集及先曾祖小峴山人所著已未詞科錄宜古廔叢泊紀也

晴士公 諱賡彤

公字晴士庠名勳嗣改麗昌後改今名省吾公緗武仲子咸豐丙辰進士選庶吉士改刑部主事遷員外郎能本經術折獄多所平反會以御史記名同官中有擠之者遂乞假歸主東林十餘年勤于訓迪士林翕服為古文詞尚簡潔深得震川桐城之遺著有鐵華仙館詩文集 十卷

緩卿公諱克曦　孫樹鍠

公字緩卿號毅庵朗山公文楷子道光己酉拔貢以直州判用分發山東改河南歷任衛輝開封二府擢糧儲鹽法道調署開歸陳許道迪權河南按察使布政使事壽七十著有怡潛閣四六八卷詩集四卷雜文十二卷公篤于風義在開封時虜當庚申粵匪之變同宗同鄉之避難來汴者或濟以財或薦以館類皆各得其所而去見者以為有鄉鍾泉前輩之風居家日獨資修譜及重葺僑海祖祠效之族事無倦若孫樹鍠字與亭廷光緒丁酉拔貢就職安徽直隸州州判精于算學著有讀史摘誤四卷算學稽疑十二卷

緩卿公

先祖訓導公曰邑人自鄒鍾泉先生令祥符守開封鄉誼最重時邑人宦游于中州者尚不多月有費節有贈年終憐其寒分送炭資故雖有落魄者而無凍餒之憂嗣後官中州者化之無不以桑梓之誼為重庚申粵匪陷常郡而邑人自賊中拔出者大半至汴時族兄緩卿守開封而裘竹雲在撫憲幕府二人于同鄉被難者左提右挈不辭勞瘁或助錢或薦館皆得各遂其生而無失所吾同宗為最多爰作梓里錄凡為邑人之僑寓中州者無不一一可考云

塾乃公學通權達變尤爲其維兄弟三人融融以和不分
畛域時論稱之

笠亭公諱煥，子哲培、復培、謙培。

公原名熙字緝笙號笠亭省齋先生之孫廩貢生官句容
縣訓導生平嗜學出于天性寒暑一編至老不輟好經說
及經濟有用之書纂言提要彙數十册嘗手抄人譜高
子遺書及方輿紀要全書以時瀏覽尤熟復于秦氏掌故
手輯成卷遇族中子姓稱述先德孜孜不倦自奉至約而
褒其撙節之羨以資樂育在句容時嘗捐俸爲月課歸里
後既捐款鳩資以充書塾經費又爲會課而自監督之造
就族中子弟生平所著有水竹軒詩文稿賦稿秦氏舊談
小學直解壽八十居家不預外事内外嚴肅門無雜賓長
子哲培字順卿治法家言居恒以所入致孝養友于之誼
家庭無間言四子復培字來卿邑廩生肆力經史潛心著
述熟復十三經排日默誦著有禮記章節讀左義法舉要
史鑑地理通釋藏于家五子謙培字牧卿光緒丙子舉人
揀選知縣有幹才主持邑中公益事興利除弊不遺餘力
嘗修復舊普濟善堂建屋數十椽稱貸得資事迄改書

擷芬公諱祖永

公字擷芬號聲白一字栩烟步三先生之孫增貢生廣東候補鹽大使性嗜畫宗法婁東閭里中有一名蹟典衣爭購必得之以爲快生平於先澤頗致惓惓遺墨殘縑亂莘生平玩好之物盡委棄之公獨挾畫而走並先人遺蹟如惰敬公遺墨舜峯公分閫樂易公之寶甓圖詩卷顛沛流離中裝潢手卷補圖徵題浪迹中州著書自樂晚游廣東名益高學益進而嗜先澤尤益烈偶于新安金氏處見文恭公味經窩圖卷堅砍贖歸不可得因自臨原圖而令子頃丹錄卷中諸賢題詠于後其癖嗜如此著有畫學心印四卷桐陰論畫三編若干卷

蓝風公諱臻

公字蓝風號巳生省吾公緗武季子嗣笠源公爲後咸豐戊午舉人揀選知縣（收藏碑帖甚富精鑒別考證所得悉題於卷）主持鄉里公益事最久以人有才畧排難解紛卒無怨仵以是見稱於世晚年主講東林書院承叔兄之後[illegible]迪士林敬之不倦當西力東侵之時商量舊學興復經史古文及詩賦各課分門樂育士論重之

桃臣公 諱寶璣

公字桃臣號潛叔蘆風公仲子同治丁卯科副優貢生幼即凝靜五齡能作擘窠大字筆意秀勁比長肆力於詩古文詞尤愛陶靖節集心摹手追高古簡澹顧屢困省試後應山西學使聘襄校文卷所至感時觸事發爲詩歌雄傑奔放歸修邑志于疆域壇壝各門考核精詳游幕粵東感受暑濕病歸公性嚴毅造次必循禮法所學覃研三禮而於輿地乃尤精文不苟作淵雅純正可存者多著寶傑齋詩稿四卷談寶齋文藁二卷

後記

無錫是中國吴文化的發祥地。七千多年悠久歷史與文明，造就了『梁溪明秀之區，衣冠禮樂甲於江左』的城市人文傳統和深厚的歷史文化底蘊。數千年來，文脉綿延，永世流芳。邵寶在《錫山遺響》序中曾經這樣描述：『錫之爲邑，在三吴間。山水清麗豐曠，生其地者，多沉雅秀整，以文名家，代不乏人。』文化已經成爲這座城市最本色的氣質。爲傳承吴地文明，建設文化名城，進一步彰顯無錫城市内在精神特質，經過幾年的精心策劃，旨在全面整理地方文化典籍的《無錫文庫》編纂出版工作於二〇一〇年全面啓動，二〇一一年起陸續與讀者見面了。

無錫的城市文化曾經爲中華文化寶庫作出過巨大貢獻。顧愷之、倪瓚、王紱、鄒一桂、賀天健、徐悲鴻、錢松喦、吴冠中，如松秀群嶺，在中國繪畫史上擁有很高的地位；華秋蘋、楊蔭瀏、劉天華、華彦鈞（阿炳），乃韵動天籟，對中國音樂發展發揮了重要作用；李紳、蔣防、尤袤、蔣捷、陳維崧、顧貞觀、嚴繩孫、周濟、劉半農，皆胸懷錦綉，在中國文學史上可謂各領風騷；計六奇、顧祖禹、顧棟高、秦蕙田、嵇璜、錢基博、錢穆、錢鍾書、錢海岳，可稱堂奥廣庭，學造淵源，在中國學術史上卓然大家；顧憲成、高攀龍之東林，唐文治之『國專』，徐霞客之游記，徐壽、華蘅芳之『格致之學』，陳翰笙、錢俊瑞、孫冶方、薛暮橋之經濟學，都堪稱中華文化史上的一座座高峰，至今閃耀着炫目的光芒。

深厚的歷史文化底蘊激發了無錫城市的文化自覺。市委、市政府滿懷對鄉土誠摯之情、對文化敬畏之感，以義不容辭的責任擔當，致力於文化强市建設，以科學的理念和方式對歷史文化遺産作全方位的觀照、深層次的發掘、系統性的保護，匯四海之智，舉全市之力，共襄文化建設盛舉。二〇〇六年十二月，無錫市成功申報國家歷史文化名城，標志着新一輪文化意識的覺醒，并迅速轉化爲文化自覺的實踐。近年來，我市全面啓動惠山、清名橋、小婁巷、榮巷、蕩口等五個歷史文化街區和十個古村落保護修復工程，『護其貌，顯其顔，鑄其魂，揚其韵』；鴻山遺址成功保護的經驗被國家文物局譽爲大遺址保護『無錫模式』，并被授予首批國家考古大遺址公園，闔閭城遺址考古發現則確立了歷史上無錫曾作爲吴王闔閭都城的地位；建成開放六十餘座博物館、名人故居和紀念館；對無錫的非物質文化遺産予以重點保護，每年春天舉辦的中國（無錫）吴文化節、中國文化遺産保護論壇成爲文化亮點，享譽海内外。這些舉措遵循規律，探索文化建設體制和機制的創新，形成了寶貴的『無錫經驗』，得到海内外學者、專家的一致肯定。

在注重保護歷史文化遺存的過程中，發掘、整理無錫歷史文獻著作，展示和弘揚無錫城市的思想精神世界，自然而然成爲大家關注的重點。二〇〇六年，市委宣傳部組織無錫文史專家、學者編撰的十七册三百萬字的《無錫文化叢書》正式出版，引起强烈反響，出版後供不應求，在二〇〇八年再版加印。《無錫文化叢書》集中反映了無錫城市文化精華，展示了無錫城市文化特質，彰顯了無錫歷史文化的厚重，同時也告訴人們，文化精神的傳遞是文化繁榮發展的重要内涵，一旦擦去歲月蒙塵，優秀的歷史文化就會轉化成爲取之不盡的精神財富。

爲了進一步彰顯城市歷史文化底蘊，二〇〇七年，市委、市政府將全面系統整理無錫文化典籍擺上工作議事日程，明確提出編纂《無錫文庫》。由于無錫歷史文化底蘊深厚，卷帙浩繁，内容豐富，編纂工作千頭萬緒，要想整理出一部簡明扼要而又内容翔實、主旨鮮明而又文質彬彬的文獻集成，難度遠大於預想。爲此，我們先後成立了《無錫文庫》工作委員會和編輯委員會，加强對編纂出版工作的組織領導與統籌協調，在尊重歷史、尊重規律、尊重科學、尊重專家的基礎上，積極推進文庫編纂工作。編輯委員會經過反復論證，明確原則，綱舉目張，有條不紊地開展工作。充分憑借地方文史專家的優勢，充分發揮高校人文學院、研究機構的作用，充分依靠出版機構的專業經驗，并邀請國内外著名文史專家指導、把關，形成了文庫編纂的工作合力。

在編輯過程中，我們力求使《無錫文庫》成爲經得起歷史考驗的鄉邦文獻集成。

全面規劃又保持開放結構。面對豐富的歷史文化積澱，没有規劃就不可能形成清晰的編纂思路。在前期編纂工作中，編輯委員會經過二十餘次的論證會和專題研討會，形成并確定了《無錫文庫》總書目，明確了收録範圍和内容主體，立足無錫市區，兼顧江陰、宜興，主要體現無錫本土内容，突出人文科學，適當兼顧其他門類。據此，《無錫文庫》收録圖書五百五十餘種，分爲五輯：第一輯『官修舊志』，收編無錫地方志（含江陰、宜興）；第二輯『地方史料專著』，收編反映無錫地方史料的專著與筆記；第三輯『年譜家乘』，收編無錫（含江陰、宜興）地方名人年譜和望族的家譜；第四輯『無錫文存』，收編歷史上無錫作家詩文和專著的精華；第五輯『近現代名家名著存目』，編撰無錫近現代名家名著的書目提要。爲使文庫具有更大的開放度和包容量，《無錫文庫》注重整體設計，在框架分類上既注意整合，又突出重點，考慮到文庫的涵蓋面和系統性；在書目選擇上既注重經典性，又强調代表性，兼顧到圖書本身質量和作者特點；在出版方式上既總體規劃、循序推進，又采取較爲靈活的方式，成熟一批出版一批，不編序號，爲今後增補書目預留空間。

尊重歷史又反映時代特色。《無錫文庫》注重歷史性與時代性相結合，以嶄新的學術角度和現代學科理念對城市歷史文化進行整理和弘揚。編纂工作充分體現對歷史傳統的尊重，儘可能減少評述性成分，杜絶截割、改篡、增删圖書内容，對節選本祇采取作者的自選本。與此同時，以現代學術視野來看待傳統史料，增加收録有價值的歷史資料和文獻，如對民國時期的一些稿本、期刊、會刊、紀念册也予以應有的關注，收入了部分重要的民間史料。

保持原貌又便于讀者查閲。《無錫文庫》除第五輯外，全部采用原版影印方式，力争選擇最優版本作底本，保持文獻著作的歷史面目。爲了便於閲讀、查證、使用、研究，每一輯均撰寫編輯説明，每種書撰寫提要，并編撰《文庫》書目索引。通過這樣的方式，使《無錫文庫》兼具工具書檢索的作用，增强文化典籍整理的實用功能。

如期完成又精益求精。《無錫文庫》作爲一項重大文化工程，編纂工作面廣量大，必須集中力量，一鼓作氣。我們明確，從編纂工作全面啓動開始，花三年時間完成《無錫文庫》出版工作。《無錫文庫》總書目形成後，五輯的書目編纂工作同時開展、整體推進。我們要求，《無錫文庫》編纂出版工作要强化精品意識，力求思想精深、内容精彩、選編精當、學風精良、裝幀精美。文庫編纂出版的每個環節都反復論證推敲，確保經得起歷史檢驗。

《無錫文庫》的編纂出版工作，得到了鳳凰出版傳媒集團的大力支持，鳳凰出版社在版本選擇、編輯出版方面做了細緻的工作；由於《無錫文庫》收録的資料有三分之二散落在全國各圖書館中，中國國家圖書館、上海圖書館、南京圖書館等一批國内知名圖書館爲此提供了積極的幫助；應邀擔任《無錫文庫》學術顧問的專家，都是無錫籍的文化名人和國内一流的古籍研究專家，他們有的不顧年事已高，有的不顧自身工作繁忙，爲《無錫文庫》的編纂工作付出辛勤勞動；《無錫文庫》工作委員會和編輯委員會成員以及編務人員在文庫編纂出版過程中做了大量的工作。在此，謹向他們表示崇高的敬意和由衷的謝忱！

由於《無錫文庫》收録内容涉及範圍廣、時間跨度長，部分書目已經散佚，可利用資料受到限制，加之編輯委員會水平有限，《無錫文庫》的編纂工作難免會有一些疏漏和錯誤，不當之處敬請讀者指正。

王立人

二〇一一年一月